中国精算师资格考试用书

非寿险责任准备金评估

Reserving for Non – life Insurance

主　编　谢志刚
主　审　徐欣欣

中国财政经济出版社

图书在版编目（CIP）数据

非寿险责任准备金评估/谢志刚主编.—北京：中国财政经济出版社，2011.5
中国精算师资格考试用书
ISBN 978-7-5095-2836-5

Ⅰ.①非…　Ⅱ.①谢…　Ⅲ.①保险业务-资格考试-自学参考资料　Ⅳ.①F840

中国版本图书馆 CIP 数据核字（2011）第 055724 号

责任编辑：张　铮　　　　责任校对：王　英
封面设计：耕者设计　　　版式设计：兰　波

中国财政经济出版社出版

URL：http：//www.cfeph.cn
E-mail：cfeph@cfeph.cn

社址：北京市海淀区阜成路甲 28 号　邮政编码：100142
发行处电话：88190406　财经书店电话：64033436
北京中兴印刷有限公司印刷　各地新华书店经销
787×1092 毫米　16 开　28.75 印张　690 000 字
2011 年 5 月第 1 版　2011 年 5 月北京第 1 次印刷
定价：98.00 元
ISBN 978-7-5095-2836-5/F·2404
（图书出现印装问题，本社负责调换）
本社质量投诉电话：010-88190744

中国精算师资格考试教材

编审委员会

总 序

ZONGXU

精算起源于保险业，是保险公司经营不可或缺的核心技术之一。保险公司只有运用精算技术进行保险产品定价、准备金评估、风险管理等，才能在科学基础上实现保险业务的稳健经营，有效防范风险。

我们常说的精算，包括三个方面，即：精算理论技术、精算规则和精算师资格认证。

精算理论是对保险业务经营中各种不确定因素和风险规律的认识，精算技术以精算理论为指导，是精算工作中对各种不确定因素和风险进行识别、评估、定价、处置等所采用的方法、技术，包括所使用的数学模型、数学工具等。随着保险业经营实践的发展和人们认识的深化，精算理论技术也在不断发展。精算理论技术属于学术研究的范畴，可以存在不同的观点和流派，各种不同观点和流派之间的讨论、交流，可以促进精算理论技术的发展。

精算规则，是保险监管机关制定或认可的关于精算工作应当遵循、遵守或采用的原则、方法、标准、制度等规范。制定精算规则，以精算理论技术为基础，又要综合考虑一定时期的经济环境、保险业发展状况和风险特征、精算技术力量、监管政策的要求等多种因素。

精算工作需要专业人员从事，精算师就是具备精算的知识、技能，从事精算工作的专业技术人员。虽然精算师的从业范围不限于保险业，但主要还是在保险及相关行业就职（如对保险公司的精算报告进行审核的会计师事务所，为保险公司服务的精算咨询公司等）。在保险公司中，精算师责任重大。因此，必须经过资格认证，才能担任精算师（如同律师、注册会计师需要资格认证）。在国外，精算师资格的取得一般有两种方式：一种是通过专业资格考试取得，另一种是经过学历教育后取得，但主流是通过考试取得。在发达国家，精算师有自己的专业团体——精算师协会，一般由精算师协会组织资格考试，对通过考试的人授予精算师资格。

精算理论技术、精算规则、精算师资格认证三者相互联系，密不可分：精算理论技术是基础，制定精算规则、考试认证精算师，均以精算理论技术为基础，精算规则是精算师从事精算实务的直接依据。

我国自 1980 年恢复办理国内保险业务之后，曾长期缺乏精算专业人才，既没有制定精算规则，也没有建立自己的精算师资格考试认证制度。1988 年南开大学在北美精算协会的支持下开办精算专业教育，此后国内又有多所大学开办精算专业教育，培养了一批精算人才。由于当时中国没有精算师资格认证制度，这些国内学习精算的人员主要是考取北美和英国等国外的精算师资格。1992 年，国内的保险市场对外开放，外资保险公司进入国内市场，一些具有国外资格的精算师到国内工作。

1995 年颁布并施行的《中华人民共和国保险法》中，要求寿险公司必须聘用经金融监管部门认可的精算专业人员，建立精算报告制度。《保险法》首先要求寿险公司聘用精算师、建立精算报告制度，是因为：第一，精算起源于寿险业务经营，精算技术在寿险业的应用较为成熟；第二，寿险业务期限长，风险更具隐蔽性，对精算技术的运用更为迫切和重要；第三，在精算专业人员严重不足、精算规则空白的条件下，同时要求寿险业和非寿险业聘用精算专业人员、建立精算报告制度，难以实现。

为此，当时的保险监管部门——中国人民银行保险司于 1997 年 10 月启动了“中国精算制度建设”研究项目，决定建立中国的精算师资格考试认证制度，并逐步制定精算规则。中国的精算师资格考试认证制度，主要借鉴北美精算协会的考试体系，把精算师资格分为准精算师和精算师两个阶段，分别设立考试课程，通过准精算师考试课程的，授予准精算师资格，在获得准精算师资格基础上，再通过精算师资格考试的课程，授予精算师资格。在课程设置、考试内容、难度等方面，均力求达到与发达国家的精算师考试相当的水平。在制度设计、拟定考试大纲、教材编写过程中，得到国际精算团体的大力支持和帮助。1998 年 11 月，中国保监会成立之后，继续推进精算制度建设。2000 年，中国精算师资格考试开考，与此配套的教材也陆续出版发行。中国保监会 1999 年发布了关于寿险公司的精算规定，建立了寿险公司精算规则体系的基本框架。

2002 年 10 月《保险法》进行了第一次修改，于 2003 年 1 月 1 日起施行。修改后的《保险法》把聘用经金融监管部门认可的精算专业人员，建立精算报告制度的要求扩大到非寿险公司。因此，经过论证、筹备后，自 2004 年开始进行非寿险精算师的资格考试认证，称为中国精算师（非寿险方向），与此相适应，以前的精算师则称为中国精算师（寿险方向）。同时关于非寿险精算的规则也由中国保监会陆续制定发布。

2007 年，中国精算师协会成立，组织精算师资格考试是协会的重要职能之一。协会设立了考试教育委员会，负责精算师资格考试和后续教育事宜（此前是由中国保险行业协会的精算工作委员会负责精算师资格考试）。

中国精算师资格考试施行 10 年来，通过考试认证了一批中国精算师和中国准精算师，取得了一定成绩，积累了一定经验。目前已在北京、上海、天津、广州等15个城市设立了考试中心，并在香港、加拿大滑铁卢大学设立了2个海外考试中心，每年春秋两季举办考试。

随着国内保险市场的发育、精算技术的发展及国际精算界的变革，原有的考试体系已不完全适应。为此，中国精算师协会于2009年决定对中国精算师资格考试认证体系进行调整，并于2011年实施。调整的基本内容是：精算师资格考试仍分为准精算师和精算师两个阶段；在准精算师阶段，不再区分方向，对原寿险和非寿险两个方向的考试课程进行整合，考生通过8门必考的准精算师考试课程，并经过职业道德培训后，可获得中国准精算师资格；精算师则继续分为寿险和非寿险两个方向，有3年以上工作经历的准精算师，通过5门精算师考试课程，并经过职业道德培训后，可获得中国精算师（寿险方向）或中国精算师（非寿险方向）的资格，5门精算师考试课程，既有必考的，也有选考的，具体科目，因寿险和非寿险方向有所不同。

对于在旧考试体系下已经通过的考试科目，如何转换为新考试体系的相应科目，也进行了研究，制定了转换规则。

为编写新考试体系的教材，中国精算师协会成立了教材编审委员会。教材编写力图贯彻国际性、先进性和实用性三个原则。国际性是指，鉴于中国精算师协会已正式申请加入国际精算师协会，因此精算师资格考试必须符合国际精算师协会的要求，达到国际精算师协会的标准。所以，在课程设置、课程内容、必考科目等方面，均以国际精算师协会的要求为标准。先进性是指，尽可能把精算理论技术的最新成果包括在这套教材之中。实用性是指，教材内容紧密联系国内保险业的实际，考虑国内精算人员需要掌握的知识和技能。

教材的具体编写实行主编负责制。教材编审委员会研究、协调、决定教材编写中的重大事项，确定各门课程的主编和主审人员，指定协调人对若干相关课程的内容调整、取舍和进度进行协调。教材初稿完成后，不仅由主审进行审阅，而且组织保险公司的相关人员进行试读，提出修改意见。教材的主编、主审、试读人员，都是在保险业、精算界具有业务专长、经验较为丰富、具有一定影响力的人员。可以说，这套教材的编写，是集中了行业的智慧和力量，凝结着组织协调人员、编审人员、试读人员的心血。

尽管如此，我们仍不认为这套教材已经尽善尽美。由于经验不足、认识水平有限，也由于时间仓促，教材在某些方面还显粗糙，还存在许多可改进、待完善之处。我们希望在教材投入使用之后，听取专家、考生和社会各界人士的意见，将来进一步修订。

回顾中国精算师资格考试10年来的历程，是在保险监管机关的领导下，在保险业、有关高等院校及社会各界的积极参与下，在国际精算组织的支持下，不断发展、完善，取得进步的。在此，我谨代表中国精算师协会，对多年来关心、支持、参与、帮助中国精算事业发展的有关领导、专家和广大的精算专业人员表示真诚的敬意和感谢！

中国精算师协会　会长

2010 年 11 月 15 日

编写说明

BIAN XIE SHUO MING

在保险公司里，精算的基本职能主要有两项，其一是产品开发过程中的定价与费率厘定，其二是在负债评估中的责任准备金计提。通常将从事这两类工作的精算人员分别称为“定价精算师”（pricing actuary）和“评估精算师”（valuation actuary）。

定价精算师所从事的产品定价或费率厘定工作，主要是通过识别和评估各类保险业务的风险，帮助公司开发出有竞争力的产品，实现公司的运营目标。为此，需要掌握数据收集、整理、分析和应用的方法和模型，是对数学和统计方法要求相对较高的精算工作。对这部分内容的学习和考试要求，设置于中国精算师资格考试课程《非寿险定价》（F6）里。

评估精算师所从事的评估各类保险业务责任准备金的工作，主要是分析和核算各类保险业务的真实成本，一方面帮助公司管理层正确把握公司实际的经营和财务状况；另一方面也协助完成向公司股东、监管机构、投资者、客户以及相关利益方报告和披露公司经营业绩和财务状况，既有对公司内，也有对公司外部提供精算服务的成分。为此，评估精算师除了需要掌握对保险业务及其数据的分析技术外，还需要熟悉公司的财务结构和相应的核算规则，内容相对比较综合。对这部分内容的学习和考试要求，设置于中国精算师资格考试课程《非寿险责任准备金评估》（F7），即本考试用书中。

当然，无论是从事定价还是从事评估工作，都建立在对保险公司的业务及其经营管理流程的把握基础之上，尤其是对那些教育背景为数学、统计学、经济学或其他非保险专业的精算考生来说，学习并通过准精算师资格阶段的各门考试课程后，往往对保险公司的业务和管理流程仍然不大了解，不仅会影响未来的竞争力，也不利于学习和掌握定价课程和评估课程的内容。因此，中国精算师资格考试非寿险精算方向课程体系中还设有《非寿险实务》（F5）课程，这三门课程（F5、F6、F7）共同构成了中国精算师考试非寿险方向的三门必考课程。现阶段，除了这三门非寿险方向课程外，还有两门（与寿险精算方向同样要求）的公共课程，即《保险法及相关法规》（F1）和《保险公司财务管理》（F2），它们是非寿险精算方向的5门实务课程。

在此课程框架下，《非寿险责任准备金评估》的目标是为了引导和训练精算考生学习并具备关于非寿险责任准备金评估及其相关精算工作的原理和方法，帮助考生将理论与实践相结合，实现评估精算师的价值，成为合格的中国精算师。

针对此目标，本书实际上包含有三项内容：

第一项是最基本和主要的内容，关于非寿险业务的责任准备金评估原理、方法和流程，包括数据的收集、分析和整理的技术准备；按照会计准则和监管规定对非寿险责任准备金进行分类；根据各类保险业务特点对各类准备金的评估模型和方法；对评估过程中某些特殊问题的处理方法，以及编制责任准备金评估精算报告，等等。这部分内容安排在第1～13章内。

第二项内容是与评估精算师密切相关的内容，包括财产保险公司的财务规划、全面风险管理和偿付能力管理，分别安排在第14～16章。从表面上看，这部分内容似乎与责任准备金评估没有直接关系，但实际上关系特别密切。首先，评估精算师除了要编制《准备金评估精算报告》外，往往还必须参与《偿付能力报告》和《风险评估报告》的编制工作，更需要了解和把握公司整体财务构成及其业务的现状和未来状况，只有把握整体，才能更好地把握局部。其次，从风险管理的角度看，准备金评估主要是针对公司的负债风险，但如果不能了解公司的整体风险构成，那就不可能对公司的负债风险有多好的把握，不可能从评估精算师做到公司精算师（coporate actuary）甚至是总精算师（chief actuary）等更高管理职位。此外，从发展的眼光看，非寿险精算是从传统的寿险精算职能中开拓出来的新领域，而且精算职业一直在努力开拓更多的应用领域，目前正在进行的就是在全面风险管理（ERM）中的应用，包括内部审计、财务规划等等，甚至去承担保险公司的财务总监（CFO）或首席风险官（CRO）等高管职责，这也是评估精算师对精算职业的责任。

第三项内容是为支持前面两项内容的附加材料，安排在本书最后部分的5个附录中。其中，支持第一项内容的附录包括附录1～2和附录4～5。附录1～2是读者需要查阅的关于责任准备金评估的相关监管规定，附录4是关于澳大利亚HIH公司破产案例中评估精算师的责任问题，而附录5则是将评估实务中的关键问题挑出来进行专门讨论。附录3的目的，更偏向于支持本书第二项内容或基于同样的理念，即非寿险方向的精算师要实现其价值，必须要具备开阔的视野，除了掌握正文中介绍的财务、风险、偿付能力管理等内容外，还需要对非寿险精算本身的发展历程和将来的发展趋势有所把握，包括所面临的困难和挑战等等。这同样是非寿险精算师义不容辞的责任。

总之，这本《非寿险责任准备金评估》的内容具有两个显著特点：第一是与相关法规和制度的联系十分密切，尤其是与会计准则和监管规定的关系相当紧密；第二是所覆盖的内容和领域相对较为宽广，很多内容与非寿险精算方向的其他考试课程都有较多联系，但却又难以将这些内容安排到其他课程中去。而这两个特点也正是编写这本考试用书的主要困难和挑战。

对于第一点，保险业务的责任准备金评估与保险企业会计准则密不可分，而我国会计准则当下正处于变革和完善的阶段。财政部虽然已经颁布了新的《企业会计准则第 25 号——原保险合同》和《企业会计准则第 26 号——再保险合同》，但一系列具体细节措施，包括新旧准则之间的衔接等问题，尚未完全得到落实，而且，我们希望与其趋同的《国际保险会计准则》（IFRS 4）也还没有正式颁布。这个问题必然成为本书的主要编写困难之一，我们将这部分尚未完全成形的内容编在第十章中，但显然还需要读者与编者协作，进一步对其进行跟踪和改进。

对于第二点，困难在于编者个人的知识基础，难以系统地把握本书既定目标下的三项内容及其内在联系，比如对第一项内容而言，大家普遍觉得关于责任准备金评估的随机模型和方法越来越受到业界重视，应该在传统的确定性方法中增加对随机方法的介绍。但随机模型的种类非常多，在缺乏系统研究和缺乏实践经验积累的前提下，对评估准备金的随机模型进行取舍并系统介绍绝非易事。类似的还有与之相关的经济资本方法、风险资本方法、动态财务分析模型等等，都是值得加紧研究和继续改进的内容。

也许，本书也在一定意义上反映了我国非寿险精算发展的实际情况：时间较短，发展很快；资源较少，要求很高。编者将继续努力，与编写组的同仁们一道，再接再厉，争取更多的业界和学界力量，将本书越做越好。

本书编写过程中得到了中国精算师协会的大力支持，在此特别感谢！

谢志刚

2011 年 4 月

目　录

第一章　非寿险责任准备金概述 …………………………………… (1)

§1.1　保险业务过程与责任准备金评估 …………………………… (1)
§1.2　责任准备金的构成和分类 …………………………………… (4)
§1.3　责任准备金评估目的与评估基础 …………………………… (8)
§1.4　影响责任准备金评估的因素 ………………………………… (12)
§1.5　非寿险责任准备金评估过程 ………………………………… (14)

第二章　评估数据处理与分析 ……………………………………… (20)

§2.1　非寿险业务险种分类 ………………………………………… (20)
§2.2　数据来源和使用 ……………………………………………… (27)
§2.3　数据要求 ……………………………………………………… (30)
§2.4　建立一个良好的数据系统 …………………………………… (33)
§2.5　数据分类整理 ………………………………………………… (36)
§2.6　数据检验 ……………………………………………………… (40)
§2.7　数据的流量组织形式 ………………………………………… (41)
§2.8　数据流量分析 ………………………………………………… (44)

第三章　已报案未决赔款准备金 …………………………………… (52)

§3.1　引言 …………………………………………………………… (52)
§3.2　逐案评估法 …………………………………………………… (52)
§3.3　平均值法 ……………………………………………………… (54)
§3.4　已报案未决赔款准备金评估的一致性 ……………………… (57)

第四章　IBNR 准备金评估 ………………………………………… (63)

§4.1　引言 …………………………………………………………… (63)
§4.2　链梯法 ………………………………………………………… (66)
§4.3　案均赔款法 …………………………………………………… (87)
§4.4　准备金进展法 ………………………………………………… (94)

§4.5 赔付率法 …… (102)
§4.6 B-F 方法 …… (112)
§4.7 Cape Cod 模型 …… (121)

第五章 未决赔款准备金的随机模型 …… (127)

§5.1 概述 …… (127)
§5.2 分析模型法 …… (129)
§5.3 模拟法 …… (139)

第六章 理赔费用准备金 …… (145)

§6.1 引言 …… (145)
§6.2 已付 ALAE 链梯法 …… (146)
§6.3 已付 ALAE 与已付赔款比率法 …… (147)
§6.4 平均日历年已付 ULAE 百分比法 …… (149)
§6.5 已付 ULAE 与已付赔款比率法 …… (150)
§6.6 基于操作过程的 Johnson 评估法 …… (152)

第七章 未决赔款准备金评估结果检验 …… (160)

§7.1 引言 …… (160)
§7.2 数据和相关信息的搜集 …… (161)
§7.3 数据的选择和重新安排 …… (162)
§7.4 数据的修正 …… (164)
§7.5 准备金评估方法的应用 …… (171)
§7.6 对评估方法的追溯检验 …… (176)

第八章 未到期责任准备金 …… (179)

§8.1 引言 …… (179)
§8.2 比例法 …… (180)
§8.3 风险分布法 …… (184)
§8.4 保费不足准备金 …… (185)
§8.5 特殊业务的未赚保费准备金评估 …… (192)

第九章 长期合同的未到期责任准备金 …… (194)

§9.1 引言 …… (194)
§9.2 评估方法 …… (195)
§9.3 充足性测试 …… (199)

§9.4 评估长期责任准备金的比例法 …………………………（212）

第十章 新企业会计准则下的责任准备金评估 …………………………（214）

§10.1 背景 …………………………（214）
§10.2 新企业会计准则下的准备金评估方法 …………………………（217）
§10.3 未到期责任准备金 …………………………（226）
§10.4 未决赔款准备金 …………………………（228）
§10.5 风险边际的计算方法 …………………………（229）

第十一章 再保险准备金评估 …………………………（237）

§11.1 概述 …………………………（237）
§11.2 再保险合同重大风险测试 …………………………（242）
§11.3 再保险未决赔款准备金评估 …………………………（248）
§11.4 再保险未到期责任准备金评估 …………………………（256）

第十二章 评估过程中的实际问题 …………………………（260）

§12.1 通货膨胀处理 …………………………（260）
§12.2 尾部因子估计 …………………………（265）
§12.3 未决赔款准备金评估的特殊处理 …………………………（269）
§12.4 后续事件对准备金评估的影响 …………………………（274）

第十三章 准备金精算报告 …………………………（277）

§13.1 精算师与精算报告 …………………………（277）
§13.2 准备金精算报告 …………………………（281）
§13.3 准备金精算报告的主要内容 …………………………（285）
§13.4 XYZ 公司非寿险业务准备金评估报告摘要示例 ………（291）

第十四章 财务规划 …………………………（304）

§14.1 概述 …………………………（304）
§14.2 预测内容 …………………………（307）
§14.3 动态财务分析 …………………………（313）
§14.4 资产负债管理 …………………………（319）

第十五章 全面风险管理 …………………………（322）

§15.1 保险公司的风险管理框架 …………………………（322）
§15.2 风险识别 …………………………（325）

§15.3　风险评估 …………………………………………………… (330)
§15.4　经济资本模型 ………………………………………………… (333)
§15.5　风险管理与内部控制 …………………………………………… (336)

第十六章　偿付能力管理 …………………………………………… (341)

§16.1　概念和框架 …………………………………………………… (341)
§16.2　最低资本 ……………………………………………………… (344)
§16.3　实际资本 ……………………………………………………… (354)
§16.4　动态偿付能力测试 ……………………………………………… (356)
§16.5　偿付能力报告 …………………………………………………… (362)

附　　录 ……………………………………………………………… (363)

附录1A　《保险公司非寿险业务准备金管理办法（试行）》 … (363)
附录1B　《保险公司非寿险业务准备金管理办法实施细则》…… (366)
附录1C　保险公司非寿险业务准备金报表 …………………… (375)
附录2　《保险合同相关会计处理规定》 ……………………… (389)
附录3　非寿险精算——技术进步与制度建设的协调发展过程 ……………………………………………………………… (393)
附录4　澳大利亚破产保险公司HIH的准备金问题…………… (410)
附录5　常见问题及其参考答案 ………………………………… (428)

参考文献 ……………………………………………………………… (436)

特别鸣谢 ……………………………………………………………… (441)

第一章　非寿险责任准备金概述

保险公司对其已经签署但责任尚未终了的保险责任进行评估，即责任准备金评估，这是保险经营过程中的关键问题，也是保险精算的核心问题。本章将概括介绍保险公司关于非寿险责任准备金评估的基本原理和评估过程，包括介绍与评估责任准备金密切相关的议题以及本书的逻辑架构。

§1.1　保险业务过程与责任准备金评估

1.1.1　责任准备金的概念

保险公司的责任准备金（Technical Reserves），是保险公司为了履行所出售的保单责任及其相关支出所作的资金准备，或者说是对保险公司有效保险合同的保险责任金额，是保险公司最主要的负债。

保险公司的经营过程与普通商业企业不一样，其特点是：业务收入发生在先，主要成本支出发生在后。保险公司根据大数法则的原理，承保大量同类的个别风险，并通过管理和运作客户预先缴纳的保费所形成的保险基金，达到分散风险和分摊损失的目的，同时也希望获取提供这种服务的商业利润。但是，保险公司的经营是负债经营，是在管理客户的钱，而对于究竟需要返还给客户多少钱，是难以预先确定的，或者说保险公司对客户的负债具有很大的不确定性。

保险公司的经营者最关注的问题莫过于，公司对客户的负债究竟有多大？

对于一份具体的保险合同来说，在合同没有到期之前，无法确定这份合同在保险期内是否会发生保险事故，是否需要理赔。即使保险合同已经到期，且在到期前已经发生了保险事故，但由于各种原因，比如需要打官司，保险公司也不一定很快能够结案。

对于具有一定规模的某一类保险业务来说，根据大数定律，赔付情况会相对比较稳定，但也不是可以完全确定的。

无论如何，保险公司都必须定期对各类保险业务的赔付责任进行评估，对其经营业绩进行核算。也正是由于保险公司负债的不确定性特点及其评估的技术困难，才需要通过法律途径，要求保险公司聘请经监管部门认可的精算专业人员来对其进行评估，并承担一定的职业责任。

【例 1－1】 保险业务的利润核算与责任准备金评估

某财产保险公司经营一种短期险业务，赔付金额是固定的，根据赔付程度大小分为 5 单位（千元）和 10 单位两个级别。每张保单的保险费都是 3 个单位，现有有效保单 1 万张。该保险公司现在想知道，这 1 万张保单有没有承保利润？假定根据过去经营这类业务的经验统计，每张保单不会发生保险事故的概率是 2/3，如果发生保险事故，理赔 5 单位和 10 单位的概率均为 1/6。

分析：按照“承保利润＝业务收入－业务成本”的原理，分别核算收入与成本。

很显然，保单销售收入为 3 万单位。但这 1 万张保单的成本是多少呢？

对于保险公司来说，开发、销售和管理保险合同的成本并不是主要成本，主要成本是支付保单持有人随时可能发生的理赔支出。为了简单起见，这里假设保单开发成本、销售和管理费用均为零，只考虑理赔支出。

在出售保单时，理赔是否发生、发生时间、支出金额都是未知的。只能根据大数法则来估计理赔成本。按照题目中提供的假定，这 1 万张保单的平均赔付额约为：

$$\text{平均赔付额} = (5 \times 1/6 + 10 \times 1/6) \times 10\ 000 = 25\ 000\ (\text{单位})$$

那么，能否认为出售这 1 万张保单的承保利润是 30 000 － 25 000 ＝ 5 000单位呢？

这是一个实质性的问题！我们先简单分析一下这个问题。

首先，这批保单的平均赔付额（2.5 万单位）只是一个期望值，而实际理赔金额并不会正好等于它。用概率的语言来说，在分布呈对称的情况下，实际理赔额有 50% 的可能性超过期望值，也有 50% 的可能性低于期望值。如果保险公司将 5 000 单位作为利润分配给股东，公司留存的 2.5 万个单位将有 50% 的可能性不足以支付理赔！

其次，如果不将这 2.5 万单位作为赔付成本，又该将什么数额作为赔付成本呢？换句话说，如果 50% 的把握（置信水平）不够，究竟要多大的把握才够呢？置信水平越高，对应的赔款估计值也越大，这种对应关系经计算后如表 1－1 所示。

表 1－1 不同置信水平下的赔款估计额

置信水平	对应的赔款估计额
50%	25 000
65%	25 150
75%	25 260
90%	25 490
95%	25 630

从表 1－1 中看到，对将来赔款支出的估计依赖于所赋予的置信水平，如果觉得 50% 的置信水平不够，要求达到 75% 的置信水平，那么对应的赔付额就应该是 25 260 单位。谨慎程度要求越高，估计值也就越大。

我们先不对赔款支出究竟取什么值作出结论，只是通过这个例子明确：保险业务的利润核算，取决于对赔付成本的合理估计。但将来的赔款支付是一个不确定的量，只能在一定的假设下对其进行估计。这个不确定的量即为责任准备金，一旦对责任准备金的大小进行了某种评估，承保利润（不考虑税收）的公式就可改写为：

承保利润＝业务收入－业务成本

＝保费收入－责任准备金－保单相关成本－已付赔款

由于前期成本与已付赔款为确定性变量，较容易计量，因此，公司核算利润的关键就在于合理的评估责任准备金。

1.1.2　责任准备金的评估

什么叫合理的责任准备金评估呢？

这里先从一种特殊的视觉来解释这个问题。从例 1－1 中可看到，这笔保险业务的成本、特别是赔款支出是不确定的。当我们把这个不确定的量定义为“责任准备金”后，它仍然是不确定的，是一个随机变量。评估责任准备金，就是对这个随机变量的分布或分布性质进行估计。

从数学角度看，对于随机变量，应该用概率统计的语言来描述它，最常用的描述方式是：有 $(1-\varepsilon)\%$ 的把握说将来的赔款支出会落在区间 $(y-m, y+m)$ 内。这 $(1-\varepsilon)\%$ 称为置信水平，y 是一个确定的（估计）值，通常称为“最佳估计值”。这样一来，合理评估责任准备金的关键，就是要在恰当的一个置信水平 $(1-\varepsilon)\%$ 下，确定最佳估计值 y 和反映其不确定性的区间边界 m。

究竟选择什么置信水平呢？如何确定最佳估计 y 和反映不确定性的边界 m 呢？这又要看你站在什么角度或立场、为了什么目的而评估责任准备金。

如果站在保护客户利益的立场或从保险监管的角度，当然不能只以 50% 的把握保证赔款支付责任，不能让保险公司将 5 000 单位的钱作为利润拿走了。

如果站在保险公司股东的立场，50% 对应的赔款支出是一个期望值，是一个统计学上的“无偏估计”或“最佳估计”值，凭什么要偏向于客户的利益呢？

总之，对保险业务的责任准备金的评估，不仅仅是一个技术问题，更是一个如何协调各利益方的利益，共同制定规则的事情。只有先解决了规则问题，才能落实到具体的技术环节上去。我们从保险公司财务报表或精算报表中看到的准备金，是这些报表中最重要的科目之一，被记录为一个确定的数值，但这个数值背后，却隐含着不同评估规则下不同的谨慎程度、不同评估方法的评估差异以及精算师基于过去经验基础上作出的职业判断等等。

§1.2 责任准备金的构成和分类

1.2.1 保险事故与责任准备金分类

责任准备金是相对于某一评估时点而言，对保险责任尚未终了的保单责任的估计值。在某一特定时点上，保单责任究竟包含哪些具体内容呢？最好从一张保单的生命周期来加以分析。

非寿险业务大多为短期合同，保险期限通常为一年。我们以一张一年期保单为例，如图 1-1 所示，一张保单从约定的生效日（2010 年 5 月 1 日）开始，一年后（2011 年 4 月 30 日）期满结束。保险公司通常要以每年的最后一天（12 月 31 日）作为会计评估日，对保险业务进行核算并编制报表。而评估日正好处于保单有效期之内。

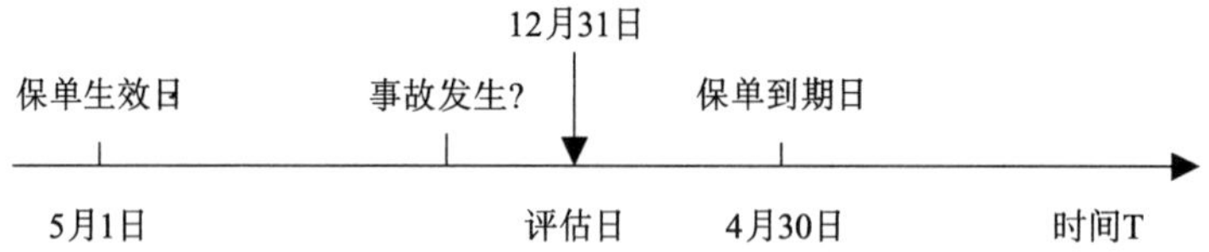

图 1-1 责任准备金分类的成因

以评估时点为界，对于一张保单来说，要么已经发生了需要理赔的保险事故，而且赔付责任尚未了结；要么还没有发生需要理赔的保险事故，或者事故责任已经了结了。以此为参照，保险合同或保险业务的责任准备金，也分为两大类，分别称为“赔款责任准备金”（Claims Reserve 或 Loss Reserves）和“保费责任准备金”（Premium Reserves）。

- **保费责任准备金**是对所有有效保单而言的，即针对在评估时点尚未到期的全部保单，需要为这些保单所对应的“未到期责任”进行评估并作为负债入账。在我国现行企业会计准则下，称其为“未到期责任准备金”，对应的英文术语相当于“Unexpired Risk Reserve（URR）”。从另一角度看，保险人在评估时点前陆续签售的保险合同，其对应的保险费在合同刚开始生效时（起保时点）完全不是保险人的钱，随着承保时间的推移，保险人在逐渐“赚取”这些保险费，直至保险合同到期。因此，评估时点是一个时间分界线，将有效保单的保费分为两部分，“已赚”部分和“未赚”部分，后者显然应该作为负债入账，称为“未赚保费准备金”（unearned premium reserve）。

● **赔款责任准备金**是针对已经发生了保险事故，并且在评估时点还没有结束赔付责任的保险合同而言的，保险人需要为这些事故责任准备向保单持有人履行赔付责任以及准备支付赔付过程中所发生的费用。在我国现行企业会计准则下，称其为“未决赔款准备金”，对应的英文术语为“outstanding claim reserves”，具体包括“已发生已报案未决赔款准备金”（reported claim reserve or case reserve）”、“已发生未报案未决赔款准备金”（incurred but not reported，IBNR 准备金）和“理赔费用准备金”（claim adjustment expenses reserve）。此外，理赔费用准备金也可以进一步分为直接理赔费用准备金和间接理赔费用准备金。

总之，非寿险责任准备金可以按照有效保单在评估日是否需要考虑理赔责任分为两大类，简称为“保费责任准备金”和“赔款责任准备金”。

1.2.2　保费责任准备金

保费责任准备金是在评估日对有效保单未到期部分的保险责任所作的资金准备。但如何看待这部分未到期责任（参见图 1－2），有两种不同的方式。

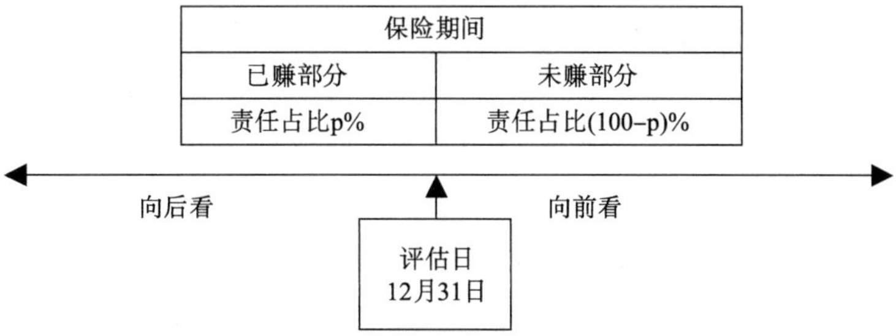

图 1－2　保费责任准备金示意图

（1）向后看（retrospective approach）：看评估日之前已经承保了多长的期限，即全部保费中有多少是“已赚保费”？剩下的就是未赚保费，将其作为责任准备金，称为“未赚保费准备金”（unearned premium reserve，UPR）。

（2）向前看（prospective approach）：看评估日至保单到期日这段保险期间，到底会有多大的保险责任，需要为此作多少资金准备？将其称为“未到期责任准备金”（unexpired risk reserve，URR）。这种方法显然比向后看更为谨慎，事实上，按照向后看的方式，已经向客户收取的保费可能不足以支付未到期风险责任。为此，还需要在未赚保费准备金的基础上，计提“保费不足准备金”（premium deficiency reserve）。比如，某保险公司在年度末对某项保险业务进行评估时发现，该业务年度内的赔付率已达120%。这时，公司通常会有两项措施，一是从下一年度开始调高费率，二是在年度内未赚保费准备金基础上，再提取保费不足准备金。

值得注意的是，不同国家和地区对保费责任准备金的分类和称谓可能不同。特别容易混淆的是“未赚保费准备金”、“未到期责任准备金”及“保费责任准备金”（premium reserve）。中国保监会在2004年年末发布的《保险公司非寿险业务准备金管理办法（试行）》（保监会令［2004］第13号）以及紧随其后的《保险公司非寿险业务准备金管理办法实施细则》（保监发［2005］10号）中，所定义的“未到期责任准备金”相当于上文中的“未赚保费准备金”，计提之后还需要对其充足性进行测试，并可能在测试基础上再计提保费不足准备金。但现行的、按照新会计准则操作的精算实务中，“未到期责任准备金”是指经过测试之后所计提的准备金，相当于国外所称的“保费责任准备金”（premium reserve）或所谓“未经风险准备金”（unexpired risk reserve，URR）。所以，以上称谓特别容易混淆。

1.2.3 赔款责任准备金

赔款责任准备金是为在评估日之前已经发生了保险事故但还没有完全结案的有效保单所作的资金准备，包括支付给保单持有人的赔款和支付理赔过程中发生的费用。实质上就是以评估日为时点，对因保险事故引起的全部支出进行合理的估计。这项工作是评估责任准备金的重点和难点，也是精算人员工作的核心内容之一。

要对保险事故所导致的全部赔付或最终赔付（ultimate loss）作出合理的估计，首先需要对保险理赔过程有清楚的了解。仍以一张个别的保单为例，假设它在保险期内、评估日之前发生了保险事故，我们来看理赔过程的各个环节，见图1－3。

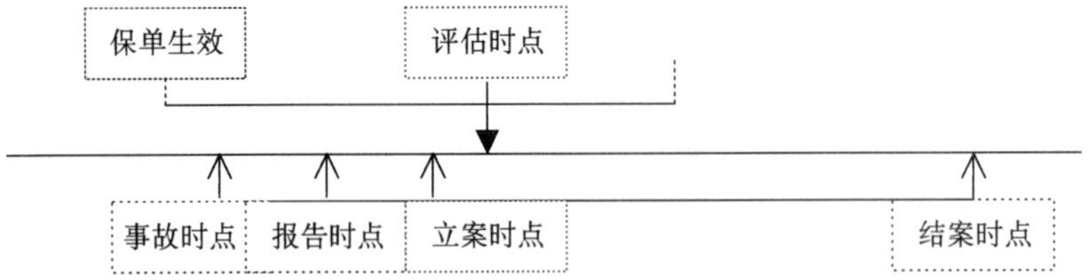

图1－3　报告延迟和理赔延迟

通常称发生保险事故的时间点为**“事故时点”**（incurred time）。事故发生后，当事人一般会需要一定的时间才能将该保险事故报告到所投保的保险公司，称这一时点为**“报告时点”**（reported time）。这样，从事故时点到报告时点之间的这段时间称为**“报告延迟”**（reporting delay）。其实，保险公司在接到投保人的报案后，还需要一段时间进行登记、查对保单凭证、判断或派查勘人员进行查勘后才将该保险事故正式立案，称这一时点为**“立案时点”**（registration time）。在实务操作中，通常把立案时点就作为报案时点。

立案后，保险公司会对该事故进行定损和理赔核算的处理，经与保单持有人相互认可后向其理赔，称这一时点为**“赔付时点”**（payment time）。支付赔款后，保险公司可能也需要一点时间进行账面登记，然后正式结案，称这一时点为**“结案时点”**（settlement time）。同样，实务操作中通常将赔付时点等同于结案时点，将立案到结案这段时间称为**“理赔延迟”**（settlement delay）。

简单地说，一次保险事故的理赔过程主要受到报告延迟和理赔延迟两种延迟因素的影响。因保险业务的性质不同，影响程度相差甚远。按照延迟期间的长短，可以将保险业务分为**长尾业务**（long tail）和**短尾业务**（short tail）。因此，评估责任准备金需要按照不同险种类型或根据风险特点进行归类评估。

以机动车保险为例，通常是一年期保单，包括车损险和第三者责任险。发生交通事故后，如果不是发生在偏远地区，一般会较快报告到保险公司的报案中心。保险公司可以较快查勘现场并作初步处理，立案较快。而且由交警对事故定责，由专业人员或汽车修理机构对车辆赔付情况定损，对车损险部分的理赔会比较快，因此车损险属于短尾业务。但如果该事故伤了人，需要理赔第三者责任险，而伤者可能需要住院检查、治疗、护理，甚至需要上诉法院打官司，理赔过程就会相当长，属于长尾业务。

保险实务中，所出现的情况可能会比以上简单的分类要复杂很多。比如，对于已经结案的赔付，保单持有人也可能发现新的情况和证据而再次索赔。但总的来说，可以把保险事故引起的赔款责任准备金分为三类：第一类是已发生已报案未决赔款准备金；第二类是已发生未报案未决赔款准备金（IBNR）；第三类是理赔费用准备金。

1.2.4　其他准备金

以上提及的保费责任准备金和赔款责任准备金，都与某一类具体的保险业务或险种有关。除此之外，保险监管部门可能还会另外再规定保险公司计提一些别的责任准备金。国际上，最常见的两种责任准备金是巨灾准备金和平衡准备金。

巨灾准备金是保险公司为了预防特大自然灾害和意外事故所造成的巨额赔付而计提的一种准备金。一般来说，巨灾赔付发生的机会很小，但一旦发生，一般中小型保险公司或区域性保险公司，甚至大型保险公司将难以承受，提取巨灾准备金可以在一定程度上应对这样的风险。

我国保险业目前没有采用“**巨灾准备金**”的概念，只有一个称为“**总准备金**”的概念被用于相同目的。但根据我国保险业的现行有关规定，总准备金在税后利润中计提，其实质上是被监管部门限制了使用目的的“利润”，而不是保险公司对客户的负债。因此，我国保险公司的总准备金不是责任准备金。

平衡准备金是针对保险业务状况的周期性特点而设立的，是保险公司为了平滑赔款的随机波动，消除大额索赔逐年波动对各会计年度经营成果的影响，而向保险监管部门申请计提的准备金。

同样，我国保险业也没有采用平衡准备金的概念。而且，按照当前《国际保险财务报告准则》（IFRS 4）的初步要求，保险公司计提巨灾准备金和平衡准备金的情况正不断受到限制。

监管部门还可能因为一些保险业务的特殊性质而专门设立特殊的准备金，如健康险中的一些特殊的准备金科目。但目前我国还没有相关的规定。

1.2.5 小结

如上所述，保险公司的责任准备金是指为履行保险业务的支付责任而作的资金准备，是保险公司最大的负债。保险公司除了为此目的作资金准备外，可能还会为其他事项提留准备金，比如，保险公司在进行投资时，可能会计提“投资风险准备”或“坏账准备”，但这些不属于责任准备金。又比如，上节中提到的“总准备金”，按说是用于理赔支出的，但由于在税后提取，不作为负债，因此也不算责任准备金。另外还有一个科目，即保险公司的保险保障基金，该科目是在税前的自留净保费中提取，但目的却不是直接用于保险业务相对应的保险责任，而是上交并由监管部门管理，用于救济发生偿付能力危机的保险公司以及对客户提供一定保护。因此，保险公司的保险保障基金，虽然是负债科目，但不属于责任准备金负债。

保险公司中，精算责任人的主要责任就是评估责任准备金，更主要是评估未决赔款准备金，特别是 IBNR 准备金，这也是本书关注的重点。

§1.3 责任准备金评估目的与评估基础

1.3.1 评估目的

保险公司的责任准备金是公司负债的主要构成，其数量甚至可以超过保险公司年保费收入。因此，对其评估的准确程度将严重影响保险公司的经营、严重影响保单持有人和保险公司相关各方的利益，因而也受到各利益相关方和监管部门的高度关注。

对于保险公司来说，定期对准备金进行评估，主要有以下各项直接的需要：

1. 编制监管报表的需要

保险公司是受到严格监管的金融服务机构，监管机构最为关注的核心问题是保险公司是否有能力履行对保单持有人的承诺。而评估责任准备金的实质就是在评估保险责任，因而这是评估保险公司偿付能力的主要内容。在中国保监会《保险公司偿付能力管理规定》（保监发［2008］1号文）中，要求各保险公司除每年提交经过审计的偿付能力报告外，还须提交季度和临时偿付能力报告。其中，认可负债的核算是偿付能力报告的重要组成，具体按《保险公司偿付能力报告编报规则第6号：认可负债》进行操作。中国保监会《保险公司非寿险业务准备金管理暂行办法（试行）》（保监发［2004］13号）第四条规定，凡是经营本法所称非寿险业务的保险公司，应当遵循非寿险精算的原理、方法和谨慎性原则，评估各项准备金，并根据评估结果，准确提取和结转。并要求按照保监会规定编制《保险公司非寿险业务责任准备金报表》（见附录1C）。

2. 编制公开财务报表的需要

除监管报表外，保险公司作为商业企业，需要定期编制财务报表，有年报、半年报、季报和月报等。编制这些报表，无论如何都离不开对业务成本的核算，从而离不开对责任准备金的评估。对于上市公司而言，证券监管机构对保险公司的公开财务报表还有非常严格的监管和规定。如中国证监会就要求上市保险公司的负债评估必须聘请精算事务所的精算师进行评估。公开财务报表的使用者主要是公司外部的人员，包括小股东、潜在投资人、代理人、经纪人、外部审计和监管机构等。

3. 编制内部管理报表的需要

最关心公司财务和经营状况的莫过于代表股东利益的董事会和高层管理者，他们必须知道公司的经营情况，知道公司真实的财务状况。责任准备金自然也是保险公司真实财务状况评估的关键，除资产负债表、利润表等经典报表外，在业务计划和预算的编制中也必须考虑负债的估计。事实上，国际上经常有一些保险公司出现会计丑闻或破产倒闭的事件，多数与责任准备金的评估有关（见附录4）。

4. 公司进行产品定价的需要

在产品开发中为产品定价时，需要充分利用过去赔付数据预测保单负债。如果责任准备金被高估，费率水平也会相应升高，致使保险人在市场竞争中处于不利地位。相反，如果准备金被低估，费率水平偏低又可能会导致保险人偿付能力不足的危险。

5. 公司进行价值评估的需要

在金融服务越来越国际化的趋势中，保险公司所面临的一个重要议题就是需要不断地进行资本运作，不断地与其他金融机构进行兼并、合资或是买卖，不断地吸收战略投资者等等。进行这些活动时，有关各方无一例外地都会关心公司的价值是多少？因此，保险公司必须不断地评估自己的价值，包括资产和负债的价值。但如上所述，负债主要由责任准备金构成，而责任准备金是一个不确定的、动态的变量。

1.3.2 评估基础

如前所述，不同的机构和个人关注准备金的着眼点不同，因而评估准备金合理性的基础也会有所不同。总体来看，目前准备金评估主要有三种不同的基础，分别为通用会计基础、监管会计基础以及税务会计基础。

1. 通用会计基础

通用会计基础以保险公司能够“持续经营”为基本假设，目的在于向投资者、债权人、包括证券监管部门提供真实的、公允的、反映保险公司会计期间内的经营成果和财务状况信息。公认会计基础下，对准备金的评估采取较实际的态度，譬如允许将新保单的获得成本在保单期限内进行递延和分摊。

2. 监管会计基础

监管会计基础以监管保险公司的偿付能力风险为目的，不考虑保险公司将来的新业务对公司财务状况的影响，比公认会计基础更加谨慎，也称为“准清算”会计基础或“停止新业务”会计基础。对保险公司的资产、负债、所有者权益、收入、费用和利润等科目的确认和计量相对保守。例如，对各项责任准备金的计提一般不允许贴现，不允许对保单获得成本进行递延等等。

3. 税收会计基础

可以说税收会计基础介于通用会计基础与监管会计基础之间，通常是在通用会计报表基础之上作一些调整，规定相对灵活，甚至可以相互协商。原理是这样的：责任准备金作为保险公司的负债，相当于业务成本，在税前提取。如果多提准备金，保险公司就可以将税收递延甚至达到避税的目的。因此，国家税务部门会严格关注保险公司是否随意多提责任准备金，有的国家就要求保险公司编制用于税收目的的报表，而责任准备金及其相关费用的处理是关键问题。

此外，由于保险公司内部管理的需要，其管理层会根据内部管理决策对会计信息的要求，量身定做准备金的评估方法。它不受披露的约束，方法更为灵活。在此情况下，评估准备金的目的主要在于帮助保险公司各级管理人员改善经营管理，从而提高经济效益，其方法可以根据自身需要灵活变通，评估基础也会乐观一些。

1.3.3 评估准则

保险公司的精算人员在评估责任准备金时，以什么为标准呢？

我国自2007年起实行与国际趋同的新《企业会计准则》，其中第25号准则《原保险合同》和第26号准则《再保险合同》是专门针对保险业的，在此准则下，财政部和保监会还发布了《企业会计准则解释第2号》（财会［2008］11号）、《保险合同相关会计处理规定》（财会［2009］15号）等相关规定，对责任准备金的评估进行了较多的改革。保险公司评估责任准备金，首先要遵循国家的财务和会计制度。

另一方面，会计准则和相关的财务规范多是一些原则性的条例，对于评估责任准备金这项特殊的技术工作而言，往往会授权由保险监管部门进行具体的规定。

因此，保险监管部门会按照会计准则和财务制度的原则，根据评估目的，以“管理规定”、“编报规则”或“指引”的方式，对各项负债和资产的核算做出比较具体的规定。中国保监会自2004年12月颁布了《保险公司非寿险业务准备金管理办法（试行）》（保监发［2004］13号），以及随后的《保险公司非寿险业务准备金管理办法实施细则》（保监发［2005］10号）之后，又相继出台了多项与评估非寿险责任准备金有关的规定，比如《非寿险业务准备金评估工作底稿规范》（保监发［2010］54号）等。

其实，由保险监管部门制定的相关规定，也不够具体和精细。责任准备金的评估、特别是未决赔款准备金的评估工作，属于专门的精算工作，需要从事这项工作的精算人员严格按照精算职业的职业标准和指南来进行这项工作，通常是由精算师职业组织来负责制定这些准备金评估的精算实务标准和指南。但我国目前的精算师职业组织建设尚未达到这个水平。许多具体工作不得不由中国保监会相关部门代劳，组织推动这些标准和指南的制定。

总之，非寿险业务的责任准备金评估是非寿险精算的核心内容，但这项工作决不仅仅是一项“精算”工作，更不是一项单纯的数学工作，它与财务和会计核算密切相关。

会计方面，所涉及的具体问题包括在什么情况下计提的责任准备金不得贴现、什么时候可以贴现；长期合同的责任准备金在计算年度损益之前，是否按业务年度营业收支差额提存准备金；资产价值是否按市场价值评估；保单获得成本能否递延等。

精算方面，责任准备金的评估工作首先体现在对评估过程中的数据质量要求、模型选择等一系列不确定因素，也包括对未决赔款准备金进行通胀调整，以及建立明确的精算假设并承担相应的精算职业责任。比如对未赚保费准备金，必须进行充足性测试，如果发现不足，要建议公司提取保费不足准备金。在责任制度方面，包括说明险种或类别数据的完备性、准确性及数据中存在的问题；说明所采用的精算方法和模型依赖的重要假设；提供关于准备金评估的精算意见等。

§1.4 影响责任准备金评估的因素

责任准备金的评估实际上是根据过去的经验状况对未来的赔付情况来进行预测，但仅依靠历史数据预测未来赔付情况只能是初步的、粗略的预测，尤其是在数据质量受到限制的情况下，对未来赔付的预测结果将受到严重质疑。

因此，负责责任准备金评估的精算师必须对影响准备金评估的各种因素十分清楚，包括内部因素和外部因素，真正成为从事这项工作的专家。

1.4.1 内部因素

影响责任准备金评估的内部因素主要包括：业务的组合和规模；承保标准；费率水平；保单条件；索赔处理；延迟模式。其中，承保、费率、保单条件及索赔处理等因素是保险公司能够较好控制的，而业务组合和规模受到市场环境的制约，只能得到部分控制。

（1）业务组合和规模。在评估责任准备金时，精算师应充分了解业务组合、业务构成特征，并时刻关注它们的变化情况。譬如一家经营财产损失险和责任险的保险公司，如果责任险业务的比例提高，将会导致赔付模式延迟和平均索赔成本增加，从而改变索赔延迟模式和最终赔付率。同时险种业务规模的改变，也可能会改变整个业务组合，从而导致索赔延迟模式、最终赔付率和理赔速度发生变化，造成索赔处理模式的改变。另一方面，从统计的观点来看，业务规模的改变会影响估计结果的稳定性。

（2）承保标准。承保标准的变化会引起险种风险特征的改变，从而改变索赔频率和平均索赔成本。例如保险条款中的保单限额、免赔额的变化等会改变赔付额，赔付频率和案均赔款。承保的质量对责任准备金的评估具有重大的影响。如果降低承保标准，可以扩大业务的规模，但会增加索赔频率和提高平均索赔成本。相反，如果提高承保标准，则会缩小业务的规模。承保标准的改变所带来的影响难以量化，但在评估准备金时应考虑它对准备金带来的影响。

（3）费率水平。它的改变可看做是承保标准改变的一部分。引发费率变化主要有两个原因，其一是市场费率水平的改变，其二是保险公司承保策略的改变。市场费率水平改变会引起公司费率水平的调整，从而导致最终赔付率变化；保险公司承保策略改变也会使费率水平改变，最终会造成赔付延迟模式发生变化。

（4）保单条件。保单条件的改变，比如引入一套新的 NCD（无赔款优待）系统，对索赔频率、平均索赔成本及理赔方式都会产生影响。免赔额条款一般对索赔频率影响较大，对平均索赔成本影响则较小；保单限额对于索赔频率的影响较小，但对平均索赔成本的影响较大，因此在这些情况下，需要对预测的方法作相应的修正。

（5）索赔处理。保险理赔直接关系到最终赔付额的支出，对责任准备金有着重要的影响。因而必须从三个方面关注索赔的处理：其一是保险事故的记录，包括索赔、索赔受理、勘察、结案、重提赔案等的记录，这些记录的改变会扭曲数据或索赔模式；其二是在逐案估计中，逐案估计的基础（包括通货膨胀、风险边际等）和一致性非常重要；其三是理赔的一致性对理赔延迟具有重大影响，同时，部分赔付的案件、长时间未结案的案件及已结案但未赔付的案件对理赔的延迟模式也有影响。

（6）延迟模式。理赔延迟是产生赔款准备金的最主要的原因，也是导致评估赔款准备金的复杂性和技术困难的原因。赔付延迟随险种的不同而不同，有“长尾业务”和“短尾业务”之分，但赔付延迟还与保险公司的事故报告机制和理赔管理水平直接有关。选择不同的精算模型和方法来评估赔款准备金，会产生不同的评估值，在评估时应充分考虑该因素的影响。

此外，准备金评估还受到再保险类型、再保险摊回赔款是否能够实现、自留额等因素的影响。评估准备金时应对再保前业务和再保后业务分别评估，确定再保险对准备金的影响。保监会颁布的《保险公司非寿险业务责任准备金报表》也是这样要求的。

1.4.2　外部因素

影响责任准备金评估的外部因素主要包括：通货膨胀和其他经济因素，法律、政治及社会因素，气候与环境因素，会计准则等保险公司无法控制的因素。

（1）通货膨胀。通货膨胀对赔付成本有着较大的影响。当通胀率较高时，未来赔付支出也会相应增加，因此，在评估责任准备金时，必须要考虑通胀因素，尤其是对未决赔款准备金的估计。许多估计未决赔款准备金的方法都明确包含通货膨胀的处理，有些方法虽没有明确提出通胀的假设条件，却隐含了通胀趋势的考虑。如有必要，可采取一定的方法来预测通胀率。

（2）其他经济因素。其他经济因素指承保周期、投资收益、汇率等除通货膨胀以外的经济因素。承保周期直接影响保险需求和市场的保费水平，对承保周期的认识有助于评估人员对最终赔付率的预测。投资收益对未到期责任准备金的评估有重要的影响。对于有跨国业务的保险公司而言，评估准备金时则需考虑汇率的影响。

（3）法律、政治及社会因素。它们是造成索赔延迟和平均索赔成本变化的重要原因。新的法律或法律条款的改变会使索赔经验不连续，这种不连续会导致未决赔款准备金的预测变得更困难。例如，法院判决出于保护员工的目的，增加雇主责任险的补偿额度，从而使赔付金额整体上升。当然，社会因素对理赔也有较大影响，比如社会公众对职业责任险的意识增强，大部分长尾业务受到这些因素的影响，从而产生索赔延迟时间的增长和赔付金额的增加，这更促使理赔的延迟，增加了估计长尾业务未决赔款准备金的困难。

（4）气候和环境因素。气候和环境因素是产生巨灾和潜在索赔的主要原因，气候和环境的变化会使 IBNR 索赔变得更不确定，从而改变它的索赔模式。当气候变得比较恶劣时，比如长时间的暴风雨，对屋主保险险种而言，需要提取大量的未决赔款准备金。

（5）会计准则。如上节所述，会计准则的变更会对准备金的评估产生重大影响。不同的会计准则基础，对准备金评估要求的谨慎度会有所不同。目前，国际会计准则委员会正在讨论和制定新的《国际保险会计准则》（IFRS 4），这必将影响各国保险业对责任准备金的评估。

§1.5　非寿险责任准备金评估过程

保险公司责任准备金的评估过程可以分为制度过程和技术过程两个层面。

1.5.1　制度过程

在制度层面，主要是围绕评估责任准备金过程及其各主要环节上的责任制度。比如，谁应该对保险公司报表中的准备金数值负最终责任？谁应该对评估责任准备金的数据质量负责？谁应该对评估准备金使用的模型和假设负责？具备什么条件的人可以提供责任准备金精算评估报告？他与公司外部或内部审计师的关系是什么？所有进行这些工作的法规或依据是什么？

上述问题的答案，各国的情况可能不一样，特别是对非寿险精算师法定责任的要求不一样，这与精算师职业制度和财务、会计制度的发展水平直接相关。

无论如何，责任准备金是针对某一目的的估计值。因此，必须要有一套规则、责任制度和程序来尽可能保证这一估计的合理性，需要有明确的制度、原则和标准来估计责任准备金，需要明确公司专业人员、高级管理人员、外部监管者、职业机构、专业人士在评估责任准备金过程中的职责和作用。

比如，在保监会颁布《保险公司非寿险业务准备金管理办法（试行）》及其实施细则之前，我国财产保险公司对非寿险责任准备金负债的评估就是按照财政部颁布的《保险公司财务制度》，由保险公司财务人员负责提取的。

又如，在美国，监管会计基础下的责任准备金评估由精算人员和财务人员协作，在美国《监管会计准则》（SAP）的原则下编制（监管）财务报告（Financial Statements），财务主管对财务报告负责，但精算师根据美国精算学会编制的精算实务标准和指南编制财务报告中的准备金报表（Schedule P），提供精算意见（Actuarial Opinion）并签字，并编制支持和说明精算意见书的精算报告（Actuarial Report）。但最终对保险公司责任准备金负责的是公司董事会指定的代表，如总经理。

制度过程的内容主要体现于本书的第十三章“准备金精算报告”中，而通过第十章“新会计准则下的责任准备金评估”并与其他章节的内容比较，则可以看到评估规则的改变对精算工作的影响十分显著。此外，本书附录 4 中则介绍了一个真实案例，是关于澳大利亚一家著名非寿险集团公司破产及其责任准备金评估的问题。

1.5.2 技术过程

评估责任准备金的技术过程主要是围绕保单责任的“最终赔付”（ultimate loss），对各类业务进行恰当的分类和组合，并分别按毛保费责任和净保费责任进行估计。其中，比较特殊的技术处理是关于再保险及其摊回、理赔和管理费用的处置、残值和代位求偿权的影响，以及对估计值的折扣或贴现处置等。

评估责任准备金的技术过程如图 1－4 所示，主要包括以下几个环节：（1）确定评估目的并选择评估基础；（2）数据准备；（3）选择评估模型；（4）评估计算；（5）报告和披露评估结果。

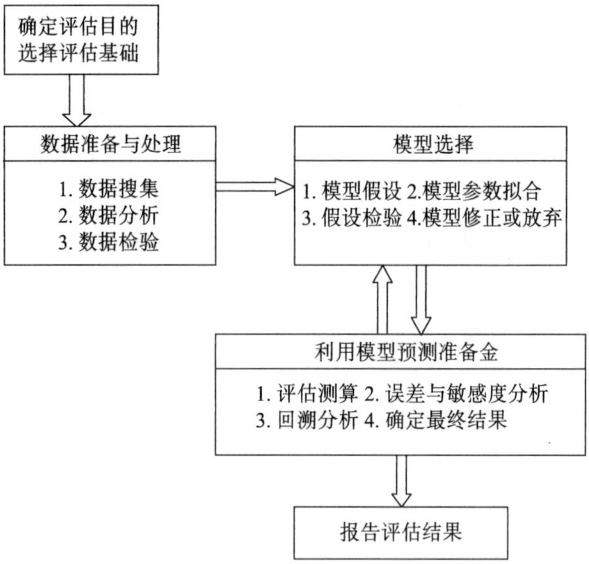

图 1－4　责任准备金评估过程

1. 明确评估目的并选择评估基础

如前所述，精算人员可能被要求评估用于不同目的的责任准备金。比如，保险公司按照保监会的规定，每年向保监会提交用于偿付能力监管的《准备金精算报告》，或评估用于填报保险公司《偿付能力报告》中“认可负债表”中的各项责任准备金科目。为此，精算师必须按照保监会的有关规定来评估责任准备金。又比如，国内某保险公司试图在美国纽约上市融资，按照美国的监管要求，该公司上市招股材料中需要有精算师关于责任准备金负债评估的精算意见书和精算报告。这时候，精算师必须按照美国对上市保险公司的要求，根据美国的相关会计和精算实务标准来评估责任准备金。

总之，责任准备金的评估目的决定了精算师所采用的评估基础、评估原则和方法。不同的评估基础对评估谨慎度的要求不一样，包括对费用的分摊、评估假设的限制等，会导致不同的结果。因此，必须首先明确评估责任准备金的目的是什么，再根据评估目的来选择评估基础。

2. 数据准备与处理

准备金评估过程中，数据的准备与处理是最基础、最必要的步骤。其处理、分析结果对模型假设、参数选择，甚至模型的选择都有极为重要的影响。准备金评估除了要求赔付额外，还要求几乎所有可能获得的数据，例如风险因素、费率因子、赔付通报日期等，既包括赔付额的数值数据，又包括业务发展和业务目标的描述性信息。因而准备金评估人员应尽可能获得广泛的数据，必要时应该经常和理赔员、承保人、理算员、IT 部门沟通交流。用来预测未来赔付的数据通常采用流量三角的形式列示。在数据存在缺失、不完整时，可通过回归、模拟技术预测不可获得数据，或者借助于行业经验数据和其他的外部经验数据，但同时必须考虑这些近似替代可能带来的误差。

数据分析方法的作用依赖于可获得的数据。精算实务表明，准备金评估之前，进行数据检验非常必要，并且精算师可以据此对准备金评估的准确性有一定了解。如果数据不准确，或者数据记录不一致，采用准备金评估方法所获得的未来赔付预测值会对准备金评估人员产生误导。因而评估前，必须进行数据检验，以发现异常数据并调整数据，使其和公开账目保持一致，或者和参照点保持一致。

本书第二章将详细介绍准备金评估过程中，数据信息的搜集、整理及检验。

3. 模型选择

责任准备金的评估方法多种多样，但每一种方法都有不同的模型假设，并会得到不同精确度和谨慎度的评估结果。所构造的模型应尽量简单，否则运行成本很高，结果难以解释，同时必须反映业务的风险、数据的可获得性和有限性，并且可以对其合理性进行独立检验。其中，应用最为广泛的准备金评估方法为链梯法。

模型参数个数的选择对模型的拟合效果有着重要的影响。根据实际经验，通常情况下，所选择的参数越多，则拟合程度越高，但可能会导致预测结果的稳定性较差。其原因在于即使一个数据发生较小的变化也会导致几乎所有参数的改变，这样一来，其预测结果必然会发生较大的改变。另一方面，由于我们所获得的数据有限，参数过多会导致模型过度参数化，从而赔付过程拟合会产生过多的噪声。因此，通常情况下，准备金评估人员需要在拟合优度和预测值的稳定性之间作出平衡。

许多统计技术可用来检验模型的假设和参数估计结果。然而基于链梯法的许多扩展模型都建立在广义的假设基础上，例如保险业务稳定、理赔速度不变及宏观经济环境较稳定等，这些假设条件并没有明确、科学、统一的界定或量化，评估时很多情况需要精算师的经验判断。因此，精算师在实际工作中对模型假设经常只做定性的检验分析，主要是保证评估过程的一致性。在上述假设条件发生显著改变时，模型假设完全不被数据所支持，模型彻底失去意义，精算师需要重新修正模型，甚至放弃原模型。

4. 利用模型预测准备金

采用模型估计准备金，计算相对比较容易。然而，即使评估采用的数据质量很高，也需要对评估结果进行检验，因为最终赔付结果要等到最后一次赔付完全结案时才能确切获知。其结果是，准备金估计值必然在某种程度上存在误差。即使逐年实际赔付的历史数据对模型的拟合程度很高，也只能表明准备金预测模型适合，并不意味着模型预测的准确性，因为未来赔付情况不可能是历史数据的完全反映，譬如法律判决等因素发生改变。因此，准备金评估人员在预测时，必须计算并分析预测值的均方误差，对任何显著的偏离结果，都必须对其作出相应的解释，必要时甚至需要修正准备金评估模型或评估方法。在预测值通过误差检验后，精算师通常还会对评估结果进行敏感性分析，以检验准备金在某个时点对较大赔付变动的抵御能力，假设赔付及费用（或赔付及费用率）发生变化（主要是增加），计算这一变化对准备金负债产生的影响。

模型选择及评估结果测算是准备金评估中的两个重要环节，应用于最终赔付额、未决赔款准备金、IBNR 准备金、理赔费用准备金的估计中，在本书第四、五章节中将重点介绍。第三章已报案未决赔款准备金评估结果是最终赔付额估计的一项重要的数据基础，因此作为准备金评估过程的基础。

模型的回溯评价主要是通过最近日历年实际赔付数据以及选择的进展因子，评价模型的适应性及预测效果，精算师据此判断未来预测准确性和偏差的程度，在本书的第七章中具体介绍。

第十二章主要介绍针对实际中可能遇到的一些特殊问题，采用的一些特殊处理方法。

第八、九章分别介绍短期和长期未满期保单的未赚保费准备金评估，具体过程与未决赔款准备金、IBNR 准备金、理赔费用准备金评估有所不同。

5. 报告评估结果

准备金评估结果最终以准备金精算报告的形式，为监管部门、公司决策层提供监管和决策的依据。准备金精算报告的内容包括：险种或类别的划分；数据的完备性、准确性及存在问题的说明；评估方法、模型及其变更的说明；精算方法和模型所采用的重要假设及原因；与上一次评估结果的差异比较及其说明；准备金评估结果的总结；附录及准备金报表。关于准备金编制原则、报告构成、精算师在准备金评估中的权利和责任、精算师的意见声明，在第十三章中会详细介绍。

6. 准备金评估与全面风险管理

对责任准备金的评估过程是一个技术与制度相互融合的过程。但准备金本身，只是保险公司负债的一个主要构成而已，不仅不是负债的全部，更不是保险公司经营成果的全部。对于保险公司的精算师来说，要真正做好准备金的评估工作，必须对保险公司的资产和负债的整体结构、包括业务流程及其对应的财务变化情况具备良好的把握，因此，本书最后三章，即第十四至十六章的内容，分别以保险公司的财务规划、全面风险管理、以及偿付能力管理这三个与准备金评估密切相关的内容为主题，以更宽广的视角，帮助读者更好的理解准备金评估与其他财务工作的内在联系。

第二章　评估数据处理与分析

数据信息的搜集、整理及检验是准备金评估的基础。数据的真实性、准确性、完整性直接影响责任准备金评估结果，在准备金评估中占重要地位。本章将详细介绍非寿险业务险种责任准备金评估中对数据处理与分析的基本过程。

§2.1　非寿险业务险种分类

责任准备金的评估过程，是一个对数据进行搜集、整理、计算、分析和报告的过程。如何对所需要的数据进行合理的分类、处理和检验是至关重要的。

影响准备金评估数据的因素包括内部因素和外部因素。内部因素包括险种类别、地域、保单条款变化、计算机数据系统、理赔政策及再保险方式等。比如，根据不同的险种类别，数据会存在不同的特征，譬如，责任险赔案的延迟时间明显长于财产损失保险，而其赔付成本的集中程度也低于财产保险。外部因素则包括诸如法规变更、经济和社会环境变化对数据的影响因素，如通胀率、特定产品的成本巨变等。

根据保监会《保险公司非寿险业务准备金管理办法实施细则》，非寿险业务指除人寿保险业务以外的保险业务，包括以下保险业务及其再保险业务：企业财产保险、家庭财产保险、工程保险、责任保险、信用保险、保证保险、机动车辆法定第三者责任保险、机动车辆商业第三者责任保险、机动车辆车体损失保险、机动车辆其他保险、船舶保险、货物运输保险、特殊风险保险、农业保险、短期健康保险、意外伤害保险、投资型非寿险以及其他类保险。

因业务险种类别的不同，风险特征会存在很大的差异。因而准备金评估需要按不同险种进行分类评估和报告。险种的风险特征主要指险种的出险频度、案均赔款、赔付模式、赔款的不确定性等特征。具体而言，险种的风险特征受到以下因素的影响：

（1）出险频度。一般来说，机动车辆保险和家庭财产保险，出险频度相对较高；其他险种，如公众责任保险和产品责任保险等，出险频度较低。

（2）案均赔款。除了少数险种（如意外伤害险）规定了固定的赔付金额，大多数险种都遵循补偿性原则，赔付成本不能预先确定，不确定性较大。另外，不同险种的赔付成本分布具有很大差异，这种差异尤其体现在财产类和责任类险种之间。赔付成本越高、潜在的不确定性越大，风险程度越高。

（3）赔付模式。延迟是产生未决赔款准备金的主要因素，引起延迟原因有多种，如保险事故发生到被保险人实际报告之间的报案延迟；保险公司收集事故的所有信息到评估损失金额之间的立案延迟；理赔完毕到实际支付赔款之间的支付延迟，等等。不同险种的赔付延迟时间差异很大，例如，企业财产保险、家庭财产保险、意外伤害保险和短期健康保险的延迟时间较短，保险公司能相对准确地评估其赔付金额；而责任保险则通常有较长的延迟时间，因为赔案时往往涉及法律问题，特别是有些涉及职业病和环境污染的责任保险索赔可能延迟数十年。一般而言，报案、立案和结案的延迟时间越长，未来实际赔款的不确定性越大。

（4）赔款的不确定性。不同险种的出险状况会随着气候、经济环境等的变化而改变，例如，受通货膨胀影响较大的险种，在通货膨胀意外增加时，将导致赔付风险的增加；另外，偶尔的大额赔案也会使赔付成本大大偏离正常情况。因此，任一险种在一年内的实际赔付成本很少与该险种赔付成本的理论分布相一致，导致准备金评估的难度大大增加。

下面从准备金评估的角度，介绍非寿险业务的主要险种。

1. 企业财产保险

企业财产保险是以投保人存放在固定地点且处于相对静止状态中的财产作为保险对象的保险，是我国财产保险业务中的主要险种之一。企业财产保险主要承保火灾以及其他自然灾害和意外事故造成保险财产的直接损失，其可保财产包括：属于被保险人所有或与他人共有而由被保险人负责的财产；由被保险人经营管理或替他人保管的财产；具有其他法律上承认的与被保险人有经济利害关系的财产。

从准备金评估的角度看，企业财产的损失较直观，理赔金额较易确定，由于报案延迟（即事故发生到事故报告之间的时滞）一般比较短，理赔速度一般也比较快。大部分财产损失保险事故在发生后 24 个月内能得到处理，因此，财产损失险业务通常被称为“短尾业务”。由于短尾业务的历史赔付数据积累较多，也更能体现其规律，评估短尾业务的准备金相对比较容易，评估值较为准确，可采用赔付率法或链梯法进行评估。

2. 家庭财产保险

家庭财产保险是以城乡居民的家庭财产作为保险对象的保险，主要承保火灾以及其他自然灾害和意外事故造成保险财产的直接损失，其可保财产包括房屋及其室内附属设备、室内装潢和室内财产等，还包括一些经被保险人与保险公司特别约定后也可承保的财产，如属于被保险人代他人保管或者与他人共有而由被保险人负责的上述各类财产，以及存放于院内、室内的非机动车农机具、农用工具等。

就准备金评估而言，家庭财产保险主要是短尾业务，出险时一般会迅速报告或索赔。对于结案方面的延迟，盗窃引起的小型索赔一般能迅速结案，而火灾引起的全损等较大索赔则需较长时间结案。即便如此，这种较大索赔的结案速度也比长尾业务如雇主责任保险的索赔结案速度快得多，准备金的评估相对也较简单。

3. 工程保险

工程保险的保险标的既包括工程本身的物质损失，还包括各方承担的责任与预期利润，也包括对公众可能承担的损害赔偿责任。工程保险包括以下险种：建筑工程一切险、安装工程一切险、机器损坏保险、承包商设备险、电子设备保险、核电站保险、海上工程保险以及机器损坏后的利润损失保险等。另外可投保附加险，比如第三者责任保险。工程保险是一种财产保险和责任保险的综合保险。

4. 责任保险

责任保险是指保险公司承保投保人在生产经营、业务活动以及日常生活中，因疏忽或过失造成他人人身伤害或财产损失而依法应对受害方承担的经济赔偿责任。与财产损失风险相比，责任风险具有更大的不确定性，所引起的损失没有上限。在我国，责任保险主要有以下几种：公众责任保险、产品责任保险、职业责任保险、雇主责任保险等。

（1）公众责任保险。主要承保被保险人在公众场所、运输途中或固定场所进行生产、营业或其他各项活动中，由于疏忽或意外事故造成第三者人身伤亡或财产损失，依法应由被保险人承担的经济赔偿责任。

（2）产品责任保险。主要承保产品制造者、销售者因产品缺陷造成他人人身伤害或财产损失而依法应由其承担的经济赔偿责任。

（3）雇主责任保险。主要承保被保险人（雇主）的雇员在受雇期间从事工作时因遭受意外而导致伤、残、死亡或患有与职业有关的职业性疾病而依法根据雇佣合同应由被保险人承担的经济赔偿责任。

（4）职业责任保险。主要承保各种专业技术人员因工作上的疏忽或过失造成合同一方或他人的人身伤害或财产损失而依法应由其承担的经济赔偿责任。

相对于财产损失保险而言，以上各种责任保险的索赔过程更为复杂，报案延迟时间一般较长，延迟到十年以上也很常见。在西方国家如美国的保险市场上，其雇主责任险业务中就发生了由雇员所患一种（类似于我国以前矿工中流行的矽肺病）“石棉沉积病”（asbestos）引发的索赔诉讼官司，而保险公司当初在签发该保险合同时，未曾料到该保险合同会带来如此巨大的保险责任及其理赔诉讼。因此，责任保险业务通常被称为“长尾业务”，其特点决定了责任保险的准备金评估比较困难。

5. 信用保险

信用保险是以在商品赊销和信用放贷中的债务人的信用作为保险标的，在债务人未能履行债务清偿而使债权人遭受损失时，由保险公司向被保险人，即债权人提供风险保障的一种保险。国内已有短期出口信用综合保险，中长期出口信用保险、国内信用保险（贷款信用保险、赊销信用保险、预付信用保险、个人贷款信用保险等）和特约出口信用保险等业务。

6. 保证保险

保证保险分为忠诚保证保险和确实保证保险两类。忠诚保证保险是雇主、雇员和保证人（即保险公司）三方的合同，雇主是保证保险的保单持有人，由雇主缴付保费，保险公司作为保证人，对雇员贪污、挪用、诈骗等不诚实行为而使雇主遭受的经济损失进行补偿。在确实保证保险中，保费由被保证人缴付，如果被保证人没有履行义务，保险公司（保证人）则有履行该义务的连带责任。

信用保险和保证保险含有许多异质的风险，而且它们都很容易受到综合经济情况的影响，所以索赔的发生更容易呈聚集的趋势。此外，此类险种缺乏足够的数据和信息，因此要求仔细、谨慎地评估准备金，具体方法可采用逐案估计法进行评估。

7. 机动车辆法定第三者责任保险

新的《道路交通安全法》第十七条规定：“国家实行机动车第三者责任强制保险制度”，对此，我国保险业的相应险种是机动车辆法定第三者责任保险。简称“交强险”，从 2006 年 7 月起开始实行，其主要特点是：基于法律的特别规定而开办，投保人必须对法律规定范围内的机动车辆第三者责任进行投保，保险公司不得拒绝承保；此险种不以营利为目的，在保费与赔付之间总体上应做到保本微利；由于是法定责任保险，该险种不得与其他保险捆绑销售；保费则由中国保监会做出指导性规定并随着经济发展适时调整。

8. 机动车辆商业第三者责任保险

与机动车辆法定第三者责任保险相同，机动车辆商业第三者责任保险也是承保被保险人或其允许的合格驾驶员在使用投保车辆过程中发生意外事故，致使第三者遭受人身伤亡或财产的直接损毁，依法应当由被保险人承担的经济赔偿责任。它与法定第三者责任保险相比具有的特点是：投保遵循自愿的原则；保险公司对是否承保、如何承保或保额大小均有选择余地；承保目的是集合危险，分散损失，取得利润；该险种可与其他险种捆绑销售；保险金额与保费，原则上由当事人协商确定等。

与其他责任保险相比，机动车辆第三者责任保险（包括法定第三者责任保险和商业第三者责任保险）的索赔更为普遍。第三者提出的财产损坏索赔具有与机动车辆车体损失保险的索赔相似的特征，相比之下，第三者责任保险人身伤害索赔的报告和理算有一定延迟，有时理算过程可能会花几年的时间。因此，准备金评估人员应对第三者责任保险中人身伤害索赔的延迟性有充分的考虑。

9. 机动车辆车体损失保险

机动车辆车体损失保险又称“车身损失险”，是指投保车辆在被保险人或其允许的合格驾驶员使用过程中，遭受保险责任范围内的自然灾害或意外事故，造成本车毁损，保险公司依据保险合同的规定，在保险金额范围内对被保险人进行经济补偿。

从准备金评估的角度看，机动车辆车体损失的索赔和第三者责任保险财产损失的索赔是短尾业务，而第三者责任保险人身伤害的索赔是长尾业务，这主要取决于下面两种延迟形式：（1）报案延迟。被保险人对车体损坏的索赔通常会迅速通知保险公司，保险公司也能迅速对其作出理算，而第三者人身伤害的索赔可能会延迟数月或数年，例如，受害人起初觉得伤势是暂时的，但是后来却越来越恶化；或者由于在后来的常规体检中检查出了身体的异常等；（2）结案延迟。车体损失索赔的立案与结案之间的延迟时间较短，而由于确定伤害的程度、评估康复的速度等都需要时间，第三者人身伤害索赔的结案可能需要很长时间。对于积累的赔付数据已经体现出某种规律的短尾业务如机动车辆车体损失保险来说，可以采用链梯法评估准备金；对于长尾业务如机动车辆第三者责任保险，由于开展时间较短，业务量较小，可以采用逐案估计法评估准备金。

10. 机动车辆其他保险

机动车辆其他保险主要指机动车辆保险的各种附加险，目前我国只有在投保了机动车辆主体险的基础上方可投保此类险种。在投保了车体损失保险之后可以投保全车盗抢险、玻璃单独破碎险、车辆停驶损失险、自然损失险、新增设备损失险等附加险；在投保了第三者责任保险之后可投保车上责任保险、无过失责任保险、车载货物掉落责任保险等附加险；在投保了车体损失险和第三者责任保险的两个主险之后可投保不计免赔特约险。

从准备金评估的角度看，这类险种同样可分为“短尾业务”和“长尾业务”，车体损失保险的各类附加险属于“短尾业务”，第三者责任保险的各类附加险属于“长尾业务”，准备金评估人员应分别进行评估。

11. 船舶保险

船舶保险主要承保船舶在航行或停泊期间因意外事故或水上灾难所造成的船舶损失。我国的船舶保险分为全损险和一切险，全损险承保被保险船舶因遭受海上风险、火灾或爆炸、船员疏忽行为等保险范围内的风险而造成的全部损失；一切险除承担全损险的保险责任外，还负责这些风险给船舶造成的部分损失，以及碰撞责任、施救费用、共同海损和救助的保险责任。

12. 货物运输保险

货物运输保险是以各种运输货物作为保险标的，承保货物在运输过程中因遭遇各种自然灾害或意外事故所造成的经济损失。根据运输工具的不同，我国的货物运输保险主要有水路、铁路、公路和海上货物运输保险。

13. 特殊风险保险

特殊风险保险是财产保险的重要组成部分，所涉及的领域为能源、交通等关乎国家经济发展的重要产业，主要包括航空保险、航天保险、石油保险和核电站保险等。

（1）航空保险。航空保险负责承保因自然灾害或意外事故所造成的飞机机身损失、被保险人对旅客或第三者财产损毁或人身伤亡依法应承担的赔偿责任。航空保险主要包括飞机机身险、飞机第三者责任保险、旅客责任保险。航空保险的突出特点是：高价值、高风险、高技术；再保险和共同保险必不可少；国际航空保险市场影响大。

（2）航天保险。随着一个航天项目进展的不同阶段，航天保险分为火箭和卫星制造阶段的保险、发射前保险、发射保险和卫星在轨寿命保险。

（3）石油保险。石油保险承保与石油作业有关的风险，因具体保险标的不同而风险差异很大。石油保险包括移动式钻井平台保险、平台钻井机的保险、井喷控制费用保险、海上石油开发工程建造安装保险、平台保险、管道保险、工作船保险、石油与天然气钻井设备保险、第三者责任保险和保赔责任保险等。

（4）核电站保险。核电站从建设期到营运期的主要险种有：海运险、建造安装工程险、第三者责任保险、雇主责任保险、核责任保险和核物质损失险等。

14. 农业保险

农业保险是对种植业、养殖业在生长、哺育、成长过程中因自然灾害或意外事故所造成的经济损失提供经济保障的一种保险。农业保险可分为种植业保险和养殖业保险两大类。与其他产业相比，农业保险具有许多不同特点，如自然风险大、生产周期长、投资回报慢、地域性强等。这些特点表明，农业是社会效益高、自身效益低的基础产业，也是风险因素多、难以稳定发展的弱质产业。因此，农业保险是一个政策性较强、高赔付率、高风险的险种，准备金评估人员应当注意到农业保险的赔付特征具有地域性、季节性、高度集中性和易形成巨灾风险性。

15. 短期意外伤害保险

短期意外伤害保险的含义是，在保险期限内因发生意外伤害事故致使被保险人死亡或残疾，由保险公司按照保险合同的规定给付保险金。人身意外保险的保险责任主要有意外死亡给付、残疾给付和医疗费用给付。相对其他寿险产品而言，意外伤害保险的死亡保险金额通常较高。从统计的角度来看，短期意外伤害保险所保障的风险相似，风险同质性较强，为准备金的准确评估提供了前提。

16. 短期健康保险

健康保险是以人的身体为保障对象，以被保险人在保险期限内因患病、生育所致医疗费用支出和工作能力丧失、收入减少以及因疾病、生育致残或死亡为保险事故，保证被保险人在疾病、生育或意外事故所致伤害（死亡）时的所需费用或损失获得补偿（给付）。健康保险一般采用不定额保险和定额保险两种方式。保险公司经营的健康保险是一年及一年以内的短期健康保险，一般包括医疗保险、疾病保险和收入保障保险等。

（1）医疗保险。也叫“医疗费用保险”，是指由保险公司承保被保险人因疾病或生育时支出的医疗费用损失。其中，费用包括医生的医疗费和手术费、药费、住院费、护理费、检查费和医疗设施的使用费等。医疗保险的给付方式一般有定额给付、补偿方式和提供医疗服务三种。

（2）疾病保险。是指以疾病为给付条件的保险，如重大疾病保险、特种疾病保险等。是当被保险人罹患合同约定的疾病时，按投保金额定额给付保险金以补偿被保险人损失的保险。

（3）收入保障保险。又称“丧失工作能力补偿保险”、“收入补偿保险”，是对被保险人因疾病或遭受意外事故而导致残疾、丧失部分或全部工作能力而不能获得正常收入或使劳动收入减少而造成的损失进行补偿的保险，它不承保被保险人因疾病或意外伤害所发生的医疗费用。在国外，收入保障保险按保险责任期限的长短可以分为短期收入补偿保险和长期收入补偿保险，前者是因保单生效两年内发生意外事故或疾病造成收入损失而给付保险金，大部分保单的给付期限为 13 至 36 周。后者的给付期限较长，因疾病造成的工作能力丧失可给付到 65 岁，因意外事故造成的工作能力丧失可以终身给付。

§2.2　数据来源和使用

2.2.1　数据来源

保险公司分析的数据分为公司自有的内部数据和来自于行业的外部数据。

内部数据主要是保险公司过去销售业务的经验记录及其积累，包括从投保单上收集的保单信息、保费信息以及赔案信息等。保险公司在评估责任准备金时通常要使用到这些内部数据，然而，保险公司并非总能具备充足有效的内部数据，此时可考虑采用一些外部数据，即行业数据。

行业数据指的是由特别机构收集和汇编的数据，如监管机构、各类保险行业协会、精算师协会等。此外行业数据还可以从再保险公司或公开的会计报表中获得。需要注意的是使用该类数据能增加用于分析的数据数量，但不一定能提高数据的质量。

2.2.2　数据使用

1. 数据用途

保险公司的保单数据和赔案数据，除了可以用来评估责任准备金以外，还可以用于管理经营、会计做账、编制法定报表、投资策略和绩效分析、财务控制和信息管理、风险管理、经验统计、费率厘定和产品成本计算、市场营销和资本建模。

不同用途之间存在着一定相互关系，甚至是冲突关系，这种关系随保险公司的不同而有所不同。但对基本数据的要求是类似的，一般希望通过一个完整的数据系统来控制数据的不同用途，这样可以减少数据损坏的可能性，减少不同产品、不同阶段信息处理方法不一致的可能性，而且能更好的控制或修改数据信息，获取数据也更容易，不需要花费时间来对照和协调从不同系统中取出的数据。然而在实际中通常是不能实现的，特别是对于那些通过合并来发展自身的保险公司，它们的系统很难协调一致。

2. 数据使用者

一般情况下，一个数据系统的开发团队必须包括以下部门的代表：高级管理层、财务部、核保部、理赔部、市场营销部、投资部、精算部、信息技术部和再保险部。

这些部门都是数据的使用者，它们通常对数据的质与量有着不同的要求。在研发一个系统时，必须充分考虑它们的不同要求。例如，市场营销部门可能只需要一些基本的数据信息用于他们的宣传材料，而另一方面，精算部门需要非常详细的数据信息来重新厘定费率。这些不同的要求会导致某些冲突，例如一些部门不愿意承担超过它们需求的系统开发的成本，这会使得开发出来的系统可能不包含精算分析所需要的详细信息。

3. 数据使用的限制

保险公司需要充足的信息来确定每个保单的保单持有人所提供基本的资料。这些信息可以用于交叉销售、客户关系管理和客户终生价值评估等等。为了做到这些，可能需要交叉参考不同的客户数据库，例如要确定哪些机动车投保人同时也投保了家庭财产险。这些信息可能不是直截了当的，如果信息的记录方式是不完全相同的，则可能无法建立这些连接。如果所有业务险种在同一个完整的数据系统中管理，则能更容易的获得不同产品保单持有人的信息。

然而在以这些方法使用数据时需要小心，因为使用这些数据会受到相关保密规定的限制。违反这些法规可能会引起诉讼和不利的影响。保险公司可能需要获得许可才能使用个人的数据。

数据的保护无论是对个人客户还是商业客户都是很重要的。许多国家都有明确的法律来保护人们的个人信息。并且许多商业被保险人提供给保险公司的数据在商业上是很敏感的，因此保险公司系统的任何不安全都可能严重的损害保险公司的利益或名誉。

数据保护法可能涉及公司应保留哪些数据以及能使用哪些数据。它还可能要求保险公司任命特定的人来负责某些方面的数据搜集、处理、使用或负责所持有数据的正确性。第三方，如咨询公司，在使用保险公司提供的个人数据时应遵循一定的准则。这些准则包括详细说明如何使用个人数据和在使用过后如何销毁所有的个人数据。

保险公司还应制定程序来保证数据的安全并且确保数据只为适当的目的而使用，如制定关于安全储存和传输数据的规则等。

2.2.3 外部数据的使用

本节开始已提过，在评估责任准备金时，若保险公司没有充足有效的内部数据，则需要使用外部数据，即行业数据。行业数据不仅可以用来帮助公司评估责任准备金，还可以用来检验公司使用内部数据得到的评估结果，检验的方式有两种，一种是把行业数据作为一种基准进行比较，另一种是检验保险公司自有结果的可信度。通常保险公司使用内部数据得到的结果与使用行业数据得到的结果是不同的，因此需要通过这个检验步骤来识别这两种结果之间的差异，并理解这些差异。

行业数据在责任准备金评估中的使用可以归纳为 3 个步骤（如图 2 – 1 所示）：

步骤1：保险公司需评估其特定保险业务组合（或无差异的风险组合）中是否有适当的、完整的和准确的数据可用于评估保险资产和负债的最优估计。

步骤2：评估在公司或集团内部是否有其他有用信息，可以用来补充其特定保险业务组合（或无差异风险组合）的信息。例如，来自于其他具有相同风险的业务组合的数据。保险公司需评估这些数据是否合适于其目的。

步骤3：如果相关的自有数据不充足，保险公司不得不考虑使用相关的外部数据资源，例如保险行业数据。这些数据可以是来自于私人或公共资源。即使是在保险公司拥有充足的自有数据测算最优估计的情况下，这些外部数据也可以提供有用的基准信息。

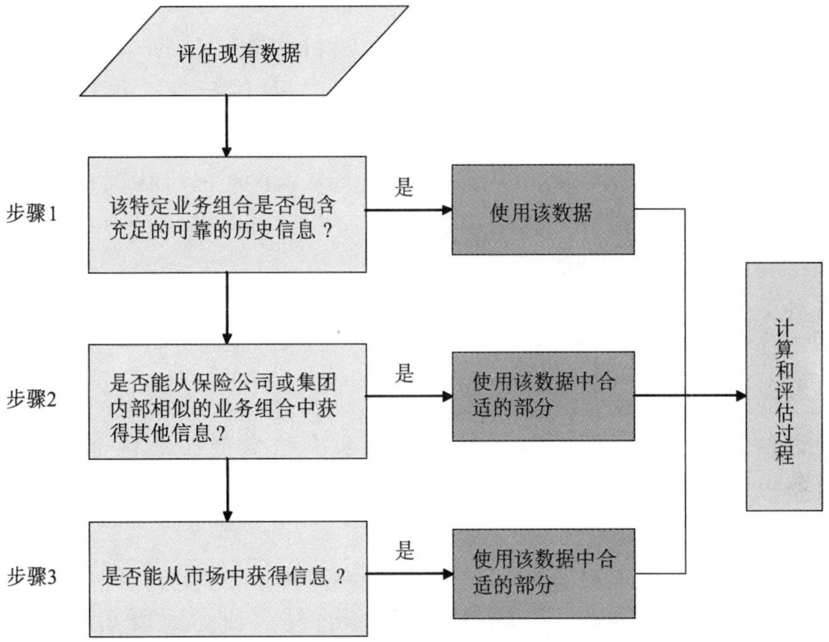

图 2－1　责任准备金评估中行业数据的使用

2.2.4　数据不充足对准备金评估的影响

数据不充足可能导致提取的未决赔款准备金和未到期责任准备金出现偏差。

若提取的准备金过多，可能使保险公司的账面结果较差，导致股东、经纪人以及股票市场的信心丧失，使得保险公司损失新业务或公司股价下跌。准备金提取过多还会减少保险公司账面上的偿付能力额度，可能造成与监管者和评级机构之间的问题。此外还会限制原本可以有效用于其他项目的资产的使用，导致保险公司损失了该部分利润。

若准备金被低估，提取不足，则存在过早分配夸大的利润的风险，导致未来偿付能力不足，并且会使得保险公司短期支付过多的税。

准备金评估的不正确还会影响定价工作，使得保险公司对某一特定风险所应收取的正确的费率被高估或低估了。

§2.3 数据要求

2.3.1 赔案数据与保单数据

评估责任准备金所需要的数据信息主要包括**赔案数据**（claim data）和**保单数据**（policy data）。

赔案数据主要包括：赔案号、险种、赔付状态、估损金额、已付赔款金额、未决赔款金额、事故日期、报案日期、赔付日期、再保摊回金额、币种等。

保单数据是衡量保险公司风险暴露（risk exposure）状况的主要依据，主要包括：保单号、险种、再保前保费收入、分出保费、分入保费、保额、免赔额、保险期限、币种等。

此外，一些外部数据也很重要，如通货膨胀率、利率等。

2.3.2 评估模型的数据要求

在评估责任准备金时，需要分别评估未决赔款责任准备金、未到期责任准备金以及理赔费用准备金。对数据的要求取决于用于评估这些准备金的模型。

一般来说，责任准备金评估模型所需的数据主要包括：已付赔款金额、估损金额、费用、保费收入、赔付率、赔案件数、风险暴露基数（exposure base）、外部数据等，其他数据诸如事故发生日期、报案日期，可以用来估计赔案的延迟状况（即报案延迟、结案延迟）等。

（1）已付赔款（paid claims）。是估计未决赔款准备金的核心数据，用于建立评估未决赔款准备金的各种流量表，并以此预测未来赔款。对于已付赔款数据，必须了解其定义的范围，例如，已付赔款是否包括直接理赔费用（如诉讼费用、赔付评估员费用等）？是否包括尚未完全结案赔案的部分赔款（partial paid claims）？是否剔除再保、残值或代位追偿收入？单纯从赔付数值并不能看出其实质含义，所以必须了解其涵盖范围。

（2）已报案未决赔款准备金或逐案评估准备金（case reserve）。是理赔员根据经验和实际损失状况对已报告赔案进行逐案估计得到的预估赔款，通常理赔员需要具有相当的经验和技术，且公司具备完善的逐案估计数据系统。尽管其结果受人为因素影响，带有一定主观性，但可用于初步评估已报告赔案赔款。在估计这些信息时，准备金评估人员还需要考虑通胀因素。为了更为准确地评估责任准备金，评估人员需与理赔员进行充分的沟通。

（3）费用。总间接费用（不可分摊的赔款费用和不可分摊的损失调整费用）可用来评估间接费用准备金。直接理赔费用通常包含在已付赔款和估损金额中。

（4）保费收入（premium）。既可反映保险人的业务规模，又可以粗略度量保险人所承保的风险总量。保险公司数据库中记录有**年度签单保费**（written premium）和**已赚保费**（earned premium）。签单保费是指在核算期间内已签发的保单上所记载的、与承保责任所对应的保费数额；已赚保费是签单保费剔除其所对应的未到期责任准备金后的保费收入。

分保之前的签单保费称为“毛保费”（gross premium），经分保之后，留下的那部分称为“净保费”（net premium）。保险公司需要将毛保费和净保费分别记录。

（5）赔付率（loss ratio）的计算公式为业务总赔款与保费收入的比率，如果采用最终赔款对满期保费的比率时，即为**终极赔付率**，又称“综合赔付率”。类似地，也可以定义已付赔款赔付率或已报告赔款赔付率，已付赔款赔付率为到期已付赔款额与满期保费收入的比率，已报案赔款赔付率则指已报案赔款额与满期保费收入的比率，数值上等于已报案未决赔款准备金同保费收入的比率与已付赔款赔付率之和。

（6）赔案件数（claim count）。可用来衡量出险频度，也是用于计算案均赔款的重要信息。准备金评估人员可借此全面地了解赔案进展状况及赔款的分布。赔案数目的统计确认一般需要按照以下原则：（1）已报告赔案（reported claims），已立案赔案（recorded claims）即作为未结案件（open claims）；（2）已结案件（closed claims），保险人不再承担责任。在再保业务中，赔案数目的信息一般较难获得。在计算案均赔款时，必须注意赔案数目的统计，譬如重开案件（reopen claims）和零结案（closed without payment）赔案数目的处理，以保证赔案数与总赔款的相互对应。

（7）风险暴露基数（exposure base）。是对风险暴露状况的衡量指标，又称“风险载体”，可以选择保费收入、保额、最大赔款期望值以及已赚净保费等指标来衡量所承保的风险大小。一般来说，总保额或最大赔款期望值适用于商业险种，尤其是火灾保险。总保额或总期望最大赔款可以近似地取年初与年末有效保额的平均数，也可用来估计已赚或已承保的风险单位数。对于个人险种，保单风险类似，风险单位数更适于作为风险暴露。例如，家财险中，可采用年度承保房屋数目。而当使用保费收入度量风险暴露基数时，需注意区别已赚保费和签单保费。

（8）外部数据。对责任准备金的评估有很重要的影响，诸如GDP、通货膨胀率、工资增长率。此外，法院判决的倾向性和立法的变更引起的附加通货膨胀率对长尾业务准备金评估影响较大，因而这些信息可作为重要的参考依据。同时，监管规定改变所带来的影响也不容忽视。

（9）行业数据。对于新业务的准备金估计非常有用。在公司内部缺少经验数据时，最好的方法是参考整个行业相应产品的数据。行业数据一般来源于两方面，其一是保险监管机构，在保险业发达的国家，监管机构会定期公布整个行业的业务数据；其二是保险行业组织，如行业协会、精算组织、规模非常大的保险公司等。

2.3.3 特殊损失的数据要求

上述所列的数据要求是评估一般损失的责任准备金所需的，对于一些特殊的损失，如个别风险、某类危险或某类赔案，则需要更为详细的数据。

1. 个别风险——大额损失

大额损失可以使用流量三角型法和基准法来预测。如果使用流量三角形法，应对大额损失和非大额损失分别使用不同的流量三角形。大额损失通常被定义为高于一定界限的赔款。在处理大额赔款数据时，保险公司可能对其设置一个上限，使得赔款被限制在一定范围内。保险公司在把大额损失数据从总赔款数据中分离时需要注意不要歪曲大额损失和非大额损失的流量三角形数据。

在使用基准法预测大额损失时，可能使用赔付率、最终支付率或基准进展率。这些基准可以基于市场数据或其他业务的内部数据。

2. 某一危险/赔案类型

以石棉赔案为例。石棉赔案的预测通常不适合用三角形法。事故发生的日期不太可能知道，即使知道，它的进展模型往往与一个固定的时间点相关而不是事故发生后的一段时间。同样由于石棉造成的赔案可能是在离开相关工作数年之后才发现并索赔的。因此在估计责任准备金时存在着许多问题。

通常情况下，保险公司使用基于暴露的方法来估计石棉赔案的责任准备金。除了上文所列举的数据要求，保险公司还需要更详细的信息，包括：疾病的确切类型，如肺癌；索赔者的工作日期；对法律框架的理解；对未来赔案环境潜在变化的理解。

此外，可以用历年已付赔款、已发生赔款和准备金估计值来计算**存活率**（survival ratio）。存活率是指保险公司用准备金来维持目前的赔款支出或未来一定年内增加赔款。例如，对于估计石棉赔款准备金充足性的比率，通常是三年存活率，即赔款准备金与三年平均已付赔款的比率。假设平均已付赔款保持不变，并且没有额外的准备金，则存活率表明了准备金所持续的年数。

由于石棉赔案是长尾的，准备金可能要贴现，在这种情况下将需要评估合理的贴现率数据。

2.3.4　数据的关联性

准备金评估模型所需的数据覆盖了赔案数据、保单数据、行业数据及宏观经济数据等各方面，因而有必要了解各数据项之间的相互关联性。各赔案数据项之间的联系可以通过对总赔款额的三种不同表达方式来体现：

公式一：总赔款 = 赔案数 × 案均赔款

公式一可用来分析某年度或某类别业务的最终赔款，或到某个进展年度为止的总赔款。通常情况下，可采用已有总赔付数据和赔案数目来确定案均赔款，通过对事故年和进展年案均赔款的分析，准备金评估人员可对所分析的业务有全面的了解。

公式二：总赔款 = 风险敞露 × 单位风险赔案件数 × 案均赔款

该公式将赔案数目信息分解为已赚或承保风险单位和索赔频数的乘积。公式二既可用于分析某年度或某类业务的最终赔款，也可用于分析截至某个进展年度的总赔款。

公式三：总赔款 = 已赚保费（或签单保费）× 赔付率

公式三采用保费信息，适用于保险公司只能获得赔款数据，缺少索赔案件数目或索赔频数时（如再保险）的情况。

准备金评估人员必须对这三个公式有很好的理解，因为上述分析可以揭示出总赔款的组成部分的变化趋势。此外，通过分析还可获知总赔款的各影响因素及其影响程度，从而更好地评估最终赔款。

§2.4　建立一个良好的数据系统

一个良好的数据系统的主要目标通常是能够有效地利用该系统。例如：数据采集（投保单和索赔表）应该正好能以正确的形式提供系统所需要的信息，并且尽量减少其含义的不明确性或主观性；对员工应该进行适当培训，具备使用数据系统的能力并充分了解数据的重要性；任何新的数据系统必须与现有系统同时运行一段时间，直到它的可靠性得到检验且达到最优化；必须建立一个程序来定期监控系统的性能，并且在必要时进行改善。

因此，建立一个良好的数据系统以确保保险公司能够获得和储存高质量的数据需要以下的步骤：（1）考虑使用者的要求；（2）精心设计投保单和索赔表；（3）保证保费和赔案的特征能够被记录；（4）考虑保单信息和赔案信息的可收集性；（5）对员工进行足够的培训。

2.4.1 使用者的要求

建立一个良好的数据系统的第一步是确定系统所有潜在使用者的要求。因为保险公司不同部门都需要许多数据项目，所以它们的许多要求都是重叠的。但是有些要求也可能是冲突的，由此建立的系统可能需要一定程度上的折衷，然而重要的是系统必须达到基本的要求。

2.4.2 保单信息和赔案信息

个体风险的信息主要来自于投保单和索赔表。

1. 投保单

保单信息来自于投保单上给出的详细资料，因此投保单的设计对系统收集相关信息是非常重要的。投保单应该经过精心的设计，保证上面的提问能够使投保人提供充分正确的信息，并且核保部门可以根据相关信息很快地处理投保申请。不过需要注意的是，投保单上的问题数量过多可能导致数据的质量变差，因为申请人可能为了快速完成这些问题而给出不准确的答案。

投保单上所提供的信息（与随后的任何修改）都应该被系统保留，以便可以交叉检验任何时间的赔案信息。系统还应能够自动检查赔案的正确性和更新基本的保单信息，例如，在全损时自动终止保单。交叉检验可以通过将赔案参考数与保单信息储存到一起来实现。此外当信息改变时，过去的信息历史也应当被保留，以便进行准确的经验分析。

2. 索赔表

赔案信息来自于索赔表上给出的详细资料。与投保单一样，索赔表的设计应该能使信息方便的转移到数据系统中。该系统需参照相应的记录核实保单。同样，索赔表上设计的问题必须清楚、明确和客观。

2.4.3 保费信息的特征

保费信息对于评估责任准备金、定价和满足监管需求都是非常重要的。因此应准确地记录保费信息。

需要记录的保费信息的特征包括：金额；时间；调整，如保费折扣和支付的佣金；交叉销售信息。

（1）签单数额。签单保费是在保单持续期间保险公司预期收到的保费。保险公司应通过从毛保费中扣除再保险保费计算出净签单保费。

（2）支付时间。保费是年付、月付或者以其他频率支付。数据系统必须记录应支付保费的日期，应付的保费数额和实际收到保费的日期。此外系统还应很方便地检查出迟缴的保费。

（3）保费调整。数据系统应具有足够的灵活性，以便对保费作出调整。除了保费折扣和佣金外，保费还可能因批改而进行调整，如保单的限额或除外责任发生了变更。批改可能使保费增加或减少，也可能不变。数据系统应记录保费的调整及其日期。

（4）佣金。数据系统必须记录支付给经纪人和其他中间人的佣金以及他们的详细资料。佣金可能是保费的一个固定的比例，此时系统需记录确切的比例。此外系统还必须记录分保佣金和再保险公司支付给分出公司的盈余佣金。

（5）交叉销售。收集交叉销售的有关信息可能有助于观察一个亏本出售产品的策略是否发挥作用。亏本出售产品是指以一个保险产品低价销售（通常低于技术价格）来促进另一有利可图保险产品的销售。交叉销售是销售同类保险产品或销售可以纳入实际已出售的保险保单中的产品。例如，将家庭财产保险作为亏本出售的产品销售给现有建筑物保险的客户（或申请建筑物保险的新客户）可能帮助增加销售给新保单持有人的家庭财产保险保单的数量。系统应记录用于亏本销售产品的交叉销售的信息，如产品的类型，实际收取的保费，技术价格以及销售的保单数量，以此来评估该销售策略的效果。

2.4.4 赔案信息的特征

系统需要记录的赔案信息的特征包括：赔案的界定；未决赔款数额的估计，目前支付的赔款和赔款的类型；多次的赔款支付；重开赔案；理赔费用；再保险摊回；调整。

（1）赔案的界定。当保单持有人发生损失时，保险公司应有明确的指导规则来建立赔案记录。例如，保险公司首先要收到保单持有人索要索赔表的要求，然后从保单持有人手中收回索赔表，再由理赔人员评估索赔表是否有效，最后由理赔部门管理者认定，一个赔案记录才被建立到系统中。这个规则或程序的变化将影响记录的赔案数量以及零赔付赔案的数量。任何这种变动都会影响赔案经验的后续分析。

在界定一个赔案结案时同样存在一些变动。一些保险公司定期处理它们的赔案，例如在每年年底才宣布结案。而一些保险公司在支付完最后一笔赔款后就将赔案结案，还有一些保险公司在未来还有赔款现金流支出时就结案。

（2）估计未决赔款的数额。保险公司对未决赔款的估计和更新估计的频率是不同的，保险公司在设计数据系统时必须考虑建立初步估计的时间，用于确定未决金额的方法以及更新估计的频率等。

（3）多次赔款支付。一些赔案包含两个或两个以上的支付，支付的时间点也不同。保险公司可能通过抢救、代位求偿或从再保险公司那里获得部分赔款成本的摊回。这些摊回有些是在最初赔款支付过后才发生的，摊回的数额将作为负的赔款支付记录。对于某些特定的赔案需要保留一些赔款支付的详细资料，包括日期、数额、币种和赔款的类型。不同的赔款类型包括：支付给保单持有人的赔偿金、支付给第三方的补偿、支付给索赔者律师的款项以及支付给理赔人员的报酬等，除了这些还包括再保险公司的摊回。必须注意的是一个赔案的所有赔款并非都是以相同的货币支付的。

（4）重开赔案。一些保险公司重开已结案赔案的原因有多种，可能纯粹是由于保险公司使用的结案界定；可能是因为有进一步的赔偿责任；也可能是保险公司从第三方获得一些摊回；还可能是原先结案时出现了错误。

此时，重要的是系统不把这些重开赔案当做是新赔案来处理，因为这会导致在记录索赔的频率和原始赔案数额时发生错误。

（5）理赔费用。有些系统将分别记录赔款支付和理赔费用，而其他系统可能将这两个项目合并。

（6）再保险摊回。保险公司必须记录从再保险公司收到的再保险摊回。在许多情况下，再保险摊回与特定的赔案相关。通常保险公司将在预期能收到再保险公司的摊回时为之设立准备金，因为赔款的支付与收到再保险摊回之间会有延迟。

（7）调整。保险公司可能有必要对数据作出调整，例如对某一险种已发生未报告赔款的调整。保险公司必须整体考虑某一险种的已发生未报告责任准备金，同样也必须调整整个险种的盈余佣金。保险公司在设计系统时需使它能输入和更新调整信息。

2.4.5 记录的信息

保单记录或赔案记录的数据要求包括：风险定义和保单的详细资料；赔案的详细资料；目前记录的状态，例如保单是有效、满期还是已取消；控制日期，如每个记录开始和结束的日期、赔案的日期等；相关金额和币种；管理的详细资料；系统的性能；数据储存的成本；储存的数据的数量；储存的数据的详细程度。

§2.5 数据分类整理

2.5.1 原则

对数据进行分类整理，一般需要遵循同质性和可信度原则。

同质性是指，应按照承保风险性质、风险类别、赔案延迟等特征，将数据划分为特征相似而又相对独立的风险类别，分别进行评估，这样可以提高责任准备金评估的准确程度。但在实务中，对同质性的要求也不能过于严格，因为数据本身并不允许过分地细分，而且准备金评估的时间有限，增加细分类别会增加工作量。

可信度是指，对准备金评估值的置信水平要求。实务中，当保险公司总数据量相对固定时，数据分得越细，风险的同质性越强，但同时也会导致每一类别的数据量减少，从而影响数据的可信度。因而可信度与同质性不能同时兼顾，在进行数据组织和整理时，精算人员必须在两者之间寻找合适的平衡点。对于可信度较低的某些险种数据，可以参考公司外部的行业数据。

保险实务中，仅对一期（如一年）数据进行分析所得的评估结果可信度不高，通常需要采用多期经验以获得足够的数据。但这种方法存在两个问题：其一是不断更新的数据可能包含某种趋势；其二是市场环境变化，包括经济、社会环境或承保标准的变化，都可能影响早期数据分析结论的有效性。

2.5.2 分类

对各项数据进行分类、整理的主要目的在于降低准备金估计值的误差，提高估计结果的有效性。

实务中，如何对数据进行分类常常是一个比较困难的问题。一方面，为了减小评估误差，提高评估值的置信水平，应该根据承保业务的风险特征，按业务性质进行数据分类；另一方面，责任准备金报告应按标准的格式呈报监管部门，评估过程还应经得起复核或独立评估，且具备一定的可比性。而保险监管法规中，都不同程度地规定了对险种的分类办法，这些分类办法的目的或类似、或完全不同，协调起来比较困难。同时，各公司的新险种还在不断推出，而有些老公司的业务系统有多年的历史，数据统计可能是按照初期的分类方式进行统计，数据量却很大，要对该系统重新进行分类处理需要付出巨大的成本，几乎是不可能的。

如上文所述，中国保监会在其所发布的《保险公司非寿险业务准备金管理办法实施细则》第二条中（见附录1B），将我国非寿险业务划分为十三类险种，但我国保险公司的险种构成差别较大，特别是中资公司与外资公司之间的主营业务差别很大，包括经营历史和经验差别，没有可能要求全部公司都能按上述规定的险种类别将其业务数据归类，分别核算各险种的责任准备金。

因此，保险公司可根据《保险公司非寿险业务准备金管理办法实施细则》的要求，先将所经营的主要业务分为大类，比如机动车辆保险、财产损失保险和责任保险等大类。再根据各大类的具体规模和数据历史，考虑该类数据是否能较好的满足风险同质性要求，若仍存在较高的风险异质性，则需要进一步细分。例如，某公司的主营业务是机动车保险，业务量较大，但个人车险与商业车险在风险构成上差异较大，因而应将其分为两组分别对待。对于个人机动车辆保险，还可根据赔付特征、风险特征，进一步细分为汽车（综合险）、汽车（非综合险）、摩托车险等。总之，一方面要考虑与监管报表的协调性，另一方面要符合责任准备金评估的风险同质性等要求。

2.5.3 组织方式

评估责任准备金，需要先确定评估时段或评估期间，然后按相应的要求组织数据，评估期间可按年、半年、季度或按月核算。确定了评估时段后，又可以分别按照保险事故在期间内的发生次数、报告次数或期间内的签单（包括续保）次数等方式来组织数据。

比如以年为期间，上述三种组织数据的方式可称为**"事故年"**（accident year）、**"报告年"**（report year）和**"保单年"**（policy year）。

1. 事故年

按事故年度分组是以保险事故的发生时间为统计标准，将同一日历年度发生的所有赔案的信息归入一组，而不考虑保单的签发时间。该分组方法的优点在于组内赔案在同一年度发生，所面临的风险环境比较类似，立案及结案延迟模式相对统一，从而在进行统计分析时，可得到较好的统计稳定性。同时，以事故年度作为初始时期，评估准备金时考虑了已发生未决赔案和重立赔案。但采用事故年度进行分组时，赔案可能是发生于多个承保区间的保单，各承保区间采用的费率和承保条件可能存在差异。下面举例说明以事故年度为初始年度的分组方法（表 2－1）。

表 2－1　　事故年分组下 2010 年度的总赔款　　（单位：万元）

2004	23 000	2006	422 000	2008	1 007 000	2010	1 889 000
2005	148 000	2007	744 000	2009	1 536 000	总额	5 769 000

表 2－1 中，数字 23 000 表示发生在事故年 1（赔案发生但尚未结案的最早事故年）的赔案在 2010 年的赔付金额。依此类推，1 889 000 表示事故年 7（最近的事故年）的赔案在 2010 年的赔付金额。从这些数据的分组中可以看出，赔案从发生到完全赔付之间所需的时间长度。

如果以流量三角形的形式表示，各事故年在日历年 2010 年的赔款，即为对角线上的数据，如表 2－2 所示。

表 2－2　　事故年分组下 2010 年的总赔款　　（单位：万元）

事故年	进展年（月）						
	12	24	36	48	60	72	84
2004							23 000
2005						148 000	
2006					422 000		
2007				744 000			
2008			1 007 000				
2009		1 536 000					
2010	1 889 000						

2. 报告年

按报告年度分组是以保险事故的报告时间为统计标准，将同一日历年报告的赔案的所有信息归入一组，而不考虑事故发生时间和保单签发时间。该分组方法在评估已报案未决赔款准备金的充足性方面具有很大优势。另外，在报告年年末所有已报告赔案都已记录，不会再增加新的赔案，统计较为方便。其主要缺点在于同组的赔案可能面临不同的风险环境，统计分析时的稳定性较差。同时没有考虑已发生未报告赔案和重立赔案。所以，一般较少使用报告年度作为初始时期。

3. 保单年

按保单年度分组是以保单的承保日期作为统计标准，将同一日历年度签发的新保单或续保保单的所有信息归入一组，而不考虑事故发生时间。该分组方法的优点在于同时期承保的保单费率和承保条件比较接近，并考虑了已发生未报告赔案和重立赔案。其缺陷主要在于各赔案发生的时间不同，处理方式和理赔政策上会存在差异。

以一年期保单为例，报告年和事故年都在日历年 2010 年内，为图 2－2 中的矩形部分，保单年跨越两个日历年，为菱形部分。

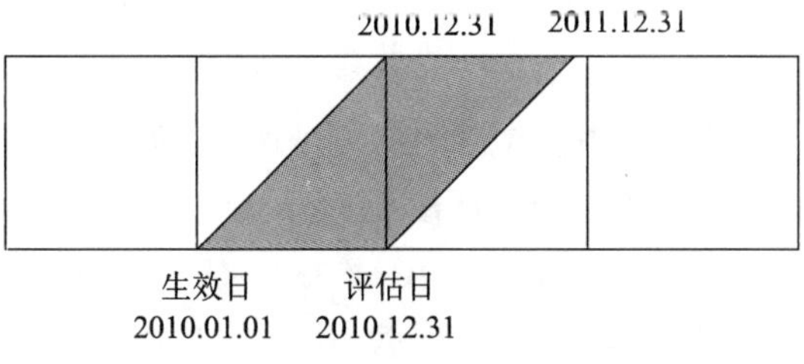

图 2－2

§2.6 数据检验

在评估准备金之前，准备金评估精算师必须对数据提取、分类和整理的每一个步骤进行仔细检查，以保证数据的可信度。数据检验主要包括一致性检验和准确性检验。一致性检验是对原始数据输入记录、整理过程、准备金数据提取进行检验，确保数据转换过程的质量。一般情况下，至少必须对数据总数进行一致性检验，如果数据允许，还应对数据分业务险种进行一致性检验。一致性检验最好由没有参与数据转换的精算人员独立进行。

数据准确性检验主要包括经验数据间的协调性、排除奇异数据、随机抽查和进行对比经验。

1. 协调性检验

在保险公司正常经营的情况下，保单的数据呈现动态变化。在不同的评估时点，保单数据的动态变化要与其业务的变化紧密相联。协调性检验可由下述公式计算：

$$\text{上次保单调查数据}+\text{新业务数据}-\text{到期保单数据}-\text{退保保单数据}=\text{现存保单数据}$$

上述检验适用于保单数据的调查，具体包括：保单数量、保险金额、保费等。此外，协调性检验还包括前后各期数据的比较，例如，比较同一类型保单不同时期的平均保费和平均保额，检查其保额同保费之比是否前后一致。

2. 异常数据和随机抽查检验

在非寿险业务中，赔付数据中经常会出现一些明显异常的数据，比如异常大额保费或赔款、异常保险期限，准备金评估精算师需针对其产生的原因和预测的目的做相应的处理。对异常数值的检测可采用图形法（折线图或散点图）。

在数据量很大的情况下，采用随机抽取部分数据进行检验，也有助于发现数据中存在的一些问题。

3. 对比检验

对比检验是指精算师将搜集到的数据与公司的资产负债表、现金流量表、损益表及其他途径获取的数据相比较，检查两者是否一致。下面以某公司精算数据和财务数据为例说明这一检验方法，见表 2-3。

实务中，如果精算数据与会计数据产生一定的差异，这时精算师必须对差异进行说明，必要时需对数据进行更为细致的检验与分析。

表 2－3　　ABC 保险公司精算数据与财务数据的比较

项目	X 年	X＋1	X＋2	X＋3	X＋4
再保前保费收入					
财务数据	2 796	3 524	4 089	5 312	6 075
精算数据	2 810	3 568	4 113	5 324	6 110
财务/精算数据	99.5%	98.8%	99.4%	99.8%	99.4%
再保后保费收入					
财务数据	2 041	2 573	2 985	3 878	4 435
精算数据	2 037	2 598	3 044	3 860	4 491
财务/精算数据	100.2%	99.0%	98.1%	100.5%	98.8%
再保前已付赔款					
财务数据	1 007	1 269	1 472	1 912	2 187
精算数据	984	1 284	1 460	1 906	2 206
财务/精算数据	102.3%	98.8%	100.8%	100.3%	99.2%
再保后已付赔款					
财务数据	735	926	1 075	1 396	1 597
精算数据	716	951	1 069	1 386	1 604
财务/精算数据	102.6%	97.4%	100.5%	100.7%	99.6%

§2.7　数据的流量组织形式

2.7.1　数据流量表的一般形式

流量三角形是评估准备金最好的一种数据组织形式。因为在采用多期数据时，为了表述各种情况，通常需要引入复杂的符号标记，而使用流量三角形表可以避免这一点。同时这种数据组织形式使得未来赔案数据的预测更为直观、简单。流量三角形按照事故发生年（accident year）和赔付年（payment year）记录赔案数据（如赔款、索赔次数、已报案未决赔款等）。赔付年与发生年之间的时间间隔称为“**进展年**”（development year）。对于延迟时间较短的险种，也可以选择其他评估时段单位，比如季度或月。

这里以事故年组织赔款数据（增量或累积）为例，介绍数据流量三角形的一般模式如表 2－4 所示。

在流量三角形中，列表示事故年，行表示进展年，两者相交之处表示第 i 事故年的赔案在第 j 进展年的（增量或累积）赔款。

对角线（从左下方至右上方）表示各日历年的赔款，对角线向下方平移一格表示下一日历年度的赔款，最下面的对角线即为最近日历年度的赔款。

表 2-4　　数据流量三角形模版

进展年 →；↓ 事故年

	1	2	…	j	…	t-1	t
1	Y_{11}	Y_{12}	…	Y_{1J}	…	Y_{1t-1}	Y_{1t}
2	Y_{21}	Y_{22}	…	Y_{2J}	…	Y_{2t-1}	
⋮	…	…	…	…	…		
i	Y_{i1}	…	…	Y_{iJ}			
⋮	…	…	…				
t	Y_{t1}						

这里需要指出的是，进展时期表示在事故发生年（时期）之后一段时期，赔款或赔案数目的进展情况，在精算实务中，进展时期更多选择月份，比如第1进展年表示为12（月），下一个进展年为24（月），这种做法的优点在于，在评估日不是年底或事故发生时期为季节组织流量三角形时，进展时期易于调整。

将数据以流量三角形式组织有利于未来赔款的分析和预测，从每一行中数据的比较可看出各事故年赔案赔付的延迟规律；从每一列中数据的比较可看出事故年度之间的赔付的变化趋势。表中左上方三角形为过去日历年已付赔款，表的右下方为预测变量，表示未来日历年赔款。准备金的估计即是通过左上方已知赔款数据预测并填充右下方空白三角形。

接下来举例说明数据流量三角形，假设可以获得前5个日历年度的已付赔款数据，按事故年分组后，以流量三角形的形式组织数据，如表2-5所示。

表 2-5　　增量已付赔款额数据　　（单位：万元）

事故年	进展年（月）					
	12	24	36	48	60	72
1	1 001	854	568	565	347	148
2	1 113	990	671	648	422	
3	1 265	1 168	800	744		
4	1 490	1 383	1 007			
5	1 725	1 536				
6	1 889					

其中，第1事故年在第2进展年的赔款为854，在第3个进展年的赔款为568。而最近评估日的年度赔款为5 746 = 1 889 + 1 536 + 1 007 + 744 + 422 + 148。

上述例子中的数据为增量形式，预测过程中还经常会用到累积数据形式。这时就需要对增量数据表中每一行数额依次累加得到累积赔款。仍以上述问题为例，依次累加后得到累积赔付数据流量表，如表 2 - 6 所示。

表 2 - 6　　累积已付赔款额数据　　（单位：万元）

事故年	进展年（月）					
	12	24	36	48	60	72
1	1 001	1 855	2 423	2 988	3 335	3 483
2	1 113	2 103	2 774	3 422	3 844	
3	1 265	2 433	3 233	3 977		
4	1 490	2 873	3 880			
5	1 725	3 261				
6	1 889					

实务中，针对不同的预测目的，对坐标的选择也会有所不同。例如，根据实际情况的需要，纵坐标还可选择保单年或报告年，横坐标则相应地选择报告进展年等。这里只介绍了一种最常用的方法。

2.7.2 数据流量表的分类

根据表 2 - 4 中左上角的数据 Y_{ij} 的不同含义，可将数据流量表分为**增量流量三角形**（the incremental run - off triangle）、**累积流量三角形**（the cumulative run - off triangle）、**已报案未决赔款准备金三角形**（the case reserve run - off triangle）、**已报案赔款流量三角形**（the reported claim run - off triangle）、**赔案数目**（claim counts）**流量三角形**和**案均赔款**（average payments）**流量三角形**。

- 当 Y_{ij} 表示增量已付赔款额，即第 i 事故年赔案在第 j 进展年的已付赔款额时，流量表即为增量流量表。
- 当表中数据为累积量 $D_{ij} = \sum_{k=1}^{j} Y_{ik}$，即表示第 i 事故年索赔在第 j 进展年的累计已付赔款额或已报案赔款时，流量三角形为累积流量表。
- 当表中数据为已报案未决赔款准备金（case reserve）R_{ij} 时，流量表为已报案未决赔款准备金流量三角形。
- 当表中数据为已报案赔款（reported claim），即已付赔款额与已报案未决赔款准备金之和（$D_{ij} + R_{ij}$），流量表为已报案赔款流量三角形。已报案赔款考虑了已报案未决赔款准备金，尽管具有一定主观性。
- 当表中数据为增量赔案数目 n_{ij}（或累积量 N_{ij}），流量三角形分别表示增量赔案数目三角形和累积赔案数目三角形。

类似地，赔案数目 n_{ij} 还可以表示**已报告赔案数目**（reported claims counts）、**已获赔付结案数**（closed within payment，CWIP）、**未获赔付结案**

数（closed without payment，CWOP）、**未决赔案数目**（open counts）。

已报告赔案数目 = 未决赔案数目 + 已获赔付结案数 + 未获赔付结案数。

每一种数据都有增量和累积量形式，与增量赔案数目三角形和累积赔案数目三角形对应的有逐年平均赔款 Y_{ij}/n_{ij}，累积平均赔款 $\sum Y_{ij}/N_{ij}$。使用前者，灵敏性较高，但某些时候可能不稳定；使用后者，稳定性增强，但在新环境下敏感性、充足性较差。

综上所述，准备金评估所需的数据主要包括已付赔款、已报案未决赔款准备金、已报告赔款、赔案数目，每一种数据都可进一步细分为增量数据和累积数据，除赔案数目以外，都会有再保前数据和再保后数据形式，具体总结如表 2－7 所示。

表 2－7　　　　准备金评估数据列表

增量形式	再保前	赔款	增量已付赔款、增量已报案赔款
		赔案数目	增量已报告赔案数目、增量 CWIP、增量 CWOP
	再保后	赔款	增量已付赔款、增量已报案赔款
累积形式	再保前	赔款	累积已付赔款、累积已报案赔款
		赔案数目	累积已报告赔案数目、累积 CWIP、累积 CWOP
	再保后	赔款	累积已付赔款、累积已报案赔款
存量形式	再保前	赔款	已报案未决赔款准备金
		赔案数目	未决赔案数目
	再保后	赔款	已报案未决赔款准备金

§2.8　数据流量分析

在使用数据估计准备金之前，有必要从延迟速度、延迟的平稳度、异常赔款的出现以及赔付趋势等方面对数据进行初步的分析。通过分析，准备金评估人员可能发现数据中的异常和不规则情况，进而向相关管理部门咨询，以确定最合适的评估方法，

比如，对于以事故发生年为初始年的流量三角形，从纵向事故年可以观察出业务组合规模的变化；从横向进展年可以观察出理赔程序、理赔速度的变化；从对角线日历年方向可以观察出通货膨胀影响、法律诉讼的改变。

以下进一步举例说明如何对数据进行初步分析。

1. 累积已报案赔款

累积已报案赔款为累积已付赔款和累积已报案未决赔款准备金之和。表 2－8 给出了一个累积已报案赔款流量表的例子。从表中数据可看出，自 2004 年起赔付水平发生波动。事故年 2007 的赔案在第 1 进展年的已报案赔

款有所下降，但这并没有导致第 2 进展年已报案赔款的减少。这就提醒评估者查找 2007 年年末处理赔案速度降低的原因，或已报案未决赔款准备金的充足性有较大的变化。鉴于此，评估人员必须考虑如何解释事故年 2010 已报案赔款的低水平。很显然，评估者需要使用已赚保费，已赚风险单位或者有效保单等风险度量单位，这有助于判断事故年 2010 的低已报案赔款是否与事故年 2010 的低风险单位相关。为了准确估计事故年 2010 的准备金，评估者还需要考虑赔案处理速度和已报案未决赔款准备金充足性。

表 2－8　　累积已报案赔款　　单位：万元

事故年	进展年						
	12	24	36	48	60	72	84
2004	58 641	74 804	77 323	77 890	80 728	82 280	82 372
2005	63 732	79 512	83 680	85 366	88 152	87 413	
2006	51 779	68 175	69 802	69 694	70 041		
2007	40 143	67 978	75 144	77 947			
2008	55 665	80 296	87 961				
2009	43 401	57 547					
2010	28 800						

2. 累积已付赔款

累积已付赔款流量表包含所有已付赔款的历史数据。如表 2－9 所示，第一进展年已付赔款较小的波动预示着事故年最终赔款会有较大的差异。事故年 2007 的已付赔款的数额较低，其第 1 进展年的已报告赔款也较低。从 2006 年到 2007 年已报案赔款下降 20%，而已付赔款却只下降 5%。事故年 2010 已付赔款剧烈下降，这意味着赔付环境比 2007 年下降 5% 的赔付环境发生了更剧烈的变化。评估人员可以验证是否由于 2010 年风险单位的下降而导致已付赔款的下降。

表 2－9　　累积已付赔款　　单位：万元

事故午	进展年（月）						
	12	24	36	48	60	72	84
2004	22 603	40 064	54 301	64 114	71 257	75 950	78 224
2005	22 054	43 970	58 737	71 841	78 076	81 287	
2006	20 166	39 147	51 319	60 417	66 402		
2007	19 297	37 355	50 391	62 347			
2008	20 555	42 898	62 832				
2009	17 001	33 568					
2010	11 346						

3. 增量已报案赔款

增量已报案赔款流量表给出各事故年赔案在各延迟期内所发生的赔款。它有助于评估者判断事故年度累积已报案赔款的合理性。在表 2－10 中，事故年度 2007 在第 2 进展年度赔款出现突然加速，赔款递增为 27 835 万元。事故年 2008 在第 2 进展年度发生的赔款 24 632 万元，同 2006 年及以前年度相比，异常大。这样，评估人员必然怀疑 2008 年年末公司理赔速度是否发生明显变化。评估人员需要同承保和理赔部门进行交流以证实这一推断。

表 2－10　　增量已报案赔款

事故年	进展年（月）						
	12	24	36	48	60	72	84
2004	58 641	16 163	2 519	567	2 838	1 552	92
2005	63 732	5 779	4 168	1 686	2 786	－739	
2006	51 779	16 396	1 627	－107	347		
2007	40 143	27 835	7 166	2 803			
2008	55 665	24 632	7 665				
2009	43 401	14 147					
2010	28 800						

4. 增量已付赔款

增量已付赔款流量表给出事故年赔案在各延迟期的已付赔款。从表 2－11 中可发现，第 1 进展年的赔付和第 2 进展年近似相等。因此可以预测事故年 2010 在第 2 进展年的赔款会在 10 000 万元～12 000 万元之间。

表 2－11　　增量已付赔款数据　　单位：万元

事故年	进展年（月）						
	12	24	36	48	60	72	84
2004	22 603	17 461	14 237	9 813	7 143	4 693	2 274
2005	22 054	21 916	14 767	13 104	6 235	3 211	
2006	20 166	18 981	12 172	9 098	5 985		
2007	19 297	18 058	13 036	11 956			
2008	20 555	22 343	19 935				
2009	17 001	16 567					
2010	11 346						

5. 累积已付赔款和累积已报案赔款的百分比

百分比流量表（表 2－12）可通过各进展年累积已付赔款（表 2－9）

和相应的累积已报案赔款（表2－8）之比得到。这个统计值可用于检验已付赔款和已报案赔款延迟的一致性，可预警已报案未决赔款准备金的不充足性。从表中可发现，事故年2007的比率与其他历史数值明显不同。同历史数据相比，第1进展年较高的比率表明事故年2007的已报案未决赔款准备金比重偏低。而事故年度2010的已报案未决赔款准备金似乎比较合理。

表2－12　　累积已付赔款和累积已报案赔款百分比

事故年	进展年（月）						
	12	24	36	48	60	72	84
2004	38.5%	53.6%	70.2%	82.3%	88.3%	92.3%	95.0%
2005	34.6%	55.3%	70.2%	84.2%	88.6%	93.0%	
2006	38.9%	57.4%	73.5%	86.7%	94.8%		
2007	48.1%	55.0%	67.1%	80.0%			
2008	36.9%	53.4%	71.4%				
2009	39.2%	58.3%					
2010	39.4%						

6. 累积已报告赔案数目

赔案数在准备金的分析中极为重要。表2－13给出各延迟期已报告赔案数。从表中可得出这样的结论，对于这种业务，大部分的赔案在两年内报告。事故年2010的已报告赔案数明显低于其他年度，任何这样明显的赔案数目变化都提示评估人，业务组合、报告模式或风险单位可能发生变化。

表2－13　　累积已报告赔案数

事故年	进展年（月）						
	12	24	36	48	60	72	84
2004	32 751	41 201	41 618	41 755	41 773	41 774	41 774
2005	33 736	39 528	39 926	40 044	40 072	40 072	
2006	27 067	32 740	33 084	33 183	33 209		
2007	24 928	29 796	30 074	30 169			
2008	25 229	31 930	32 281				
2009	17 632	21 801					
2010	15 609						

7. 累积已获赔付结案数（closed within payment，CWIP）

表2－14给出了累积已获赔付结案数目。值得注意的是，它并不包括

所有已结赔案数，因为有些赔案可能已经结案但是没有赔付发生。表中数据表明，事故年 2007 可能存在的理赔问题再次出现，这也强调评估人员需要了解公司 2007—2008 年的经营变化。事故年 2009 和 2010 结案数目减少支持了风险单位数目减少的假定。

表 2－14　　累积已获赔付结案数

事故年	进展年（月）						
	12	24	36	48	60	72	84
2004	23 355	31 940	33 288	33 860	34 091	34 247	34 294
2005	22 662	30 294	31 588	32 129	32 323	32 433	
2006	18 951	25 197	26 214	26 582	26 777		
2007	16 631	22 894	23 806	24 229			
2008	17 381	24 581	25 765				
2009	12 666	16 669					
2010	10 592						

8. 累积未获赔付结案数（closed without payment，CWOP）

有些赔案结案但并没有支付发生。对于某些险种，例如医疗责任保险，未获赔付结案数可能会超过已报告赔案的一半甚至更多。在表 2－15 的例子中，并未表现出任何不正常的模式。

表 2－15　　累积未获赔付结案数

事故年	进展年（月）						
	12	24	36	48	60	72	84
2004	2 646	6 285	6 935	7 240	7 353	7 393	7 412
2005	3 142	6 529	7 053	7 308	7 411	7 465	
2006	2 752	5 366	5 840	6 050	6 185		
2007	2 343	4 744	5 132	5 400			
2008	2 238	4 666	5 375				
2009	1 749	3 458					
2010	1 246						

9. 累积结案数与累积报案数的百分比

结案数和报案数之间的联系可以反映结案速度。从表 2－16 中可看出，从事故年 2004 到 2009，这一比率在各进展年都比较稳定。注意到，事故年 2010 的结案比率略有下降，这就需要和理赔部门进行交流以探究原因。对于财产赔付险，结案比率偏低可能是由于 12 月份发生巨灾赔付；而对于责任保险，则可能是由于理赔速度降低所致。

表 2－16　　　　累积结案数与累积报案数的百分比

事故年	进展年（月）						
	12	24	36	48	60	72	84
2004	79.4%	92.8%	96.6%	98.4%	99.2%	99.7%	99.8%
2005	76.5%	93.2%	96.8%	98.5%	99.2%	99.6%	
2006	80.2%	93.4%	96.9%	98.3%	99.3%		
2007	76.1%	92.8%	96.2%	98.2%			
2008	77.8%	91.6%	96.5%				
2009	81.8%	92.3%					
2010	75.8%						

10. 未决赔案数

表 2－17 给出未决赔案数目，可由已报告赔案数减去已决赔款赔案数获得。用公式表达即为：

已报告赔案数目＝未决赔案数目＋已获赔付结案数＋未获赔付结案数

注意到，在第 1 进展年，事故年 2010 的未决赔款数比事故年 2008 减少约 2000 件。然而，同事故年 2009 相比，事故年 2010 在第 1 进展年末的未决赔款数多 500 多件。这可能是因为公司理赔部门组织结构发生显著的变化。

表 2－17　　　　未决赔案数流量表

事故年	进展年（月）						
	12	24	36	48	60	72	84
2004	6 750	2 976	1 395	655	329	134	68
2005	7 932	2 705	1 285	607	338	174	
2006	5 364	2 177	1 030	551	247		
2007	5 954	2 158	1 136	540			
2008	5 610	2 683	1 141				
2009	3 217	1 674					
2010	3 771						

11. 未决案均赔款

表 2－18 记录了未决案均赔款。注意到，事故年 2010 的平均已报案未决赔款准备金明显下降，这需要从理赔部门寻找原因。考虑到事故年 2010 未决赔案数目的增加，评估人员会推测提取已报案未决赔款准备金实务或理赔程序发生变动。事故年 2007 也存在类似的问题。

表 2－18　　未决案均赔款流量表

事故年	进展年（月）						
	12	24	36	48	60	72	84
2004	5 339	11 671	16 499	21 029	28 782	47 240	60 722
2005	5 254	13 137	19 405	22 285	29 820	35 209	
2006	5 894	13 334	17 939	16 832	14 722		
2007	3 501	14 190	21 798	28 896			
2008	6 258	13 941	22 026				
2009	8 206	14 324					
2010	4 629						

12. 未决案均赔款变化趋势

表 2－19 记录了未决案均赔款在相邻事故年的变化。这些数据有利于评估人员判断已报案未决赔款准备金是否与通货膨胀的趋势一致。

表 2－19　　未决案均赔款变化趋势

事故年	进展年（月）					
	12	24	36	48	60	72
2004—2005	－1.6%	12.6%	17.6%	6.0%	3.6%	－25.5%
2005—2006	12.2%	1.5%	－7.6%	－24.5%	－50.6%	
2006—2007	－40.6%	6.4%	21.5%	71.7%		
2007—2008	78.7%	－1.8%	1.0%			
2008—2009	31.1%	2.7%				
2009—2010	－43.6%					
平均值	6.0%	4.3%	8.2%	17.7%	－23.5%	－25.5%

13. 已付案均赔款

这个流量表通过累积已付赔款除以累积已获赔付结案数获得。表 2－20 中的数据显示，在各事故年，已付案均赔款呈递增趋势，直到事故年 2010。

表 2－20　　已付案均赔款流量表

事故年	进展年（月）						
	12	24	36	48	60	72	84
2004	968	1 254	1 631	1 894	2 090	2 218	2 281
2005	973	1 451	1 859	2 236	2 415	2 506	
2006	1 064	1 554	1 958	2 273	2 480		
2007	1 160	1 632	2 117	2 573			
2008	1 183	1 745	2 439				
2009	1 342	2 014					
2010	1 071						

14. 已付案均赔款变化趋势

表2－21记录了各个延迟期内相邻事故年已付案均赔款的变化。从表中可看出，多年已付案均赔款呈现增长的趋势。数据分析时，很有必要将未决案均赔款的变化趋势（表2－19）和已付案均赔款变化趋势（表2－21）作比较，因为它有助于评估人员衡量已报案未决赔款准备金是否和通货膨胀的增长趋势保持一致。评估人员还会推测事故年2010的已付赔款可能存在比较严重的滞后。

表2－21　　已付案均赔款变化趋势

事故年	进展年					
	1	2	3	4	5	6
2004—2005	0.6%	15.7%	14.0%	18.1%	15.6%	13.0%
2005—2006	9.3%	7.0%	5.3%	1.6%	2.7%	
2006—2007	9.0%	5.0%	8.1%	13.2%		
2007—2008	1.9%	7.0%	15.2%			
2008—2009	13.5%	15.4%				
2009—2010	-20.2%					
平均值	2.4%	10.0%	10.7%	11.0%	9.1%	13.0%

总之，在利用模型预测责任准备金之前，对数据进行初步的分析是非常必要的。

第三章　已报案未决赔款准备金

未决赔款准备金主要包括三项，已报案未决赔款准备金（reported claim reserve）、未报案赔款准备金（IBNR）和理赔费用准备金。本章讨论已报案部分，又称“逐案准备金”（case reserve）。主要评估方法有两种：根据理赔人员的逐案估计值或按平均值法提取。

§3.1　引　　言

已报案未决赔款准备金是保险公司对已经报案但尚未结案的保险事故而计提的赔款准备金。

保险公司里，已报案未决赔款准备金主要由理赔人员负责计提。理赔人员必须熟悉公司在案件受理、现场勘查、责任审核、准备金评估、赔付调整、理赔、残值和追偿款收入等管理环节的水平和效率，及时了解法规的变更，社会、经济的因素变化对已报告赔案赔款的影响。

已报案未决赔款准备金是未决赔款准备金的重要组成部分，其评估结果是精算人员评估 IBNR 准备金的数据信息源和工作起点，其准确性、充足性和一致性，尤其是一致性对于未决赔款准备金的评估极为重要。即使已报案赔款准备金的估计值不够准确，但只要各评估时点已报案未决赔款准备金具有一致性，随着更多信息的获得，已报案未决赔款准备金相对于最终赔款的偏差可以反映到 IBNR 准备金的评估值中，保持总未决赔款准备金整体的准确性。

§3.2　逐案评估法

3.2.1　方法介绍

逐案评估法（case by case estimate）是指保险事故发生后，理赔人员通过实地查勘或理赔经验，对所发生赔案的赔付金额进行逐案估计。逐案估计过程中，需要考虑保单条款约定的保险责任、法律环境、预期延迟赔付的通胀等因素。另外，还需要考虑再保险因素，分别对再保前和再保后已报案未决赔款准备金进行评估。对于再保险人可能摊回部分，需要考虑该业务对应的再保合同约定、再保人信用等级。

一般而言，逐案评估法较适用于赔款固定、历史赔付经验少、赔案数目较少的特别险种和赔款金额变动较大的短尾业务。比如对企财险等商业险种，风险标的风险特征相对独特，风险同质性低，相似保单数量很少，评估时会更多地依赖于逐案估计而不是用统计预测，或者至少以逐案估计为主，然后再进行调整。

而对大部分个人险而言，如机动车保险业务，赔案数目较多、赔款额较小，若采用逐案估计则既不经济也不实用。

实务中，随业务类型的不同，逐案评估已报案赔款准备金的经验值得注意。譬如，对于商业火灾险，理赔人员对损失额的直接估计值可能往往与客户的估计有较大差异，如果理赔人员低估了赔款，则公司当年的盈余显得比较好，但若实际赔款高于原来的估计值，公司管理层将会很被动，因此，理赔人员往往比较保守地选取评估范围中的最大值。而对于责任保险，赔款很难准确估计，最终结案有时甚至需要几十年，尤其是关于职业疾病的责任保险。在承保时或在事故发生早期，没有充足的信息进行评估，而当风险完全敞露时，评估日到理赔日之间由于经济和社会因素引起的通货膨胀往往使得最初的准备金估计不充足。

总之，逐案评估法依赖于理赔人员主观判断，估计误差较大，而且成本高、费时多，因而具有较大的局限性，特别不适合长尾业务，包括长尾型的商业保险。

3.2.2 逐案评估注意事项

在获取赔案相关信息的基础上，采用逐案评估法对已报告赔案进行预估，可以相对及时地对公司未来支付额进行估计，尽量完整地反映公司赔付责任。在进行逐案估计时应该注意以下问题。

（1）避免逐案估计的主观性。理赔人员对已报告赔案根据经验进行估计时，受其自身对保险责任范围、法律环境等各因素判断的影响，主观性较强。因而理赔人员应在公司理赔政策的指引下，尽量客观的对赔案进行估计，不得有意高估或低估准备金估计数额。公司可通过培训理赔人员技能、考核理赔人员的预估偏差率、聘请保险公估人等方式尽量避免逐案估计的主观性。

（2）对直接理赔费用的处理。直接理赔费用是指可以直接分摊到各个赔案的费用，如与赔案直接相关的查勘费、专家咨询费等。在进行逐案估计时，可以对直接理赔费用进行预估，并与赔款金额估计值相加，也可以不进行预估而在结案时直接记录实际直接理赔费用。具体的选择主要根据直接理赔费用的延迟模式与已付赔款或已报案赔款的延迟模式是否一致或比较接近，如果比较接近，则合并在一起计算更可以减少工作量。

（3）预估赔款的更新方式。采用逐案估计法对已报告赔案进行赔付预估时，预估金额可以采取以下几种方式进行更新：

- 即时更新。在获取后续信息后，立即对初始估损金额进行更新。
- 定期更新。在固定的评估时间点，如月末、年底等，通过对尚未赔付的各项赔案进行复查，根据最新信息对估损金额进行更新。
- 预付赔款更新。在支付预付赔款时相应扣减期初估损金额，但总的赔付金额保持不变。
- 结案时更新。结案前对赔案的估损金额保持不变，结案时未决估损金额为零，结案金额根据实际赔付金额和发生的直接理赔费用予以记录。

公司应当优先选用前两种预估赔款更新方式。

§3.3 平均值法

平均值法估计已报案未决赔款准备金主要是根据业务过去的平均赔款金额及未来可能的变化趋势，并反映目前的情况而提存的已报案未决赔款准备金。

假若保险人过去的资料不足，则可依据经验判断或行业资料，以获得平均赔款，作为预估已报案未决赔款准备金的基础。在使用平均值法时，对于每一类赔案，均预先设立准备金数额。在第一次赔案时，采用这一准备金数额提存准备金数额，在获得越来越多的赔案资料后，可设计一个平均成本评估系统（average cost reserving），或根据表列法作增减的调整。

平均值法适用于下列业务：（1）理赔金额较小并能快速决定的业务；（2）赔案数目较多并且赔付模式相对比较稳定的险种；（3）赔案同质性较强；（4）近期已报案赔付的信息不充足，不能设置合理的已报案未决赔款准备金。

对已报告未决案件的损失估计，主要是基于理赔人员的估计，但通过采用系统自动立案及根据历史案均数据赋值的方式，可以提高对损失金额及赔款金额估计值的准确性。为规范准备金管理，监管部门也会做出相关规定。比如对无法在立案限定时间内进行估损的车险案件，保险公司通过理赔系统对案件进行自动估损赋值，赋值金额参考历史同类案件的案均赔款或其他合理统计量。理赔人员完成案件核损后，在系统中及时更新估损金额。对于客户报案若干天（比如 15 天）后仍无法进行人工核损准确立案的车险案件，保险公司应参考历史延迟同样天数（比如 15 天）以上案件的案均赔款或其他合理值由系统自动上调原自动赋值金额，且上调幅度不得低于一定比例。下面具体介绍两种平均值法。

3.3.1 已报案平均法（Notice - Average Method）

以第 N 年的 12 月 31 日为评估日，需要评估已报案未决赔款准备金，记其估计值为：

$$\sum_{t \leq N} A_t, \quad A_t = n_t \times \bar{C}_t - P_t$$

其中，n_t 为事故年 t 已报告的赔案数；$\bar{C}_t$ 为事故年 t 的每案平均赔款的估计值；P_t 为事故年 t 对应的赔案到评估日已经发生的赔款支出额。$\bar{C}_t$ 的计算可通过最终赔款和最终赔案的比值获得。

以 ABC 保险公司机动车第三者责任险的经验资料为例，以上科目的表述可列如表 3－1 所示。

表 3－1　ABC 保险公司机动车三责险每案平均赔款估计

事故年（1）	最终赔款（2）	最终赔案（3）	每案平均赔款(4)＝(2)/(3)
1	119 700	100	1 197
2	143 800	110	1 307
3	178 700	125	1 430
4	220 100	140	1 572

3.3.2 平均未决赔款准备金法（Average outstanding claims method）

平均值法首先根据过去的经验和数据估计未决赔案的案均赔款，然后乘以已报告赔案数目，即为已报案未决赔款准金估计结果。该方法简单易用，适用于赔案次数多但赔款不大、理算速度较快、赔款大体相同的保险业务。

仍以上述 ABC 保险公司汽车第三者责任险在过去三年的经验资料为例。如表 3－2 中计算结果显示，平均未决准备金呈递增趋势，可采用回归分析估计第四年平均未决赔款准备金为 2 600。因此，在估计第四年的已报案未决赔款准备金时，若采用平均值法，可采用 2 600 为平均已报案未决赔款准备金，并参考个案具体情况做增减的调整。

3.3.3 平均成本准备金评估系统

平均成本准备金评估系统实际上是对逐案评估法的一种替代，适用于赔案可获得信息不充足的情况，或者作为减少账面工作和管理成本的一种手段。

平均成本准备金评估系统的基本原理是将赔付案件数据放置于一个设

表 3-2　　平均未决赔款准备金估计结果

事故年 (1)	最终赔款 (2)	已付赔款 (3)	未决赔款 (4) = (2) - (3)	最终赔案 (5)	已结案赔案 (6)	未决赔案 (7) = (5) - (6)	平均未决赔款准备金 (8) = (4)/(7)
1	119 700	98 200	21 500	100	88	12	1 792
2	143 800	118 479	25 321	110	97	13	1 948
3	178 700	174 010	31 690	125	110	15	2 113
4	220 100	180 172	39 928	140	123	17	2 349

有判别指标的数据库中（standard pool），所设置的判别指标包括时间截止期限和赔款额限制等指标，若超出任意一个标准，则采用逐案估计法。符合标准的赔案，若数量充足，则采用公式法估计。

这样，在第一次报案时，所有的赔案都以过去业务的平均赔款作为已报案未决赔款准备金。在截止期限范围内的赔案，不需要再做评估，而对于超出截止期限的赔付，表明赔案“尾巴”过长，则需要逐案评估。同样，超出价值限制额的赔案，赔款过大，也需要逐案评估。

这一评估系统给评估者带来新的问题，即时间截止期限、价值限制额的确定。时间截止期限的设置依赖于给定赔案获得完全信息所需要的时间，对于大部分短尾业务，通常时间截止期限为报案后的 1 ~ 6 个月。在实务中，价值限制额的设置需要在节约成本和关注较大赔付案之间选择一个平衡点。如果赔付案件中包括大额赔付，则平均赔付成本会被高估，相反，如果包括大量长尾业务，则平均赔付成本可能被低估。因此，当时间截止日期和价值限制额发生改变时，平均赔付成本可能需要重新修正，否则统计结果（准备金评估或费率制定）可能被扭曲。

平均赔付成本系统包括“最初最终（first and final）”赔付系统、“USA 快速追踪（fast track）”系统和“one - shot”系统，详细内容参见文献（Claims Reserving Manual, Volume 1, The Faculty and Institute of Actuaries 1997）。

在获得平均赔付成本之后，可直接将已报告赔案数乘以平均赔付成本，即得到已报案未决赔款准备金估计额。

3.3.4　表定法

表定法较多用于短期健康险和意外伤害险等业务，如伤残给付、住院补贴给付、误工费用给付等情况，即给付金额基本确定，但给付时间不确定的赔案。该方法主要是根据精算生命表、精算伤残表、伤愈率表等精算分析工具，对未来可能持续发生的赔付进行贴现值的计算。

根据历史经验数据，按照伤残类型，伤残程度，性别年龄，保险事故类型等因素可以预先设定赔款估计表。保险事故发生后，根据赔款估计表，并考虑未来通货膨胀以及个案特殊性，逐案设立已报案未决赔款准备金。

§3.4 已报案未决赔款准备金评估的一致性

3.4.1 评估一致性

由于已报案赔款（leported claims）等于已付赔款（paid claims）与已报案未决赔款（case reserves）之和，已报案未决赔款准备金的估计值对于估计最终赔款（ultimate loss）极为重要。尤其是对于长尾业务，其早期已付赔款可能只是最终赔款中极小的一部分，仅使用已付赔款数据必然严重低估最终赔款，因而必须附加已报案未决赔款准备金数据。它们之间的关系可以由图 3－1 直观地表示。

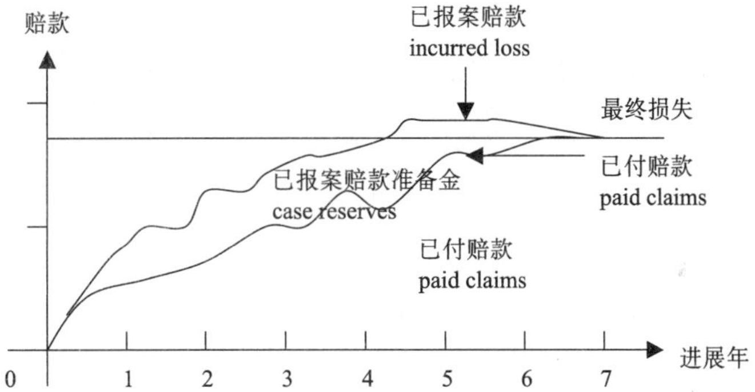

图 3－1 已报案赔款的构成

对已报案未决赔款准备金的估计，带有评估人员的主观判断，缺乏完全的客观性。但是，已报案赔款准备金的估计值与最终赔款的差额，可以作为已报告赔案的未来进展，通过估计 IBNR 准备金来抵消掉这一差额，因而其准确性不会影响到最终赔款的估计。但是评估标准会随时间而有所差别，尤其是理赔部门人员调整，或者选用新的评估系统时，已报案未决赔款准备金充足度的一致性会发生改变，直接影响已报案赔付的延迟模式，从而严重影响最终赔款的估计结果。因而从评估目的来看，已报案未决赔款准备金的评估不需要太准确，但最重要的是各年份之间准备金评估充足性必须满足一致性要求。譬如，如果已报案未决赔款准备金的评估前后具有一致性，准备金评估精算师了解到商业火灾一直被高估 10%，而责任险总是被低估 15%，那么他可以根据需要对评估值做必要的调整。因此，为了保持已报案未决准备金评估的一致性，精算师必须了解公司已报案未决赔款准备金的评估程序，经常与理赔部门的交流沟通以获知已报案未决赔款准备金评估程序的变化，这样才能更好的把握、理解数据的趋势。

3.4.2 评估一致性的判断

检验已报案未决赔款准备金评估的一致性，主要通过比较每一个赔付进展年末的已报案未决赔款准备金（case reserves）与实际需要的准备金数额（the true reserves actually required），如果两者的比率能保持稳定的模式，则认为评估具有一致性。由于后者在保险责任终了之前是无法知道的只能对赔付进展完全结束的初始期间进行。

记 $V_a(d)$ 为第 a 事故年赔案在第 d 进展年实际需要的已报案未决赔款准备金数额，UL_a 为第 a 事故年赔案的最终实际赔款，$PC_a(d)$ 为赔案在第 d 进展年的已付赔款。

对于赔付责任已经终了的早期事故年，实际需要的准备金数额为：

$$V_a(d) = UL_a - PC_a(d) \tag{3.4.1}$$

对于赔付责任尚未终了的近期事故年，就“预设”或给定一个初始最终赔款的估计值，记为 $\hat{UL}_a$，以及一个“预设准备金”（hypothecated reserve）。记 $HV_a(d)$ 为第 a 事故年赔案在第 d 进展年预设准备金，$\hat{UL}_a$ 为初始最终赔款的估计值。公式（3.4.1）变为：

$$HV_a(d) = \hat{UL}_a - PC_a(d) \tag{3.4.2}$$

这样，就可以通过考察责任已经终了的事故年的经验来调整责任尚未终了事故年的最终损失估计值。

以下通过具体例子介绍已报案未决赔款准备金评估一致性的判断方法。表 3-3 和表 3-4 分别给出已报案未决赔款准备金流量数据和累积已付赔款数据。

表 3-3　累积已付赔款数据　（单位：万元）

事故年	进展年（月）						最终赔付
	12	24	36	48	60	72	
1	1 001	1 855	2 423	2 988	3 335	3 483	3 717
2	1 113	2 103	2 774	3 422	3 844		
3	1 265	2 433	3 233	3 977			
4	1 490	2 873	3 880				
5	1 725	3 261					
6	1 889						

表 3－4　　已报案未决赔款准备金数据（case reseves）　　（单位：万元）

事故年	进展年（月）					
	12	24	36	48	60	72
1	1 776	1 409	1 029	606	384	234
2	2 139	1 701	1 199	809	475	
3	2 460	1 971	1 546	969		
4	3 031	2 549	1 796			
5	3 644	2 881				
6	3 929					

对于第 1 事故年，最终赔付额已知，各进展年流量单元实际需要的准备金数额可根据公式 3.4.1 计算得出，具体结果如表 3－5 所示。

表 3－5　　第 1 事故年各进展年实际需要的准备金数额

进展年（月）	12	24	36	48	60	72
最终赔付额 UL	3 717	3 717	3 717	3 717	3 717	3 717
已付赔款 PC	1 001	1 885	2 423	2 988	3 335	3 483
实际需要的准备金数额 V	2 716	1 862	1 294	729	382	234

其中，最后一行中的实际需要的准备金数额 $V = UL - PC$。比如，2 716 = 3 717 － 1 001，1 862 = 3 717 － 1 885，1 294 = 3 717 － 2 423，依次类推。

根据表 3－5 中各进展年实际需要的准备金数额，可计算各进展年已报案未决赔款准备金 RV 与实际需要的准备金数额 V 的比率，如表 3－6 所示。

表 3－6　　已报案未决赔款准备金 RV 与实际需要的准备金数额 V 的比率

进展年	12	24	36	48	60	72
RV	1 776	1 409	1 029	606	384	234
V	2 716	1 862	1 294	729	382	234
r	65.4%	75.7%	79.5%	83.1%	100.5%	100.0%

其中，$r = RV/V$，例如，65.4% = 1 776/2 176，75.7% = 1 409/1 862，依此类推。

接下来，考察第 2 事故年，第 2 事故年已付赔款与已报案未决赔款准备数据如表 3－7 所示。

表 3－7　　第 2 年已付赔款与已报案未决赔款准备数据

进展年	12	24	36	48	60
已付赔款 PC	1 113	2 103	2 774	3 422	3 844
已报案未决赔款准备数据 RV	2 139	1 701	1 199	809	473

第 2 事故年的最终赔付额未知，需要根据第 1 事故年各进展年已报案未决赔款准备金 RV 与实际需要的准备金数额 V 的比率 r 的进展规律来估计。假定赔付延迟模式稳定，第 5 进展年的已报案未决赔款准备额为：473 =475/1.005。这样，第 2 事故年最终赔付额为：3 844 +473 =4 317 万元。

第 2 事故年预设准备金 HV 可根据公式 3.4.2 计算得出，计算如表 3 -8 所示。

表 3 -8　预设准备金

进展年（月）	12	24	36	48	60
最终赔付额估计值 $\hat{UL}$	4 317	4 317	4 317	4 317	4 317
已发生赔付支出额 PC	1 113	2 103	2 774	3 422	3 844
预设准备金 HV	3 204	2 214	1 543	895	473

于是实际需要的准备金数额 V 与预设准备金的比率如表 3 -9 所示。

表 3 -9　实际需要的准备金数额与预设准备金的比率

进展年（月）	12	24	36	48	60
RV	2 139	1 701	1 199	809	475
HV	3 204	2 214	1 543	895	473
r	66.8%	76.8%	77.7%	90.4%	100.5%

其他事故年比率的计算同第 2 事故年，具体的计算过程见表 3 -10 所示。

表 3 -10　各事故年实际需要的准备金数额与预设准备金的比率　（单位：万元）

事故年	进展年（月）						最终赔付（万元）
	12	24	36	48	60	72	
1	1 001	1 855	2 423	2 988	3 335	3 483	3 717
2	1 113	2 103	2 774	3 422	3 844		
3	1 265	2 433	3 233	3 977			
4	1 490	2 873	3 880				
5	1 725	3 261					
6	1 889						
r（%）	65.4	75.7	79.5	83.1	100.5	100	
RV	1 776	1 409	1 029	606	384	234	3 717
V	2 716	1 862	1 294	729	382	234	

续表

事故年		进展年（月）						最终赔付（万元）
		12	24	36	48	60	72	
	r（%）	66.8	76.8	77.7	90.4			
	RV	2 139	1 701	1 199	809	475		4 317
	HV	3 204	2 214	1 543	895	473		
	选定的 r					100.5%		
	r（%）	64.3	74.1	83.1				
	RV	2 460	1 971	1 546	969			5 093
	HV	3 828	2 660	1 860	1 116			
	选定的 r				86.8%			
	r（%）	65.4	78.5					
	RV	3 031	2 549	1 796				6 122
	HV	4 632	3 249	2 242				
	选定的 r			80.1%				
	r（%）	68.6						
	RV	3 644	2 881					7 037
	HV	5 312	3 776					
	选定的 r		76.3%					
	RV	3 929						7 833
	HV	5 944						
	选定的 r	66.1%						

实际需要的准备金数额与预设准备金的比率如表 3－11 中数据所示。选定 r 通过简单平均法，例如，表中 80.1% ＝(79.5% ＋77.7% ＋83.1%)/3，第 4 事故年第 2 进展年预设准备金 HV 为 1 796/80.1% ＝2 242 万元。

3.4.3 评估一致性的调整

实际需要的准备金数额（或预设准备金数据）与已报案未决赔款准备金的比率 r（%）如表 3－11 所示。

表 3－11　实际（或预设）需要的准备金与已报案未决赔款准备金的比率（%）

事故年	进展年（月）					
	12	24	36	48	60	72
1	65.4	75.7	79.5	83.1	100.5	100.0
2	66.8	76.8	77.7	90.4	100.5	
3	64.3	74.1	83.1	86.8		
4	65.4	78.5	80.1			
5	68.6	76.3				
6	66.1					

从表3－11中数据可看出，倒数第二个日历年的比率（带下划线）明显高于其他日历年，这意味着已报案未决赔款准备金评估的充足度不满足一致性，需要向理赔部门了解具体情况，查明一致性变化的原因。调查结果表明，两年以前理赔部门发生人员调整，已报案未决赔款准备金的评估的谨慎程度增强，准备金评估结果增加。从而导致最近两年已报案未决赔款准备金评估充足性程度高于两年以前5%。为了保持已报案未决赔款准备金评估的一致性，需要对两年以前已报案未决赔款准备金（表中阴影部分）数据重新调整，调整结果如表3－12所示。

表3－12　　修正已报案未决赔款准备金数据

事故年	进展年（月）					
	12	24	36	48	60	72
1	1 865	1 479	1 080	636	384	234
2	2 246	1 786	1 259	809	475	
3	2 583	2 070	1 546	969		
4	3 183	2 549	1 796			
5	3 644	2 881				
6	3 929					

其中，1 865＝1 776×（1＋5%），1 479＝1 409×（1＋5%），依次类推。

将表3－3和已报案未决赔款准备金数据结合起来，可重新计算（预设）实际需要的准备金数额与已报案未决赔款准备金的比率（计算过程同上），结果如表3－13所示。

表3－13　　HVa（d）与已报案未决赔款准备金的修正比率

事故年	进展年（月）					
	12	24	36	48	60	72
1	68.7	79.4	83.5	87.2	100.5	100
2	70.1	80.7	81.6	90.4	100.5	
3	67.9	78.6	84.3	88.8		
4	69.9	80.5	83.1			
5	70.8	79.8				
6	69.5					

HVa（d）与已报案未决赔款准备金的修正比率呈现出稳定的模式，原来的不规则被消除。已报案未决赔款准备金的充足一致性调整产生了很满意的结果，已报案未决赔款准备金的充足性如表3－13所示，同时使用调整后的已报案未决赔款准备金预测最终赔付额结果相对更为合理。

第四章　IBNR 准备金评估

赔款责任准备金中，由报案延迟等因素引起的 IBNR 准备金是不确定性最高、技术上最困难的一项责任准备金。因此，对非寿险 IBNR 准备金的评估也是非寿险精算人员最核心的工作。本章将系统地介绍 IBNR 准备金的评估过程。

§4.1 引　言

4.1.1　专门评估 IBNR 准备金的意义

如前所述，对于在评估时点前已经发生了保险事故的理赔责任，有报案延迟和理赔延迟两大不确定因素，而报案延迟相对有更大的不确定性，其不确定程度与保险业务的长尾性质或短尾性质直接关联。对于众多短尾业务如机动车车损险、航空意外险等业务来说，报案延迟期很短并且比较稳定，IBNR 在赔款责任准备金中的占比较小，相对就不那么重要。对于长尾业务诸如各种责任险，极端情况下的报案延迟期甚至长达数年，对其赔款损失的估计难度可想而知。如果不将 IBNR 独立出来并作进一步分析和估计，保险公司负债的评估价值将会有更大的不确定性，必将严重影响保险公司的经营和信誉。也正因为如此，许多国家的保险监管机构明确要求保险公司要独立地评估 IBNR 责任准备金，不能只是笼统地评估“赔款准备金”或“未决赔款准备金”。

此外，对于已报告赔案的损失估计，可以根据索赔报告记录的信息，采用逐案评估方法估计已报案赔款准备金。而 IBNR 没有这部分信息，无法采用逐案评估方法，只好将其与已报案部分分离出来，进行专门估计。

4.1.2　IBNR 准备金的评估方法

评估 IBNR 准备金可以根据保险业务的性质和规模，采用简单比率法或模型法进行预测，模型法又可以进一步区分为**确定性模型**（Deterministic Model）、**随机模型**（Stochastic Model）和**动态模型**（Dynamic Model）。

1. 比率法

简单比率法就是以保险业务的某项业务指标为基数，取其一定比率作为 IBNR 准备金的估计值。常用的基数可以选择对应业务的已赚保费、已发生赔款、未决赔款估计等。该方法适用于短尾业务、新业务和业务规模很小的险种。

2005 年之前我国保险公司对非寿险业务的 IBNR 准备金评估一直采用简单比率法，即按照《保险公司财务制度》第十四条的规定，按不超过当年实际赔款支出额的4%提取。即以保险公司各种保险业务当年的实际赔款支出总数为基数，取4%的比率作为 IBNR 准备金。这4%的比率相当于假定各种业务的索赔事故的报案延迟期平均期限为两周（一年有 52 周，2/52 ≈4%）。这样的规定当然非常简单，但是否合理，却一直存在争议。

2. 模型预测法

用模型来预测 IBNR 准备金，也包括预测未决赔款准备金，需要根据保险业务的风险性质、赔付延迟模式、经验数据特点等因素，选择一种或几种模型和方法来对赔款损失进行估计。

但由于各种不确定因素的影响，可以用于预测 IBNR 准备金的方法层出不穷，没有一种方法适用于所有的险种，从而被认可为标准的或法定的模型。简单地划分，可以将模型法分为确定性模型方法和随机模型方法。

- **确定性模型**主要针对未来赔款的期望值，忽略随机波动。确定性模型的评估方法主要有链梯法、案均赔款法、准备金进展法、B－F 法、Cape Cod 法等。确定性模型评估准备金旨在为公司已承保保单的未来赔款作出最佳估计，因而评估过程中只考虑未来赔款的期望值，忽略赔付过程的随机性。
- **随机模型**不仅提供未来赔款的最佳估计（位置度量），并能够确定最佳估计的精确度（变异性度量）。随机模型主要包括过度离散的泊松分布链梯模型、负二项分布链梯模型、负二项分布的正态近似链梯模型、MACK 模型、Gamma 模型、Hoerl Curve 模型等。由于对这些模型的应用尚未制定明确的标准，监管部门及职业组织目前还没有专门推荐任何具体的随机模型。本书将随机模型的方法介绍放在第五章中。

确定性模型可用于检验复杂随机模型的评估结果。同传统的确定性模型相比，随机模型除了解决其无法衡量评估精确性的缺陷外，还克服了确定性模型流量三角形主要局限于正方形的限制。当进展年的数目远远超出事故发生年的数目或数据残失时，只能采用随机模型。

无论确定性模型还是随机模型，都是将给定的赔款数据表达为一系列待估计参数的某种函数和随机噪声，并假定这些参数不随时间的流逝而改变，因而这些模型都可称为“静态模型”（Static Model）。随着环境的变化，需要考虑各种赔款参数的改变，从而产生了动态模型（Dynamic Model)，其中最重要的是卡尔曼滤波（Kalman）模型。迄今为止，在赔款分析中使用卡尔曼滤波（Kalman）模型的经验还很少，其可靠性还有待于进一步检验。

总之，可以用于评估 IBNR 准备金的方法是举不胜举的。而 IBNR 准备金对保险公司负债评估的影响又比较大，如果保险公司随意选择精算方法来评估 IBNR，那么，由模型所带来的评估差异和不确定性也会很大。因此，各国保险监管部门和精算师职业组织在制定关于 IBNR 准备金评估指南和标准时，通常都会推荐几种常用的模型和方法，并限制随意变更模型。

中国保监会《保险公司非寿险业务准备金管理办法（试行）》第十四条规定："对已发生未报案未决赔款准备金，应当根据险种的风险性质、分布、经验数据等因素采用至少下列两种以上方法进行谨慎评估提取：

（一）链梯法；

（二）案均赔款法；

（三）准备金进展法；

（四）B－F 法等其他合适的方法。"

总之，实务中通常采用的方法是确定性模型，但是非寿险责任准备金的评估技术进展很快。本章除了介绍中国保监会推荐的几种方法外，也介绍了其他方法。

4.1.3 IBNR 准备金的进一步分类

评估 IBNR 准备金有诸多困难，其中之一是，这个概念本身的定义和内涵不是特别明确。一般地，IBNR 准备金有广义和狭义之分。

- 狭义 IBNR 准备金又称"纯粹 IBNR 准备金"或"真正的 IBNR 准备金"（Pure IBNR 或 True IBNR），即保险公司为已经发生但尚未提出索赔的赔案而进行的资金准备。
- 广义 IBNR 准备金主要包括四种准备金（参考北美非寿险精算学会（Casualty Actuarial Society，CAS）的"Statement of Principles Regarding Property and Casualty Loss and Loss Adjustment Expense Reserves"）：

（1）狭义 IBNR 准备金（provision for claims incurred but not reported，Pure IBNR or True IBNR）。这是对完全没有报案的赔案而计提的准备金，代表了已发生事故的报案延迟。

（2）已报案未立案准备金（provision for claims in transit，claims reported but not entered into the statistical system of the company，or claims incurred and reported but not recorded）。这种准备金是指为保险事故已经报告给分支机构或报案中心，但未记录到保险人数据库中的赔案而提取的准备金。

（3）未决赔案的未来进展准备金（provision for future development on

known claims）。理赔人员对已报案赔款的估计不可能完全准确，随着时间的推移，可获得的信息越来越多，因而对已报案赔款的估计也将越来越准确。最初已报案未决赔款准备金到最终实际的支付额之间的差额即为未决赔案的未来进展，保险人也需要为这部分赔款调整额作资金准备。

（4）重立赔案准备金（reopened claims reserve）。已经赔付的赔案，经过一定时期后，如果出现新的信息，赔案可能被重新提起并要求额外增加赔付。保险人必须为此提取相应的准备金，即重立赔案准备金。

在本书中，除特殊说明外，IBNR 准备金均为广义 IBNR 准备金。

§4.2 链 梯 法

链梯法是最早采用流量技术估计未来赔款进展模式的方法，也是准备金评估模型中应用最为广泛的技术。Taylor（1977）曾将链梯法描述为"由一系列比率链，如逐年链梯比率，组成一个梯子，使人能够从历史经验记录日攀登（预测）到未来最终赔款"。链梯法的原理确实正像这种直观描述：只要各进展年的赔款相对稳定，赔款延迟模式就可以根据其所占最终赔款的比率来反映。如果未来事故年会延续过去的赔款延迟模式，就可以通过延迟模式的规律来估计最终赔款。因此在链梯法中，基本假设是每个事故年的赔款支出具有相同的进展模式，也就是说，在预测未决赔款准备金时，每个事故年使用的进展因子相同。

在北美意外险精算学会的体系中，链梯法、案均赔款法、准备金进展法都属于赔款进展法（Loss Development Method），目前更广泛使用赔款进展法这一术语。

在实际准备金评估日，对每一类业务，通常都会存在部分业务已赔付、部分业务已报案由理赔部门处理的情况，精算评估人员除了获得已付赔款数据外，还可以从理赔部门获得最终赔款的进一步信息，即已报案未决赔款准备金。因而精算师在评估最终赔款时，会采用两种重要的数据，已付赔款（paid claims）数据和已报案赔款（reported claims）数据。

在我国现行《保险公司财务制度》和《保险公司会计制度》中，只设有预付赔款科目，表示处理各种理赔案件过程中按照保险合同约定预先支付的赔款，并作为资产项，结案后将预付赔款转为赔款支出，因此精算实务中采用已决赔款数据组织流量三角形。而美国的监管报表科目中，则有已付赔款（paid claims），包含部分赔款、残值和代位追偿收入（部分特殊险种除外）。

这里需要指出的是关于"incurred claim"这一概念，在北美意外险精算学会体系中，一直有所混淆，incurred claim 既可以包含 IBNR 赔案，也可以不包含 IBNR，后来这一概念不再沿用，已报告赔案统一采用“reported claims”这一术语。在每一种数据基础上，都会采用链梯比率和总量比率技术。

基于两类数据基础，采用不同链梯比率和总量比率技术的方法将在本节中详细介绍。

4.2.1　基于已付赔款数据的链梯法

1. 基于已付赔款数据的链梯模型

已付赔款数据的链梯模型基于累积已付赔款流量三角形，如表 4－1 所示，流量表中的“$C_{i,j}$”表示累积已付赔款，S_1 表示最终赔款。

表 4－1　　累积已付赔款数据

事故年	进展年							最终值 UL
	1	2	…	j	…	n－1	n	
1	$C_{1,1}$	$C_{1,2}$	…	$C_{1,j}$	…	$C_{1,n-1}$	$C_{1,n}$	S_1
2	$C_{2,1}$	$C_{2,2}$	…	$C_{2,j}$	…	$C_{2,n-1}$		
	…	…	…	…	…			
i	$C_{i,1}$	…	…	$C_{i,j}$				
…	…	…	…					
n	$C_{n,1}$							

采用链梯比率技术，假设表中各进展年的已付赔款相互独立，并成比例，已付赔款延迟模式前后具有一致性，根据此规律估计流量表的下半部分。只考虑未来赔款的期望值，忽略预测误差，未来赔款的估计公式为：

$$\hat{C}_{i,j} = \hat{C}_{i,n-i} \prod_{h=n-i}^{j-1} \hat{p}_h \tag{4.1}$$

其中，$C_{i,j}$和 $C_{i,n-i}$表示第 i 事故年的赔案在第 j 进展年和第（$n-i$）进展年的累计赔款；$\hat{p}_h$ 为赔款从第 h 年到（h＋1）年的逐年进展因子（loss development factor，LDF），从第 r 列到最终赔款 UL 的最终累积进展因子，可被看做是从第 r 列到（r＋1）列，（r＋1）列到（r＋2）列…n 列到 UL 列的累积，计算公式为：

$$\hat{p}_r \cdot \hat{p}_{r+1} \cdot \cdots \cdot \hat{p}_n = \prod_{h=r}^{UL} \hat{p}_h \tag{4.2}$$

需要指出，本书中逐年进展因子的英文名称有“link ratio”。而在北美意外险精算学会的许多文献中，逐年进展因子的英文名称包括“age－to－age ratio”，“report－to－report ratio”或“loss development factor”，容易混淆。最终累积进展因子的英文名称为“age－to－ultimate raio”，又称“cumulative factor”。

采用总量比率技术（grossing up），假设各进展年的赔款在最终赔款中的比重相对稳定，从而可通过已付赔款或已报案赔款数据延迟模式的规律来估计最终赔款数额。类似于根据冰山浮出水面部分来推测冰山整体的体积，故此方法又称“冰山法（Iceberg）”。在不考虑预测误差的情况下，未来赔款的估计公式为：

$$\hat{C}_{i,j} = \hat{S}_i \cdot \hat{g}_j \tag{4.3}$$

其中：$\hat{S}_i$ 表示事故年 i 赔案的最终赔款的估计值，$\hat{C}_{i,j}$表示事故年 i 的赔案在第 j 进展年的赔款估计值；$\hat{g}_j$ 为第 j 进展年的赔款在最终赔款中的比例，即总量因子。

需要指出的是，以已付赔款或已报案赔款数据估计最终赔款的方法同样也适用于最终赔案数目的估计。

2. 链梯比率技术的未决赔款准备金评估

下面以累积已付赔款数据流量表（见表 4－2）为例，介绍如何采用链梯比率技术估计最终赔款和未决赔款准备金。

表 4－2　累积已付赔款数据　（单位：万元）*

事故年	进展年（月）						最终值
	12	24	36	48	60	72	
1	1 001	1 855	2 423	2 988	3 335	3 483	3 705
2	1 113	2 103	2 774	3 422	3 844		
3	1 265	2 433	3 233	3 977			
4	1 490	2 873	3 880				
5	1 725	3 261					
6	1 889						

根据公式计算相邻两个进展年的进展因子，第 i 事故年从第 h 进展年到（h＋1）进展年的逐年进展因子计算公式为：

$$p_{i,j} = \frac{C_{i,j+1}}{C_{i,j}} \tag{4.4}$$

所有相邻进展年的逐年进展因子计算结果如表 4－3 所示。

以第一事故年为例，逐年进展因子的计算如下：

$p_{1,1} = 1.853 = 1\ 855/1\ 001$；$p_{1,2} = 1.306 = 2\ 423/1\ 855$；$p_{1,3} = 1.233 = 2\ 988/2\ 423$；$p_{1,4} = 1.116 = 3\ 335/2\ 988$；$p_{1,5} = 1.044 = 3\ 483/3\ 335$，等等。

从表 4－3 数据可看出，每一列的进展因子都处于一个狭窄的范围内，因而假定每一事故年的延迟模式具有相同规律较为合理，运用这样的进展

* 注：本章内，赔款金额的单位均理解为万元人民币，不再逐一说明。

表 4-3　　已付赔款逐年进展因子表

事故年	进展年（月）					72 ~ UL
	12 ~ 24	24 ~ 36	36 ~ 48	48 ~ 60	60 ~ 72	
1	1.853	1.306	1.233	1.116	1.044	1.064
2	1.889	1.319	1.234	1.123		
3	1.923	1.329	1.230			
4	1.928	1.351				
5	1.890					

因子可预测未来的赔付额。

在实务中，计算最终累积进展因子的方法很多，但都基于逐年进展因子表 4-3。本书中主要介绍原始加权法、最高值法、简单算术平均法、最近三个事故年原始加权法、进展因子趋势法。

方法一：原始加权法。采用原始加权平均法计算进展因子，$\hat{p}_h$ 为第 h 年到 $h+1$ 年的进展因子，计算公式如下：

$$\hat{p}_h = \frac{\sum_{i=1}^{n-h} C_{i,h+1}}{\sum_{i=1}^{n-h} C_{i,h}},\ i = 1,\cdots,n \tag{4.5}$$

从最后一个可观察已付赔款到最终值之间的进展因子，即尾部因子的计算，依实际可获知数据的情况而定。如果第 1 事故年已付赔款进展完全，最终值已知，则尾部因子即为：

$$p_n = \frac{S_1}{C_{1,n}} \tag{4.6}$$

如果第 1 事故年已付赔款进展不完全，则需要估计尾部因子，具体估计方法在第六章中会有详细的介绍。在此之前，均假设第 1 事故年最终赔款已知。

最终累积进展因子为：

$$\hat{p}_r \cdot \hat{p}_{r+1} \cdot \cdots \cdot \hat{p}_n = \prod_{h=r}^{UL} \hat{p}_h \tag{4.7}$$

根据公式（4.6）和（4.7），可计算进展因子和最终累积进展因子，结果如表 4-4 所示。

例如，第 1 进展年的进展因子和最终累积进展因子的计算分别为：

$$\frac{1\ 855 + 2\ 103 + 2\ 433 + 2\ 873 + 3\ 261}{1\ 001 + 1\ 113 + 1\ 265 + 1\ 490 + 1\ 725} = 1.899$$

$$1.064 \times 1.044 \times 1.120 \times 1.232 \times 1.329 \times 1.899 = 3.868$$

“链梯”这一术语广义上被描述为所有使用链梯比率（Link Ratio）来

表 4-4　　进展因子与最终累积进展因子

进展因子	12~24	24~36	36~48	48~60	60~72	72~UL
	1.899	1.329	1.232	1.120	1.044	1.064
最终累积进展因子	12~UL	24~UL	36~UL	48~UL	60~UL	72~UL
	3.868	2.037	1.533	1.244	1.111	1.064

估计最终赔款的方法。比如，案均赔款法、准备金进展法均基于流量三角形的思想。但更普遍的是，它被用于特指原始加权链梯技术（Original Weightings）。

方法二：最高值法。计算进展因子的最高值法是根据逐年进展因子表 4-3，从第 d 进展年的逐年进展因子数据中选取最大值作为第 d 进展年的进展因子，最终累积进展因子则为第 d 进展年，第 $d+1$ 进展年，…，到第 n 进展年中所选进展因子的乘积。采用最高值法计算最终累积进展因子，并以此预测最终赔付，其结果过于保守，实务中较少采用。

利用上面的方法，根据表 4-3，可以得到如表 4-5 所示进展因子结果。

表 4-5　　进 展 因 子 表

进展年（月）	12~24	24~36	36~48	48~60	60~72	72~UL
进展因子	1.928	1.351	1.234	1.123	1.044	1.064

例如，第 1 进展年到第 2 进展年的进展因子的选取：

$$\max\{1.306, 1.319, 1.329, 1.351\} = 1.351$$

根据进展因子表 4-5，可计算最终累积进展因子，结果列入表 4-6 中。

表 4-6　　最终累积进展因子

进展年（月）	12~UL	24~UL	36~UL	48~UL	60~UL	72~UL
最终累积进展因子	4.010	2.080	1.539	1.247	1.111	1.064

其中，

$$1.064 = 1.064$$
$$1.111 = 1.064 \times 1.044$$
$$1.247 = 1.064 \times 1.044 \times 1.123$$
$$1.539 = 1.064 \times 1.044 \times 1.123 \times 1.234$$
$$2.080 = 1.064 \times 1.044 \times 1.123 \times 1.234 \times 1.351$$
$$4.010 = 1.064 \times 1.044 \times 1.123 \times 1.234 \times 1.351 \times 1.928$$

方法三：简单算术平均法。简单算术平均法以每一列中逐年进展因子的算术平均值（也可以剔除最大值与最小值）的算术平均数作为进展因子，最终累积进展因子的计算方法与原始加权法相同。计算结果如表 4－7 所示。

表 4－7　　进展因子与最终累积进展因子

进展因子	12～24	24～36	36～48	48～60	60～72	72～UL
	1.897	1.326	1.232	1.120	1.044	1.064
最终累积进展因子	12～UL	24～UL	36～UL	48～UL	60～UL	72～UL
	3.856	2.032	1.533	1.244	1.111	1.064

其中，第二行数据为进展年 1，2，…，6 对应的进展因子，如第 2 进展年到第 3 进展年的进展因子为：(1.306 + 1.319 + 1.329 + 1.351)/4 = 1.326。

第四行的数据是事故年 6，5，…，1 的最终累积进展因子，如第 2 事故年的最终累积进展因子为：2.032 = 1.064 × 1.044 × 1.120 × 1.232 × 1.326。

方法四：最近三个事故年度原始加权法。最近三个事故年原始加权法类似于原始加权法，只是更强调最近三个事故年的赔付经验对最终赔款的影响。在实务中，精算师们一般都比较重视最近三年的赔付经验，因为近期的经验更为可靠，特别是保险业务发生变化时，因此在实务中最为常用。下面主要考虑表 4－3 中最近三个事故年的累积已付赔款，结果如表 4－8 所示。

表 4－8　　最近三个事故年累积已付赔款

事故年	进展年（月）						最终值
	12	24	36	48	60	72	
1			2 423	2 988	3 335	3 483	3 705
2		2 103	2 774	3 422	3 844		
3	1 265	2 433	3 233	3 977			
4	1 490	2 873	3 880				
5	1 725	3 261					
6	1 889						

根据公式（4.5）和公式（4.6），计算最近三个事故年度原始加权进展因子和最终累积进展因子，结果如表 4－9 所示。

表 4－9　　最近三个事故年度原始加权进展因子

事故年	进展年（月）					
	12～24	24～36	36～48	48～60	60～72	72～UL
进展因子	1.912	1.334	1.232	1.120	1.044	1.064

第 1 到第 2 进展年的进展因子：1.912 =（2 433 +2 873 +3 261）/（1 265 +1 490 +1 725）

第 4 到第 5 进展年的进展因子：1.120 =（3 335 +3 844）/（2 988 +3 422）

第 5 到第 6 进展年的进展因子：1.044 =3 483/3 335

然后，计算最终累积进展因子，方法同上，计算结果如表 4 –10 所示。

表 4 –10　　最终累积进展因子

事故年	进展年（月）					
最终累积	12 ~ UL	24 ~ UL	36 ~ UL	48 ~ UL	60 ~ UL	72 ~ UL
进展因子	3.912	2.046	1.533	1.244	1.111	1.064

方法五：趋势法。趋势法是根据逐年进展因子构成，分析进展因子的趋势，如果存在线性趋势则根据最小二乘法估计未来的进展因子。这里仍以表 4 –3 为例。

从表 4 –3 中可看出，除了第 3 进展年到第 4 进展年的逐年进展因子有所波动外，其余各列数据基本上随事故年的增加呈线性递增趋势（见图4 –1）。如果保险业务方面的经验能够支持该趋势，则对趋势的预测就比较合理。

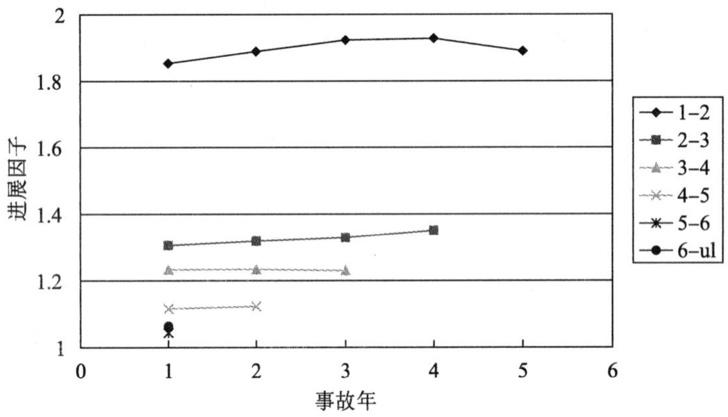

图 4 –1　各事故年逐年进展因子趋势

表 4 –11　　进展因子趋势

事故年	x_i	y_i
1	–2	1.853
2	–1	1.889
3	0	1.923
4	1	1.928
5	2	1.890

这里可采用最小二乘法预测这一增长趋势，采用一般的线性形式或对数线性形式，此处以线性形式为例：

$$y = ax + c \tag{4.8}$$

其中，y 表示表 4 –3 中每列的逐年进展因子，x 可以为表示事故发生年的函数。以第一列数据为例（见表 4 –11）：

这里，选择 x 的算术平均 0，主要是为了计算的方便，根据最小二乘法估计得：

$$c = 1.8966,\ a = 0.0113$$

若令事故年 6 的 $x = 3$，则其对应的进展因子 $y = 1.8966 + 3 \times 0.0113 = 1.931$。以同样的方法考虑第二列逐年进展因子数据的趋势，数据如表 4 – 12 所示。

利用最小二乘法，可以得到：$c = 1.3263$，$a = 0.0146$，于是得到事故年 5、6 对应的 y 值分别为：$1.3263 + 2.5 \times 0.0146 = 1.363$，$1.3263 + 3.5 \times 0.0146 = 1.377$。

接下来考虑第三列逐年进展因子数据的趋势，数据表如表 4 – 13 所示。

表 4 – 12　　进展因子趋势

事故年	x_i	y_i
1	–1.5	1.306
2	–0.5	1.319
3	0.5	1.329
4	1.5	1.351
5	2.5	
6	3.5	

表 4 – 13　　进展因子趋势

事故年	x_i	y_i
1	–1	1.233
2	0	1.234
3	1	1.230
4	2	
5	3	
6	4	

利用最小二乘法计算出 $c = 1.2323$，$a = -0.0015$，所以事故年 4、5、6 对应的 y 值分别为：

$1.2323 + 2 \times (-0.0015) = 1.229$；$1.2323 + 3 \times (-0.0015) = 1.228$；$1.2323 + 4 \times (-0.0015) = 1.226$

表 4 – 3 中第 4、5、6 列的数据太少，不适合用最小二乘法预测数据趋势，可采用其他方法来估计趋势值，如最小（大）值法、最近年值法或平均值法等。这里采用最近年值法，得到进展因子的预测值表 4 – 14 和表 4 – 15。

表 4 – 14　　进展因子的预测值

事故年	进展年（月）					
	12 ~ 24	24 ~ 36	36 ~ 48	48 ~ 60	60 ~ 72	72 ~ UL
1	1.853	1.306	1.233	1.116	1.044	1.064
2	1.889	1.319	1.234	1.123	1.044	1.064
3	1.923	1.329	1.230	1.123	1.044	1.064
4	1.928	1.351	1.229	1.123	1.044	1.064
5	1.890	1.363	1.228	1.123	1.044	1.064
6	1.931	1.377	1.226	1.123	1.044	1.064

表 4 - 15　　最终累积进展因子

事故年	进展年（月）					
最终累积	12 ~ UL	24 ~ UL	36 ~ UL	48 ~ UL	60 ~ UL	72 ~ UL
进展因子	4.067	2.088	1.533	1.247	1.111	1.064

其中，

$$4.067 = 1.931 \times 1.377 \times 1.226 \times 1.123 \times 1.044 \times 1.064$$

$$2.088 = 1.363 \times 1.228 \times 1.123 \times 1.044 \times 1.064$$

$$1.533 = 1.229 \times 1.123 \times 1.044 \times 1.064$$

$$1.247 = 1.123 \times 1.044 \times 1.064$$

$$1.111 = 1.044 \times 1.064$$

以原始加权法计算的进展因子为例，根据公式（4.1）估计各进展年的赔款及最终赔款如表 4 - 16 所示。

表 4 - 16　　赔款与最终赔款估计值

事故年	进展年（月）						最终值 UL
	12	24	36	48	60	72	
1	1 001	3 705	2 423	2 988	3 335	3 483	3 705
2	1 113	2 103	2 774	3 422	3 844	4 013	4 270
3	1 265	2 433	3 233	3 977	4 454	4 650	4 948
4	1 490	2 873	3 880	4 780	5 354	5 589	5 948
5	1 725	3 261	4 334	5 339	5 980	6 243	6 643
6	1 889	3 587	4 767	5 873	6 578	6 868	7 307

例如，事故年 4 的赔案在第 5 进展年的赔款估计值为 $5\ 354 = 3\ 880 \times 1.232 \times 1.120$；而事故年 4 的最终赔款估计值为：$5\ 948 = 3\ 880 \times 1.533$。

在采用其他链梯比率技术估计最终赔款之后，未决赔款准备金 CV 的估计值等于最终赔款估计值（$\hat{LU}$）减去已付赔款（PC），即

$$CV = \hat{LU} - PC \tag{4.9}$$

由于各种方法的已付赔款总额均相同，因此未决赔款准备金的估计结果表中仅对第一种方法给出对应的已付赔款，估计结果如表 4 - 17 所示。

表 4 - 17　　不同进展因子下未决赔款准备金的估计

事故年		6	5	4	3	2	1	总额
方法一	最终累积进展因子	3.868	2.037	1.533	1.244	1.111	1.064	
	最终赔款	7 307	6 643	5 948	4 947	4 271	3 706	32 821
	已付赔款	1 889	3 261	3 880	3 977	3 844	3 483	20 334
	未决赔款准备金	5 418	3 382	2 068	970	427	223	12 487

续表

事故年		6	5	4	3	2	1	总额
方法二	最终累积进展因子	4.010	2.080	1.539	1.247	1.111	1.064	
	最终赔款	7 575	6 783	5 971	4 959	4 271	3 706	33 265
	未决赔款准备金	5 686	3 522	2 091	982	427	223	12 931
方法三	最终累积进展因子	3.856	2.032	1.533	1.244	1.111	1.064	
	最终赔款	7 284	6 626	5 948	4 947	4 271	3 706	32 782
	未决赔款准备金	5 395	3 365	2 068	970	427	223	12 448
方法四	最终累积进展因子	3.912	2.046	1.533	1.244	1.111	1.064	
	最终赔款	7 390	6 671	5 948	4 948	4 270	3 705	32 934
	未决赔款准备金	5 501	3 410	2 068	971	426	222	12 600
方法五	最终累积进展因子	4.067	2.088	1.533	1.247	1.111	1.064	
	最终赔款	7 683	6 809	5 948	4 959	4 271	3 706	33 375
	未决赔款准备金	5 794	3 548	2 068	982	427	223	13 041

上述计算结果表明，未决赔款准备金最高值和最低值之间的变异低于5%，在实际中这是一个比较合理的范围。上述例子具有以下特点：(1) 原始加权法和最近三年原始加权法的结果最为接近；(2) 简单算术平均法的计算结果最低；(3) 最高值法和趋势法的未决赔款准备金较高，两者数值较为接近。

上述各种方法给出未决赔款准备金估计的一个区间范围，从最低值12 448到最高值12 931 的范围，在这样的一个范围内，精算师可根据准备金评估目的、各种方法预测准确性及各种结果出现的概率确定最佳估计值。

3. 未决赔款准备金评估的总量比率技术

仍以上述累积已付赔款数据流量表 4－2 为例，介绍如何采用总量比率技术评估最终赔款和未决赔款准备金。不过，如果此处第一事故年的最终赔款未知，需要根据较早事故年尾部赔付延迟规律，并假定这种规律会一直继续下去，并以此规律估计最终赔款。

尾部延迟规律如表 4－18 所示，第 6 进展年的累积赔款占最终赔款的平均比例为 94%。假定以后事故年仍保持这样的规律，则第一事故年的最终赔款的估计值为 3 483/0.94 =3 705。

总量因子的计算方法有多种，本书选择介绍五种，分别是：(1) 第 1 事故年法；(2) 早期事故年平均法；(3) 早期事故年最低值法；(4) 事故年平均值法；(5) 事故年最低值法。

方法一：第 1 事故年法。以第 1 事故年各进展年的累积赔款占最终赔款的比率作为参数 p_j 的估计值。计算结果如表 4－19 所示。

表 4-18　　已付赔款尾部延迟规律

早期三个事故年	第 6 进展年的累积赔款支出额	最终赔款	第 2 列数据占第 3 列数据的百分比（%）
1	2 969	3 166	93.8
2	3 075	3 257	94.4
3	3 200	3 412	93.8
总额	9 244	9 835	94.0

表 4-19　　第一事故年各进展年累积赔款占最终赔款的比率

进展年（月）	12	24	36	48	60	72
总量因子	0.270	0.501	0.654	0.806	0.900	0.940

假设其他事故年的总量因子 $\hat{g}_j$ 都基于第 1 事故年，于是事故年 6、5、4、3、2、1 所对应的总量因子 $\hat{g}_j$ 分别为：0.27，0.501，0.654，0.806，0.90，0.94。

然而上述方法只利用了第 1 事故年的数据，估计较为粗略。下面给出一些更为合理的方法。

方法二：早期事故年平均法。假如可以得到早期事故年更详细的数据，如表 4-20 所示。

表 4-20　　累积赔款占最终赔款的比率

事故年	进展年（月）					
	12	24	36	48	60	72
早期事故年 1	27.5	52.0	66.8	81.1	90.3	93.8
早期事故年 2	28.1	51.7	66.0	82.3	91.2	94.4
早期事故年 3	26.1	49.6	64.9	79.5	90.4	93.8
第一个事故年	27.0	50.1	65.4	80.6	90.0	94.0

从表 4-20 中的数据可看出，各进展年的延迟模式基本一致，因而可通过对每个进展年的比率取算术平均值作为每个事故年的总量因子。计算结果如表 4-21 所示。

表 4-21　　总　量　比　率

事故年	6	5	4	3	2	1
总量因子（%）	27.2	50.8	65.8	80.9	90.5	94.0

方法三：早期事故年最低值法。早期事故年最低值法同方法二计算类似，只是在计算总量因子时，从每个进展年的比率中取最低值作为每个事故年的总量因子。计算结果如表 4-22 所示。

表 4 – 22　　　　总　量　因　子

事故年	6	5	4	3	2	1
总量因子（%）	26.1	49.6	64.9	79.5	90.0	93.8

上述三种方法主要依赖于早期事故年的经验，但忽略了近期事故年的信息，特别是当近期事故年的赔付延迟模式发生较大改变时，计算结果会有较大的偏差。以下两种方法侧重于近期事故年的赔付延迟模式。

方法四：事故年平均值法。在这里，仍然采用表 4 – 2 中的数据。第 1 事故年最终赔款的估计值为 3 705，对应各进展年的累积赔款占最终赔款的比例如表 4 – 23 所示。

表 4 – 23　　　　事故年 1 的累积赔款占最终赔款的比例

进展年（月）	12	24	36	48	60	72	最终值
比例（%）	27.0	50.1	65.4	80.6	90.0	94.0	100

假定第 1 事故年在第 5 进展年的总量因子 90% 适于预测第 2 个事故年的最终赔款，于是最终赔款的估计值为：4 271 = 3 844/0.9。这样，采用第 2 事故年的最终赔款估计值计算各进展年的总量因子如表 4 – 24 所示。

表 4 – 24　　　　事故年 2 的累积赔款占最终赔款的比例

进展年（月）	12	24	36	48	60	最终值
比例（%）	26.1	49.2	64.9	80.1	90.0	100

表中数据，3 422/4 271 = 0.801，2 774/4 271 = 0.649，2 103/4 271 = 0.492，1 113/4 271 = 0.261。

接下来，考虑第 3 事故年的赔付延迟模式，假定第 4 进展年总量因子可通过前面两个事故年累积赔款在最终赔款中的比例的算术平均值来估计，即：(0.806 + 0.801)/2 = 0.8035 ≈ 0.804。这样，第 3 事故年的最终赔款的估计值为 4 947 = 3 977/0.804。如表 4 – 25 所示。

表 4 – 25　　　　第 3 个事故年累积赔款占最终赔款的比例

进展年（月）	12	24	36	48	最终值
比例（%）	25.6	49.2	65.4	80.4	100

于是，可以计算出第 3 事故年各进展年总量因子：3 233/4 947 = 0.654；2 433/4 947 = 0.492；1 265/4 947 = 0.2。依此类推，可计算出第 4、5、6 事故年各进展年的总量因子，所有事故年总量因子计算结果为表4 – 26 中阴影部分的数据。

表 4－26　　累积已付赔款总量因子表

事故年	进展年（月）						最终值
	12	24	36	48	60	72	
1	1 001	1 855	2 423	2 988	3 335	3 483	3 705
	0. 270	0. 501	0. 654	0. 806	0. 900	0. 940	
2	1 113	2 103	2 774	3 422	3 844		4 271
	0. 261	0. 492	0. 649	0. 801	0. 900		
3	1 265	2 433	3 233	3 977			4 947
	0. 256	0. 492	0. 654	0. 804			
4	1 490	2 873	3 880				5 951
	0. 250	0. 483	0. 652				
5	1 725	3 261					6 628
	0. 260	0. 492					
6	1 899						7 293
	0. 259						
							总额 32 795

而各进展年的总量因子则列入表 4－27。

表 4－27　　总　量　因　子

事故年	6	5	4	3	2	1
总量因子（%）	25. 9	49. 2	65. 2	80. 4	90. 0	94. 0

方法五：事故年最低值法。近期事故年最低值法与方法四类似，只是总量因子选取时，不再以前面事故年在该进展年累积赔款与最终赔款中的比率的平均值作为总量因子，而是选取所有比率中的最低值作为总量因子。仍以表 4－23 为例，采用事故年最低值法，所计算的总量因子如表 4－28 所示。

表 4－28　　累积已付赔款总量因子表

事故年	进展年（月）						最终值
	12	24	36	48	60	72	
1	1 001	1 855	2 423	2 988	3 335	3 483	3 705
	0. 270	0. 501	0. 654	0. 806	0. 900	0. 940	
2	1 113	2 103	2 774	3 422	3 844		4 271
	0. 261	0. 492	0. 649	0. 801	0. 900		
3	1 265	2 433	3 233	3 977			4 965
	0. 255	0. 490	0. 651	0. 801			
4	1 490	2 873	3 880				5 978

续表

事故年	进展年（月）						最终值
	12	24	36	48	60	72	
	0.249	0.481	0.649				
5	1 725	3 261					6 780
	0.254	0.481					
6	1 899						7 586
	0.249						
							总额 33 285

以第 3 进展年为例，总量因子的计算采用 min｛0.654，0.649，0.651｝=0.649。

从上述计算过程可得到各进展年的总量因子，列入表 4－29。

表 4－29　　总　量　因　子

事故年	6	5	4	3	2	1
总量因子（%）	24.9	48.1	64.9	80.1	90.0	94.0

一般来说，计算总量因子的五种方法中，第一种方法比较粗糙，且可靠性不高，第二、三种方法依赖于过去的经验，第四、五种方法强调最近几年赔付延迟模式。究竟选取哪一种方法主要取决于方法的可靠性、谨慎水平以及精算人员对过去经验和最近事故延迟模式的了解和判断。

以事故年最低值法计算总量因子为例，各进展年的赔款及最终赔款估计值如表 4－30 所示。

表 4－30　　预期已付赔款与最终赔款的估计

事故年	进展年（月）						最终值 UL
	12	24	36	48	60	72	
1	1 001	1 855	2 423	2 988	3 335	3 483	3 705
2	1 113	2 103	2 774	3 422	3 844	4 015	4 271
3	1 265	2 433	3 233	3 977	4 469	4 667	4 965
4	1 490	2 873	3 880	4 789	5 380	5 620	5 978
5	1 725	3 261	4 400	5 430	6 102	6 373	6 780
6	1 889	3 649	4 924	6 077	6 828	7 131	7 586

例如，事故年 4 的赔案在第 5 进展年的赔款估计值为 5 380 = 5 978 × 0.9。

类似地，在其他各种不同总量因子技术下，采用公式（4.9）可估计未来赔付额，估计结果汇总如表 4－31 所示。

表 4－31　　不同总量因子下未决赔款准备金的估计

事故年		6	5	4	3	2	1	总额
方法一	最终赔款	6 996	6 509	5 933	4 934	4 271	3 705	32 349
	已付赔款	1 889	3 261	3 880	3 977	3 844	3 483	20 334
	未决赔款准备金	5 107	3 248	2 053	957	427	222	12 015
方法二	最终赔款	6 945	6 419	5 897	4 916	4 248	3 705	32 130
	未决赔款准备金	5 056	3 158	2 017	939	404	222	11 796
方法三	最终赔款	7 238	6 575	5 978	5 003	4 271	3 713	32 777
	未决赔款准备金	5 349	3 314	2 098	1 026	427	230	12 443
方法四	最终赔款	7 293	6 628	5 951	4 947	4 271	3 705	32 795
	未决赔款准备金	5 404	3 367	2 071	970	427	222	12 461
方法五	最终赔款	7 586	6 780	5 978	4 965	4 271	3 705	33 286
	未决赔款准备金	5 697	3 519	2 098	988	427	222	12 952

上述计算结果表明，未决赔款准备金最高值和最低值之间的变异几乎接近于10%。上述计算过程有以下特点：（1）第1事故年法、早期事故年最低值法和事故年最低值法仅依赖于单一事故年的赔付模式，因而结果可信度较低。（2）早期事故年法使用早期的数据，而这些数据可能已经被近期数据所替代。

鉴于上述两种原因，在其他条件相同的情况下，精算师偏好于选择事故年平均值法、事故年最低值法。上述各种方法给出未决赔款准备金估计的一个区间范围，从最低值 11 796 到最保守的估计 12 952。同链梯比率技术类似，在这样的一个范围内，精算师可根据准备金评估目的、各种方法的准确性及各种结果出现的概率确定最佳估计值。

4. 链梯比率技术与总量比率技术的关系

链梯比率技术假设各进展年相互独立，各进展年的赔款成比例，以进展因子、最终累积进展因子来估计未来赔款。总量比率技术则假定各进展年的赔款占最终赔款的比重相对稳定，以总量因子来估计未来赔款。将表4－17和表4－31作比较，不难看出这两种方法计算的未来赔款比较接近。

那么，这两种方法究竟有怎样的联系呢？本质上，这两种比率技术是从两个不同的角度来反映同一赔付的延迟模式。

采用链梯比率技术法，每个事故年的最终赔款为：

$$\mathrm{UL} = \prod p_j \cdot C \tag{4.10}$$

采用总量比率技术法，每个事故年的最终赔款为：

$$\mathrm{UL} = C/g \tag{4.11}$$

因此，最终进展因子与总量因子互为倒数，$\prod p_j = 1/g$。然而，由于最终赔款为估计值，而且依赖于$\prod p_j$和g的预测值，因此，$\prod p_j$和g实际计算结果并不是完全严格地互为倒数。

一般地，总量比率技术反映了赔款在每个阶段的比例，比较直观，便于评估人员对索赔业务的理解，且计算量较小。链梯比率技术考虑每一阶段的进展因子和最终累积进展因子，反映了评估人员对数据的观察和理解，特别是对数据的趋势和变异性较为关注，计算量相对更大。

在实务中，两类方法的选择取决于精算人员对所使用模型的计算精度、适合性、可靠性、稳定性、谨慎水平及特定的内外部环境等诸多因素的考虑。从本质上讲，链梯模型中进展因子的选取主要依赖于精算师的职业判断，主观性较强。

4.2.2　基于已报案赔款数据的链梯法

已付赔款代表赔案的实际支付额，客观性较强，但它忽略了其他数据信息，尤其是已报案未决赔款准备金数据。同时已付赔款受理赔速度的影响，理赔部门处理赔案的速度每年都会发生变化，导致赔付延迟模式、赔付进展因子波动较大，因而基于已付赔款数据的准备金估计会因为理赔速度的变化而被歪曲。

已报案赔款为已付赔款与已报案未决赔款准备金之和，既包含已付赔款信息，又包含未决赔款信息，用公式表达即为 RC = PC + RV。其中，RC 表示累积已报案赔款（Reported Claims），PC 表示累积已付赔款（Paid Claims），RV 表示已报案未决赔款准备金（Case Reserves）。这样，第a事故年在第d进展年的已报案累积赔款为：

$$RC_a(d) = PC_a(d) + RV_a(d) \tag{4.12}$$

已报案赔款使用已报案未决赔款准备金数据，虽然带有理赔人员的个人观点，缺乏完全的客观性，但它极为重要。尤其是对于长尾业务，如长期责任险，早期的赔款在最终赔款中可能仅占很小的比例，如果使用已付赔款数据必然低估最终赔款。因此仅使用已付赔款数据估计并不能准确估计未决赔款准备金。

在最终赔款估计中，有一点尤为重要，随着给定事故年的延迟，已付赔款数据和已报案赔款都会接近于最终赔款，如图 4－2 所示。

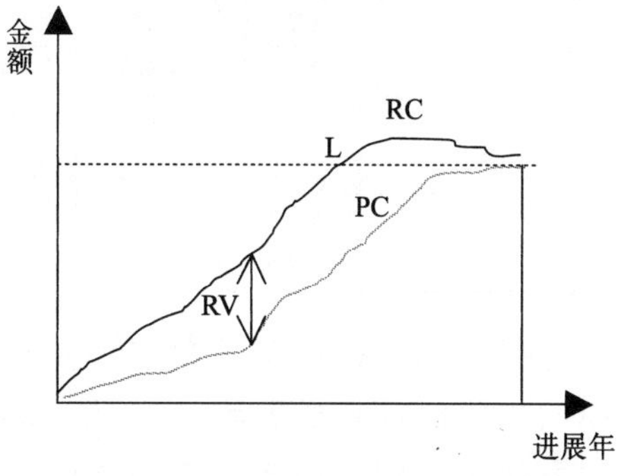

图 4－2　已报案赔款函数曲线示意图

图 4－2 表明，随着时间的推移，已报案赔款占最终赔款的比重呈现出递增的趋势。这里我们只描述了一个事故年的延迟模式，如果所有事故年

都表现出（或被假定为）类似的模式，那么已报案赔款可用来估计最终赔款。这一原则同样也适用于已付赔款，唯一的不同是，采用已付赔款数据估计未决赔款准备金时，仅简单地假设理赔模式稳定，即理赔速度不发生突然变化。而在已报案赔款数据的链梯模型中，需要假设：（1）理赔模式稳定；（2）赔案报告模式稳定；（3）已报案未决赔款准备金的估计具有一致性。当实际数据不满足这些假设时，需要对数据进行调整，包括根据理赔速度变化对已付赔款数据调整和根据已报案未决赔款准备金充足性变化对已报案赔款数据调整，调整方法和过程比较复杂，本书暂不涉及。

接下来，采用已报案赔款数据，分别应用链梯比率技术和总量比率技术估计未决赔款准备金。

1. 链梯比率技术的未决赔款准备金评估

这里仍以累积已付赔款流量三角形表 4 – 2 为例，并增加已报案未决赔款准备金表 4 – 32。

表 4 – 32　　已报案未决赔款准备金

事故年	进展年（月）					
	12	24	36	48	60	72
1	1 776	1 409	1 029	606	384	234
2	2 139	1 701	1 199	809	475	
3	2 460	1 971	1 546	969		
4	3 031	2 549	1 796			
5	3 644	2 881				
6	3 929					

根据公式（4.12），将表 4 – 2 中的数据与表 4 – 32 中相对应的数据逐一相加可得到表 4 – 33 中的累积已报案赔款数据流量。

表 4 – 33　　累积已报案赔款

事故年	进展年（月）						最终值
	12	24	36	48	60	72	
1	2 777	3 264	3 452	3 594	3 719	3 717	3 717
2	3 252	3 804	3 973	4 231	4 319		
3	3 725	4 404	4 779	4 946			
4	4 521	5 422	5 676				
5	5 369	6 142					
6	5 818						

以累积已报案赔款数据为基础，采用链梯比率技术最近三个事故年度原始加权法计算进展因子，计算结果如表 4 – 34 所示。其他计算进展因子的方法也可用于最终赔款的估计，由于原理相同，这里不再赘述。

表 4－34　　最近三个事故年度原始加权进展因子

事故年	进展年（月）					
	12	24	36	48	60	72
进展因子	1.173	1.058	1.046	1.027	0.999	1.000
最终进展因子	1.333	1.137	1.074	1.027	0.999	1.000

根据最近三个事故年度原始加权法计算的进展因子，估计各进展年的赔款及最终赔款如表 4－35 所示。

表 4－35　　各进展年的赔款和最终赔款

事故年	进展年（月）						最终值 UL
	12	24	36	48	60	72	
1	2 777	3 264	3 452	3 594	3 719	3 717	3 717
2	3 252	3 804	3 973	4 231	4 319	4 317	4 317
3	3 725	4 404	4 779	4 946	5 081	5 078	5 078
4	4 521	5 422	5 676	5 940	6 101	6 098	6 098
5	5 369	6 142	6 502	6 804	6 989	6 985	6 985
6	5 818	6 823	7 223	7 559	7 764	7 760	7 760

最终累积赔款为 $\sum UL = 33\ 955$（万元）；已付赔款为 $\sum PC = 20\ 334$（万元）；未决赔款准备金为 $\sum UL - \sum PC = 13\ 621$（万元）。

采用链梯比率技术的其他几种方法估计最终赔款，并根据公式（4.9）对未来赔款的估计结果如表 4－36 所示。

表 4－36　　不同进展因子下未决赔款准备金的估计

事故年		6	5	4	3	2	1	总额
方法一	最终累积进展因子	1.333	1.137	1.074	1.027	0.999	1.000	
	最终赔款	7 758	6 984	6 098	5 078	4 317	3 717	33 951
	已付赔款	1 889	3 261	3 880	3 977	3 844	3 483	20 334
	未决赔款准备金	5 869	3 723	2 218	1 101	473	234	13 617
方法二	最终累积进展因子	1.433	1.195	1.101	1.034	1.000	1.000	
	最终赔款	8 339	7 341	6 252	5 116	4 317	3 717	35 081
	未决赔款准备金	6 450	4 080	2 372	1 139	473	234	14 747
方法三	最终累积进展因子	1.337	1.138	1.076	1.027	1.000	1.000	
	最终赔款	7 777	6 992	6 105	5 081	4 317	3 717	33 988
	未决赔款准备金	5 888	3 731	2 225	1 104	473	234	13 654
方法四	最终累积进展因子	1.334	1.137	1.074	1.027	0.999	1.000	
	最终赔款	7 760	6 985	6 098	5 078	4 317	3 717	33 955
	未决赔款准备金	5 871	3 724	2 218	1 101	473	234	13 621

2. 总量比率的未决赔款准备金评估

以累积已报案赔款数据为基础，采用事故年平均值法计算总量因子，计算结果如表4－37所示（其他总量比率方法也可用于最终赔款的估计，原理相同，这里不再赘述）。

表4－37　已报案赔款总量因子

事故年	进展年（月）					72—UL
	12～UL	24～UL	36～UL	48～UL	60～UL	
1	0.747	0.878	0.929	0.967	1.001	1.000
2	0.754	0.882	0.921	0.981		
3	0.734	0.867	0.941			
4	0.741	0.888				
5	0.768					
总量因子	0.749	0.879	0.930	0.974	1.001	1.000

根据事故年平均值法计算的总量因子，估计各进展年的赔款及最终赔款如表4－38所示。

表4－38　各进展年的赔款和最终赔款的估计

事故年	进展年（月）						最终值UL
	12	24	36	48	60	72	
1	2 777	3 264	3 452	3 594	3 719	3 717	3 717
2	3 252	3 804	3 973	4 231	4 319	4 315	4 315
3	3 725	4 404	4 779	4 946	4 319	5 078	5 078
4	4 521	5 422	5 676	4 946	5 083	6 103	6 103
5	5 369	6 142	6 498	6 806	6 994	6 987	6 987
6	5 818	6 828	7 224	7 566	7 775	7 768	7 768

最终总赔付额为 $\sum UL = 33\ 968$（万元）；已付赔款为 $\sum PC = 20\ 334$（万元）；未决赔款准备金则为 $\sum UL - \sum PC = 13\ 634$（万元）。

从上述计算结果来看，基于已报案赔款数据估计的未决赔款准备金明显高于基于已付赔款数据的估计结果，且最低估计值和最高值估计之间的范围也会更宽，详见表4－39。

表4－39　基于两种数据的估计结果的比较

	最低值	最保守估计
已付赔款数据	12 448	12 931
已报案赔款数据	13 617	14 747

这里只比较了链梯比率技术的前四种方法，在赔付延迟时间很短的情况下，最小二乘法估计结果误差比较大。很显然，如果基于已付赔款数据

估计未决赔款准备金，将会在 12 500 ~ 13 000 范围内设置准备金的评估范围，而采用已报案赔款数据估计未决赔款准备金则需要设置更高的准备金估计值。在这种情况下，评估人员应进一步检查数据，查看是否存在系统的原因导致两者的不同。如果数据不存在错误，精算师可以考虑给两种方法赋予不同的权重，以加权平均值作为最佳估计。

对于早期事故年，事故年发生的赔案完全或基本进展完成，已付赔款数据的估计结果更为准确；而对于近期事故年，事故年发生的赔案才刚刚开始理赔，已赔付信息较少，因而已报案赔款数据的估计结果更为准确。这里以链梯比率最近三个事故年度原始加权法为例，各事故年分别赋予 0.9、0.8、0.6、0.4、0.2、0.1 的权重，具体计算见表 4 – 40。

表 4 – 40　　　　最终赔款的加权估计

事故年	6	5	4	3	2	1	加总
基于已付赔款的估计	7 390	6 671	5 948	4 948	4 270	3 705	32 933
权重	0.1	0.2	0.4	0.6	0.8	0.9	
基于已报案赔款的估计	7 760	6 985	6 098	5 078	4 317	3 717	33 955
权重	0.9	0.8	0.6	0.4	0.2	0.1	
加权最终赔款	7 723	6 922	6 038	5 000	4 279	3 706	33 669
已付赔款	1 889	3 261	3 880	3 977	3 844	3 483	20 334
加权未决赔款准备金	5 834	3 661	2 158	1 023	435	223	

最终赔款采用加权平均法，可以综合两种数据在评估时的优缺点，使评估结果更为准确。

4.2.3　IBNR 准备金评估

通过已付赔款数据和已报案赔款数据估计最终赔款之后，IBNR 准备金计算将变得非常简单。记 CV 为未决赔款准备金，RV 为已报案未决赔款准备金，则未决赔款准备金为已报案未决赔款准备金和 IBNR 准备金两部分之和，即：

$$CV - RV + IBNR \tag{4.13}$$

在已知最终赔款 $\hat{LU}$、已付赔款 PC、已报案未决赔款准备金 RV、已报案赔款 RL 和未决赔款准备金 CV 时，IBNR 准备金的评估可分别表示为：

$$IBNR = \hat{LU} - PC - RV \tag{4.14}$$

$$IBNR = \hat{LU} - RL \tag{4.15}$$

$$IBNR = CV - RV \tag{4.16}$$

仍以上述流量三角形数据为例，根据上述公式分别估计基于已付赔款数据和已报案赔款数据的 IBNR 准备金。已付赔款数据下，最终赔款额的估计以原始加权进展因子为例，IBNR 准备金评估结果如表 4－41 所示。

表 4－41　　已付赔款数据下 IBNR 准备金评估

事故年	$\hat{LU}$	PC	RV	RL	CV	IBNR
1	3 706	3 483	234	3 717	222	－11
2	4 271	3 844	475	4 319	427	－48
3	4 947	3 977	969	4 946	970	1
4	5 948	3 880	1 796	5 676	2 068	272
5	6 643	3 261	2 881	6 142	3 382	501
6	7 307	1 889	3 929	5 818	5 418	1 489
合计	32 821	20 334	10 284	30 618	12 487	2 203

这里 IBNR 准备金出现负数，其原因主要是已报案未决赔款准备金的估计额超出未来最终赔款的估计。例如，在某一进展年已报案未决赔款准备金估计额为 500 元，而实际最终赔款的估计值可能只有 480 元，这时 IBNR 准备金的估计值就是－20 元。也可以认为，已报告赔案未来赔付的进展为负值。

在已报案赔款数据下，最终赔款的估计以事故年平均值法总量比率为例，IBNR 准备金评估结果如表 4－42 所示。

表 4－42　　已报案赔款数据下 IBNR 准备金评估

事故年	$\hat{LU}$	PC	RV	RL	CV	IBNR
1	3 717	3 483	234	3 717	234	0
2	4 315	3 844	475	4 319	471	－4
3	5 078	3 977	969	4 946	1 101	132
4	6 103	3 880	1 796	5 676	2 223	427
5	6 987	3 261	2 881	6 142	3 726	845
6	7 768	1 889	3 929	5 818	5 879	1 950
合计	33 968	20 334	10 284	30 618	13 634	3 350

比较表 4－41 和表 4－42 的数据，可看出采用已付赔款数据和已报案赔款数据评估的 IBNR 准备金存在较大差异。在这种情况下，精算人员应当继续核查原因，最终确定适当的 IBNR 数据。

在表 4－40 中，应用上述加权最终赔款估计结果，根据公式（4.14）到公式（4.16），IBNR 准备金估计结果如表 4－43 所示。

其中，$W(\hat{LU})$ 表示加权最终赔款，表中 CV、IBNR 为加权最终赔款估计下的未决赔款准备金和 IBNR 准备金。在加权最终赔款估计下，IBNR 准备金估计结果介于根据两种数据基础评估结果的中间。

表 4－43　　IBNR 准备金的加权估计

事故年	6	5	4	3	2	1	加总
$W(\hat{LU})$	7 427	6 734	6 008	5 026	4 307	3 716	33 219
PC	1 889	3 261	3 880	3 977	3 844	3 483	20 334
CV	5 538	3 473	2 128	1 049	463	233	12 885
RV	3 929	2 881	1 796	969	475	234	10 284
IBNR	1 609	592	332	80	－12	－1	2 601

§4.3　案均赔款法

链梯法基于已报案赔款、已付赔款两种数据估计最终赔款，但这些方法仅考虑了赔付额的货币价值，忽略了赔案数目这一重要信息。在通货膨胀率较高并且剧烈波动的情况下，采用这种方法必然会歪曲最终赔款估计。因此本节介绍案均赔款法，该方法同样基于已付赔款数据和已报案赔款数据，分别对应有已处理赔案数目（Number Settled，NS）和已报案赔款数目（Number Reported，NR），假设案均赔款及相应的赔案数目的流量模式前后具有一致性，根据这一规律可分别估计未来的案均赔款和相应的赔案数目，两者的乘积即为未来最终赔款。

已付案均赔款（Paid Average，PA）为已付赔款（Paid Claims，PC）与已处理赔案数目 NS 的比值，已报案案均赔款（Reported Average，RA）为已报案赔款（Reported Claims，RC）与已报案赔案数目 NR 的比值。这个定义看似简单，但在实际中，赔款和赔案数目的定义并不总是完全一致的。这种差异主要体现在部分赔案和零赔案上。

计算已付案均赔款时，如果赔案均为完全支付，则分子、分母彼此一致。但是当赔案中存在部分赔案时，这种差异可能会造成估计值的偏差，因此评估人员需要对此进行必要的调整。调整的方法主要有三种：

（1）如果部分赔案在总赔付案件中比重较小，已付案均赔款 PA 采用 PC/NS，所造成的差异忽略不计；

（2）如果数据可以获得，则分子为已付赔款（paid amount of settled claims），部分赔案可作为一个整体从分子赔款总额中减去，已付案均赔款 PA = PC/NS；

（3）如果部分赔案在总赔款中的比例为 k，那么分母已付赔案数目 NS 需要增加部分赔案数目的 k 倍。

对于零赔案的处理比较简单，已付赔案数目可以考虑零赔案，也可以不考虑零赔案，但通常最好不考虑零赔案，其原因在第六章特殊问题处理中详细阐述。

以下将分别介绍已付案均赔款法和已报案案均赔款法。

4.3.1 已付案均赔款法（Paid Average Claims Projection）

仍以表4－2中的累积已付赔款数据为例，并附加相应的累积已付赔案数目表4－44。此外，已付赔案数目被假定已经过上述调整。

表4－44 累积已付赔案数目

事故年	进展年（月）						最终赔案数目
	12	24	36	48	60	72	
1	279	379	427	463	482	488	498
2	303	411	463	500	522		
3	328	446	503	544			
4	343	462	530				
5	350	469					
6	355						

将累积已付赔款数据表4－3与累积已付赔案数目表4－44中相对应元素相除可得到已付案均赔款，如表4－45所示。

表4－45 已付案均赔款

事故年	进展年（月）						最终已付案均赔款
	12	24	36	48	60	72	
1	3.588	4.894	5.674	6.454	6.919	7.137	7.440
2	3.673	5.117	5.991	6.844	7.364		
3	3.857	5.455	6.427	7.311			
4	4.344	6.219	7.321				
5	4.929	6.953					
6	5.321						

表4－45中数据表明，已付案均赔款的规模沿行和列均呈现出递增的趋势。这种递增来自于两方面原因，已付案均赔款沿行递增主要是由于给定事故年赔付越严重，理赔需要的时间越长；已付案均赔款沿列递增主要是由于膨胀的因素，既包括通货膨胀，也包括因法律或经济环境改变而带来的超通货膨胀。

1. 最终已付案均赔款预测

最终已付案均赔款的预测可通过链梯比率技术或总量比率技术估计。这里采用总量比率技术，以事故年平均值法计算总量因子，具体估计结果如表4－46所示。

表4-46 最终已付案均赔款的估计结果

事故年	进展年（月）						最终已付案均赔款
	12	24	36	48	60	72	
1	3.588	4.894	5.674	6.454	6.919	7.137	7.440
	0.482	0.658	0.763	0.867	0.930	0.959	
2	3.673	5.117	5.991	6.844	7.364		7.918
	0.464	0.646	0.757	0.864	0.930		
3	3.857	5.455	6.427	7.311			8.442
	0.457	0.646	0.761	0.866			
4	4.344	6.219	7.321				9.633
	0.451	0.646	0.760				
5	4.929	6.953					10.713
	0.460	0.649					
6	5.321						11.492
	0.463						

其中，带下划线数字为总量因子。根据总量因子计算最终已付案均赔款，如最后一列所示。这里需要强调的是，以上述数据计算的已付案均赔款称之为基于内部数据的已付案均赔款，但是当经济、社会环境发生变化，未来已付案均赔款的趋势也会发生改变，这时就需要借用外部其他行业的数据的预测结果来调整基于内部数据的已付案均赔款。对于近期事故年，基于内部数据的已付案均赔款可能会很大或很小，这时需要进行曲线拟合。

2. 最终已付赔案数目的预测

最终已付赔案数目的预测也可通过链梯比率技术或总量比率技术估计。这里采用总量比率技术，以事故年平均值法计算总量因子，具体估计结果如表4-47所示。

表4-47 最终已付赔案数目的估计结果

事故年	进展年（月）						最终已付赔案数目
	12	24	36	48	60	72	
1	279	379	427	463	482	488	498
	0.560	0.761	0.857	0.930	0.968	0.980	
2	303	411	463	500	522		539
	0.562	0.763	0.859	0.928	0.968		
3	328	446	503	544			586

续表

事故年	进展年（月）						最终已付赔案数目
	12	24	36	48	60	72	
	0.560	0.761	0.858	0.929			
4	343	462	530				618
	0.555	0.748	0.858				
5	350	469					619
	0.566	0.758					
6	355						634
	0.560						

其中，带下划线数字为总量因子。根据总量因子计算最终已付赔案数目。

3. 最终赔款和未决赔款准备金的估计

最终赔款等于最终已付案均赔款与最终已付赔案数目的乘积，接下来以此公式计算最终赔款和未决赔款准备金，如表 4－48 所示。

表 4－48　　最终赔款估计结果

事故年	最终已付案均赔款	最终已付赔案数目	最终赔款
1	7.440	498	3 705
2	7.918	539	4 268
3	8.442	586	4 947
4	9.633	618	5 953
5	10.713	619	6 631
6	11.492	634	7 286

例如，事故年 4 的最终赔款为 5 953 万元（9.633×618），最终赔款总额为 $\sum UL$ = 32 790 万元，已付赔款为 $\sum PC$ = 20 334 万元，未决赔款准备金为 $\sum UL - \sum PC$ = 12 456 万元。

未决赔款准备金的估计值接近基于已付赔款数据，采用总量比率技术事故年平均法的未决赔款准备金估计值 12 461 万元。

4.3.2　已报案案均赔款法（Reported Average Claims Projection）

这里以表 4－33 累积已报案赔款数据为例，并附加相应的累积已报案赔案数目表 4－49。

表 4 – 49　　　　　　　　　　　累积已报案赔案数目

事故年	进展年（月）						最终赔案数目
	12	24	36	48	60	72	
1	414	460	482	488	492	494	494
2	453	506	526	536	539		
3	494	548	572	582			
4	530	588	615				
5	545	605					
6	557						

将累积已报案赔款数据表 4 – 33 与累积已报案赔案数目表 4 – 49 中相对应元素相除可得到已报案案均赔款，如表 4 – 50 所示。

表 4 – 50　　　　　　　　　　　已报案案均赔款

事故年	进展年（月）						最终已报案案均赔款
	12	24	36	48	60	72	
1	6.708	7.096	7.162	7.365	7.559	7.524	7.524
2	7.179	7.518	7.553	7.894	8.013		
3	7.540	8.036	8.355	8.498			
4	8.530	9.221	9.229				
5	9.851	10.15					
6	10.445						

1. 最终已报案案均赔款的预测

最终已报案案均赔款可通过链梯比率技术或总量比率技术估计。这里采用总量比率技术，以事故年平均值法计算总量因子，具体估计结果如表 4 – 51所示。

表 4 – 51　　　　　　　　　　最终已报案案均赔款的估计

事故年	进展年（月）						最终已报案案均赔款
	12	24	36	48	60	72	
1	6.708	7.096	7.162	7.365	7.559	7.524	7.524
	0.892	0.943	0.952	0.979	1.005	1.000	
2	7.179	7.518	7.553	7.894	8.013		7.973
	0.900	0.943	0.947	0.990	1.005		
3	7.540	8.036	8.355	8.498			8.632
	0.874	0.931	0.968	0.9845			
4	8.530	9.221	9.229				9.657

续表

事故年	进展年（月）						最终已报案案均赔款
	12	24	36	48	60	72	
	0.884	0.955	0.9557				
5	9.851	10.15					10.766
	0.915	0.943					
6	10.445						11.697
	0.893						

表4－51中，带下划线数字为总量因子，根据总量因子即可计算最终已报案案均赔款。

2. 最终已报案赔案数目的预测

最终已报案赔案数目也可通过链梯比率技术或总量比率技术估计。这里采用总量比率技术，以事故年平均值法计算总量因子，具体估计结果如表4－52所示。

表4－52　　　　最终已报案赔案数目的估计

事故年	进展年（月）						最终已报案赔案数目
	12	24	36	48	60	72	
1	414	460	482	488	492	494	494
	0.838	0.931	0.976	0.988	0.996	1.00	
2	453	506	526	536	539		541
	0.837	0.935	0.972	0.991	0.996		
3	494	548	572	582			588
	0.840	0.932	0.973	0.9895			
4	530	588	615				632
	0.840	0.932	0.9737				
5	545	605					649
	0.841	0.9325					
6	557						664
	0.8392						

表4－52中，带下划线数字为总量因子。根据总量因子即可计算最终已报案赔案数目。

3. 最终赔款和未决赔款准备金的估计

最终赔款等于最终已报案案均赔款与最终已报案赔案数目的乘积，以此公式计算最终赔款和未决赔款准备金，计算结果如表4－53所示。

表 4－53　　最终赔款的估计结果

事故年	最终已报案案均赔款	最终已报案赔案数目	最终赔款
1	7.524	494	3 717
2	7.973	541	4 313
3	8.632	588	5 076
4	9.657	632	6 103
5	10.766	649	6 987
6	11.697	664	7 767

例如，事故年 4 的最终赔款为 6 103 万元（9.657×632）；最终赔款总额为 $\sum UL = 33\ 938$ 万元；已付赔款为 $\sum PC = 20\ 334$ 万元；未决赔款准备金为 $\sum UL - \sum PC = 13\ 604$ 万元。

未决赔款准备金的估计值接近基于已报案赔款数据，采用总量比率技术事故年平均法的未决赔款准备金估计值 13 634 万元。

4.3.3　IBNR 准备金评估

最终赔款估计之后，可根据链梯法一节中的公式（4.14）到公式（4.16）估计 IBNR 准备金。在已付案均赔款法下，IBNR 准备金评估结果如表 4－54 所示。

表 4－54　　已付案均赔款法下 IBNR 准备金评估

事故年	$\hat{LU}$	PC	RV	RL	CV	IBNR
1	3 705	3 483	234	3 717	222	－12
2	4 268	3 844	475	4 319	424	－51
3	4 947	3 977	969	4 946	970	1
4	5 953	3 880	1 796	5 676	2 073	277
5	6 631	3 261	2 881	6 142	3 370	489
6	7 286	1 889	3 929	5 818	5 397	1 468
合计	32 790	20 334	10 284	30 618	12 456	2 172

已报案案均赔款法下，IBNR 准备金评估结果如表 4－55 所示。

表 4－55　　已报案案均赔款法下 IBNR 准备金评估

事故年	$\hat{LU}$	PC	RV	RL	CV	IBNR
1	3 717	3 483	234	3 717	234	0
2	4 313	3 844	475	4 319	469	－6
3	5 076	3 977	969	4 946	1 099	130
4	6 103	3 880	1 796	5 676	2 223	427
5	6 987	3 261	2 881	6 142	3 726	845
6	7 767	1 889	3 929	5 818	5 878	1 949
合计	33 963	20 334	10 284	30 618	13 629	3 345

§4.4 准备金进展法

链梯法和案均赔款法都基于已付赔款数据或已报案赔款数据，而没有考虑已付赔款和已报案未决赔款准备金之间的关系。本节介绍的准备金进展法将已付赔款同已报案未决赔款准备金进行比较，试图通过分析已报案未决赔款准备金的充足性，来评估最终赔款和未决赔款准备金。

准备金进展法中，已报案未决赔款准备金在各进展年之间的流量模式以已报案未决赔款准备金进展率（Case Estimate Development Ratio）衡量，记为**CED 比率**；已报案未决赔款准备金对已付赔款的充足率以准备金支付率（Paid to Outstanding Ratio）衡量，记为**PO 比率**。该方法主要是利用已付赔款和逐案估计未决赔款准备金的关系，通过分析逐案估计未决赔款准备金的充足性，估计最终赔款，进而对 IBNR 准备金作出估计。

4.4.1 准备金进展率和准备金支付率的估计

接下来以累积已付赔款数据表 4－3 对应的增量数据表 4－56 和已报案未决赔款准备金数据表 4－32 为例，介绍准备金进展法。

表 4－56　　增量已付赔款数据

事故年	进展年（月）					
	12	24	36	48	60	72
1	1 001	854	568	565	347	148
2	1 113	990	671	648	422	
3	1 265	1 168	800	744		
4	1 490	1 383	1 007			
5	1 725	1 536				
6	1 889					

准备金进展法考察已报案未决赔款准备金的进展情况，某一事故年在第 i 进展年的未决赔款准备金 RV_i 将在下一个进展年（$i+1$）部分转变为已付赔付 PC_{i+1}，部分仍为已报案未决赔款准备金 RV_{i+1}。这一进展比率以 CED 比率来衡量，具体的计算表达式为：

$$CED_{i\sim i+1}=\frac{RV_{i+1}+PC_{i+1}}{RV_i} \tag{4.17}$$

以公式（4.17）计算准备金进展比率，计算结果如表 4－57 所示。

例如，事故年 3 在第 2、3 进展年的已报案未决赔款准备金分别为 1 971 万元、1 546 万元，在第 3 进展年的支付额为 800 万元，准备金进展比率 CED =(800 +1 546)/1 971 =1.1903 万元。这里需要指出，若 CED =1，则

表 4 - 57　　准备金进展比率

事故年	进展年（月）				
	12 ~ 24	24 ~ 36	36 ~ 48	48 ~ 60	60 ~ 72
1	1.2742	1.1334	1.1380	1.2063	0.9948
2	1.2581	1.0994	1.2152	1.1088	
3	1.2760	1.1903	1.1080		
4	1.2973	1.0996			
5	1.2121				
简单平均法	1.2635	1.1307	1.1537	1.1575	0.9948

表明进展年年初的已报案未决赔款准备金用于支付本年赔款之后，其剩余部分恰好全部转为本年末的已报案未决赔款准备金；若 CED <1，则表明年初已报案未决赔款准备金过多，除了应对本年赔款支出和转入年末准备金外，还有剩余；若 CED >1，则表明年初已报案未决赔款准备金不充分。

一般来说，早期进展年的 CED 比率大于后期进展年 CED 比率，其原因主要是随着赔案理赔过程的不断进展，关于赔案的信息累积越来越多，因而能估计出更为合理和准确的已报案未决赔款准备金。

准备金进展率的选定需要考虑各种因素，这里仅以准备金进展率的平均值作为选定准备金进展率为例介绍准备金进展法。进展年 3 ~4 的选定准备金进展率：1.1537 =（1.1380 +1.2152 +1.1088）/3。

各进展年间的未决赔款准备金对赔款的充足率用准备金支付率来衡量，具体的计算公式为：

$$PO_{i\sim i+1}=\frac{PC_{i+1}}{RV_i} \tag{4.18}$$

以公式（4.18）计算准备金支付比率，计算结果如表 4 -58 所示。

表 4 - 58　　准备金支付比率

事故年	进展年（月）				
	12 ~ 24	24 ~ 36	36 ~ 48	48 ~ 60	60 ~ 72
1	0.4809	0.4031	0.5491	0.5726	0.3854
2	0.4628	0.3945	0.5405	0.5216	
3	0.4748	0.4059	0.4812		
4	0.4563	0.3951			
5	0.4215				
简单平均法	0.4593	0.3996	0.5236	0.5471	0.3854

例如，事故年 3 在第 2 进展年的已报案未决赔款准备金为 1 971 万元，在第 3 进展年的支付额为 800 万元，准备金进展比率 PO =800/1 971 =0.4059。

这里以准备金支付率的平均值作为选定准备金支付率，进展年 3 ~ 4 的选定准备金支付率：0. 5236 = (0. 5491 + 0. 5405 + 0. 4812)/3。

4. 4. 2 最终赔款的估计

根据选定的 CED 比率和 PO 比率，可估计未来已报案未决赔款准备金及已付赔款。未来已报案未决赔款准备金估计可用公式表达为：

$$RV_{i+1} = RV_i \times (CED_{i\sim i+1} - PO_{i\sim i+1}) \qquad (4.19)$$

根据公式（4. 19），未来已报案未决赔款准备金估计结果如表 4 – 59 所示。

表 4 – 59　　已报案未决赔款准备金估计

事故年	进展年（月）					
	12	24	36	48	60	72
1	1 776	1 409	1 029	606	384	234
2	2 139	1 701	1 199	809	475	289
3	2 460	1 971	1 546	969	591	360
4	3 031	2 549	1 796	1 132	691	421
5	3 644	2 881	2 106	1 327	810	494
6	3 929	3 160	2 310	1 456	889	541

未来已付赔款估计可用公式表达为：

$$PC_{i+1} = RV_i \times PO_{i\sim i+1} \qquad (4.20)$$

根据公式（4. 20），未来已付赔款估计结果如表 4 – 60 所示。

表 4 – 60　　未来增量已付赔款的估计

事故年	进展年（月）					
	12	24	36	48	60	72
1	1 001	854	568	565	347	148
2	1 113	990	671	648	422	183
3	1 265	1 168	800	744	530	228
4	1 490	1 383	1 007	940	619	266
5	1 725	1 536	1 151	1 103	726	312
6	1 889	1 804	1 263	1 210	796	342

根据未来增量已付赔款计算各事故年度累积已付赔款流量三角形，进而计算出最终赔款金额，计算结果如表 4 – 61 所示。

表 4-61 未来累积已付赔款及最终赔款

事故年	进展年（月）					
	12	24	36	48	60	72
1	1 001	1 855	2 423	2 988	3 335	3 483
2	1 113	2 103	2 774	3 422	3 844	4 027
3	1 265	2 433	3 233	3 977	4 507	4 735
4	1 490	2 873	3 880	4 820	5 440	5 706
5	1 725	3 261	4 412	5 515	6 241	6 553
6	1 889	3 693	4 956	6 166	6 962	7 305

最终总赔款为 $\sum UL = 31\ 809$ 万元；已付赔款为 $\sum PC = 20\ 334$ 万元；未决赔款准备金为 $\sum UL - \sum PC = 11\ 475$ 万元。

需要指出的是，本例中假定第 6 进展年即为最终进展年，没有考虑第 6 进展年到最终进展年之间的尾部因子，因而同上述两种方法得出的结论存在较大的差异。

4.4.3 IBNR 准备金评估

最终赔款估计出来之后，可根据链梯法估计 IBNR 准备金，评估结果如表 4-62 所示。

表 4-62 准备金进展法下 IBNR 准备金评估

事故年	$\hat{LU}$	PC	RV	RL	CV	IBNR
1	3 483	3 483	234	3 717	222	-234
2	4 027	3 844	475	4 319	424	-292
3	4 735	3 977	969	4 946	970	-211
4	5 706	3 880	1 796	5 676	2 073	30
5	6 553	3 261	2 881	6 142	3 370	411
6	7 305	1 889	3 929	5 818	5 397	1 487
合计	31 809	20 334	10 284	30 618	12 456	1 191

4.4.4 报告年准备金进展法

以上各节介绍了事故年准备金进展法的应用，已报告赔款（见表 4-63）和已付赔款数据（见表 4-64）都采用事故年的组织数据。当这两类数据基于保险事故报告给保险公司的年份，以报告年的形式组织时，即报告年准备金进展法。该方法研究的是在当年实际报告给保险公司的损失赔款数据，因此，在此方法中不存在报案延迟的数据，具体内容可参阅文献（Claims Reserving Manual, Vol. 1 - 2, The Institute of Actuaries Publication

1997）等。

表 4-63　　基于报告年的已报告未决赔款准备金

报告年	进展年（月）						
	12	24	36	48	60	72	84
2004	46 770	31 944	18 832	9 559	4 999	2 821	1 693
2005	53 422	36 588	21 214	11 345	8 049	3 701	
2006	41 802	28 899	15 798	9 560	5 403		
2007	40 334	28 266	18 312	8 724			
2008	47 500	35 455	22 225				
2009	42 219	27 221					
2010	30 416						

表 4-64　　基于报告年的增量已付赔款

报告年	进展年（月）						
	12	24	36	48	60	72	84
2004	30 001	16 021	14 144	8 238	5 923	3 119	1 145
2005	29 421	18 081	16 904	10 811	4 942	2 930	
2006	26 601	17 078	13 169	7 522	4 739		
2007	24 981	15 251	12 665	9 425			
2008	27 595	18 196	17 687				
2009	25 886	17 700					
2010	15 220						

采用报告年准备金进展法估计已报案未决赔款准备金的基本思想是将已报案未决赔款准备金的进展分为两个部分：未来的赔款支付和准备金中剩余部分。比如说，2009 年末为 2009 年的已报告赔案提取的未决赔款准备金为 42 219 万元，在 2010 年为这些赔案的赔款支付为 17 700 万元，于是在 2010 年末对这些赔案的准备金中还剩余 27 221 万元。接下来，我们继续考察这 27 221 万元在 2011 年中的进展情况。于是该准备金的整个进展情况就可以描绘出来，从而可以估计出该报告年的未决赔款准备金的最终估计值。

下面我们考察各年的已付赔款与上一年的已报案未决赔款准备金的比率进展，即准备金的支付比率，如表 4-65 所示。

表 4-65　　准备金支付比率

报告年	进展年（月）					
	12~24	24~36	36~48	48~60	60~72	72~84
2004	0.343	0.443	0.437	0.620	0.624	0.406
2005	0.338	0.462	0.510	0.436	0.364	

续表

报告年	进展年（月）					
	12～24	24～36	36～48	48～60	60～72	72～84
2006	0.409	0.456	0.476	0.496		
2007	0.378	0.448	0.515			
2008	0.383	0.499				
2009	0.419					
总平均值	0.378	0.461	0.484	0.517	0.494	0.406
近三年平均值	0.393	0.468	0.500	0.517		
近四年平均值	0.397	0.466	0.484			
去掉最大值与最小值后的平均值	0.378	0.455	0.493	0.496		

表4－66是已付赔款与准备金比值在将来最可能发生的进展模式，即未来准备金支付比率的估计值。

表4－66　　　　未来准备金支付比率估计

报告年	进展年（月）						
	12～24	24～36	36～48	48～60	60～72	72～84	最终值
2004	0.343	0.443	0.437	0.620	0.624	0.406	1.000
2005	0.338	0.462	0.510	0.436	0.364	0.400	1.000
2006	0.409	0.456	0.476	0.496	0.500	0.400	1.000
2007	0.378	0.448	0.515	0.500	0.500	0.400	1.000
2008	0.383	0.499	0.500	0.500	0.500	0.400	1.000
2009	0.419	0.500	0.500	0.500	0.500	0.400	1.000
2010	0.420	0.500	0.500	0.500	0.500	0.400	1.000

同样，可以建立已报案未决赔款准备金的剩余额与前一年末已报案未决赔款准备金比率（见表4－67），即已报案未决赔款准备金的进展比率的流量模式，从而估计最终的准备金。需要注意的是，7年之后的准备金余额的最终进展因子必须为0，因此在使用准备金进展法估计准备金时，不存在选择尾部因子的问题。

表4－67　　　已报案未决赔款准备金剩余额与前一年准备金的比率

报告年	进展年（月）					
	12～24	24～36	36～48	48～60	60～72	72～84
2004	0.683	0.590	0.508	0.523	0.564	0.600
2005	0.685	0.580	0.535	0.709	0.460	
2006	0.691	0.547	0.605	0.565		
2007	0.701	0.648	0.476			

续表

报告年	进展年（月）					
	12~24	24~36	36~48	48~60	60~72	72~84
2008	0.746	0.627				
2009	0.645					
总平均值	0.692	0.598	0.531	0.599	0.512	0.600
近三年平均值	0.697	0.607	0.539	0.599		
近四年平均值	0.696	0.600	0.531			
去掉最大值与最小值后的平均值	0.690	0.599	0.521	0.565		

表4-68是已报案未决赔款准备金剩余额与前一年准备金比率在将来最可能发生的进展模式。

表4-68　未来已报案未决赔款准备金剩余额与前一年准备金比率的估计

报告年	进展年（月）						
	12~24	24~36	36~48	48~60	60~72	72~84	最终值
2004	0.683	0.590	0.508	0.523	0.564	0.600	0
2005	0.685	0.580	0.535	0.709	0.460	0.600	0
2006	0.691	0.547	0.605	0.565	0.500	0.600	0
2007	0.701	0.648	0.476	0.600	0.500	0.600	0
2008	0.746	0.627	0.530	0.600	0.500	0.600	0
2009	0.645	0.635	0.530	0.600	0.500	0.600	0
2010	0.690	0.635	0.530	0.600	0.500	0.600	0

把准备金支付比率与已报案未决赔款准备金剩余额与前一年准备金比率相加，即可得到准备金进展比率的流量模式，如表4-69所示。

表4-69　准备金进展比率的估计

报告年	进展年（月）						
	12~24	24~36	36~48	48~60	60~72	72~84	最终值
2004	1.026	1.032	0.945	1.143	1.188	1.006	1.000
2005	1.023	1.042	1.044	1.145	0.824	1.000	1.000
2006	1.100	1.002	1.081	1.061	1.000	1.000	1.000
2007	1.079	1.096	0.991	1.100	1.000	1.000	1.000
2008	1.129	1.126	1.030	1.100	1.000	1.000	1.000
2009	1.064	1.135	1.030	1.100	1.000	1.000	1.000
2010	1.110	1.135	1.030	1.100	1.000	1.000	1.000

采用准备金进展比率、准备金支付比例，可以预测准备金的具体金额。下面以2008报告年的数据来说明整个计算的过程。

2008 年报告的在 2010 年末的未决赔款准备金为 22 225 万元，准备金进展比率表明，下一年有 53% 的准备金仍为准备金。而有 50% 的准备金需要支付索赔。这样就导致了 2008 报告年提取的准备金在 2011 年有 3% 的不足。

根据估计的 CED 比率和 PO 比率，采用公式（4.19）和（4.20）可估计未来已报案未决赔款准备金（见表 4－70）和未来已付赔款。

表 4－70　　未来已报案未决赔款准备金的估计

报告年	进展年（月）							
	12	24	36	48	60	72	84	最终值
2004	46 770	31 944	18 832	9 559	4 999	2 821	1 693	0
2005	53 422	36 588	21 214	11 345	8 049	3 701	2 221	0
2006	41 802	28 899	15 798	9 560	5 403	2 702	1 621	0
2007	40 334	28 266	18 312	8 724	5 234	2 617	1 570	0
2008	47 500	35 455	22 225	11 779	7 068	3 534	2 120	0
2009	42 219	27 221	17 285	9 161	5 497	2 748	1 649	0
2010	30 416	20 987	13 327	7 063	4 238	2 119	1 271	0

根据未来已报案未决赔款准备金，使用前面估计的准备金支付比率可得到未来已付赔款估计值。例如，2008 报告年在 2010 年末的准备金为 22 225 万元，且在前面算出其中有 50% 的部分将在 2011 年用于索赔支付，因此 2008 报告年在 2011 年索赔支付额的估计值为 11 113 万元。

接下来，根据表 4－71 计算未来累积量已付赔款的估计，如表 4－72 所示。

表 4－71　　未来增量已付赔款的估计

报告年	进展年（月）							
	12	24	36	48	60	72	84	最终值
2004	30 001	16 021	14 144	8 238	5 923	3 119	1 145	1 693
2005	29 421	18 081	16 904	10 811	4 942	2 930	1 480	2 221
2006	26 601	17 078	13 169	7 522	4 739	2 702	1 081	1 621
2007	24 981	15 251	12 665	9 425	4 362	2 617	1 047	1 570
2008	27 595	18 196	17 687	11 113	5 890	3 534	1 414	2 120
2009	25 886	17 700	13 611	8 643	4 581	2 748	1 099	1 649
2010	15 220	12 775	10 494	6 663	3 532	2 119	848	1 271

表 4－72　　未来累积量已付赔款的估计

报告年	进展年（月）							
	12	24	36	48	60	72	84	最终值
2004	30 001	46 022	60 166	68 404	74 327	77 446	78 591	80 284
2005	29 421	47 502	64 406	75 217	80 159	83 089	84 569	86 790
2006	26 601	43 679	56 848	64 370	69 109	71 811	72 891	74 512

续表

报告年	进展年（月）							
	12	24	36	48	60	72	84	最终值
2007	24 981	40 232	52 897	62 322	66 684	69 301	70 348	71 918
2008	27 595	45 791	63 478	74 591	80 480	84 014	85 427	87 548
2009	25 886	43 586	57 197	65 839	70 420	73 168	74 267	75 917
2010	15 220	27 995	38 488	45 152	48 683	50 802	51 650	52 921

已报案未决赔款准备金的最终估计、未来进展、充足性分析如表4－73所示。

表4－73

报告年	最终损失	未付赔款损失	已报案未决赔款准备金	已报案未决赔款准备金进展	已报案未决赔款准备金充足性
2004	80 284	1 693	1 693	0	100.0%
2005	86 790	3 701	3 701	0	100.0%
2006	74 512	5 403	5 403	0	100.0%
2007	71 918	9 596	8 724	872	90.9%
2008	87 548	24 070	22 225	1 845	92.3%
2009	75 917	32 331	27 221	5 110	84.2%
2010	52 921	37 701	30 416	7 285	80.7%
已报案未决赔款准备金进展总额				15 112	

以上分析结果表明，未决赔款准备金在1年以后有20%不足，2年以后有15%不足，3～4年有8%～10%不足，在5年以后可以认为准备金充足。需要注意的是，基于报告年的准备金进展法只能够检验已报告未决准备金的充足性。IBNR准备金是否充足则需要作进一步的分析。

§4.5 赔付率法

赔付率方法是准备金评估的一个重要工具。乍看之下，将赔付率引入未决赔款准备金的评估似乎有些矛盾。如果能够确切知道某业务的实际赔付率，那么将不需要任何准备金评估方法。但实践中赔付率具有不确定性，并且过去经验无法准确预测未来的情况。尽管精算师不能完全知道未来的赔付率信息，但过去的数据经验、承保人和费率厘定人员目前的赔付率预期都对未来赔付的估计有很大的帮助。在数据变动较大、过去数据经验不可能提供稳定的结果时，过去赔付率经验能够为其他准备金评估方法提供一个基准；在数据不充分，甚至不存在的情况下，赔付率法评估结果可以为准备金评估提供参照。

4.5.1 赔付率的概念

赔付率可定义为给定业务的最终赔款与相应保费的比率，用公式表达为：

$$\lambda = UL/P$$

其中，λ 为赔付率，UL 为最终赔款，P 为对应的保费。

关于赔付率的定义需要注意以下几个方面：虽然最终赔款的含义很明确，但对保费收入的确认和界定却存在歧义。究竟选择已赚保费、签单保费，还是其他方式确认的保费？是包括佣金和费用的毛保费，还是纯粹的风险净保费？都没有绝对的答案，不同的情况下，可能采用不同的形式。比如，如果以事故年组织赔款数据，相应保费为已赚保费；如果以保单年组织赔款数据（常见于再保险市场和伦敦劳合社市场），相应保费为承保保费。总之，保费的选取应与保单组合的风险暴露期一致，具体规律为：事故年——已赚保费（EP）；保单年——签单保费（WP）。

对于一年期保单，这一规律如图4－3所示。

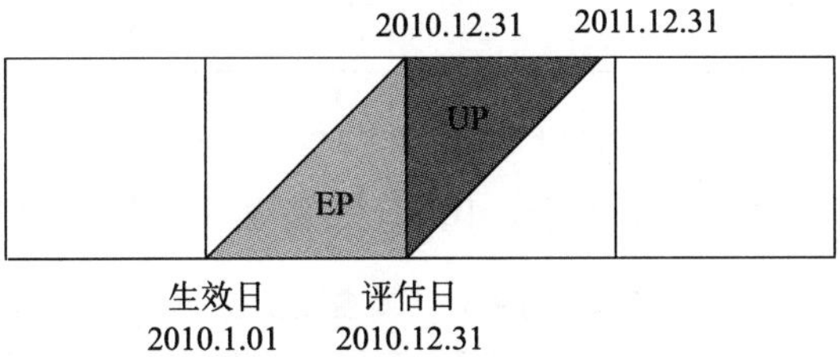

图4－3 已赚保费与签单保费的比较

其中，矩形表示一个事故年，菱形表示一个保单年，事故年为一个日历年，保单年跨越两个日历年。在一个事故年内，已赚保费（EP）为图中的浅色阴影部分，未赚保费（UP）为深色阴影部分。签单保费（WP）为日历年内保险人所签售合同上载明的、与保险责任对应的保费，即日历年末未赚保费与已赚保费之和。

关于保费中是否应该包括费用和佣金，一般来说，包括佣金和费用考虑的因素更为全面，因此我们在本节采用的保费包括费用和佣金。

在采用赔付率法评估未决赔款准备金时，保单组合的赔付率主要有以下几方面的来源：（1）该保单组合的历史数据；（2）在费率厘定过程中使用的假设；（3）承保人和理赔部门对业务的观点；（4）市场上类似业务的统计数据。

不管采用哪类数据，都必须考虑准备金评估的时效性。如果某类保单在过去五年中的赔付率保持稳定，诚然不错，但这并不能保证未来赔付率会维持这一水平。通常情况下，赔付率会因承保周期或其他经济因素的影响发生小幅度的改变。因而，评估人员需要充分运用手边的数据，选择未来合理的赔付率。

在采用赔付率估计未决赔款准备金时，可采用真实赔付率（narve loss ratio method，nλ）法、已付赔款赔付率法、已报案赔款赔付率法，以下将分别详细介绍。

4.5.2 真实赔付率法

真实赔付率法基于这样的假设：赔付率真实反映实际损失。尽管实际并非如此，但这种方法可以为其他复杂方法，如下一节的 B－F 方法提供一种有价值的参照。

这里仍以已付赔款数据表 4－2 为例，以事故年组织已付赔款数据。给定已赚保费如表 4－74 所示，考虑业务赔付率历史数据后，假定赔付率为 83%。

表 4－74　　已　赚　保　费

事故年	6	5	4	3	2	1
已赚保费（EP）	8 502	7 482	6 590	5 680	5 024	4 486

已赚保费的数据与给定赔付率水平 83% 相乘后即为事故年的最终赔款，根据最终赔款计算未决赔款准备金、IBNR 准备金，计算结果如表 4－75 所示。

表 4－75　　期望赔付率法下准备金的估计

事故年	6	5	4	3	2	1
已赚保费（EP）	8 502	7 482	6 590	5 680	5 024	4 486
$n\lambda$	83%	83%	83%	83%	83%	83%
$\hat{LU}$	7 057	6 210	5 470	4 714	4 170	3 723
PC	1 889	3 261	3 880	3 977	3 844	3 483
CV	5 168	2 949	1 590	737	326	240
RV	3 929	2 881	1 796	969	475	234
IBNR	1 239	68	－206	－232	－149	6

总赔款为 $\sum UL = 31\ 244$（万元）；已付赔款为 $\sum PC = 20\ 334$（万元）；未决赔款准备金为 $\sum UL - \sum PC = 10\ 910$（万元）；IBNR 准备金为 $\sum (CV - RV) = 726$（万元）。

很显然，上述结果与已付赔款和已报案赔款的估计结果不一致。对于这种不一致需要作进一步分析。首先，需要考察赔付率的取值，83% 的赔付率是建立在过去数据的基础上，但延迟期完整的事故年的赔付率相对陈旧，因而需要考虑新的信息。例如，向承保人咨询后获知，最近几年市场疲软，实际费率低于精算费率，赔付率有持续上升的趋势；向费率厘定人员进一步了解到，当前费率厘定假设赔付率接近90%左右。这些数据表明，赔付率具有递增的趋势，采用如下数据形式：第 1 年为 84%，每年增加 1%，第 6 年为 89%。重新计算最终赔款、未决赔款准备金、IBNR 准备金，结果如表 4－76 所示。

表 4－76　　趋势期望赔付率法下的准备金估计

事故年	6	5	4	3	2	1
已赚保费（EP）	8 502	7 482	6 590	5 680	5 024	4 486
$t\lambda$	0.89	0.88	0.87	0.86	0.85	0.84
$\hat{LU}$	7 567	6 584	5 733	4 885	4 270	3 768
PC	1 889	3 261	3 880	3 977	3 844	3 483
CV	5 678	3 323	1 853	908	426	285
RV	3 929	2 881	1 796	969	475	234
IBNR	1 749	442	57	－61	－49	51

总赔款为 $\sum UL = 32\ 807$（万元）；已付赔款为 $\sum PC = 20\ 334$（万元）；未决赔款准备金为 $\sum UL - \sum PC = 12\ 473$（万元）；IBNR 准备金为 $\sum(CV - RV) = 2\ 190$（万元）。

计算结果与已付赔款链梯法（原始加权法）的未决赔款准备金估计相接近。这个结果令人满意，但实践中通常会发现，最近事故年的实际赔付率会比估计值高。

期望赔付率方法的主要缺点在于忽略了近期事故年的赔付延迟情况，对最终赔付的估计仅取决于保费收入和事先估计的赔付率水平，对进展年赔款发生较大变化的情况在这种方法中得不到体现。而且这种方法仅适用于赔付延迟数据十分缺乏、不可信甚至丢失的情况，如新业务或长尾业务。

以上我们在给定最终赔付率的假设下，评估最终赔款、未决赔款准备金和 IBNR 准备金。但这样的估计结果比较粗略，仅考虑业务最终赔款在已赚保费中的比例，忽略了赔付率趋于最终赔付率的过程。下面分别基于已付赔款数据和已报案未决赔款数据，根据赔付率的进展规律估计最终赔付率，并据此评估最终赔款和准备金。

4.5.3 已付赔款赔付率法

已付赔款赔付率可通过已付赔款与已赚保费收入相除得到，用公式表达即为：

$$P\lambda(d) = PC(d)/EP$$

这里，$P\lambda$ 为"已付赔款赔付率"。这里仍以已付赔款数据表 4－2 为例，计算每一事故年各进展年的赔付率，计算结果如表 4－77 所示。

表 4－77　　累积赔付率

已赚保费	事故年	进展年（月）					
		12	24	36	48	60	72
4 486	1	0. 2231	0. 4135	0. 5401	0. 6661	0. 7434	0. 7764
5 024	2	0. 2215	0. 4186	0. 5521	0. 6811	0. 7651	
5 680	3	0. 2227	0. 4283	0. 5692	0. 7002		
6 590	4	0. 2261	0. 4360	0. 5888			
7 482	5	0. 2306	0. 4358				
8 502	6	0. 2222					

例如，第 1 事故年的赔付率数据 0. 2231、0. 4135、…、0. 7764，分别为 1 001、1 855、…、3 483，除以已赚保费 4 486。

从表 4－77 中数据可看出，赔付率沿行呈递增的趋势，最终赔付率接近 80%，这与早期赔付率假设 83% 相一致。更进一步，从列来看，几乎所有进展年的赔付率都呈上升的趋势。除了第一进展年呈稳定趋势外，在 $d=2$时，赔付率上升趋势大概为每年 0. 5% 左右，而在 $d=3$，趋势值增加到 1. 5%，在 $d=4$、5，这个趋势值接近于 2%。如果这一趋势持续下去，最终赔付率可预期以每年 2% 的趋势增长。

已付赔款数据估计最终赔付率的方法有两种，其一是根据增量赔付率数据的趋势，采用最小二乘法估计最终赔付率；其二是根据累积赔付率数据，采用链梯比率或总量比率技术估计最终赔付率。以下对这两种方法分别予以介绍。

1. 最小二乘法估计

采用最小二乘法估计最终赔付率需要先将赔付率数据表转变为增量的形式，结果如表 4－78 所示。

表 4－78　　增量赔付率

已赚保费	事故年	进展年（月）					
		12	24	36	48	60	72
4 486	1	0. 2231	0. 1904	0. 1266	0. 1259	0. 0774	0. 0330
5 024	2	0. 2215	0. 1971	0. 1336	0. 1290	0. 0840	
5 680	3	0. 2227	0. 2056	0. 1408	0. 1310		
6 590	4	0. 2261	0. 2099	0. 1528			
7 482	5	0. 2306	0. 2053				
8 502	6	0. 2222					

赔付率数据每列的增长趋势线可以通过最小二乘法来拟合，这种方法在链梯法中有所介绍，因而表 4－79 仅给出拟合结果。

表 4-79　　最小二乘法的拟合结果

$d=2$	一个值	0.2144
$d=3$	两个值	0.1600、0.1686
$d=4$	三个值	0.1337、0.1362、0.1387
$d=5$	没有合适的趋势	选用 0.0840
$d=6$	不可能有趋势	选用 0.0330

这里有一点需要考虑，从 $d=6$ 到最终赔款，赔付率该取什么值。假如我们仍以 83% 为标准赔付率，那么这一赔付率应为 83% - 77.64% = 5.36%。完整的最终赔付率预测结果如表 4-80 所示。

表 4-80　　最终增量赔付率预测表

事故年	进展年（月）					
	12	24	36	48	60	*UL*
1	0.2231	0.1904	0.1266	0.1259	0.0774	0.0866
2	0.2215	0.1971	0.1336	0.1290	0.0840	0.0866
3	0.2227	0.2056	0.1408	0.1310	0.0840	0.0866
4	0.2261	0.2099	0.1528	0.1337	0.0840	0.0866
5	0.2306	0.2053	0.1600	0.1362	0.0840	0.0866
6	0.2222	0.2144	0.1686	0.1387	0.0840	0.0866

最后一列中，8.66% 为 3.30% 与 5.36% 之和。这一列把 $d=5$ 和 $d=6$ 最终两步加总。对增量赔付率数据累计加总可得到累积赔付率数据表 4-81。

表 4-81　　最终累积赔付率预测表

事故年	进展年（月）					
	12	24	36	48	60	*UL*
1	0.2231	0.4135	0.5401	0.6661	0.7434	0.8300
2	0.2215	0.4186	0.5521	0.6811	0.7651	0.8517
3	0.2227	0.4283	0.5692	0.7002		0.8708
4	0.2261	0.4360	0.5888			0.8931
5	0.2306	0.4358				0.9026
6	0.2222					0.9145

最终预测已付赔款赔付率乘以已赚保费即为事故年的最终赔款，根据最终赔款可计算未决赔款准备金、IBNR 准备金，计算结果如表 4-82 所示。

表 4－82　　　　已付赔款赔付率法下准备金估计

事故年	6	5	4	3	2	1
已赚保费（EP）	8 502	7 482	6 590	5 680	5 024	4 486
$n\lambda$	0.9145	0.9026	0.8931	0.8708	0.8517	0.8300
UL	7 775	6 754	5 885	4 946	4 279	3 723
PC	1 889	3 261	3 880	3 977	3 844	3 483
CV	5 886	3 493	2 005	969	435	240
RV	3 929	2 881	1 796	969	475	234
IBNR	1 957	612	209	0	－40	6

总赔款为 $\sum UL = 33\ 362$（万元）；已付赔款为 $\sum PC = 20\ 334$（万元）；未决赔款准备金为 $\sum UL - \sum PC = 13\ 028$（万元）；IBNR 准备金为 $\sum (CV - RV) = 2\ 744$（万元）。

2. 总量比率技术估计

赔付率流量三角形每行数据为已付赔款与该事故年已赚保费的比值，但它与已付赔款数据一样，用流量三角形模式反映业务赔付的延迟模式，因而也采用链梯比率技术或总量比率技术预测未来最终赔付率，其假设是已付赔款为稳定的延迟模式。

这里采用简单平均总量比率技术，估计未来最终赔付率，估计结果如表 4－83 所示。

表 4－83　　　　总量比率技术下未来最终赔付率

事故年	进展年（月）						最终值
	12	24	36	48	60	72	
1	0.2231	0.4135	0.5401	0.6661	0.7434	0.7764	0.8300
	0.2688	0.4982	0.6507	0.8025	0.8957	0.9354	
2	0.2215	0.4186	0.5521	0.6811	0.7651		0.8542
	0.2593	0.4900	0.6463	0.7973	0.8957		
3	0.2227	0.4283	0.5692	0.7002			0.8753
	0.2544	0.4893	0.6503	0.7999			
4	0.2261	0.4360	0.5888				0.9071
	0.2493	0.4807	0.6491				
5	0.2306	0.4358					0.8902
	0.2590	0.4895					
6	0.2222						0.8607
	0.2582						

采用最后一列最终赔付率可计算未决赔款准备金、IBNR 准备金，计算结果如表 4－84 所示。

表 4-84 已付赔款赔付率法下的准备金估计

事故年	6	5	4	3	2	1
已赚保费（EP）	8 502	7 482	6 590	5 680	5 024	4 486
$n\lambda$	0.8607	0.8902	0.9071	0.8753	0.8542	0.8300
UL	7 318	6 661	5 978	4 972	4 292	3 723
PC	1 889	3 261	3 880	3 977	3 844	3 483
CV	5 429	3 400	2 098	995	448	240
RV	3 929	2 881	1 796	969	475	234
IBNR	1 500	612	209	0	-40	6

总赔款为 $\sum UL = 32\ 943$（万元）；已付赔款为 $\sum PC = 20\ 334$（万元）；未决赔款准备金为 $\sum UL - \sum PC = 12\ 609$（万元）；IBNR 准备金为 $\sum (CV - RV) = 2\ 287$（万元）。

这一评估结果可与简单平均总量比率技术下的估计结果（见表 4-85）进行比较。

表 4-85 基于已付赔款数据的准备金评估

事故年	6	5	4	3	2	1
UL	7 293	6 628	5 951	4 947	4 271	3 705

最终赔款总额为 $\sum UL = 32\ 795$（万元）；已付赔款为 $\sum PC = 20\ 334$（万元）；未决赔款准备金为 $\sum UL - \sum PC = 12\ 461$（万元）；IBNR 准备金为 $\sum (CV - RV) = 2\ 177$（万元）。

两者结果非常接近，但是赔付率法提供了新的信息——最终赔付率的预测值随事故年不断变化。赔付率由 83.0% 稳定增加到 90.7%，然后降至 86.1%，这一模式与最小二乘估计不同。因而我们必须对结果进行检验，是否因为某些数据或方法的原因导致了结果的偏差。

对赔付率进展过程的检验可参考承保人员对历史赔款数据的判断。若他们认为没有证据表明赔付率已达到最高点，上升的趋势还会持续，除非市场出现震荡。因而在准备金评估时，需采取谨慎的态度，赔付率上升的趋势应适当延伸到事故发生年 $a = 5$ 和 6。这一趋势值为每年 2.4%，非常接近于事故年 1 到 4 的趋势值，预测结果如表 4-86 所示。

表 4-86 赔付率调整法下的准备金估计

事故年	6	5	4	3	2	1
已赚保费（EP）	8 502	7 482	6 590	5 680	5 024	4 486
$t\lambda$	0.9590	0.9350	0.9110	0.8781	0.8542	0.8300
UL	8 153	6 996	6 003	4 988	4 292	3 723

续表

事故年	6	5	4	3	2	1
PC	1 889	3 261	3 880	3 977	3 844	3 483
CV	6 264	3 735	2 123	1 011	448	240
RV	3 929	2 881	1 796	969	475	234
IBNR	2 335	612	209	0	-40	6

总赔款为 $\sum UL = 34\ 155$（万元）；已付赔款为 $\sum PC = 20\ 334$（万元）；未决赔款准备金为 $\sum UL - \sum PC = 13\ 821$（万元）；IBNR 准备金为 $\sum (CV - RV) = 3\ 122$（万元）。

这种方法前面没有介绍，主要是通过可观测量对准备金评估结果进行修正，但这种模式的合理性也应得到检验。

4.5.4 已报案赔款赔付率法

已报案赔款率的计算可通过已报案赔款与已赚保费收入相除得到，用公式表达即为：

$$R\lambda(d) = RC(d)/EP$$

其中，$R\lambda(d)$为"已报案赔款赔付率"。这里采用经过调整后已报案赔款数据表 4-87 为例（表中数据为调整后的已报案未决赔款准备金与已付赔款之和），计算每一事故年各进展年的赔付率，计算结果如表 4-88 所示。

表 4-87　　调整后已报案赔款

已赚保费	事故年	进展年（月）					
		12	24	36	48	60	72
4 486	1	2 866	3 334	3 503	3 624	3 719	3 717
5 024	2	3 359	3 889	4 033	4 231	4 319	
5 680	3	3 848	4 503	4 779	4 946		
6 590	4	4 673	5 422	5 676			
7 482	5	5 369	6 142				
8 502	6	5 818					

表 4-88　　调整后已报案赔款赔付率

已赚保费	事故年	进展年（月）					
		12	24	36	48	60	72
4 486	1	0.6389	0.7432	0.7809	0.8078	0.8290	0.8286
5 024	2	0.6686	0.7741	0.8027	0.8422	0.8597	
5 680	3	0.6775	0.7928	0.8414	0.8708		
6 590	4	0.7091	0.8228	0.8613			
7 482	5	0.7176	0.8209				
8 502	6	0.6843					

其中，0.6389 = 2 866/4 486，0.7432 = 3 334/4 486，…，0.8286 = 3 717/4 486，依此类推。从表中数据可看出，每列赔付率从上至下呈递增趋势，在 $d=3$、4、5 时尤为明显，最终赔付率预期会以每年 3% 的趋势增长。这里，我们采用链梯比率技术原始加权法，最终赔付率预测结果如表 4 - 89所示。

表 4 - 89　　链梯比率技术下最终赔付率预测

事故年	进展年（月）						最终值
	12	24	36	48	60	72	
1	0.6389	0.7432	0.7809	0.8078	0.8290	0.8286	0.8300
2	0.6686	0.7741	0.8027	0.8422	0.8597		0.8607
3	0.6775	0.7928	0.8414	0.8708			0.8922
4	0.7091	0.8228	0.8613				0.9174
5	0.7176	0.8209					0.9172
6	0.6843						0.8861
r	1.1589	1.0490	1.0395	1.0235	0.9995	1.0017	1.1589
f	1.2948	1.1173	1.0651	1.0247	1.0012	1.0017	1.2948

其中，r 为原始加权链梯比率法计算的进展因子，f 为累积进展因子。

最终已报案赔款赔付率乘以已赚保费即为事故年的最终赔款，根据最终赔款可计算未决赔款准备金、IBNR 准备金，计算结果如表 4 - 90 所示。

表 4 - 90　　已报案赔款赔付率法下的准备金估计

事故年	6	5	4	3	2	1
已赚保费（EP）	8 502	7 482	6 590	5 680	5 024	4 486
$n\lambda$	0.8861	0.9172	0.9174	0.8922	0.8607	0.8300
$\hat{UL}$	7 533	6 862	6 046	5 068	4 324	3 723
PC	1 889	3 261	3 880	3 977	3 844	3 483
CV	5 644	3 601	2 166	1 091	480	240
RV	3 929	2 881	1 796	969	475	234
IBNR	1 715	612	209	0	-40	6

最终赔款总额为 $\sum UL = 33\ 557$(万元)；已付赔款为 $\sum PC = 20\ 334$(万元)；未决赔款准备金为：$\sum UL - \sum PC = 13\ 223$(万元)；IBNR 准备金为 $\sum (CV - RV) = 2\ 502$(万元)。

最终赔付率的预测值从事故年 1 到事故年 4，以每年 3% 的增长率从 83.0% 稳定地增加到 91.74%，然后降至 88.62%。

在准备金评估时，如果假定赔付率上升到事故年 4 的最高峰 91.74% 之后，趋于稳定。可预测未决赔款准备金、IBNR 准备金预测结果如表 4－91 所示。

表 4－91　　已付赔款赔付率调整法下的准备金估计

事故年	6	5	4	3	2	1
已赚保费（EP）	8 502	7 482	6 590	5 680	5 024	4 486
$t\lambda$	0.9174	0.9174	0.9174	0.8922	0.8607	0.8300
$\hat{UL}$	7 800	6 864	6 046	5 068	4 324	3 723
PC	1 889	3 261	3 880	3 977	3 844	3 483
CV	5 911	3 603	2 166	1 091	480	240
RV	3 929	2 881	1 796	969	475	234
IBNR	1 982	612	209	0	－40	6

最终赔款总额为 $\sum UL = 33\ 825$（万元）；已付赔款为 $\sum PC = 20\ 334$（万元）；未决赔款准备金为：$\sum UL - \sum PC = 13\ 491$（万元）；IBNR 准备金为 $\sum(CV - RV) = 2\ 769$（万元）。

如果采取谨慎的态度，假设最终赔付率以 3% 的趋势值上升到最近事故年，可预测未决赔款准备金、IBNR 准备金预测结果如表 4－92 所示。

表 4－92　　已付赔款谨慎赔付率法下的准备金估计

事故年	6	5	4	3	2	1
已赚保费（EP）	8 502	7 482	6 590	5 680	5 024	4 486
$t\lambda$	0.98	0.95	0.92	0.89	0.86	0.83
$\hat{UL}$	8 332	7 108	6 063	5 055	4 321	3 723
PC	1 889	3 261	3 880	3 977	3 844	3 483
CV	6 443	3 847	2 183	1 078	477	240
RV	3 929	2 881	1 796	969	475	234
IBNR	2 514	612	209	0	－40	6

最终赔款总额为 $\sum UL = 34\ 602$（万元）；已付赔款为 $\sum PC = 20\ 334$（万元）；未决赔款准备金为 $\sum UL - \sum PC = 14\ 268$（万元）；IBNR 准备金为 $\sum(CV - RV) = 3\ 301$（万元）。

§4.6　B－F 方法

基于赔付延迟模式的最终赔款预测方法仅依靠过去数据来估计最终赔款，并假设赔案报告和理赔模式持续不变。实践中，其估计结果并不能达到评估人所预期的置信水平。这一点在最近承保年尤为明显，因为赔付延迟数据缺乏，累积进展因子值相对较高，并且波动较大，一旦赔付额发生较大变化，将会导致预测结果严重偏离。赔付率法通过历史经验给定合理的最终赔付率估计未来最终赔款，但该方法完全忽略了赔付延迟模式，不符合实际情况。

B－F 方法由 Bornhuetter and Ferguson（1972）提出，特点是将简单赔付率法和链梯法结合起来。基本思想是将事故年的总赔款分为过去的和未来的两部分。对早期事故年而言，已付赔款链梯法中，过去发生的赔款基本进展完成，在已报案赔款链梯法中，则至少可作出较好的估计。但对于未来的情况，事故年的赔付延迟模式并非保持不变，因而最好采用赔付率数据进行估计。

然后，将赔付率估计结果和链梯法估计结果进行加权平均，最近事故年赔付率法权重较大，然后逐渐降低至零。这样可得到最终赔款最合理的估计，从而较准确估计准备金。

B－F 方法既可应用于已付赔款数据，也可用于已报案赔款数据。在已付赔款数据下，最终赔款被分为两部分：已付赔款和未决赔款准备金。前一部分为已知量，记为 PC；后一部分为未知量，用最终赔款的一个比例 p 来估计。最终赔款按赔付率和已赚保费的乘积计算，如图 4－4 所示。

在已报案赔款数据下，直接将已付赔款与已报案未决赔款准备金相加，为已知负债，IBNR 准备金为未知负债，用最终赔款的一个比例 p'来估计，如图 4－5 所示。

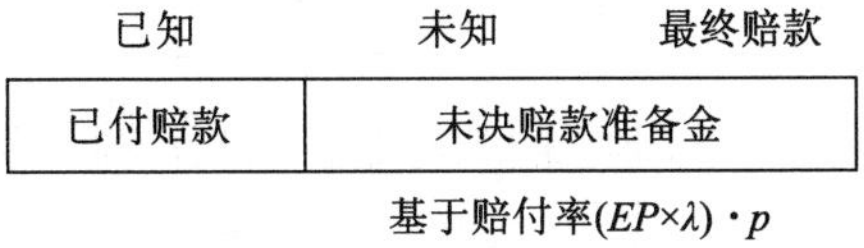

图 4－4　基于已付赔款的 B－F 法

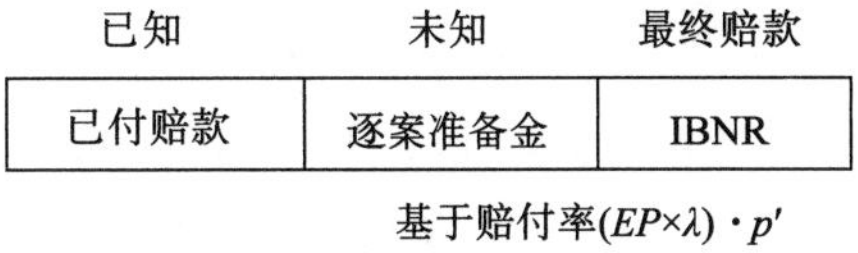

图 4－5　基于已报案赔款的 B－F 法

B－F 方法最主要的问题为计算 p 或者 p'，这一比例可通过基于已付赔款或已报案赔款链梯法计算获得，具体计算公式如下：

$$p=(1-1/f)\qquad 或 \qquad p=(1-g)$$

这里，f 是链梯比率技术对应的最终累积进展因子，g 为总量因子技术对应的总量因子。可从已付赔款数据和已报案赔款数据获得 f 和 g，因此，p 和 p'的计算公式相同。

4.6.1　基于已报案赔款数据的 B－F 法

B－F 方法最初是基于已报案赔款数据，结合静态赔付率，又称为 BF－RC法。

以调整后已报案赔款数据表 4 – 93 为例，已赚保费为表 4 – 74 中数据。第一步是计算进展因子或总量因子。以链梯比率技术原始加权法进展因子为例，最终累积进展因子 f 计算结果如表 4 – 93 所示。

表 4 – 93　　调整后已报案赔款和累积进展因子

事故年	进展年（月）						最终值
	12	24	36	48	60	72	
1	2 866	3 334	3 503	3 624	3 719	3 717	3 717
2	3 359	3 889	4 033	4 231	4 319		
3	3 848	4 503	4 779	4 946			
4	4 673	5 422	5 676				
5	5 369	6 142					
6	5 818						
$\sum - el$	20 115	17 148	12 315	7 855	3 719		
$\sum$	25 933	23 290	17 991	12 801	8 038	3 717	3 717
r	1.158	1.049	1.039	1.023	0.999	1.000	
f	1.291	1.115	1.063	1.023	0.999	1.000	

其中，$\sum - el$ 表示不包括最后一行的加总。根据 f 值计算比例 p'，计算结果如表 4 – 94 所示。

表 4 – 94　　p' 的计算结果

f	1.291	1.115	1.063	1.023	0.999	1.000
$1/f$	0.774	0.897	0.941	0.978	1.001	1.000
$p' = 1 - 1/f$	0.226	0.103	0.059	0.022	−0.001	0

需要指出的是，$1/f$ 即为 g，表示已报案赔款占最终赔付的比例。因此，$(1 - g)$ 为剩余赔款占最终赔款的比例，采用 $(1 - g)$ 等价于采用 $(1 - 1/f)$，都表示剩余赔款在总赔款中的比例。

根据赔付率法对最终赔款作基准估计。这里，赔付率采用固定的 83%。IBNR 准备金为基准最终赔款（B – UL）的 p' 比例。采用以下公式：

基准最终赔款：$B - UL = \lambda \times EP$；IBNR 准备金：$IBNR = p' \times B - UL$

计算结果如表 4 – 95 所示。

表 4 – 95　　IBNR 准备金的估计结果

事故年	6	5	4	3	2	1
已赚保费（EP）	8 502	7 482	6 590	5 680	5 024	4 486
λ	83%	83%	83%	83%	83%	83%
B – UL	7 057	6 210	5 470	4 714	4 170	3 723
$1 - 1/f$	0.226	0.103	0.059	0.022	−0.001	0
IBNR	1 592	642	325	105	−2	0

这里需要指出的是，在已报案赔款数据下的 IBNR 准备金估计值，有些书中称为修正 IBNR 准备金。在已知已报案未决赔款准备金 RV 的情况下，可估计未决赔款准备金 CV、最终赔款 UL，采用以下计算公式，具体估计结果如表 4-96 所示：

$$\text{最终赔款：} \hat{UL} = RC + IBNR\text{；未决赔款准备金：} CV = \hat{UL} - PC$$

表 4-96　　未决赔款准备金和最终赔款的估计

事故年	6	5	4	3	2	1
RV	3 929	2 881	1 796	969	475	234
IBNR	1 592	642	325	105	-2	0
CV	5 521	3 523	2 121	1 074	473	234
PC	1 889	3 261	3 880	3 977	3 844	3 483
RC	5 818	6 142	5 676	4 946	4 319	3 717
UL = RC + IBNR	7 410	6 784	6 001	5 051	4 317	3 717

最终赔款总额为 $\sum UL = 33\,280$（万元）；已付赔款为 $\sum PC = 20\,334$（万元）；未决赔款准备金为 $\sum UL - \sum PC = 12\,946$（万元）；

或者，已报案未决赔款准备金 $\sum RV = 10\,284$（万元）；$\sum IBNR = 2\,662$（万元）；未决赔款准备金为 $\sum RV + \sum IBNR = 12\,946$（万元）。

有两点需要说明：

（1）评估过程中有两个最终赔款估计：其一为基准最终赔款，其二为 BF-RC 法的最终赔款估计。BF-RC 法指出，后者更可信。基准最终赔款估计只是一个粗略的估计。

（2）IBNR 准备金在第 2 事故年出现负值。这是由于事故年 1 的已报案赔款超出这一年的最终赔款，超过部分体现在事故年 2。在这个例子中，尽管负值很小，但仍然减少了负债。更谨慎的做法是在负值出现时，用零替代。

4.6.2 基于已付赔款数据的 B-F 法

基于已付赔款数据的 B-F 方法，可简称为 BF-PC 法。BF-PC 法与 BF-RC 法在数据处理上基本类似，这里以已付赔款数据表 4-2 为例，已赚保费为表 4-74 中的数据。评估第一步是计算进展因子或总量因子，这里以简单平均总量因子为例，介绍此方法的应用。最终总量因子 g，未来赔款占最终赔款的比例 p 如表 4-97 所示。

最后两行给出了 g 和 $p = 1 - g$ 在每一个进展年的均值。

第二步是根据赔付率和已赚保费数据估计基准最终赔款，该估计和 BF-RC方法在计算方法和预测结果上一致。未决赔款准备金为基准最终赔款 B-UL 的 p 倍。采用以下公式：

表 4－97　已付赔款和未来赔款占最终赔款比例 p

事故年	进展年（月）						最终值
	12	24	36	48	60	72	
1	1 001	1 855	2 423	2 988	3 335	3 483	3 705
2	1 113	2 103	2 774	3 422	3 844		
3	1 265	2 433	3 233	3 977			
4	1 490	2 873	3 880				
5	1 725	3 261					
6	1 889						
g	0.259	0.492	0.652	0.804	0.9	0.94	
$p=1-g$	0.741	0.508	0.348	0.196	0.1	0.06	

基准最终赔款：$\text{B}-\text{UL}=\lambda\times EP$；未决赔款准备金：$CV=p\times\text{B}-\text{UL}$

计算结果如表 4－98 所示。

表 4－98　未决赔款准备金的估计

事故年	6	5	4	3	2	1
已赚保费（EP）	8 502	7 482	6 590	5 680	5 024	4 486
λ	83%	83%	83%	83%	83%	83%
B－UL	7 057	6 210	5 470	4 714	4 170	3 723
$p=1-g$	0.7410	0.5080	0.3480	0.1960	0.1000	0.0600
CV	5 229	3 155	1 903	924	417	223

总的未决赔款准备金为 $\sum CV = 11\ 852$（万元）；未决赔款准备金 CV 与已付赔款之和即为最终赔款 UL，最终赔款的估计公式为：

$$\hat{UL}=PC+CV$$

若已知已报案未决赔款准备金 RV，则同时也可计算 IBNR 准备金。具体估计结果如表 4－99 所示。

表 4－99　未决赔款准备金和最终赔款的估计

事故年	6	5	4	3	2	1
PC	1 889	3 261	3 880	3 977	3 844	3 483
CV	5 229	3 155	1 903	924	417	223
$UL=PC+CV$	7 118	6 416	5 783	4 901	4 261	3 706

最终赔款总额为 $\sum UL = 32\ 186$（万元）；已付赔款为 $\sum PC = 20\ 334$（万元）；未决赔款准备金为 $\sum UL - \sum PC = 11\ 852$（万元）。

4.6.3 链梯法、B－F 方法、真实赔付率法结果的比较

有必要在两种不同的数据上，对链梯法、真实赔付率法和 B－F 方法的计算结果进行比较。

1. 基于已报案赔款数据的比较

这里，链梯法选用链梯比率技术原始加权法的估计结果，已报案赔款数据为调整后已报案赔款数据。表 4－100、表 4－101 分别给出了基于已报案赔款数据，在三种方法下，最终赔款和未决赔款准备金估计结果及偏差。

表 4－100 最终赔款比较

事故年	链梯法（RC）	BF－RC	$n\lambda$	偏差率（%）
6	7 505	7 410	7 057	21.21
5	6 842	6 784	6 210	9.18
4	6 028	6 001	5 470	4.84
3	5 055	5 051	4 714	1.17
2	4 315	4 317	4 170	－1.38
1	3 717	3 717	3 723	0.00
$\sum$	33 462	33 280	31 344	8.59

表 4－101 未决赔款准备金估计结果比较

事故年	链梯法（RC）	BF－RC	$n\lambda$	偏差率（%）
6	5 616	5 521	5 168	21.21
5	3 581	3 523	2 949	9.18
4	2 148	2 121	1 590	4.84
3	1 078	1 074	737	1.17
2	471	473	326	－1.38
1	234	234	240	0.00
$\sum$	13 128	12 946	11 010	8.59

表中的偏差率表示 BF－RC 最终赔款（或未决赔款准备金）与期望赔付率法评估结果相对于链梯法评估结果的离散程度，其计算公式为：

$$[\hat{L}\{RC\}-\hat{L}\{BF-RC\}]/[\hat{L}\{RC\}-\hat{L}\{n\lambda\}]$$

比较结果表明，B－F 方法具有以下特点：

（1）B－F 方法实质上是期望赔付率与链梯法最终赔款结果的一个加权平均，因而未决赔款准备金评估结果介于期望赔付率法和链梯法之间；

（2）早期事故年（$a=1, 2, 3$），链梯法中最终累积进展因子较小，B－F方法中的 B－F 因子较小，因而赋予赔付率法评估结果的权重越小，故其预测值和链梯法预测结果十分接近；

（3）最近事故年（$a=4, 5, 6$），链梯法中最终累积进展因子较大，B－F方法中的B－F因子较大，因而赋予赔付率法评估结果的权重越大，故B－F方法预测值偏离链梯法，接近于期望赔付率法的估计结果。

2. 基于已付赔款数据的比较

接下来，基于已付赔款数据，对三种方法下最终赔款和未决赔款准备金估计结果及偏差进行比较，如表4－102、表4－103所示。

表4－102　最终赔款比较

事故年	链梯法（PC）	BF－PC	nλ	偏差率（%）
6	7 293	7 118	7 057	74.15
5	6 628	6 416	6 210	50.72
4	5 951	5 783	5 470	34.93
3	4 947	4 901	4 714	19.74
2	4 271	4 261	4 170	9.90
1	3 705	3 706	3 723	5.56
$\sum$	32 795	32 185	31 344	42.04

表4－103　未决赔款准备金估计结果比较

事故年	链梯法（PC）	BF－PC	nλ	偏差率（%）
6	5 404	5 229	5 168	74.15
5	3 367	3 155	2 949	50.72
4	2 071	1 903	1 590	34.93
3	970	924	737	19.74
2	427	417	326	9.90
1	222	223	240	5.56
$\sum$	12 461	11 851	11 010	42.04

表中的偏差率表示BF－PC最终赔款（或未决赔款准备金）与期望赔付率法评估结果相对于链梯法评估结果的离散程度，其计算公式为：

$$[\hat{L}\{PC\}-\hat{L}\{BF-PC\}]/[\hat{L}\{PC\}-\hat{L}\{n\lambda\}]$$

从上表可以看出，BF－PC法的评估计算结果介于期望赔付率和链梯法之间。在最近事故年比如第5、6事故年，BF－PC法的评估结果对链梯法的偏离程度较期望赔付率法不那么显著。原因主要是真实赔付率法涉及在评估日之前未实际支付的赔款具有不确定性，而BF－PC方法则仅涉及超过已报案未决赔款准备金的额外准备金具有不确定性。

观察三种方法：（1）已付赔款链梯法（PC）；（2）已报案赔款链梯法（RC）；（3）真实赔付率方法（nλ），可发现评估结果的不同并不完全在计算方法上。前两种方法在计算方法上完全相同，只是采用不同的数据及假设。而真实赔付率法则主要依据历史赔付率数据。它们的这种关系如图 4－6 所示。

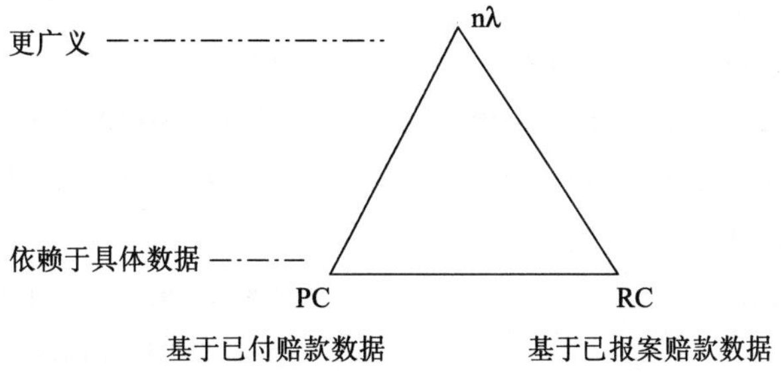

图 4－6 PC/RC/nλ 方法之间的关系

接下来，需要考虑 B－F 法预测结果在图中的位置，该方法试图有效地将期望赔付率法和 PC 或 RC 法中的任一种结合起来，在一般化和具体化之间达到一个平衡。

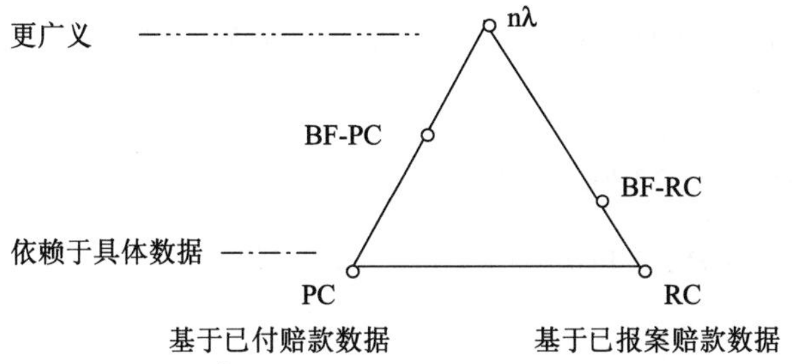

图 4－7 PC/RC/nλ/B－F 方法之间的关系

从图 4－6 中可看出，BF－RC 点更靠近 RC 点，而 BF－PC 点则相对离 PC 点更远一些。而 B－F 点在这两条线上的精确位置主要取决于具体数据的分布。

4.6.4 PC /RC/nλ/B－F 方法的灵敏度分析

1. 近期事故年的赔款数据发生变化

在采用流量赔款数据进行分析时，可看出最近事故年的赔款数据对最终赔款和未决赔款准备金的评估起至关重要的作用。以 PC 方法为例：未决赔款准备金为 $\sum CV = 12\ 461$(万元)。

表 4－104 各事故年 CV 在总 CV 中的比重

事故年	6	5	4	3	2	1
CV	5 404	3 367	2 071	970	427	222
比重（%）	0.4337	0.2702	0.1662	0.0778	0.0343	0.0178

未决赔款准备金中 87% 来源于最近三个事故年。很显然，未决赔款准备金对最近事故年实际赔款数据的变动非常敏感。表现在流量三角形中，即为数据三角形的左下方数据。而实际上，B－F 方法对左下方数据的敏感

程度不十分明显。举例来看，假如最近一个事故年的赔款数据为：

已付赔款	30	总量因子	30%
已赚保费	125	赔付率	80%

在 PC 法下，该事故年的最终赔款为：PC/g = 30/0.3 = 100，这与 nλ 法下该事故年的最终赔款一致：$EP\times\lambda = 125\times0.8 = 100$。因此，在这两种方法下，未决赔款准备金均为：CV = 100 − 30 = 70。

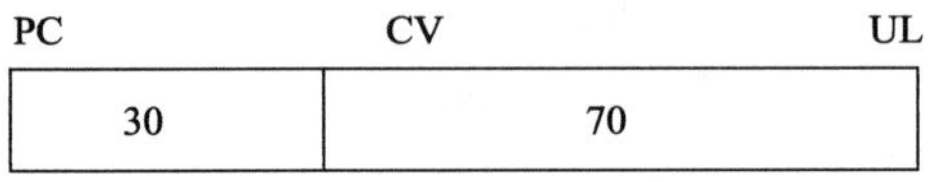

图 4－8

用图形来表示如图 4－8 所示。

由于 PC 法和 nλ 法对未决赔款准备金的估计相一致，所以 BF－PC 法下未决赔款准备金的估计结果也为 70，计算如下：

$$CV = (1-g)\times B - UL = (1-0.3)\times100 = 70$$

接下来，我们考虑该事故年的已付赔款从 30 上升到 33，其他假设和条件维持不变，则在不同的评估方法下的评估结果如下：

（1）PC 方法：

$$\hat{UL} = PC/g = 33/0.3 = 110$$

$$CV = \hat{UL} - PC = 110 - 33 = 77$$

（2）nλ 方法：

$$\hat{UL} = \lambda\times EP = 0.8\times125 = 100$$

$$CV = \hat{UL} - PC = 100 - 33 = 67$$

（3）BF－PC 方法：

$$CV = (1-g)\times B - UL = 0.7\times100 = 70;\hat{UL} = CV + PC = 70 + 33 = 103$$

上述计算表明，当已付赔款增加 10%，PC 法下未决赔款准备金也增加相同的比率，而 nλ 法下估计结果减少大约 4%，在 BF－PC 法下未决赔款准备金估计结果与原先估计一致。用图形表示如图 4－9 所示。

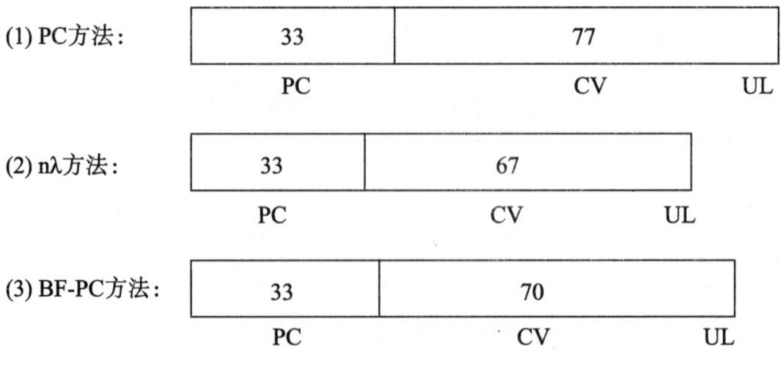

图 4－9　赔款变动情况下各种方法的比较

从图 4 –9 可看出，三种方法中 B – F 法的稳定性最强，尤其是在最近事故年赔付数据变化剧烈，或者对数据真实性产生怀疑时。

2. 赔付模式和赔付率的变化

上述例子还可以从赔付模式和赔付率变化的角度，分析当近期事故年赔款数据变化时，各类评估方法的灵敏度。接下来讨论近期赔款数据变化（从 30 到 33）时，对应赔付模式发生转变，各类方法的评估结果会发生怎样的变化，这里主要集中于总量因子 g 的改变。

（1） PC 法。假设赔付模式不发生变化，则 g 仍然保持 30%，上述计算结果不发生变化。

（2） nλ 法。假设赔付模式上升，则有效的总量因子 g 为 33/100 =33%。

（3） BF – PC 法。假设赔付模式上升，但有效的总量因子 g 为 33/103 =32%，变化没有 nλ 方法下显著。

另一种方式是从赔付率的角度来观察三种方法对近期事故年赔款数据变化的反应。这里主要集中于事故年最终赔款占已赚保费的比率：

（1） PC 法。最终赔付率从 80% 上升至 110/125 =88%。

（2） nλ 法。尽管第一进展年的赔款上升，但最终赔付率仍然保持在 80%。

（3） BF – PC 法。赔付率上升至 103/125 =82.4%，不过没有 PC 法下的变化那么显著。

根据上面的分析，不难得出更一般的结论：

（1） 如果赔款数据十分稳定，选择上述三种方法没有什么差异。

（2） 如果数据发生变动，则需要估计之后事故年赔付模式或赔付率保持怎样的稳定程度，并据此来选择评估方法。

（3） 如果赔付模式稳定，则选择 PC 法较为合适。如果有证据表明赔付率数据更为合理，则选择 nλ 法。

（4） 如果数据（特别是最近事故年数据）不充分或变动剧烈，则B – F 法能给出更为准确的估计。

上述的结论同样适用于 RC 法、nλ 法和 BF – RC 法的选择，不过在已报案赔款数据上，需要考虑赔付的报告模式和已报案未决赔款准备金评估的一致性。

§ 4.7 Cape Cod 模型

Cape Cod（CC）模型最早由 Stanard & Buhlmann 提出，因此，该方法又称 Stanard – Buhlmann 方法，它是非寿险准备金评估方法的重大改进。B – F 方法、Cape Cod 方法都综合运用赔付延迟模式规律和基于风险基础的期望赔款。同 B－F 方法相比，Cape Cod 方法最大的创新之处在于使用所有已报案赔款或已付赔款经验数据来估计最终期望赔付率，而不是根据赔付经验判断最终赔付率，应用这两种数据的 Cape Cod 方法分别称为已报案赔款 Cape Cod（简称 Reported CC）和已付赔款 Cape Cod（简称 Paid CC）。这样一来，当再保险人因缺乏定价数据无法使用 B－F 法时，可采用 Cape Cod 方法。另外，对原保险公司而言，当定价精算师的期望赔付率与实际经验不一致时，该方法更为有效。

4.7.1 Cape Cod 方法的假设

绝大部分准备金评估方法都基于这样的原则：赔案的报告模式或理赔模式在一段时间内保持相对稳定。这样，准备金评估人员可根据过去的观测值，必要时根据承保环境和公司赔付经验的变化进行调整，对未来赔款进行合理的预测。Cape Cod 方法也不例外，首先需要假定稳定的赔付模式。

赔付模式可通过以下几种方式进行描述：（1）增量比率形式；（2）累积比率形式；（3）最终值的百分比形式。下面举例具体说明。55 万元的赔款将在 5 年内按以下方式赔付，如表 4－105 所示。

表 4－105　各进展年的赔款数据表

进展年（月）	12	24	36	48	60
赔款	100 000	200 000	150 000	75 000	25 000
累积赔款	100 000	300 000	450 000	525 000	550 000

赔付模式以增量延迟形式表述，进展年 2 的赔款等于进展年 1 的 2 倍，进展年 3 的赔款等于进展年 2 的 75%；以累积延迟形式表述，进展年 2 的累计赔款等于进展年 1 累计赔款的 3 倍，进展年 3 的累计赔款等于进展年 2 累计赔款的 1.5 倍；以最终值的百分比形式表述，在 55 万元的总赔款中，18.2% 的赔款发生在进展年 1，36.4% 的赔款发生在进展年 2（见表 4－106）。三种形式可以相互转换，已知增量比率形式，可得到累计比率形式和最终百分比形式。

表 4－106　赔付模式的三种描述形式

进展年（月）	12	24	36	48	60
赔款	100 000	200 000	150 000	75 000	25 000
增量比率		2.000	0.750	0.500	0.333
累计比率		3.000	1.500	1.167	1.047
最终百分比	0.182	0.364	0.273	0.136	0.045

Cape Cod 方法和 B－F 方法均假设最终值的百分比模式逐年保持相对稳定。如上节所述，B－F 因子 =1－（1/累积链梯比率），譬如，事故年 3 的

B－F 因子 0.182 = 1 －(1/1.222)，B－F 因子也表述为给定延迟日之后最终值百分比之和，如 0.1818 = 0.1364 + 0.0454。在 Cape Cod 方法中采用赔付延滞（loss lag），即 B－F 因子的补数（complement）。比如，事故年 3 的赔付延滞为 1 －0.182 = 0.818。

需要指出的是，在计算赔付延滞（loss lag）时，需要在采用增量数据比率和累积数据比率之间取舍。在进展年早期，采用两种数据都可以得到合理的结果。然而在晚期进展年，增量已付赔款和已报案赔款相对较小，比率中分子较小对估计结果的扭曲程度不大，但比率中分母较小会导致整个结果显著增加，从而偏差增大，预测结果的精确性下降。因此在计算赔付延滞（loss lag）时采用累积量数据。

链梯法、B－F 法、Cape Cod 法在因子确定上方法相同，但在估计最终赔款时，对因子的使用存在差异。估计最终赔款时，链梯法根据因子估计每一事故年的累计已付或已报案赔款，不必考虑最终损失的估计值。B－F 法则根据因子估计未来负债，而不需要考虑每一事故年的累积已付赔款或已报案赔款。基于这样的差异，在链梯法中，进展年异常高或低的累计赔款，表明未来进展年对应有较高或较低的赔款；而在 B－F 法中，进展年异常高或低的累计赔款，仅反映赔款的随机波动，并不意味着剩余延迟期对应有异常高或低的赔款。

B－F 法估计最终赔款时，需要“先验”的最终赔款估计值。对于大多数公司而言，定价精算师通过估计最终赔款来设定费率，准备金评估精算师可采用定价精算师提供的估计值作为先验值。估计最终赔款等于已赚保费乘以期望赔付率。当指示费率（the indicated premium）与表定实收费率（premium charged）相同时，该估计值较为合理。当表定实收费率与定价精算师的指示费率不一致时，需要对该估计值进行调整。此外，每家公司还需要根据核保人员提供的费率调整表（schedule credits and debits）进一步对估计值进行调整。但对于再保险人而言，由于不具备这些数据，再保险人没有信息对保费的充足性水平进行调整，也没有核保人员提供的费率调整表。另外，在一些原保险公司，当准备金评估精算师无法获知定价精算师的估计值、指示费率与费率手册中的实际费率存在偏差或核保人员自主修订费率时，都会面临无法拥有真实赔付率，以获得“先验”最终赔款的问题。

Cape Cod 法正是针对上述问题而产生的。James Stanard 和 Hans Buhlmann 认为，如果有足够的历史资料就可以不需要期望赔付率。

4.7.2 Cape Cod 方法实例

Stanard 最初提出 Cape Cod 方法时，每一年的已赚保费被假定为一个常数。在 Cape Cod 法中，通常将风险暴露（exposure）分为两部分，其一是已进展为已报案赔款的风险暴露，其二是未进展为已报案赔款的风险暴露。每一事故年已报案赔款等于风险暴露乘以已报案赔款在最终赔款中的比重，或者最终链梯比率的倒数。将所有事故年已报案赔款总额除以所有事故年风险暴露作为期望最终赔付率（损失比风险暴露），对未进展为已报案赔款的已赚保费应用这一赔付率，可估计未报案赔款，得到 IBNR 准备金估计值。接下来，以具体实例解释这一计算过程。

这里以已赚保费作为风险暴露，假定事故年的赔款不存在趋势，即趋势率为 0。同时根据上述方法，赔付延滞（loss lag），最终赔款及 IBNR 准备金估计结果如表 4－107 所示。

表 4－107　　　　最终赔款及 IBNR 准备金估计

事故年	已赚保费（1）	已报案赔款（2）	趋势因子（3）	趋势已报案赔款（4）	已报案赔款百分比（5）	已报案赔款的已赚保费（6）
1	7 000	3 600	1.00	3 600	0.85	5 950
2	8 000	4 000	1.00	4 000	0.75	6 000
3	9 000	4 800	1.00	4 800	0.6	5 400
4	10 000	3 600	1.00	3 600	0.45	4 500
5	11 000	2 800	1.00	2 800	0.25	2 750
汇总	45 000	18 800		18 800		24 600

事故年	未报案赔付的已赚保费（7）	趋势赔付率（8）	期望最终赔付率（9）	剔除趋势的最终赔付率（10）	IBNR 准备金（11）	最终赔款（12）
1	1 050	0.6050	0.7642	0.7642	802.41	4 402.41
2	2 000	0.6667	0.7642	0.7642	1 528.41	5 528.41
3	3 600	0.8889	0.7642	0.7642	2 751.13	7 551.13
4	5 500	0.8000	0.7642	0.7642	4 203.12	7 803.12
5	8 250	1.0182	0.7642	0.7642	6 304.68	9 104.68
汇总		0.7642			15 600.76	34 402.76

其中，趋势因子反映赔款的变动调整；

趋势已报案赔款(4)＝已报案赔款(2)×趋势因子(3)；

已报案赔款百分比(5)＝1－B－F 因子(从链梯比率计算而来)；

已报案赔款的已赚保费(6)＝已赚保费(1)×已报案赔款百分比(5)，表示已进展为已报案赔款的已赚保费；

未报案赔付的已赚保费(7)＝已赚保费(1)－已报案赔款的已赚保费(6)，表示未进展为已报案赔款的已赚保费；

趋势赔付率(8)＝趋势已报案赔款(4)÷已报案赔款已赚保费(6)；

期望最终赔付率(9)等于第(8)的总趋势赔付率，趋势到第 5 事故年；

剔除趋势的最终赔付率(10) = 期望最终赔付率(9) ÷ 趋势因子(3)；

IBNR 准备金(11) = 未报案赔款已赚保费(7) × 剔除趋势的最终赔付率(10)；

最终赔款(12) = 已报案赔款(2) + IBNR 准备金(11)。

以上介绍了当赔付趋势为 0 时，Cape Cod 方法在最终赔款及 IBNR 准备金估计中的应用。如果准备金评估精算师确信赔付以每年 7% 的速度增长，这时需要对已报案赔款进行趋势调整，对应的期望赔付率也要做相应的变动。在其他条件不变的情况下，最终赔款及 IBNR 准备金估计结果如表 4 - 108 所示。

表 4 - 108　　最终赔款及 IBNR 准备金估计

事故年	已赚保费（1）	已报案赔款（2）	趋势因子（3）	趋势已报案赔款（4）	已报案赔款百分比（5）	已报案赔款的已赚保费（6）
1	7 000	3 600	1. 311	4 719. 6	0. 85	5 950
2	8 000	4 000	1. 225	4 900	0. 75	6 000
3	9 000	4 800	1. 145	5 496	0. 6	5 400
4	10 000	3 600	1. 070	3 852	0. 45	4 500
5	11 000	2 800	1. 000	2 800	0. 25	2 750
汇总	45 000	18 800		21 771. 6		24 600

事故年	未报案赔款的已赚保费（7）	趋势赔付率（8）	期望最终赔付率（9）	剔除趋势的最终赔付率（10）	IBNR 准备金（11）	最终赔款（12）
1	1 050	0. 7932	0. 8848	0. 6749	708. 66	4 308. 66
2	2 000	0. 8167	0. 8848	0. 7223	1 444. 59	5 444. 59
3	3 600	1. 0178	0. 8848	0. 7728	2 781. 93	7 581. 93
4	5 500	0. 8560	0. 8848	0. 8269	4 548. 08	8 148. 08
5	8 250	1. 0182	0. 8848	0. 8848	7 299. 67	10 099. 67
汇总		0. 8848			16 793. 93	35 595. 93

具体计算过程与趋势因子为 0 的 Cape Cod 方法相同。

这里需要指出的是，由于赔付以每年 7% 的速度增长，在计算期望最终赔付率之前需要对已报案赔款进行增长趋势为 7% 的趋势调整，这样所有赔款才能处于同一基准。然而这样计算而来的期望最终赔付率为第 5 事故年的最终赔付率水平，而计算 IBNR 准备金时，每一事故年的赔付水平不同，这时又必须剔除 7% 的增长趋势。

从上面的计算可看出，采用 Cape Cod 方法时，在剔除趋势因素之前，每一事故年具有相同的期望最终赔付率。这一期望赔付率的计算公式为：

$$Exp(LR) = \frac{\sum_i R_i}{\sum_i (E_i / LDF_i)}$$

其中，$Exp(LR)$为期望赔付率的估计值，R_i 为事故年 i 趋势已报案赔款，LDF_i 为事故 i 年的最终链梯比率，E_i 为事故年 i 的已赚保费。期望赔付率的计算还可改写为：

$$Exp(LR) = \frac{\sum_i (R_i \times LDF_i/E_i) \times (E_i/LDF_i)}{\sum_i (E_i/LDF_i)}$$

从上式来看，期望赔付率可看做是趋势赔付率（8）的加权平均，这里的权重基于二维加权，与已赚保费成正比，与最终链梯比率成反比。换句话说，权重即已进展为已报案赔款的已赚保费（6）。高已赚保费事故年的权重高于低已赚保费事故年，赔付延迟完整的事故年的权重高于赔付延迟不完整的事故年。

在 Cape Cod 方法中，风险暴露还可选择赔案数目。假设某类业务出险后能立即报案，但是赔款变动较大，而且可能好多年内都具有不确定性。准备金评估精算师需要通过延迟模式的规律估计赔款数目，并结合趋势预测法估计平均赔款。这一点尤其适合劳工补偿险的超额损失再保险的准备金。

第五章　未决赔款准备金的随机模型

用“链梯法”等确定性方法评估未决赔款准备金，属于点估计方法，估计结果是一个确定值，常常被作为对未决损失的最佳估计值。但估计值与被估计真实值之间的差距，以及因数据局限等因素造成的不确定性，却不能明确地反映出来。而随机估计方法却能避免这样的缺陷，可以用于对未决损失作区间估计，因此，随机方法近年来被越来越多的精算工作者所推崇。本章介绍用随机模型估计未决赔款准备金的两种典型方法：分析法和模拟法。

§5.1　概　　述

5.1.1　使用随机模型的意义

评估未决赔款准备金，无非就是对未决损失作估计。假设未决损失为随机变量 X，其分布为 $F(x)$，传统的统计估计方法是基于样本信息 $\{x_1, x_2, \cdots, x_n\}$ 去估计 X 的一些数字特征值，如均值、方差等，而且通常将均值的估计值作为未决损失的最佳估计。

而随机模型方法则与传统的确定性方法完全不同，不仅用于估计未决损失的均值，还可以估计未决损失的方差、分位数，以及损失概率分布，因此，可以获得对未决损失的区间估计，并对估计误差作出明确判断。而对准备金评估估计值提供这些信息，是近年来业界对精算师的重要要求之一。

例如，澳大利亚非寿险精算标准规定，所计提的未决赔款责任准备金对应于未决损失分布的75%分位点，并按无风险利率折现。设某未决事故的理赔X将在未来两年内结清，无风险利率按5%计算且对应损失X的概率分布为：

$$P\{X \leqslant 50\ 000\} = 0.25;\ P\{X \leqslant 150\ 000\} = 0.50; P\{X \leqslant 250\ 000\} = 0.75$$

则按照相应规定，该损失分布的75%（第三）分位点对应损失的折现值就是所要求的责任准备金，即250 000/（1.05×1.05）=226 757。

又如，美国精算师协会（AAA）《精算实务标准》（2007版）第43号（非寿险未决赔款准备金评估）中，关于估计结果的表述要求是：

精算师可以用多种方法来描述未决赔款估计，如点估计、区间估计、点估计加上不利偏差边际，或未决赔款总量的概率分布。精算师在选择如何描述未决赔款估计中需要考虑预期的目的。

原文：The actuary may present the unpaid claim estimate in a variety of ways, such as a point estimate, a range of estimates, a point estimate with a margin for adverse deviation, or a probability distribution of the unpaid claim amount. The actuary should consider the intended purpose or use of the unpaid claim estimate when deciding how to present the unpaid claim estimate.

英国方面也有类似的要求。比如，英国精算学会《精算实务指南》（2000版）第12号（精算报告）第8节关于"不确定性"（uncertainty）的要求是：

精算报告中应规范地说明关于评估结果的不确定性属性、程度和来源，包括对关键评估假设的敏感程度。如果可能，应对不确定程度进行量化；如果不能，应对不确定性作恰当的定性描述。

原文：The report should normally indicate the nature, degree and sources of uncertainty surrounding the results and sensitivities to key assumptions. Uncertainty should normally be quantified where practicable, but otherwise should normally be reported using an appropriate descriptive summary.

总之，关于准备金的评估结果，仅仅通过采用链梯法等确定性方法去获得一个点估计，并将其作为最佳估计的传统方法，越来越不适应实际精算工作环境的需要了，而随机模型成为越来越重要的精算工具。

5.1.2 随机模型分类

按照英国精算学会的分类，用于评估未决赔款准备金的随机模型可以分为三类：分析模型、模拟模型和贝叶斯模型，具体如表5－1所示。

表5－1　　评估未决赔款准备金的模型和方法分类

确定性模型	分析模型	链梯法
		B－F方法
		ACPC（Average Cost Per Claim）法
随机模型	分析模型	Mack 方法
		过度离散泊松（ODP）方法
		伽玛模型
		负二项分布法
		负二项分布法的正态逼近
		对数正态分布法
		Hoerl curves
	模拟模型	过度离散泊松自助法（bootstrap form）
	贝叶斯模型	贝叶斯模型下的B－F方法

分析法是指分析过程中直接与公式或者统计分布相关联的方法。分析法一节中将介绍推广链梯比率族模型、过度离散泊松模型、负二项分布模型、负二项分布的正态逼近模型、Mack 模型等比较常用的方法。

模拟法是指通过反复进行随机抽样的方法模拟随机变量的变化，进而通过计算得到损失的概率分布的一种方法。模拟法中的典型方法是自助法。与传统的参数统计方法相比，自助法完全从问题的本身出发，仅依赖于给定的观测数据而不附加任何其他人为的假设。与此相反，经典的参数方法过分依赖于使问题能得到理论解的标准分布模型，这在很多场合有些勉强，因此自助法有更强的实用性，而且随着计算机统计软件的广泛应用，实现自助法这个过程变得相当简单。

贝叶斯法是指基于先验概率，通过加入最新信息并结合决策者主观的价值函数（或称损失函数）选择，从而获得未决损失的后验分布的方法。评估准备金的 B－F 方法，其实就采用了贝叶斯的原理，非寿险定价中的经验费率方法，更是贝叶斯方法的直接应用。所以，贝叶斯方法是非寿险精算的重要理论方法，在不同课程中都会有所涉及。

本章的重点是介绍分析模型方法和模拟方法。

§5.2 分析模型法

5.2.1 推广的链梯比率族模型

该模型通过回归来估计链梯因子（ratio factor），是对链梯模型的直接推广，称其为推广链梯比率族（Extended Link Ratio Family，ELRF）模型，一般形式为：

$$y(i)=bx(i)+\varepsilon(i)\qquad Var[\varepsilon(i)]=\sigma^2x(i)^\delta \tag{5-1}$$

其中，$x(i)$为第 i 个事故年的累计赔付额，$y(i)$为相同事故年的下一进展年的累计赔付额，δ 为加权参数，σ^2 为常数，$E[\varepsilon(i)]=0$。

如果对式（5－1）两边同除以 $x(i)^{\frac{\delta}{2}}$，则有

$$y(i)/x(i)^{\frac{\delta}{2}}=bx(i)/x(i)^{\frac{\delta}{2}}+\varepsilon(i)/x(i)^{\frac{\delta}{2}} \tag{5-2}$$

其中，扰动项 $\varepsilon(i)/x(i)^{\frac{\delta}{2}}$的均值和方差分别为：

$$E[\varepsilon(i)/x(i)^{\frac{\delta}{2}}]=E[\varepsilon(i)]/x(i)^{\frac{\delta}{2}}=0 \tag{5-3}$$

$$Var[\varepsilon(i)/x(i)^{\frac{\delta}{2}}]=Var[\varepsilon(i)]/x(i)^\delta=\sigma^2x(i)^\delta/x(i)^\delta=\sigma^2 \tag{5-4}$$

这相当于式（5－2）被标准化了，符合经典回归模型的假设，就可以用回归模型进行估计。

若令 $e=\varepsilon(i)/x(i)^{\frac{\delta}{2}}$，则原模型可转化为：

$$y(i)/x(i)^{\frac{\delta}{2}} = bx(i)/x(i)^{\frac{\delta}{2}} + e \qquad (5-5)$$

其中，$E[e]=0$，$Var[e]=\sigma^2$。

模型一（Murphy，1994）：$\delta=0$，且截距项为 a，则式（5－5）可以化简为：

$$y = a + bx + e \qquad (5-6)$$

此模型下，b 的估计值为：

$$\hat{b} = \frac{\sum(x-\bar{x})y}{\sum(x-\bar{x})^2}, \hat{a} = \bar{y} - \hat{b}\bar{x} \qquad (5-7)$$

采用 Excel 的计算过程如下：

步骤一：整理累计流量三角形数据如表 5－2 所示，事故年和进展年都为 10 年。

表 5－2

事故年	1	2	3	4	5	6	7	8	9	10
2001	6 174	8 061	8 639	8 951	9 207	9 363	9 464	9 559	9 634	9 725
2002	6 891	9 117	9 682	10 136	10 464	10 651	10 774	10 893	11 025	
2003	8 048	10 761	11 937	12 656	13 023	13 285	13 449	13 615		
2004	8 796	12 050	13 287	14 060	14 572	14 835	15 109			
2005	9 450	13 086	14 552	15 334	15 797	16 144				
2006	10 953	15 074	16 699	17 485	17 961					
2007	12 776	17 600	19 519	20 299						
2008	13 600	19 677	21 624							
2009	14 890	21 268								
2010	15 497									

步骤二：画出散点图。图 5－1 中 x 为解释变量、y 为被解释变量。

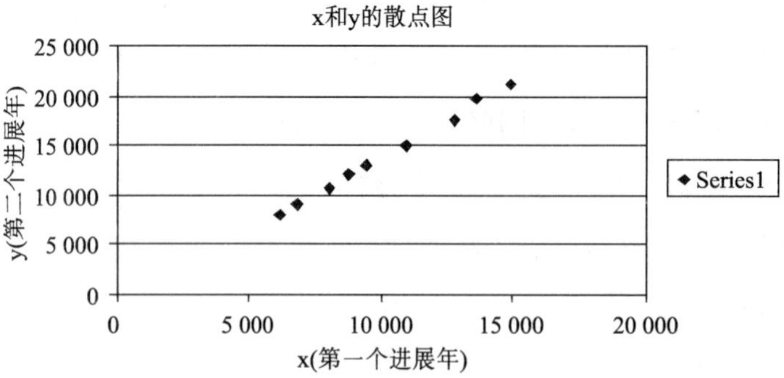

图 5－1

进行回归，在 excel 中选“工具”——“数据分析”——“回归”，输出结果如表 5－3 所示。

表 5－3

	Coefficients	标准误差	t Stat	P－value	下限 95.0%	上限 95.0%
Intercept	－1 366.89	293.4512	－4.65798	0.00232	－2 060.79	－672.988
X Variable	1.517788	0.027743	54.7079	1.79E－10	1.452185	1.583391

即回归方程为：

$$\hat{y} = -1\ 366.89 + 1.517788\ \hat{x}$$

a 和 b 估计值的 p 值都十分小，通过了统计检验，a 和 b 显著不为零。如果 a 值或者 b 值明显没有通过统计检验，则可以将其去掉后再进行估计，详细内容见下文。

步骤三：用同样的方法估计出其他进展年的回归方程。一共可以得到9个方程，各方程的截距（a 值）和斜率（b 值）如表 5－4 所示。

表 5－4

	1:2	2:3	3:4	4:5	5:6	6:7	7:8	8:9	9:10
a	－1 366.9	－355.47	106.106	41.1925	－87.147	－182.05	－72.99	－333.44	0
b	1.51779	1.12669	1.04096	1.02741	1.02618	1.02888	1.01778	1.04273	1.00945

步骤四：按照确定链梯法的方法计算出赔款准备金。如事故年 2010 年的第 2 个进展年，计算过程如下：

$$-1\ 366.89 + 1.517788 \times 15\ 497 = 22\ 154.3$$

按照以上的过程，依次计算出下半三角形里的数据，计算结果如表 5－5所示。

表 5－5

事故年	1	2	3	4	5	6	7	8	9	10
2001	6 174	8 061	8 639	8 951	9 207	9 363	9 464	9 559	9 634	9 725
2002	6 891	9 117	9 682	10 136	10 464	10 651	10 774	10 893	11 025	11 129
2003	8 048	10 761	11 937	12 656	13 023	13 285	13 449	13 615	13 863.3	13 994
2004	8 796	12 050	13 287	14 060	14 572	14 835	15 109	15 304.7	15 625.2	15 773
2005	9 450	13 086	14 552	15 334	15 797	16 144	16 428.2	16 647.3	17 025.2	17 186
2006	10 953	15 074	16 699	17 485	17 961	18 344	18 691.8	18 951.1	19 427.4	19 611
2007	12 776	17 600	19 519	20 299	20 896.5	21 356.4	21 791.1	22 105.6	22 716.7	22 931
2008	13 600	19 677	21 624	22 615.9	23 276.9	23 799	24 304.4	24 663.5	25 383.9	25 624
2009	14 890	21 268	23 607	24 680.1	25 397.7	25 975.4	26 543.6	26 942.5	27 760.3	28 023
2010	15 497	22 154.3	24 605.6	25 719.6	26 465.7	27 071.3	27 671.1	28 090.1	28 957	29 230

把下半三角形（阴影部分）的数据加总起来既得到赔款准备金的估计值为 998 361。

模型二：若式（5－6）中，a 值没有通过统计检验，把 a 值去掉，即没有了截距，则模型变更为：

$$y = bx + e \tag{5-8}$$

b 的估计值为：

$$\hat{b} = \frac{\sum xy}{\sum x^2} \tag{5-9}$$

此模型的计算方法和模型一类似，不再具体算出。

模型三：若 $\delta = 2$，则式（5－5）可以简化为：

$$y/x = b + e \tag{5-10}$$

$$y = bx + xe$$

此时，b 的估计值为：

$$u = 1, v = y/x$$

$$\hat{b} = \frac{\sum uv}{\sum u^2} = \frac{\sum 1 \times y/x}{\sum 1^2} = \frac{\sum y/x}{n} \tag{5-11}$$

模型四：若 $\delta = 1$，则式（5－5）可以简化为：

$$y/\sqrt{x} = b\sqrt{x} + e \tag{5-12}$$

$$y = bx + \sqrt{x}e$$

令 $v = y/\sqrt{x}$，$u = \sqrt{x}$，可以转化成 $v = bu + e$，此时：

$$\hat{b} = \frac{\sum uv}{\sum u^2} = \frac{\sum \sqrt{x} \times y/\sqrt{x}}{\sum \sqrt{x}^2} = \frac{\sum y}{\sum x} \tag{5-13}$$

若将事故发生方向的趋势 i 纳入模型之中，会更具灵活性并提高预测能力，具体形式为：

$$y(i) = a_0 + a_1 \times i + bx(i) + \varepsilon(i), Var[\varepsilon(i)] = \sigma^2 x(i)^{\delta} \tag{5-14}$$

将式（5－14）两边同时减去 $x(i)$，转换成以下形式：

$$y(i) - x(i) = a_0 + a_1 \times i + (b-1)x(i) + \varepsilon(i), Var[\varepsilon(i)] = \sigma^2 x(i)^{\delta} \tag{5-15}$$

$y(i) - x(i)$ 相当于赔款的增量值，如果 $a_1 = 0$，$b = 1$，则模型只剩下截距项 a_0，模型变为：

$$y(i) - x(i) = a_0 + \varepsilon \tag{5-16}$$

这就是 Cape Cod 模型，说明每个进展年赔款的增量值在 a_0 附近摆动，均值为 a_0。

5.2.2 （过度离散）泊松模型

如果损失的发生是完全随机的，损失可以看做一个泊松过程，理赔次数呈泊松分布。泊松分布的均值和方差应该相等，这样的损失分布模型被称为泊松模型。但由于赔付额是随机的，理赔损失的方差可能不等于均值，通过引入扩散参数 ϕ 可以将泊松模型一般化为过度离散泊松模型。

假设存在 y_0，…，$y_n>0$，y_j 为延迟年 j 的赔付额占最终赔付额的比例，$\sum_{j=1}^{n} y_j = 1$；增量赔付额 $C_{i,j}$独立且服从泊松分布，其模型如下：

$$E[C_{ij}] = m_{ij} = x_i y_j, Var[C_{ij}] = x_i y_j \tag{5-17}$$

其中，$C_{i,j}$服从过度离散的泊松分布；x_i 为第 i 个事故发生期最终赔付额的期望值。模型中的参数可以通过极大似然估计来求得。

在泊松模型的基础上通过引入扩散参数 ϕ，可得到过度离散泊松分布。过度离散泊松分布可以表示为：

$$E[C_{ij}] = m_{ij} = x_i y_j, \quad Var[C_{ij}] = \phi x_i y_j$$

该模型由 England & Verrall（2001，2002）提出，形式与 Christofides 模型类似，只是增量赔付额的分布假设不同。扩散参数 ϕ 出现于方差中，因而取值范围仅限于正值。值得注意的是，在保证每一列增量赔付额之和为正值的前提下，模型中允许负值增量出现。在这一模型中，均值表述为行和列影响的乘积结构。然而为了估计的需要，模型的参数需要重新设置，均值采用线性的形式。广义线性模型常采用对数形式的联结函数（link function），令：

$$\eta_{ij} = \log(m_{ij}) = c + a_i + b_j \tag{5-18}$$

这一预测结构也属于链梯技术类型，通常每一行和每一列都会分别有一个参数。

该模型的优点在于它是一个广义线性模型，可以采用标准的软件包来估计。缺点是参数值比较难于解释，需要将它们转变成熟悉的变量来解释。有时需要对模型的参数增加某些限制，如 $a_1 = b_1 = 0$。

尽管过度离散泊松分布基于泊松分布，但它不仅适合于正整数，而且适合于非整数变量。可以使用拟似然法来估计该模型的参数，因为拟似然法可以适用于非整数正值，数据为正整数的限制被克服。当数据完全是正整数，使用似然法和拟似然法可以得到相同的参数估计。

计算出 η_{ij}的估计值 $\hat{\eta}_{ij}$后，可得到流量三角形中将来增量赔付额 $C_{i,j}$的估计值：

$$\hat{C}_{ij} = \hat{m}_{ij} = \exp(\hat{\eta}_{ij}) \tag{5-19}$$

$C_{i,j}$的预测误差为：

$$\phi \hat{m}_{ij} + \hat{m}_{ij}^2 \mathrm{Var}(\hat{\eta}_{ij}) \tag{5-20}$$

因此未决赔款准备金的估计值 $\hat{R} = \sum_{(i,j)\in H} \hat{C}_{ij}$，其中 H 为将来的增量赔

付额对应的流量单元（下三角形中单元）的指标集，而未决赔款准备金的估计值 $\hat{R}$ 的均方误差估计为：

$$\mathrm{MSEP}(\hat{R}) = \sum_{(i,j)\in H}\phi\hat{m}_{ij} + \sum_{(i,j)\in H}\hat{m}_{ij}^2 Var(\hat{\eta}_{ij}) + 2\sum_{\substack{(i_1,j_1)\in H\\(i_2,j_2)\in H\\(i_1,j_1)\neq(i_2,j_2)}}\hat{m}_{i_1j_1}\hat{m}_{i_2j_2}\,\mathrm{Cov}(\hat{\eta}_{i_1j_1}\hat{\eta}_{i_2j_2}) \quad (5-21)$$

该模型对 $C_{i,j}$的预测结果 $\hat{C}_{ij}$与确定型链梯模型所得结果一致，但它给出了预测误差的描述。过度离散泊松模型与负二项分布模型、负二项分布的正态近似模型、Mack 模型，对于短尾业务来说本质上是一致的，对预测结果的误差估计都基本相同或比较接近；而对于长尾业务来说，负二项分布模型、负二项分布的正态近似模型以及该模型比 Mack 模型更适用。该模型应用的一个最大困难就是需要专门的软件求解参数和协方差阵。

5.2.3 负二项分布模型

这个模型和过度离散泊松模型十分相似，只不过使用了负二项分布而已。事实上，该模型可以通过特殊的参数化由过度离散泊松分布模型得到。

负二项分布模型与确定性链梯模型在形式上非常接近，其形式如下：

$C_{i,j}$服从负二项分布，$C_{i,j}$的均值和方差分别为：

$$E(C_{i,j}) = (\lambda_j - 1)D_{ij-1},\ Var(C_{ij}) = \phi\lambda_j(\lambda_j - 1)D_{ij-1} \quad (5-22)$$

其中 λ_j 为流量三角形中第 j 个延迟期的延迟因子。

如果令 $m_{ij} = \mathrm{E}(C_{i,j}) = (\lambda_j - 1)D_{ij-1}$，对数化该式得到：

$$\log m_{ij} = \log(\lambda_j - 1) + \log D_{ij-1} \quad (5-23)$$

再令 $\log(\lambda_j - 1) = c + \alpha_{j-1}$ 且 $\alpha_1 = 0$，$j \geqslant 2$，于是：

$$\log m_{ij} = c + \alpha_{j-1} + \log D_{ij-1} \quad (5-24)$$

该模型可以转化为广义现性模型 GLM，可以通过最大似然法估计参数 λ_j 和 ϕ 得，而参数 λ_j 的估计与确定型链梯模型的估计相同，即：

$$\hat{\lambda}_j = \frac{\sum_{i=1}^{n-j+1} D_{ij}}{\sum_{i=1}^{n-j+1} D_{i,j-1}} \quad (5-25)$$

由于 $D_{ij} = D_{ij-1} + C_{ij}$，所以 D_{ij}也服从过度离散的负二项分布，其均值和方差分别为：

$$E(D_{ij}) = \lambda_j D_{ij-1},\ Var(D_{ij}) = \phi\lambda_j(\lambda_j - 1)D_{ij-1} \quad (5-26)$$

如果令 $U_i = D_{in}$，R_i 为事故发生期 i 对应的未决赔款准备金，其中 U_i 表

示事故发生期 i 对应的最终累积赔付额，则过程误差：

$$Var(U_i) = Var(D_{in}) = Var(R_i) \tag{5-27}$$

参数估计误差为：

$$Var(\hat{U}_i) = Var(\hat{D}_{in}) = Var(\hat{R}_i) \tag{5-28}$$

因此有：

$$Var(D_{in}) = Var(R_i) = D_{i,n-i+1}\left(\prod_{k=n-i+2}^{n}\hat{\lambda}_k\right)\left(\prod_{k=n-i+2}^{n}\hat{\lambda}_k - 1\right) \tag{5-29}$$

$$Var(\hat{D}_{in}) = Var(\hat{R}_i) = D_{i,n-i+1}^2 Var\left(\prod_{k=n-i+2}^{n}\hat{\lambda}_k\right)$$

该模型所得到的未决赔款准备金估计值以及预测误差与过度离散的泊松模型基本相同。

5.2.4 负二项分布的正态逼近模型

保险公司实际运作中，发生错赔、骗赔等情况是不可避免的，若错赔、骗赔等赔付款项被发现并被追回，就可能出现退还的款项大于本期的赔付额，即本期流入大于流出，则流量三角形的增量数据可能是负值。但泊松分布和负二项分布是不能取负值的，而负二项分布的正态逼近模型可以克服这一缺点，其最大的特点在于不会被这些负值干扰。

下面简单介绍负二项分布的正态逼近模型。

该模型可以通过正态逼近负二项分布得到，表达式如下。

$C_{i,j}$服从逼近负二项分布的正态分布，$C_{i,j}$的均值和方差分别为：

$$E(C_{i,j}) = (\lambda_j - 1)D_{ij-1}, \mathrm{Var}(C_{ij}) = \phi_j D_{ij-1}, j \geq 2 \tag{5-30}$$

因此，D_{ij}近似服从正态分布，其均值和方差为：

$$E(D_{ij}) = \lambda_j D_{ij-1}, \mathrm{Var}(D_{ij}) = \phi_j D_{ij-1} \tag{5-31}$$

该模型的参数 λ_j 和 ϕ_j 以及预测误差可以通过联合模拟（joint modelling）中的迭代过程来估计，而参数 λ_j 的估计值与负二项分布模型、确定性链梯模型的估计形式相同，即参数 λ_j 的估计值为：

$$\hat{\lambda}_j = \frac{\sum_{i=1}^{n-j+1} D_{ij}}{\sum_{i=1}^{n-j+1} D_{i,j-1}} \tag{5-32}$$

与负二项分布模型以及过度离散泊松模型相比，该模型适用的赔付数据范围更大，因为在该模型中增量赔付额可以为负值。该模型所得到的未决赔款准备金的估计值以及预测误差与过度离散的泊松模型、负二项分布模型基本相同或比较接近，但是它的预测误差要比这两个模型稍高，其原因在对于最近日历年索赔的估计误差较大。

5.2.5 伽玛模型

对数正态模型经常会使用到伽玛分布，Mack（1991）在推导二次方差函数时直接定义了伽玛模型：

假设存在定值 r_{ij} 和独立分布变量 $X_{i,j}^{(k)}$，服从均值为 $m_{i,j}$，变异系数是 $v^{-1/2}$ 的伽玛分布，增量赔款 $X_{i,j}$ 满足：

$$X_{i,j} = \sum_{k=0}^{r_{i,j}} X_{i,j}^{(k)}$$

如果伽玛分布 $X_{i,j}^{(k)}$ 的参数是 $a_{i,j}$ 和 $b_{i,j}$，即 $X_{i,j}^{(k)} \sim \Gamma(a_{i,j}, b_{i,j})$，则其均值为：

$$m_{i,j} = E[X_{i,j}^{(k)}] = \frac{a_{i,j}}{b_{i,j}}$$

它的方差为

$$\mathrm{Var}(X_{i,j}^{(k)}) = \frac{a_{i,j}}{b_{i,j}^2},$$

于是可得：

$$v^{-1/2} = a_{i,j}^{-1/2}$$

从而增量赔款 $X_{i,j} \sim \Gamma\left(vr_{i,j}, \frac{v}{m_{i,j}}\right)$，均值为：

$$x_{i,j} = E[X_{i,j}] = r_{i,j} m_{i,j}$$

方差为：

$$\mathrm{Var}(X_{i,j}) = r_{i,j} v^{-1} m_{i,j}^2 = x_{i,j}^2 r_{i,j}^{-1} v^{-1}$$

伽玛模型的另外一个基本假设是，存在变量 $\mu_0, \cdots, \mu_I > 0$ 和 $\gamma_0, \cdots, \gamma_J > 0$，使得 $\sum_{j=0}^{J} \gamma_j = 1$，且：

$$x_{i,j} = E[X_{i,j}] = r_{i,j} m_{i,j} = \mu_i \gamma_j$$

于是，似然函数为：

$$L_{D_I}(\mu_0, \cdots, \mu_I, \gamma_0, \cdots, \gamma_J) = \prod_{i+j \leq I} \frac{(vr_{i,j}/\mu_i \gamma_j)^{vr_{i,j}}}{\Gamma(vr_{i,j})} X_{i,j}^{vr_{i,j}-1} \exp\left\{-\frac{vr_{i,j}}{\mu_i \gamma_j} X_{i,j}\right\}$$

通过在 $D_I = \{X_{i,j};\ i+j \leq I,\ j \leq J\}$ 内求解使 μ_i 和 γ_j 偏导为零的方程组，可以得到它们的估计为：

$$\hat{\mu}_i = \sum_{j=0}^{I-i} r_{i,j} \frac{X_{i,j}}{\hat{\gamma}_j} \Bigg/ \sum_{j=0}^{I-i} r_{i,j}$$

$$\hat{\gamma}_j = \sum_{j=0}^{I-i} r_{i,j} \frac{X_{i,j}}{\hat{\mu}_j} \Bigg/ \sum_{j=0}^{I-j} r_{i,j}$$

伽玛模型的极大似然估计参数可以表示为：

$$\hat{X}_{i,j}^{Ga} = \hat{E}[X_{i,j}] = \hat{\mu}_i \hat{\gamma}_j$$

$$\hat{C}_{i,j}^{Ga} = \hat{E}[X_{i,J} \mid D_I] = C_{i,I-i} + \sum_{j=I-i+1}^{J} X_{i,j}^{Ga}$$

为了估计模型参数 μ_i 和 γ_j 需要知道当 $i+j \leqslant I$ 时 $r_{i,j}$ 的大小，如果 $X_{i,j}^{(k)}$ 定义的是个体索赔支付，那么与 r_{ij} 相对应的是个体索赔支付的数量，通常这个数量不能简单地从信息系统中获得，因此 r_{ij} 经常当作容积的度量。接下来还可以估计当 $i+j>I$ 时的平均支付 $m_{i,j}$，就需要估计当 $i+j>I$ 时未来支付数量 r_{ij} 的值，这还需要结合其他的建模部分。

5.2.6　Mack 模型

Mark 模型于 1993 年提出，是分析模型的典型例子。

Mack 模型使用过去的赔付数据来估计最终赔付的均值和方差，其最大的特点是可以假设任何分布形式，即不受分布假设的限制。所以 Mack 模型又被称为“分布自由”的模型。Mack 模型的实质，在于直接用公式计算出赔付的均值和方差，从而可以得到赔付的置信区间。

Mack 模型是重现链梯法的估计，只需要估计均值和方差，所需要的假设比较少，主要假设包括：

（1）对所有的 i，$E[C_{i,j+1} \mid C_{i,1}, C_{i,2}, \cdots, C_{i,j}] = C_{i,j} f_j, 1 \leqslant j \leqslant n-1$；

（2）当 $i \neq g$ 时，$C_{i,j}$ 与 $C_{g,h}$ 相互独立；

（3）$\mathrm{Var}[C_{i,j+1} \mid C_{i,1}, C_{i,2}, \cdots, C_{i,j}] = C_{i,j}\sigma_j^2, 1 \leqslant j \leqslant n-1$。

这里，C_{ij} 表示事故年 i 在进展年 j 的累积赔款金额，当 $i+j \leqslant n+1$ 时，C_{ij} 的数值已知，我们希望估计当 $i+j>n+1$ 时 C_{ij} 的值，特别是估计每个事故年 $i=2$，3，$\cdots n$ 时，C_{in} 的数值。

在链梯法中对进展因子 f_k 以及最终累积赔款 C_{in} 的估计如下：

$$\hat{f}_k = \frac{\sum_{j=1}^{n-k} C_{j,k+1}}{\sum_{j=1}^{n-k} C_{j,k}}, 1 \leqslant k \leqslant n-1 \tag{5-33}$$

$$\hat{C}_{i,n} = C_{i,n+1-i} \cdot \hat{f}_{n+1-i} \cdots \hat{f}_{n-1}, 2 \leqslant i \leqslant n, \tag{5-34}$$

由 Mack 模型的假设（1）和（2），可得：

$$E(\hat{f}_k) = E(E(\hat{f}_k \mid B_k)) = E\left(E\left(\left.\frac{\sum_{j=1}^{n-k} C_{j,k+1}}{\sum_{j=1}^{n-k} C_{j,k}}\right| B_k\right)\right)$$

$$= E\left(\frac{1}{\sum_{j=1}^{n-k} C_{j,k}} E\left(\sum_{j=1}^{n-k} C_{j,k+1} \mid B_k\right)\right) \tag{5-35}$$

由假设（1）和（2），上式等价于：

$$E\left(\frac{1}{\sum_{j=1}^{n-k}C_{j,k}}\sum_{j=1}^{n-k}E(C_{j,k+1}\mid B_k)\right)=E\left(\frac{1}{\sum_{j=1}^{n-k}C_{j,k}}\sum_{j=1}^{n-k}C_{j,k}f_k\right)=E(f_k)=f_k$$

这里 $B_k=\{C_{ij}\mid i+j\leqslant n+1,\ j\leqslant k\}$，$1\leqslant k\leqslant n-1$。同理可得 $E(\hat{C}_{in})=E(C_{in})$。

在证明了 $\hat{f}_k$ 和 $\hat{C}_{in}$ 是无偏估计后，接下来想要知道 $\hat{C}_{in}$ 和 C_{in} 之间的平均距离。

Mack 模型里面对均方差的估计采用欧氏距离：

$$\mathrm{mse}(\hat{C}_{in})=E((\hat{C}_{in}-C_{in})^2\mid D)$$

这里 $D=\{C_{ik}\mid i+k\leqslant n+1\}$ 是所有目前可以观察到的赔款数据。可以将均方差分解成如下两项的和：

$$\mathrm{mse}(\hat{C}_{in})=\mathrm{Var}(C_{in}\mid D)+(E(C_{in}\mid D)-\hat{C}_{in})^2$$

这个等式意味着可以将均方差分解成随机变量 C_{in} 的方差 Var（$C_{in}\mid D$）和估计值 $\hat{C}_{in}$ 与其目标值 $E(C_{in}\mid D)$ 之间的偏差的平方和。而第 i 个进展年的未决赔款准备金的真实值和估计值分别记作 $R_i=C_{in}-C_{i,n+1-i}$ 和 $\hat{R}_i=\hat{C}_{in}-C_{i,n+1-i}$，用后者估计前者。于是，准备金的均方差等于：

$$\mathrm{mse}(\hat{R}_i)=E\{(\hat{R}_i-R_i)^2\mid D\}=E\{(\hat{C}_{in}-C_{in})^2\mid D\}=\mathrm{mse}(\hat{C}_{in})$$

Mack（1993）给出了 $\mathrm{mse}(\hat{C}_{in})$ 的值：

$$\mathrm{mse}(\hat{C}_{in})=\hat{C}_{in}\sum_{k=n+1-i}^{n-1}\frac{\alpha_k^2}{f_k^2}\left(\frac{1}{\hat{C}_{ik}}+\frac{1}{\sum_{j=1}^{n-k}C_{jk}}\right)$$

这里，

$$\hat{\alpha}_k^2=\frac{1}{n-i-1}\sum_{j=0}^{n-j-1}C_{jk}\left[\frac{C_{j,k+1}}{C_{jk}}-\hat{f}_k\right]^2,\qquad 1\leqslant k\leqslant n-2\qquad(5-36)$$

公式（5－36）不能用来估计 α_{n-1} 的值，因为仅仅依靠一组观测数据 $\frac{C_{1,n}}{C_{1,n-1}}$，不能用来同时估计 f_{n-1} 和 α_{n-1} 这两个变量，如果 $f_{n-1}=1$ 并且认为赔付在 $n-1$ 年以后变为零，可以使 $\hat{\alpha}_{n-1}=0$，如果不是，可以近似地假设当 $\hat{\alpha}_{n-3}>\hat{\alpha}_{n-2}$ 时：

$$\frac{\hat{\alpha}_{n-3}}{\hat{\alpha}_{n-2}}=\frac{\hat{\alpha}_{n-2}}{\hat{\alpha}_{n-1}}$$

于是可得：

$$\hat{\alpha}_{n-1}^2 = \min\left(\frac{\hat{\alpha}_{n-2}^4}{\hat{\alpha}_{n-3}^2}, \min(\hat{\alpha}_{n-3}^2, \hat{\alpha}_{n-2}^2)\right)$$

接下来要估计总准备金 $R = R_2 + \cdots + R_n$ 的估计值 $\hat{R} = \hat{R}_2 + \cdots + \hat{R}_n$ 的均方差 $\mathrm{mse}(\hat{R})$，由于 R_i 值之间是相互独立的，但是它们的估计值 $\hat{R}_i$ 之间并不独立，因为它们都同时受到了进展因子 $\hat{f}_k$ 的影响，可以计算出来 $\mathrm{mse}(\hat{R})$ 的值是：

$$\mathrm{mse}(\hat{R}) = \sum_{i=2}^{n}\left\{\mathrm{mse}(R_i) + C_{in}\left(\sum_{j=i+1}^{n} C_{jn}\right)\sum_{k=n+1-i}^{n-1}\frac{2\hat{\alpha}_k^2/\hat{f}_k^2}{\sum_{m=1}^{n-k} C_{mk}}\right\} \tag{5-37}$$

公式（5－37）可以被用来估计总准备金 R 的置信区间，如果具备比较多的未决赔款数据，由概率论的中心极限定理，可近似地假设 R 服从正态分布，R 的 95% 的置信区间为：

$$\left(\hat{R} - 1.96\sqrt{\mathrm{mse}(\hat{R})},\ \hat{R} + 1.96\sqrt{\mathrm{mse}(\hat{R})}\right)$$

Mack 模型得到的链梯进展因子以及未决赔款准备金的估计值与确定性链梯法计算的结果一致，然而没有改进未决赔款准备金的预测精度，只给出了分布函数的一阶矩和二阶矩的结构。尽管给出了预测误差估计，形成了对估计可靠性、预测效果的一个标准，但这一模型只有在满足链梯法条件的情况下给出的误差估计才是可行的，而且没有考虑日历年方向的效果，假设条件也太强。对于长尾业务，该模型的条件常常不满足，很有可能低估这类业务的未决赔款准备金。因此，该模型需要结合精算判断来使用，特别是对最近日历年的数据以及趋势。

§5.3　模　拟　法

模拟法又称蒙特卡罗法，不仅可以估计未决赔款的均值和方差，还可以估计未决赔款变量的概率分布。实际上，随机变量的概率分布是很难获得的，但通过蒙特卡罗模拟，反复随机抽取自变量来得到多个因变量的值，从而得到因变量的概率分布。

模拟法中有一种简单、实用的方法，称为自助法（Bootstrapping），现在被较多地用于估计未决赔款损失分布。用传统链梯法估计未决赔款时，所遇到的一个困难是，流量三角形中所给出的样本信息太少，而小样本往往难以保证统计估计的可靠性。自助法通过在原有样本中反复随机的抽取数据来解决样本过小的问题，从而达到任意增大样本数的目的。

自助法提供的思路是，先利用已观察到的赔付数据所对应的某种指标（如预测误差）作为样本，进行有放回的重复抽样，从而构造出样本容量较多，且与原样本对应同一分布的伪随机数据集，然后据此模拟的样本信息估计未决赔款的分布，或估计其均值、方差等数字特征。

一般情况下，所选择的抽样对象并不是索赔数据本身，而是链梯法得到的索赔额的预测误差或残差的某种标准化形式，如皮尔逊残差，具体详见 England & Verrall（1999）以及 Taylor（2000）。此外，重复抽样的次数必须足够多，一般需要 1 000 次以上。

在利用该模型预测未决赔款损失的分布时，一个重要问题是如何选取标准化的预测残差，目前，这一问题在理论上还没有得到较好的解决。而且由于在模型中所选取的标准化预测残差可能不满足一些重要的条件而使得该模型无效。这些重要的条件包括：（1）标准化预测残差相互独立；（2）标准化预测残差是同分布的；（3）标准化预测残差来自相同的赔付过程。

自助法的思路和流程，可以直观地表达如图 5－2 所示。

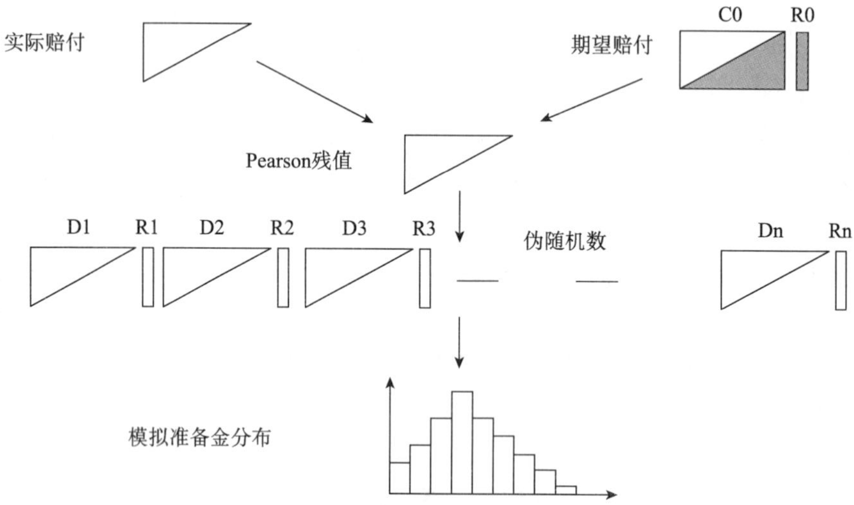

图 5－2　自助法原理

（1）对给定的累积赔款额数据（上三角数据）应用链梯法，计算出进展因子；由进展因子和对角线数据进行逆向计算，得到每个进展年赔款额的拟合值；将拟合值与给定的赔款额之差记作残差，通过对残差进行分析，选定残差类型和分布。

（2）对残差进行自助再抽样，其后对自助再抽样进行还原，得到模拟的赔款额，对模拟的赔款额，再应用链梯法，计算相应的模拟累积赔款额，进而得到未决赔款准备金的估计。

（3）对残差重复以上过程多次进行自助再抽样后，最后得到未决赔款准备金的估计值和预测误差。

下面以链梯法为例，通过一个具体的计算例子，给出用自助法得到未决赔款准备金预测分布的具体步骤。

这里运用的数据是来自于 Taylor and Ashe（1983），也是 England and Verrall（1999）中给出的累积赔款数据和其选取的进展因子，如表 5 – 6 所示。

表 5 – 6

357 848	1 124 788	1 735 330	2 218 270	2 745 596	3 319 994	3 466 336	3 606 286	3 833 515	3 901 463
352 118	1 236 139	2 170 033	3 353 322	3 799 067	4 120 063	4 647 867	4 914 039	5 339 085	
290 507	1 292 306	2 218 525	3 235 179	3 985 995	4 132 918	4 628 910	4 909 315		
310 608	1 418 858	2 195 047	3 757 447	4 029 929	4 381 982	4 588 268			
443 160	1 136 350	2 128 333	2 897 821	3 402 672	3 873 311				
396 132	1 333 217	2 180 715	2 985 752	3 691 712					
440 832	1 288 463	2 419 861	3 483 130						
359 480	1 421 128	2 864 498							
376 686	1 363 294								
344 014									
进展因子：									
3.4906	1.7473	1.4574	1.1739	1.1038	1.0863	1.0539	1.0766	1.0177	1

步骤 1：根据已有的累积赔款数据和进展因子计算出累积赔款数据的拟合值。它的值可通过将真实累积赔款三角形对角线上的元素转化成拟合累积赔款三角形得到，即用 t 时得到拟合累积赔款值除以（$t-1$）的进展因子得到（$t-1$）时候的累积赔款值，得到拟合累积赔款数据如表 5 – 7 所示。

表 5 – 7

270 061	942 678	1 647 172	2 400 610	2 817 960	3 110 531	3 378 874	3 560 909	3 833 515	3 901 463
376 125	1 312 904	2 294 081	3 343 423	3 924 682	4 332 157	4 705 889	4 959 416	5 339 085	
372 325	1 299 641	2 270 905	3 309 647	3 885 035	4 288 393	4 658 349	4 909 315		
366 724	1 280 089	2 236 741	3 259 856	3 826 587	4 223 877	4 588 268			
336 287	1 173 846	2 051 100	2 989 300	3 508 995	3 873 311				
353 798	1 234 970	2 157 903	3 144 956	3 691 712					
391 842	1 367 765	2 389 941	3 483 130						
469 648	1 639 355	2 864 498							
390 561	1 363 294								
344 014									

步骤 2：计算出拟合累积赔款的拟合增量赔款三角形如表 5 – 8 所示。

表 5 – 8

270 061	672 617	704 494	753 438	417 350	292 571	268 344	182 035	272 606	67 948
376 125	936 779	981 176	1 049 342	581 260	407 474	373 732	253 527	379 669	
372 325	927 316	971 264	1 038 741	575 388	403 358	369 957	250 966		
366 724	913 365	956 652	1 023 114	566 731	397 290	364 391			
336 287	837 559	877 254	938 200	519 695	364 316				
353 798	881 172	922 933	987 053	546 756					
391 842	975 923	1 022 175	1 093 189						
469 648	1 169 707	1 225 143							
390 561	972 733								
344 014									

步骤3：由真实增量赔款三角形和拟合增量赔款三角形计算出 pearson 残差，如表5－9所示。

表5－9

168.926	115.010	-111.936	-311.631	170.234	521.036	-235.516	-98.639	-86.910	0.000
-39.145	-54.510	-47.734	130.760	-177.747	-135.474	252.024	25.114	73.643	
-134.088	77.347	-45.707	-21.672	231.270	-403.768	207.213	58.765		
-92.665	203.918	-184.507	533.159	-390.865	-71.769	-261.916			
184.294	-157.749	122.493	-174.180	-20.591	176.152				
71.172	59.564	-78.522	-183.206	215.307					
78.263	-129.865	108.031	-28.617						
-160.756	-99.913	197.158							
-22.201	14.068								
0.000									

Peason 残差的计算可由如下公式得到：

$$r_P = \frac{C_{ij} - m_{ij}}{\sqrt{m_{ij}}}$$

C_{ij}是表5－6中所对应的真实增量赔款值，m_{ij}是表5－7的拟合增量赔款值。自助法一般是对残差进行重复抽样，而不是对观察数据本身进行抽样，抽样较常用的残差，主要包括 Deviance 残差和 Pearson 残差，前者是一种不太常用的残差类型。在泊松分布假设下，两种残差的定义如下。

Deviance 残差：

$$r_D = \text{sign}(C_{ij} - m_{ij})\sqrt{2C_{ij}\log(C_{ij}/m_{ij}) - C_{ij} + m_{ij}} \qquad (5-38)$$

Anscombe 残差：

$$r_A = \frac{\frac{3}{2}(C^{2/3} - m^{2/3})}{m^{1/6}} \qquad (5-39)$$

步骤4：对 Peason 残差进行一次有放回的抽样，得到残差三角形如表5－10所示。

表5－10

122.493	-86.910	-99.913	108.031	59.564	-235.516	-311.631	-92.665	-160.756	-45.707
-92.665	231.270	-157.749	-20.591	0.000	-21.672	-92.665	-174.180	108.031	
-78.522	73.643	184.294	0.000	-45.707	59.564	-157.749	-403.768		
-311.631	-47.734	130.760	-54.510	252.024	115.010	108.031			
115.010	-71.769	-129.865	78.263	-86.910	-47.734				
-177.747	-235.516	-71.769	-28.617	71.172					
231.270	170.234	-98.639	203.918						
170.234	0.000	231.270							
184.294	-111.936								
252.024									

步骤5：运用一次抽样所得到数据与拟合赔款数据，计算自助抽样增量赔款数据如表5－11所示。

表5－11

333 717.90	601 339.29	620 632.80	847 209.75	455 830.05	165 180.68	106 913.04	142 498.58	188 672.53	56 033.69
319 294.33	1 160 619.51	824 918.99	1 028 249.28	581 259.75	393 640.67	317 082.78	165 824.81	446 234.92	
324 412.56	998 232.37	1 152 891.31	1 038 741.31	540 717.19	441 187.36	274 007.46	48 692.05		
178 007.57	867 745.91	1 084 546.75	967 978.24	756 459.20	469 781.56	429 604.06			
402 981.78	771 877.32	755 619.60	1 014 005.46	457 041.80	335 504.82				
248 072.73	660 091.60	853 985.13	958 621.76	599 382.82					
536 610.31	1 144 095.85	922 449.19	1 306 397.59						
586 310.49	1 169 707.19	1 481 127.20							
505 735.21	862 334.29								
491 832.98									

自助抽样增量赔款数据可通过如下公式求得：

$$C_{ij}^{*} = r_P^{*}\sqrt{m_{ij}} + m_{ij}$$

步骤6：计算自助抽样累积赔款三角形和进展因子，如表5－12所示。

表5－12

333 717.90	935 057.19	1 555 689.99	2 402 899.74	2 858 729.79	3 023 910.47	3 130 823.51	3 273 322.09	3 461 994.62	3 518 028.31
319 294.33	1 479 913.83	2 304 832.82	3 333 082.10	3 914 341.85	4 307 982.52	4 625 065.30	4 790 890.11	5 237 125.03	
324 412.56	1 322 644.93	2 475 536.24	3 514 277.55	4 054 994.73	4 496 182.09	4 770 189.55	4 818 881.59		
178 007.57	1 045 753.48	2 130 300.23	3 098 278.47	3 854 737.67	4 324 519.23	4 754 123.28			
402 981.78	1 174 859.10	1 930 478.70	2 944 484.16	3 401 525.97	3 737 030.79				
248 072.73	908 164.33	1 762 149.46	2 720 771.22	3 320 154.05					
536 610.31	1 680 706.16	2 603 155.34	3 909 552.94						
586 310.49	1 756 017.68	3 237 144.88							
505 735.21	1 368 069.49								
491 832.98									
进展因子									
3.3976	1.7470	1.4851	1.1882	1.0998	1.0698	1.0285	1.0787	1.0162	3.3976

步骤7：由累积赔款三角形和进展因子可以求得自助准备金估计，如表5－13所示。

表5－13

i＝2	84 764.844
i＝3	463 533.891
i＝4	605 839.671
i＝5	770 353.124
i＝6	1 084 180.407
i＝7	2 252 831.155
i＝8	4 340 623.033
i＝9	4 226 596.287
i＝10	6 341 845.547
准备金总额	20 170 567.96

通过反复对残差进行抽样，当抽样的次数足够大的时候，如抽样5 000次，每一次抽样都能得到一个自助样本和自助准备金估计，画出准备金的频率分布直方图如图5－3所示。

最后可计算出每个进展年的准备金预测误差以及总的准备金预测误差，自助预测误差等于：

$$PE_{bs} = \sqrt{\phi_P R + \frac{n}{n-p}[SE_{bs}(R)]^2} \tag{5-40}$$

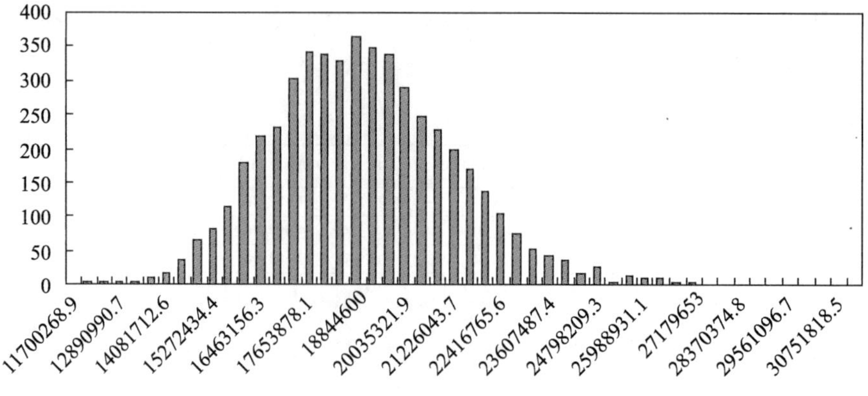

图 5－3

其中 R 是由链梯方法得到的准备金的预测值，$SE_{bs}(R)$ 是自助标准差，自助标准差等于进行 5 000 次抽样得到的自助准备金的标准差，ϕ_P 是 Pearson 尺度参数，它的值可以由 Peason 残差和除以自由度得到：

$$\phi_P = \frac{\sum r_p^2}{n - p} \tag{5-41}$$

n 是观测数据的个数，p 是待预测的参数个数。

预测误差的计算值如表 5－14 所示。

表 5－14

进展年	链梯准备金	自助标准差	参数误差	数据误差	预测误差	预测误差百分比
2	94 633. 815	69 271	85 621. 24	70 553. 76	110 945. 2	1. 172363
3	469 511. 29	122 211. 5	151 057. 5	157 152	217 979. 7	0. 464269
4	709 637. 82	145 303. 6	179 600	193 203. 7	263 787. 5	0. 371721
5	984 888. 64	166 815. 1	206 189	227 609. 6	307 115. 6	0. 311828
6	1 419 459. 5	212 018. 4	262 061. 8	273 248. 9	378 604. 5	0. 266724
7	2 177 640. 6	298 236. 7	368 630. 4	338 446. 6	500 434. 3	0. 229806
8	3 920 301	532 074. 6	657 661. 8	454 105. 4	799 206. 3	0. 203864
9	4 278 972. 3	775 294. 8	958 290	474 424. 1	1 069 298	0. 249896
10	4 625 810. 7	1 604 373	1 983 058	493 277. 1	2 043 488	0. 441758
total	18 680 856	2 309 435	2 854 537	991 277. 8	3 021 757	0. 161757

这里参数误差等于：

$$\sqrt{\frac{n}{n-p}[SE_{bs}(R)]^2} \tag{5-42}$$

数据误差等于：

$$\sqrt{\phi_P R} \tag{5-43}$$

第六章　理赔费用准备金

对于已经发生保险事故的保单，保险公司除了准备按照合约规定履行赔款补偿外，还需支付处理理赔案所发生的调查费用、法律费用、理赔部门员工的薪金等与赔案相关的费用。因此，保险公司必须对已发生保险事故的相应理赔费用作资金准备。本章讨论这部分支出的评估方法。

§6.1　引　　言

理赔费用一般分为直接理赔费用（direct loss adjustment expenses）和间接理赔费用（indirect loss adjustment expenses）两类。**直接理赔费用**是指与赔案直接相关的费用，如支付专家费勘查费、诉讼费、独立理算人的理算费用等，可直接确认到具体赔案。在北美国家，通常将这部分费用称做“可分摊费用”（Allocated Loss Adjustment Expenses，ALAE）。**间接理赔费用**是指不能分摊给具体赔案的理赔费用，包括理赔部门的薪金、办公费用、数据处理费用等，也称“不可分摊费用”（Unallocated Loss Adjustment Expenses，ULAE）。

对已发生赔案的理赔费用支出进行估计，所计提的责任准备金就称为“理赔费用准备金”，可进一步分为直接理赔费用准备金和间接理赔费用准备金两类。

直接理赔费用准备金与具体赔案对应，而赔案有详细的记录资料，如事故发生时间、发生地点、风险等级、理赔范围，因此，用于评估未决赔款准备金的方法也同样适用于评估直接理赔费用准备金。

当理赔费用模式与赔案赔付模式具有相同的规律时，直接理赔费用可与赔款一起确认，以评估未决赔款准备金，具体的做法是将所有的已付理赔费用支出加入到赔款中，对应于已报案未支付的理赔费用加入已报案未决赔款准备金，这种做法可减少工作量。

当直接理赔费用很大，或者是理赔费用延迟模式与赔案赔付延迟模式差别较大时，尤其是对法律诉讼费用数额较大的责任险业务，需要对理赔费用单独考虑。直接理赔费用准备金的评估方法主要有两种：（1）已付ALAE链梯法（paid ALAE development）；（2）已付ALAE与已付赔款比率法（cumulative paid ALAE to cumulative paid loss）。将分别在本章第二、三节中介绍。

间接理赔费用准备金的评估主要有三种方法：（1）平均日历年已付ULAE百分比法；（2）已付ULAE与已付赔款比率法（paid to paid ratio）；（3）基于操作过程的Johnson评估法。将分别在本章第四、五、六节中介绍。

§6.2 已付ALAE链梯法

估计直接理赔费用准备金的已付ALAE链梯法，与估计已发生未报案赔款（IBNR）准备金的已付赔款链梯法类似，将直接理赔费用数据按事故年组织为流量三角形，采用最终累积进展因子来评估ALAE准备金。

【例6－1】 设表6－1给出了直接理赔费用数据，对应于第四章表4－2中的已付赔款数据。

表6－1　　累积直接理赔费用　　单位：千元

事故年	进展年（月）						最终值
	12	24	36	48	60	72	
1	30	74	144	210	260	294	320
2	36	88	165	250	309		
3	42	100	201	289			
4	51	124	250				
5	54	136					
6	63						

采用链梯比率技术计算最终累积进展因子，计算结果如表6－2所示。

表6－2　　已付ALAE逐年进展因子

事故年	进展年（月）					72～UL
	12～24	24～36	36～48	48～60	60～72	
1	2.4667	1.9459	1.4583	1.2381	1.1308	1.0884
2	2.4444	1.8750	1.5152	1.2360		
3	2.3810	2.0100	1.4378			
4	2.4314	2.0161				
5	2.5185					
r	2.4484	1.9618	1.4704	1.2370	1.1308	1.0884
f	10.7532	4.3919	2.2388	1.5225	1.2308	1.0884

这里，进展因子采用算术平均法计算，已付直接理赔费用与已付赔款差别较大。根据最终累积进展因子，估计最终直接理赔费用和直接理赔费用准备金。计算结果如表6－3所示。

表 6－3　　　　最终直接理赔费用、直接理赔费用准备金估计

事故年	已付 ALAE（千元）	最终累积进展因子	估计最终 ALAE（千元）	ALAE 准备金（千元）
1	294	1.0884	320	26
2	309	1.2308	380	71
3	289	1.5225	440	151
4	250	2.2388	560	310
5	136	4.3919	597	461
6	63	10.7532	677	614

其中，ALAE 准备金 = 估计最终 ALAE － 已付 ALAE。如第 3 事故年 ALAE准备金为 440 － 289 = 151 千元。直接理赔费用准备金总额为 1 634 千元。

已付 ALAE 链梯法的优点在于简单、直观，适用于早期事故年直接理赔费用准备金的评估。但它的缺点也非常明显，初始费用的剧烈波动可能严重影响评估结果的准确性，同时，该方法还忽略了直接理赔费用和赔款之间的联系。

§6.3　已付 ALAE 与已付赔款比率法

如上所述，理赔费用数据可以像赔款数据一样，用链梯法来估计未来的进展，但这种做法没有考虑赔款对直接理赔费用的影响。更为合理的方法是：根据已付 ALAE 与已付赔款的比率关系，在过去数据的基础上，预测这一比率的未来进展。该比率虽然不会是常数，但如果它在每一个延迟期都存在稳定的趋势，这种比率方法将非常有效。

需要注意的是，如果以日历年计算已付费用与已付赔款的比率，对直接理赔费用的估计结果可能不够准确。其原因在于：直接理赔费用发生于立案、理赔、结案等各个阶段，采用日历年已付费用与已付赔款的比率，可能会导致无效的预测结果。

更好的方法是按事故年组织数据进行预测。

【例 6－2】　仍以直接理赔费用数据表 6－1 和第四章中的已付赔款数据表 4－2 为例。表 6－4 给出已付赔款数据及最终赔款估计，其中最后一列的最终赔款数据是按简单平均链梯比率法估计的。

根据已付赔款数据和已付直接理赔费用数据表，可计算出每一事故年各进展年的费用/赔付比率，如表 6－5 所示。

表 6－4　　已付赔款数据及最终赔款估计　　单位：千元

事故年	进展年（月）						最终值
	12	24	36	48	60	72	
1	1 001	1 855	2 423	2 988	3 335	3 483	3 705
2	1 113	2 103	2 774	3 422	3 844		4 271
3	1 265	2 433	3 233	3 977			4 947
4	1 490	2 873	3 880				5 948
5	1 725	3 261					6 626
6	1 889						7 284

表 6－5　　已付 ALAE 与已付赔款比率　　单位:%

事故年	进展年（月）						最终值
	12	24	36	48	60	72	
1	3.00	3.99	5.94	7.03	7.80	8.44	8.64
2	3.23	4.18	5.95	7.31	8.04		
3	3.32	4.11	6.22	7.27			
4	3.42	4.32	6.44				
5	3.13	4.17					
6	3.34						

其中，3.00% =30/1 001 ×100%，3.99% =74/1 855 ×100%。每列比率都较为稳定，这样就可以采用链梯法估计这一比率的未来进展情况（最终累积进展因子采用简单平均法），估计结果如表 6－6 所示。

表 6－6　　最终已付 ALAE 与已付赔款比率估计结果　　单位:%

事故年	进展年（月）						最终值
	12	24	36	48	60	72	
1	3.00	3.99	5.94	7.03	7.80	8.44	8.64
	1.3300	1.4887	1.1835	1.1095	1.0821	1.0237	
2	3.23	4.18	5.95	7.31	8.04		8.91
	1.2941	1.4234	1.2286	1.0999			
3	3.32	4.11	6.22	7.27			8.90
	1.2380	1.5134	1.1688				
4	3.42	4.32	6.44				9.41
	1.2632	1.4907					
5	3.13	4.17					9.01
	1.3323						
6	3.34						9.32
r	1.2915	1.4791	1.1936	1.1047	1.0821	1.0237	
f	2.7901	2.1603	1.4606	1.2237	1.1077	1.0237	

根据最终已付 ALAE 与已付赔款比率估计结果，可预测最终直接理赔费用及直接理赔费用准备金。计算过程及结果如表 6－7 所示。

表 6－7　　最终直接理赔费用及直接理赔费用准备金估计

事故年	6	5	4	3	2	1
最终赔款（千元）	7 284	6 626	5 948	4 947	4 271	3 705
最终比率（%）	9.32%	9.01%	9.41%	8.90%	8.91%	8.64%
最终 ALAE（千元）	679	597	560	440	381	320

其中，最终比率为最终已付 ALAE 与已付赔款比率。

最终，ALAE = 最终赔款 × 最终比率，比如 679 = 7 284 × 9.32%。

ALAE 准备金 = $\sum$ 最终 ALAE − $\sum$ 已付 ALAE = 2 977 − 1 341 = 1 636 千元，占最终总 ALAE 的比重为 1 636/2 977 × 100% = 55%。

作为对比，最终总赔款为 $\sum UL$ = 32 781 千元；已付赔款为 $\sum PC$ = 20 334 千元；未决赔款准备金为 $\sum UL - \sum PC$ = 12 447 千元；未决赔款准备金占最终总赔款的比重为 12 447/32 781 × 100% = 38%。

比较上述两个占比可看到，未决赔款准备金所占比重要低于 ALAE 费用所占比重，原因在于在各个延迟期内，直接理赔费用比赔款增长得更快。

已付 ALAE 与已付赔款比率法的优点是体现了直接理赔费用和赔款之间的联系，简单可行，并能够监控直接理赔费用和赔款之间的关系；缺点是过分依赖于赔款的估计，赔款额低估或高估都会对直接理赔费用准备金的评估产生影响。另外，该方法同已付 ALAE 链梯法一样，初始费用支出的波动会直接影响理赔费用准备金的评估。

§6.4　平均日历年已付 ULAE 百分比法

评估间接理赔费用准备金的平均日历年已付 ULAE 百分比法，原理是将日历年已赔付 ULAE 分配到赔案发生的事故年，如果业务稳定，则各间接理赔费用支付规律具有稳定性，这样将可以确定本日历年及以前日历年间接理赔费用的未支付比例，该比例乘以年均已付 ULAE，即为间接理赔费用准备金。

【例 6－3】　假设 2010 日历年间接理赔费用分配到各事故年，各事故年所占比例如表 6－8 所示。

表 6－8　各事故年间接理赔费用比例

单位：%

事故年度	百分比
2010	40
2009	45
2008	10
2007	5

表 6－8 中“2009 事故年百分比 45%”是指：2009 事故年赔案的间接理赔费用在 2010 日历年间

接理赔费用总额中所占的比例为45%。这里假定这样的分配比率是长期研究的结果，比较稳定，可以用来估计平均年度（average years）的间接理赔费用分配比率，并估计间接理赔费用准备金。

在2010年12月31日，各事故年已付间接理赔费用与未付间接理赔费用的比例分布如表6－9所示。

表6－9　各事故年已付ULAE与未付ULAE的比例　单位:%

事故年	已付间接理赔费用比例	未付间接理赔费用比例
2010	40＝40	45＋10＋5＝60
2009	40＋45＝85	10＋5＝15
2008	40＋45＋10＝95	5＝5
2007	40＋45＋10＋5＝100	0＝0

依据上面的假设，2010年12月31日，未付ULAE占平均日历年ULAE的80%（＝60%＋15%＋5%）。

该方法假设业务稳定，不考虑日历年度赔案的增加和变化。如果通货膨胀显著时，该方法必须将历史已付间接理赔费用调整到同一个基准，否则偏差较大。

§6.5　已付ULAE与已付赔款比率法

已付ULAE与已付赔款比率（paid to paid ratio）的假设是间接理赔费用和已付赔款一道随时间同步、稳定地变化。评估间接理赔费用首先需要确定连续几个日历年已付间接理赔费用与已付赔款的比例，如果该比例一直比较稳定，可计算本日历年度这一比例，并据此估计未决赔案的未付间接理赔费用。其中，最简单的方法是根据本年度或过去年度间接理赔费用与已付赔款的比例来估计未来理赔费用准备金，用公式表达为：

$$\hat{E}V_y=(PE_y/PC_y)\times\hat{C}V_y$$

式中，PE_y为第y日历年已付间接理赔费用；PC_y为第y年已付赔款；$\hat{C}V_y$为第y日历年的未决赔款准备金；$\hat{E}V_y$为第y日历年间接理赔费用准备金估计。

但是，该方法容易高估实际的间接理赔费用准备金。实务中，通常只是粗略的假设，赔案立案时发生50%的费用，另外50%的费用在结案时发生。Petz（1974）曾对公司间接理赔费用作过长期调查并指出，对于已报告的赔案，50%的间接理赔费用已经发生，因而只有50%已报案未决赔款准备金与未来ULAE相关；而对于未报告的赔案，还未产生ULAE，因而100%的IBNR准备金与ULAE相关。用公式表达为：

$$\hat{E}V_y = (PE_y/PC_y) \times (0.5 \times \hat{R}V_y + \hat{I}BNR_y)$$

因此，该方法假设赔案发生时间的长短不影响已付间接理赔费用与已付赔款的比率，并且，假设间接理赔费用与赔款具有相同的支付时间和速度。

需要指出的是，此处的 IBNR 仅指狭义的，为已发生未报告赔案所进行的资金准备。

【例 6－4】 假设过去几年数据表明，每发生 100 元的赔款对应有 13.6 元的间接理赔费用支出，即间接理赔费用占已付赔款的经验比率为 0.136。若已报案未决赔款准备金为 3.2 亿元，IBNR 准备金为 0.9 亿元，则间接理赔费用准备金为：

$$0.136 \times 0.9 + 0.136 \times 0.5 \times 3.2 = 0.34(\text{亿元})$$

【例 6－5】 我们也可以根据公司的实际情况采用其他的比率。

假设间接理赔费用在立案时发生 60%，结案时发生 40%。那么间接理赔费用准备金为：

$$0.136 \times 0.9 + 0.136 \times 0.4 \times 3.2 = 0.297(\text{亿元})$$

值得注意的是，当未决赔款准备金变化时，间接理赔费用准备金会受到显著的影响，比如对赔付成本增加很快的业务，其未决赔款准备金可能以每年 30% ~40% 的速度增加。

因此，需要寻找更为准确的方法作进一步改进。若采用上述 50/50 的假设规则，并忽略部分赔付，那么日历年末，能用赔款代表理赔部门工作的间接理赔费用为以下三部分：

（1）0.5 × 以前日历年的未决赔款准备金的赔付；

（2）1 × 本日历年内报案（包括重立赔案）并已赔付的赔款；

（3）0.5 × 日历年内已报案（包括重立赔案）但未决的赔款。

这样，日历年已付 ULAE 与已付赔款比率才更为准确。如果准备金估计准确，则：

日历年已发生赔款 = 事故年已发生赔款
= 年内报案(包括重立赔案)并已赔付赔款 + 年内报案但年底未结案赔款

日历年已付赔款 = 年内报案(包括重立赔案)并已赔付赔款 + 以前事故年未决赔款准备金的赔付

0.5 ×(日历年已发生赔款 + 日历年已付赔款)
= 本日历年内报案并赔付的赔款 +0.5 × 以前事故年的未决赔款准备金的赔付 +0.5 × 日历年内报案但未决的赔款

如果使用已付间接理赔费用与 0.5 ×(日历年已发生赔款 + 日历年已付赔款)的比率，已发生赔款大于已付赔款，这一比率将会减小，产生一个较低的更为准确的准备金。

【例 6－6】 假设各日历年已付赔款、已报案赔款、未决赔款准备金如表6－10所示。

表 6－10　日历年间接理赔费用评估数据　单位：千元

2010 年底已付赔款	6 000	2010 年已发生赔款	9 000
2010 年底未决赔款准备金	10 000	2010 年 IBNR 准备金	1 000
2009 年底未决赔款准备金	7 000	2010 年已付 ULAE	200

根据公式：日历年已发生赔款＝日历年已赔付＋未决赔款准备金提转差，2010 年已发生赔款为：6 000＋10 000－7 000＝9 000（千元），2010 年的 IBNR 准备金 1 000（千元）包含在 2010 年底的未决赔款准备金中。

$$\text{已付 ULAE} \div \text{已付赔款} = 200 \div 6\ 000 = 0.033$$

$$\text{已付 ULAE} \div [0.5 \times (\text{日历年赔款} + \text{日历年已发生赔款})] = 0.027$$

$$0.033\ \text{比率下的 ULAE 准备金估计} = 0.5 \times 0.033 \times 9\ 000 + 0.033 \times 1\ 000 = 182(\text{千元})$$

$$0.027\ \text{比率下的 ULAE 准备金估计} = 0.5 \times 0.027 \times 9\ 000 + 0.027 \times 1\ 000 = 149(\text{千元})$$

该方法计算相对简单，易于操作，适用于赔案报告和赔付模式比较稳定的短尾业务。但该方法的缺点在于考虑通货膨胀因素时，假设 ULAE 和赔款具有相同的通货膨胀率。另外，间接理赔费用与赔案发生时间长短无关的假设，赔款与间接理赔费用发生时间和速度总是相同的假设，并不总是成立。

§6.6　基于操作过程的 Johnson 评估法

已付 ULAE 与已付赔款比率法适用于业务稳定的短尾业务。在赔案从报案到最终结案在 5 年内完成，通货膨胀率较低，并且赔案报告模式、赔付模式相对稳定的情况下，能产生较准确的 ULAE 准备金评估结果。当上述假设不满足时，需要探索符合实际环境、充分了解赔付过程，甚至估计未来 ULAE 负债的新方法。

本节介绍基于操作过程的 ULAE 准备金评估法。其基本原理是将业务操作过程中的理赔费用分摊到每一个理赔处理中，比如未决赔案、新赔案、一次赔付等赔案工作，并记录这些理赔处理的发生时间。评估每类操作的平均成本，并进行通货膨胀调整。每类操作的平均成本与操作数目的乘积经汇总后，即为间接理赔费用准备金。每类操作的平均成本与每类操作数目通过历史经验数据估计。

基于操作过程的 Johnson 评估法直接考虑赔案的报告和结案模式，并且允许理赔部门营运水平发生改变，对数据要求较高，精算师必须获得包括日历年 ULAE 支付额、年内未决赔案数目等历史数据。

【例 6－7】 以某家保险公司医生责任险为例。如表 6－10 所示，ULAE 数据包括 2001－2010 年数据。假设 ULAE 发生于从报案到最终结案的整个过程，但是第一年赔案管理费用（maintaining the claim file）是之后各进展年费用的 2 倍。当然，这一假设在实际中还可以灵活应用，比如，根据实际间接理赔费用数据假设结案时的费用也为各进展年的 2 倍。这里的假设主要来自于公司实际数据的分析。同时，所有计算均基于这样的假设，间接理赔费用只是赔案管理成本，与实际赔案的具体特性无关。表 6－11 还给出了未决案均 ULAE 及历史数据指数拟合值。

表 6－11　　　　未决案均 ULAE 及历史数据的指数拟合值

事故年	日历年已付 ULAE（1）（千元）	年末未决赔案数目（2）（件）	年内报案数目（3）（件）	未决赔案加权数目（4）（件）	加权未决案均 ULAE（5）（千元）	拟合值（6）（千元）
2001	9 459	50	20	70	135	119
2002	13 715	56	33	89	154	140
2003	19 886	75	49	124	160	164
2004	29 023	106	70	176	165	193
2005	42 355	156	80	236	179	226
2006	64 071	174	60	234	274	266
2007	78 898	199	63	262	301	312
2008	138 600	246	79	325	426	366
2009	214 991	343	127	470	457	430
2010	281 593	436	124	560	503	505

表 6－11 中，未决赔案加权数目为年末未决赔案数目与年内报案赔案数目之和，即：

未决赔案加权数目(4) = 年末未决赔案数目(2) + 年内报案数目(3)

所谓“加权”，是由于报案时的费用是之后其他年的 2 倍。历史日历年已付 ULAE 除以未决赔案加权数目，即为历史加权未决案均 ULAE，即：

加权未决案均 ULAE(5) = 日历年已付 ULAE(1) ÷ 未决赔案加权数目(4)

从表 6－11 中的数据可看出，随着时间的推移，未来加权未决案均 ULAE 水平呈现明显的递增水平，因此可采用曲线拟合的方法预测未来 ULAE 水平，这里选择指数曲线拟合为：

$$y = a\exp(bx)$$

式中，y 为未来加权未决案均 ULAE；x 为时间。

设定 2001 年为 1，拟合结果表明，$a = 101.3372$，$b = 0.16067$，测定的系数为 0.941。表 6－10 最后一列为指数曲线的拟合值。2011 年加权未决案均 ULAE 的拟合值为：

$$101.3372 \times \exp(0.16067 \times 11) = 593$$

加权未决案均 ULAE 每年以 17.4%（$= e^{0.16067} - 1$）的趋势递增，如果医生责任险的赔款以这一显著的趋势增加，应看做是正常的，但对 ULAE 而言，则明显偏高。这一点也有助于管理层识别理赔部门理赔成本是否失控。

接下来分析 2010 年 12 月 31 日以前赔案的报案、结案数据，通过分析得到事故年赔案的报案和结案的进展模式，数据见表 6－12 所示。

表 6－12　　事故年赔案报案、结案的进展模式

进展年	报案模式（%）	结案模式（%）	进展年	结案模式（%）
1	46.5	0.8	8	93
2	64.4	2.3	9	94.6
3	86.8	27.9	10	96.1
4	95.3	58.9	11	97.7
5	99.2	72.9	12	98.4
6	100	84.5	13	99.2
7		89.9	14	100

2010 年 12 月 31 日以前，该公司赔案数目如表 6－13 所示。

表 6－13　　2010 年 12 月 31 日以前公司赔案数目　　单位：件

事故年	最终赔案数目	事故年	最终赔案数目
2001	77	2006	148
2002	127	2007	168
2003	129	2008	192
2004	152	2009	223
2005	151	2010	268

根据上述统计规律，预测 2010 年 12 月 31 日以前发生的赔案在未来的报案和结案模式，如表 6－14 所示。

表 6－14 中加权汇总数目为年末未决赔案数目与年内报案赔案数目之和，每一年的数据都近似取整数。2015 年之后，2010 年末之前的事故年不再有新的赔案产生，因此，2015 年之后的年内报案数目不会再有增加。当

表 6－14　　2010 年末以前赔案的未来报案和结案数目预测　　单位：件

事故年	2011 年末未决赔案数（1）	2011 年内报案数（2）	2012 年末未决赔案数（3）	2012 年内报案数（4）	2013 年末未决赔案数（5）	2013 年内报案数（6）	2014 年末未决赔案数（7）	2014 年内报案数（8）
2001	2	0	1	0	1	0	0	0
2002	5	0	3	0	2	0	1	0
2003	7	0	5	0	3	0	2	0
2004	11	0	8	0	6	0	3	0
2005	15	0	11	0	8	0	6	0
2006	23	1	10	0	8	0	6	0
2007	45	7	26	1	17	0	12	0
2008	70	16	52	7	30	1	19	0
2009	131	50	81	19	60	10	35	2
2010	166	48	158	60	98	23	72	10
汇总	476	122	355	87	232	34	156	12
加权汇总	598		442		266		168	

事故年	2015 年末未决赔案数（9）	2015 年内报案数（10）	2016 年未决赔案数（11）	2017 年未决赔案数（12）	2018 年未决赔案数（13）	2019 年未决赔案数（14）	2020 年未决赔案数（15）	2021 年未决赔案数（16）	2022 年未决赔案数（17）
2001	0	0	0	0	0	0	0	0	0
2002	0	0	0	0	0	0	0	0	0
2003	1	0	0	0	0	0	0	0	0
2004	2	0	1	0	0	0	0	0	0
2005	3	0	2	1	0	0	0	0	0
2006	3	0	2	1	0	0	0	0	0
2007	9	0	7	4	3	1	0	0	0
2008	13	0	10	7	4	3	2	0	0
2009	23	0	16	12	9	5	4	2	0
2010	42	2	27	19	14	10	6	4	2
汇总	97	2	66	45	30	20	11	6	2
加权汇总	99		66	45	30	20	11	6	2

然，还可以进行更为复杂的赔案报案、赔付模式计算，并且允许每一年报案、重开赔案、结案的比例不断变化。譬如，法律的修订可能导致某一日期后报案赔付数目的显著变化，因而运用该方法可以直接考虑法律对赔案的影响。

在假定间接理赔费用以每年 17.4% 的趋势递增，未来间接理赔费用可通过未决赔案加权数目与加权未决案均 ULAE 的乘积估计，具体估计结果如表 6－15 所示。

表 6－15　　未来 ULAE 负债的估计（增长趋势为 17.4%）

日历年	未决赔案加权数目（件）	加权未决案均 ULAE（千元）	指示 ULAE 赔付（千元）
2011	598	593	354 711
2012	442	697	308 132
2013	266	818	217 831
2014	168	961	161 727
2015	99	1 128	111 611
2016	66	1 325	86 918
2017	45	1 556	69 311
2018	30	1 827	55 313
2019	20	2 146	42 906
2020	11	2 520	28 391
2021	6	2 959	17 966
2022	2	3 474	7 449
2010 年末总 ULAE 估计未决负债			1 462 267

如果假定公司未来能够控制费用水平，该方法可修正加权未决案均 ULAE。假设案均 ULAE 水平可以控制在5%的增长趋势，表6－16 给出5%增长趋势下的未来 ULAE 负债的估计。

表 6－16　　未来 ULAE 负债的估计（增长趋势为 5%）

日历年	未决赔案加权数目（件）	加权未决案均 ULAE（千元）	指示 ULAE 赔付（千元）
2011	598	593	354 471
2012	442	623	275 344
2013	266	654	174 048
2014	168	686	115 543
2015	99	721	71 298
2016	66	757	49 647
2017	45	795	35 400
2018	30	834	25 260
2019	20	876	17 520
2020	11	920	10 366
2021	6	966	5 865
2022	2	1 014	2 175
2010 年末总 ULAE 估计未决负债			1 136 953

这家保险公司医生责任险若采用已付 ULAE 与已付赔款比率法，ULAE 准备金估计结果如表 6－17 所示。

表 6－17　　已付 ULAE 与已付赔款比率法下 ULAE 准备金估计

年份	日历年已付赔款（千元）	日历年已付 ULAE（千元）	已付 ULAE 与已付赔款比率
2001	17 341	9 459	0. 54547
2002	51 969	13 715	0. 263907
2003	111 898	19 886	0. 177715
2004	215 746	29 023	0. 134524
2005	292 559	42 355	0. 144774
2006	396 168	64 071	0. 161727
2007	522 313	78 898	0. 151055
2008	694 288	138 600	0. 199629
2009	934 070	214 991	0. 230166
2010	1 265 029	281 593	0. 222598
汇总	4 501 381	892 591	0. 198293
未决赔款准备金	12 458 095	IBNR 准备金估计	7 575 485
2010 年末 ULAE 准备金			1 986 255

注：第一列数据来自公司责任准备金年报。

2010 年末 ULAE 准备金 =0. 5 ×0. 198 × 未决赔款准备金 +0. 5 ×0. 198 ×IBNR 准备金估计

要注意的是：已付 ULAE 与已付赔款比率非常高，接近于 20%，其原因主要是每一事故年最终赔款的赔付速度远远慢于间接理赔费用。对于长尾业务，存在这样高的比率比较合理，同时对于新增加、增长较快或赔付成本通货膨胀较高的业务，也可能出现这样较高的比率。

表 6－17 中数据表明，已付 ULAE 与已付赔款比率法估计的 ULAE 未决负债明显高于上述方法的结果。一方面，这是可观察数据已付 ULAE 与已付赔款比率偏高导致的结果，另一方面，主要是由于大额赔案的理赔需要更长的时间；即使假定长尾业务在赔案报告年的 ULAE 小于 50%，基于操作过程的 Johnson 评估法也可以得到比已付 ULAE 与已付赔款比率法更低的结果，因为该方法没有假设与已付赔款成一定的比例关系。这两种方法的区别是：已付 ULAE 与已付赔款比率法假设赔付发生时，ULAE 也支出了一定的赔付，而本节所述方法假定 ULAE 的费用与保单维持成本（maintain cost）相关。

对于一些小的公司，理赔人员数目和间接理赔费用相对比较稳定，除非公司规模发生相对较大的变化。这样，就可以合理地认为在之后数年内，ULAE 支付固定，或者同消费水平有着相近的增长水平。未决 ULAE 准备金的估计将成为估计未来总未决赔案数目中，有多少比例来自于过去事故年的问题。假定总 ULAE 赔款以每年 5% 的趋势递增，未来每年有 220 件赔案发生，应用表6－12事故年赔案报案、结案的进展模式，可估计间接理赔费用相对固定水平下的ULAE准备金，如表6－18所示。

表6－18　间接理赔费用相对固定水平下的ULAE准备金

年份	日历年已付ULAE（千元）	过去年未决赔案加权数目（件）	之后年未决赔案加权数目（件）	总加权赔案数目（件）	过去年的ULAE（千元）
2010	281 593	560	0	560	281 593
2011	295 673	598	202	800	220 996
2012	310 456	442	377	819	167 585
2013	325 979	266	557	823	105 417
2014	342 278	168	656	824	69 889
2015	359 392	99	722	821	43 305
2016	377 362	66	758	824	30 056
2017	396 230	45	780	825	21 406
2018	416 041	30	795	825	15 261
2019	436 843	20	807	827	10 563
2020	458 685	11	812	823	6 278
2021	481 620	6	816	822	3 557
2022	505 701	2	818	820	1 322
2023	530 986	0	818	818	0
2010年末ULAE总的未决负债估计（除第一行）					695 635

总加权赔案数目＝过去年未决赔案加权数目＋之后年未决赔案加权数目

过去年的ULAE＝日历年已付ULAE×（过去年未决赔案加权数目/总加权赔案数目）

基于操作过程的Johnson评估方法简单、直观，充分使用各种相关可靠的数据，并能根据实际情况的不同进行多种调整、修正，是目前美国运用最为普遍、最合理的方法。为了帮助理解，以下再举一例。

【例6－8】 假定某家2008年开业的公司，2008－2010年的最终赔案数目如表6－19所示。

假设赔案的报告和结案模式如表6－20所示。

表6－19

事故年	最终赔案数目（件）
2008	1 200
2009	1 400
2010	1 600

表6－20

年	已报案比例（%）	已结案比例（%）
1	50	10
2	30	40
3	20	25
4		15

其他假设如下：

（1）2010 年未决赔案案均已付 ULAE 为 350 元。

（2）ULAE 每年以 5% 的趋势增长。

（3）每一赔案在报告年的间接理赔费用是其报告年之后时期的 2 倍。

则，2010 年 12 月 31 日的 ULAE 准备金可计算如表 6－21 所示。

表 6－21 单位：件

2011 日历年			
事故年	当年报案数	年末未决赔案	加权赔案数目
2008	0	120	120
2009	280	350	630
2010	480	480	960
			1 710
2012 日历年			
事故年	当年报案数	年末未决赔案	加权赔案数目
2008	0	0	0
2009	0	140	140
2010	320	400	720
			860
2013 日历年			
事故年	当年报案数	年末未决赔案	加权赔案数目
2008	0	0	0
2009	0	0	0
2010	0	160	160
			160

2010 年 12 月 31 日的 ULAE 准备金为：

$$350 \times 1.05 \times 1\ 710 + 350 \times 1.05^2 \times 860 + 350 \times 1.05^3 \times 160$$
$$= 628\ 425 + 331\ 852.5 + 64\ 827 = 1\ 025\ 104.5\text{(元)}$$

第七章　未决赔款准备金评估结果检验

由于未决赔款准备金评估值的重要性及其所隐含的不确定性，精算人员不仅要按照监管部门和职业协会所颁布的管理规定、实务标准和指南进行评估工作，同时还应根据公司内部和外部环境变化对未决损失评估的影响因素，从数据处理、评估方法与评估假设等各评估环节上，对未决赔款准备金评估进行分析和检验，以确保评估过程和方法的合理性及准备金评估值的充足性。

基于主题的重要性和我国非寿险精算目前还处于起步阶段的现实性，本章借鉴北美非寿险精算学会（CAS）的资料，介绍对未决赔款准备金评估进行分析和检验的基本原理和方法。

§7.1 引　　言

计提未决赔款准备金就像在厨房炒一道菜，开始可以严格按照菜谱建议的原料配方和操作程序进行，对于刚开始学烧菜的新手来说，这样做才不会大量浪费原材料，并能确保食堂正常开饭。但如果所烧的这道菜非常昂贵，谁都负不起浪费的责任，而菜场里所卖的菜和商店里出售的酱油、味精、食盐等调料也在不断更新，如果厨师不能掌握炒菜的本质原理和方法，根据具体原料来适当调整火候，这位厨师就算不上是真正的厨师。

准备金评估也是这样。如果指望保险公司的精算人员通过严格按照我国保监会颁布的《保险公司非寿险业务准备金管理办法》及其实施细则和指南等规定所推荐的方法，编制好计算程序，只要将公司其他部门提供的数据输入就可以得到结果，待对这一操作过程熟练后，就没有什么技术含量了。事实上，正如本书反复强调的，责任准备金的评估过程不仅是一个技术过程，更是一个制度过程，还需要精算师的职业判断和经验。首先，精算师必须正确理解准备金评估过程及具体环节，包括保险业务流程，并对一些难以测量的复杂因素进行合理的量化。精算师可以选择用于评估准备金的模型有很多，但必须根据险种特征、数据特征、未来经济社会环境的变化以及评估目的，对评估方法、评估结果作出判断，以确保准备金的评估没有偏差。这些判断主要包括：准备金评估中所使用的损失统计方法是否最佳；准备金评估中公司经营和流程的变化对损失统计的影响；发生显著影响赔付的重大事件时，相应地调整损失数据；评价评估方法的优点和缺点；最终对评估结果作出选择。这也构成了对未决赔款准备金充足性进行检验的一个基本框架。

对未决赔款准备金充足性进行检验包括以下内容：

（1）充分理解现有数据及其变化趋势，是正确应用准备金评估精算方法的前提。熟悉保险公司内部的承保、理赔、数据处理和财务流程，密切关注这些部门的经营和流程的改变是正确解释和评价各种准备金评估方法的关键。此外，了解法律、监管、社会、经济未来趋势变化对准备金评估的准确性也非常必要。

（2）进行准备金充足性检验时，如果可能，应尽量使用那些受公司业务流程和经营影响相对较小的赔付数据。适当地细分或合并数据有助于增加数据的同质性，或最小化潜在变化对数据带来的扭曲。数据的质量、可信度会影响数据分析形式的选择。

（3）当公司经营或流程变化对赔付数据的影响可以量化或分离时，在使用各种准备金评估的方法之前，应对数据进行调整。如果可能，应对每种方法对应的假设条件进行统计检验，必要时，对历史数据进行调整，确保潜在假设得到满足。

（4）没有一种方法可以确保在所有情况下都能得到最佳估计。每种准备金的评估方法都会基于某些特定的假设，在给定的情况下，这些假设可能成立，也可能不成立。从要求赔付模式高度稳定的方法到依赖于近期经验和趋势的方法，准备金评估的各种常用方法都应尽量被采用。如果可能，应尽量使用信度理论、回归分析、数据平滑等技术。在使用多种方法时，精算师必须依照数据的可信度和过去的趋势，确定能够在稳定性和敏感性中达到最佳平衡的方法。

在这一框架下，准备金充足性检验的主要步骤是：

（1）数据及相关信息的搜集。

（2）通过数据选择与重新安排应对经营环境的变化。

（3）对数据的修正。

（4）评估方的追溯性检验。

§7.2　数据和相关信息的搜集

准备金检验的第一步是回顾所有可获得的数据信息，包括以下几个方面：

（1）已付和已报案赔付。这些数据可能以事故年、报告年、保单年或日历年的形式记录。数据采集的年度必须足够多，以确保最早年度的已报告和已付赔款在随后日历年的进展可以忽略不计。已付赔款可以既包含部分赔付，也可仅包含已结案赔付，但是部分赔付应该单独详细列出。

（2）已报告、已结案、重开和未决赔案数目。这些数据也应像上面所述赔付额数据一样详细列出。已结案赔案应分为已结案未赔付赔案和已结案赔付赔案。

（3）已赚或签单保费、已赚或承保风险。这些数据可以历史费率水平提供，也可以当期费率水平提供。同时，数据根据业务险种进行细分，选用年度、季度或月度数据时，应与赔付额数据相匹配。

（4）搜集各类相关文件。各类相关文件可能提供额外的信息，并可洞察公司内部的经营，比如再保险合同记录、最近的监管报表、年度报表（或季报）和年度财务报告等。

（5）行业和外部数据。当公司自身数据缺乏可信性，或者公司的流程和经营发生较大变化时，这些数据格外重要。

需要指出的是，准备金分析中最重要的文件和报表必须和公开年报、审计数据相协调。

准备金分析另外一个重要的环节是对公司在经验期内经营环境改变的深入认识。公司经营的改变会扭曲赔付记录，而这些记录是精算师预测判断未来赔付进展模式和趋势的基础。因此，精算师必须认真分析这些变化的本质，确定这些变化对数据的影响程度。为了做到这一点，精算师必须向承保、理赔、数据处理、财会部门的专家以及费率厘定的精算人员积极请教。

公司内部理赔程序、数据记录过程、赔付经验发生变化，或者外部立法或法院判决明显改变赔付申请人的法律权利、较高的通货膨胀率、社会意识变化、季节波动，都会直接影响赔付数据的一致性和进展模式，从而导致准备金评估结果产生偏差。因此，我们先要找出这些影响因素，确定它们的本质。解决这一问题的方法有两种：其一是使用那些受变动影响较小的数据和精算方法；其二是在准备金评估之前精确地量化这些影响，并对数据进行修正。

§7.3 数据的选择和重新安排

可以通过两种方法获取受变动影响较小的数据。

7.3.1 数据的替代

（1）当赔款数据不准确或者对于赔案的界定有较大改变时，使用已经风险数据（earned exposure）来代替赔款数据。

（2）在连续几个保单年度之间，当保单限额和免赔额发生明显的变化时，可采用保单年度数据代替事故年数据。

（3）当社会和法律环境发生较大变化时，赔付额数据的变化与报告年度更直接相关，因而用报告年度数据取代事故年数据。

（4）当风险的增长率显著变化时，在每一个风险期内，进展因子会被严重歪曲，这时可用事故季度数据来取代事故年数据。

7.3.2　赔付数据细分增强同质性

当细分数据可以增强数据同质性时，或公司流程的变化只影响部分类型赔案时，对数据的细分格外重要。但是如果这种细分显著地降低数据组可信度，则这种方法不可取。

对于一些综合险，譬如包含财产损失和责任险的综合险，通常可能按赔案类型组织赔付数据，但是有时利用它的一些特征来整理赔付数据更为合适和有效。这些特征包括事故发生日到理赔处理日的时滞和理赔人员对已报案赔付额的估计等。例如，对于房屋综合保险，长期观察数据发现，在发生损失后两年内结案的赔案一般为财产损失赔案，而两年后结案的一般为责任险赔案。因此，可以把赔付数据分为在两年内结案的和两年后结案的两部分，以增加其同质性。另一种有效的方法是按赔付额规模，将赔付额数据细分成更为同质的层或类。这种方法经常在费率厘定时采用。当大赔案在总赔案中占较大比重时，也适用于准备金分析。使用这种方法时，需要考虑连续几个事故年里通货膨胀对层次确定的影响。表 7－1 给出连续事故年赔付额分层进展的流量数据。

表 7－1　　按赔付额分层进展的流量数据

赔付规模或赔付层（单位：千元）	事故年	进展年		
		1	2	3
1～99	2008	×	×	×
1～109	2009	×	×	
1～120	2010	×		
100～999	2008	×	×	×
110～1 099	2009	×	×	
121～1 209	2010	×		
1 000～9 999	2008	×	×	×
1 100～10 999	2009	×	×	
1 210～12 099	2010	×		
10 000 以上	2008	×	×	×
11 000 以上	2009	×	×	
12 100 以上	2010	×		

这种按赔付额分层的方法，可以有效地规避因小赔案理赔政策变化带来的影响。例如，对极小赔案的理赔政策发生变化时，这种变化对赔案数目有显著的影响，扭曲了准备金评估中赔付频数和强度的预测；但是如果小赔案被单独预测时，这种影响就可得到控制。

§7.4 数据的修正

在准备金评估之前，两类环境变化对数据的影响可以量化，并通过数据修正来解决：第一类问题是已报案未决赔款准备金充足性的一致性问题；第二类是赔案处理速度发生变化，需要修正赔付额数据。前一种数据调整在第三章已报案未决赔款准备金评估中已有介绍，但调整时直接判断充足性程度高于两年以前5%，没有给出5%如何得出，这里主要围绕如何判断充足性差异的尺度，详细介绍已报案未决赔款准备金数据如何判断和调整，以满足充足性的一致；然后再介绍理赔速度发生变化时，对已付赔款数据的修正。

7.4.1 已报案未决赔款准备金充足一致性调整

基于已报告赔款数据估计最终赔款，进展因子随已报案未决赔款准备金充足性水平的变化而改变，因而最终赔款的敏感性在长尾业务中更为明显。为了解释这一准备金充足性水平的改变，并且采用数据修正以减小这种变化对最终赔款预测值的影响，这里以医疗责任保险为例。

【例7-1】 表7-2给出最近8个事故年度已报告赔款数据和最终损失的预测，其进展因子选用平均进展因子。

表7-2 已报告赔款 单位：千元

事故年	进展年（月）								最终赔款
	12	24	36	48	60	72	84	96	
2003	2 897	5 160	10 714	15 228	16 661	20 899	22 892	23 506	23 506
2004	4 828	10 707	16 907	22 840	26 211	31 970	32 216		33 086
2005	5 455	11 941	20 733	30 928	42 395	48 377			52 247
2006	8 732	18 633	32 143	57 196	61 163				79 634
2007	11 228	19 967	50 143	73 733					112 443
2008	8 706	33 459	63 477						145 426
2009	12 928	48 904							215 275
2010	15 791								175 991

平均进展因子

	1～2	2～3	3～4	4～5	5～6	6～7	7～8
	2.532	1.921	1.503	1.171	1.205	1.052	1.027

利用表 7－2 所列出的数据来评估准备金之前，需要检验一下数据是否满足已报告赔款数据链梯法的基本假设和前提。譬如，经验期内已报告未决赔款准备金的充足性是否相对稳定？有很多方法检验该假设，这里仅介绍其中的一种。首先，我们需要案均已报案未决赔款准备金（已报案未决赔款准备金除以未决赔案数目）的变化趋势（见表 7－3），同时还需要参照案均已付赔款（已付赔款除以已结案数目）的变化趋势（见表 7－4），以上数据都需以流量三角型形式，对表 7－3 的数据进行指数曲线拟合，得到案均已报案未决赔款准备金的趋势，其范围是从 +27.6% ~ +34.2%（第一年为例外）。相比之下，案均已付赔款的赔付趋势范围是从 +6.7% ~ +14.3%。更进一步，从案均已付赔款数据对日历年的指数拟合曲线来看，案均已付赔款的增长趋势为 15%（可决系数为 0.9793），详细情况见表 7－5至表 7－7。

表 7－3　　**案均已报案未决赔款准备金**　　单位：元

事故年	进展年（月）							
	12	24	36	48	60	72	84	96
2003	3 817	5 660	9 262	10 151	11 793	16 627	19 238	21 423
2004	7 250	10 635	12 960	14 221	17 067	23 411	24 551	
2005	5 877	8 122	10 613	14 373	21 706	29 044		
2006	8 324	11 433	15 499	25 040	28 019			
2007	10 124	13 785	30 223	33 266				
2008	8 261	22 477	34 402					
2009	11 176	32 160						
2010	13 028							
趋势	+15.3%	+29.5%	+31.1%	+34.2%	+32.8%	+32.2%	+27.6%	

表 7－4　　**案均已付赔款**　　单位：元

事故年	进展年（月）							
	12	24	36	48	60	72	84	96
2003	402	539	2 917	8 620	9 199	12 669	17 084	16 634
2004	110	919	5 487	9 129	12 403	18 452	19 533	
2005	706	1 115	5 644	4 928	12 994	14 948		
2006	161	862	5 782	9 477	14 085			
2007	724	541	4 003	11 709				
2008	518	1 394	7 635					
2009	517	1 494						
2010	525							
趋势	+12.9%	+12.0%	+11.5%	+6.7%	+14.2%	+8.6%	+14.3%	

例 7-1 中，没有任何迹象表明已付赔款的趋势不正确，而且 15% 接近于经验趋势。所以，我们认为从案均已报案未决赔款准备金（见表 7-3）得到的趋势值 30% 不合理，选用 15% 作为趋势值。假定案均已报案未决赔款准备金的充足性水平相对不变，我们以 2010 年 12 月 31 日为基准，以 15% 的增长趋势对过去年度案均已报案未决赔款准备金进行调整。也就是说，我们把表 7-3 中每列的 2010 年末案均已报案未决赔款准备金以每年 15% 的趋势递减，得到不同事故年度在相同日历年的修正案均已报案未决赔款准备金。每个修正案均已报案未决赔款准备金乘以相应的未决赔案数目（见表 7-5），得到与 2010 年末已报案未决赔款准备金充足性近似一致的已报案未决赔款准备金的评估值，加上相应的已付赔款，就可以得到相同充足性水平下的已报告赔款累计值（见表 7-6）。如 2003 年在第 7 个进展年度，按照上述方法，其修正的已报告赔款（见表 7-7）为：

$$24.551 \div 1.15 \times 533 + 12\ 638 = 24\ 017(\text{千元})$$

表 7-5　　未决赔案数目　　单位：件

事故年	进展年（月）							
	12	24	36	48	60	72	84	96
2003	749	840	1 001	1 206	1 034	765	533	359
2004	660	957	1 149	1 350	1 095	755	539	
2005	878	1 329	1 720	1 799	1 428	1 056		
2006	1 043	1 561	1 828	1 894	1 522			
2007	1 088	1 388	1 540	1 877				
2008	1 033	1 418	1 663					
2009	1 138	1 472						
2010	1 196							

表 7-6　　已付赔款　　单位：千元

事故年	进展年（月）								最终损失
	12	24	36	48	60	72	84	96	
2003	125	406	1 443	2 986	4 467	8 179	12 638	15 815	23 506
2004	43	529	2 016	3 641	7 523	14 295	18 983		33 086
2005	295	1 147	2 479	5 017	11 399	17 707			52 247
2006	50	786	3 810	9 771	18 518				79 634
2007	213	833	3 599	11 292					112 443
2008	172	1 587	6 267						145 426
2009	210	1 565							215 275
2010	209								175 991

表 7-7　　修正累计已报案赔款　　单位：千元

事故年	进展年								最终损失
	12	24	36	48	60	72	84	96	
2003	3 707	12 805	18 564	25 924	23 516	24 979	24 017	23 506	23 506
2004	3 760	15 830	24 616	33 170	30 722	33 363	32 216		31 539
2005	5 982	25 585	41 385	50 323	46 191	48 377			45 668
2006	7 819	33 795	51 362	64 559	61 163				61 346
2007	9 533	34 586	49 668	73 733					68 719
2008	10 348	41 241	63 477						78 965
2009	13 102	48 904							92 918
2010	15 791								117 248

在例 7-1 里，为了减少已报案未决赔款准备金充足性水平的影响，我们对累计已报案赔款的历史数据进行了修正。表 7-8 分别从修正前和修正后两个角度，对已报告赔款和已付赔款数据得到的最终损失预测值进行了比较。从表 7-8 中可以发现，使用修正后已报告赔款和已付赔款数据得到的最终损失比修正前减少了 80%，而且用修正前数据的高估结果被显著降低。

表 7-8　　准备金评估结果的比较　　单位：千元

事故年	修正前的预测结果			修正后		
	已报告赔款	已付赔款	差别	已报告赔款	已付赔款	差别
2003	7 691	7 691	0	7 691	7 691	0
2004	14 103	16 306	-2 203	12 556	14 967	-2 411
2005	34 540	28 615	+5 925	27 961	25 607	+2 354
2006	61 116	64 702	-3 586	42 828	49 072	-6 244
2007	101 151	87 750	+13 401	57 427	79 665	-22 238
2008	139 159	128 687	+10 472	72 698	77 943	-5 245
2009	213 710	123 423	+90 278	91 353	88 931	+2 422
2010	175 782	111 833	+63 949	117 039	122 094	-50 55
总额	747 252	569 016	+178 236	429 553	465 970	-36 417

7.4.2 理赔速度变化的修正

如 §7.2 中所述，理赔结案速度会影响已付赔款数据流量模式的一致性。这里详细介绍一种处理结案率变化的方法。

【例 7-2】 表 7-9 给出汽车碰撞责任保险事故年度的累积已付赔款，这些数据将根据结案率的改变而调整。表 7-10 和表 7-11 列出相应的累积已结案数目和累积已报告赔案数目的历史数据。

表 7－9　　累积已付赔款　　单位：千元

事故年	进展年（月）							
	12	24	36	48	60	72	84	96
2003	1 904	5 398	7 496	8 882	9 712	10 071	10 199	10 256
2004	2 235	6 261	8 691	10 443	11 346	11 754	12 031	
2005	2 441	7 348	10 662	12 655	13 748	14 235		
2006	2 503	8 173	11 810	14 176	15 383			
2007	2 838	8 712	12 728	15 278				
2008	2 405	7 858	11 771					
2009	2 759	9 182						
2010	2 801							

表 7－10　　累积已结案数目　　单位：件

事故年	进展年（月）							
	12	24	36	48	60	72	84	96
2003	4 079	6 616	7 192	7 494	7 670	7 749	7 792	7 806
2004	4 429	7 230	7 899	8 291	8 494	8 606	8 647	
2005	4 914	8 174	9 068	9 518	9 761	9 855		
2006	4 497	7 842	8 747	9 254	9 469			
2007	4 419	7 665	8 659	9 093				
2008	3 486	6 214	6 916					
2009	3 516	6 226						
2010	3 230							

表 7－11　　累积已报告赔案数目　　单位：件

事故年	进展年（月）								最终损失
	12	24	36	48	60	72	84	96	
2003	6 553	7 696	7 770	7 799	7 814	7 819	7 820	7 821	7 822
2004	7 277	8 537	8 615	8 661	8 675	8 679	8 682		8 674
2005	8 259	9 765	9 884	9 926	9 940	9 945			9 950
2006	7 858	9 474	9 615	9 664	9 680				9 690
2007	7 808	9 376	9 513	9 562					9 590
2008	6 278	7 614	7 741						7 810
2009	6 446	7 884							8 092
2010	6 115								7 594

用表 7－10 中的数值除以表 7－11 中最终已报案数目的预测值，就可以得到各事故年在不同进展年的累积结案率（见表 7－12）。对结案率表中

每列数据进行仔细分析，可以发现结案率存在一种稳定的趋势。在分析以前，我们必须注意公司理赔程序的改变对赔案数目的影响，因为这些赔案数目是获得结案率的基础。

表 7－12　　累积结案率

事故年	进展年（月）							
	12	24	36	48	60	72	84	96
2003	0.5214	0.8458	0.9195	0.9581	0.9806	0.9907	0.9962	0.9980
2004	0.5100	0.8326	0.9096	0.9547	0.9781	0.9910	0.9957	
2005	0.4939	0.8215	0.9114	0.9566	0.9810	0.9905		
2006	0.4641	0.8093	0.9027	0.9550	0.9772			
2007	0.4608	0.7993	0.9029	0.9482				
2008	0.4464	0.7956	0.8855					
2009	0.4345	0.7694						
2010	0.4253							

有很多方法可以处理结案率的变化，这里介绍一种比较有效的处理方法。该方法的第一步是寻找一条曲线，能近似地描述同一事故年累积已结赔案件数（X）和累积已付赔款（Y）之间的关系。在这个汽车碰撞责任保险的历史数据（见表 7－9 和表 7－10）中，指数形式 $Y = a \cdot e^{bX}$ 能较好地拟合两者的关系。如表 7－13 所示，对于 2003 事故年的数据进行拟合时，其可决系数为 0.99573。去掉第一年度的数据时，可决系数上升为 0.99821。当然，对于不同的公司或业务，可能需要其他的曲线进行拟合，而且不一定能找到简单的关系来描述。

表 7－13　　指数曲线拟合的预测结果

进展年	X 累积已结赔案件数（件）	Y 累积已付赔款（千元）	Y 的预测值（$Y = a \cdot e^{bX}$）	
			8 个数据	7 个数据
12	4 079	1 904	1 850	
24	6 616	5 398	5 885	5 443
36	7 192	7 496	7 653	7 493
48	7 494	8 882	8 783	8 762
60	7 670	9 712	9 518	9 639
72	7 749	10 071	9 867	10 061
84	7 792	10 199	10 062	10 299
96	7 806	10 256	10 127	10 377
		可决系数	0.99573	0.99821
		a	287.741	150.625
		b	0.000456	0.000542

在例 7－2 中，指数曲线可以近似地拟合累积已结赔案数目和累积已付赔款之间的关系，那么在调整结案率的变化时，它也可以作为指数插值的基础。首先，我们要在每个进展年度选择一个有代表性的结案率。一般我们采用最近日历的结案率经验，这是因为它有以下优点：首先，它不再需要为以后年度进行外推调整；其次，它可以使每个事故年度最近的累计已付赔款数据不受影响。

如表 7－14 所示，表的第二行是各事故年度在 2010 的累积结案率。每个事故年度预测最终赔案报告数目乘以该累积结案率，就可以得到修正的累积已结赔案数目。例如，对于事故年度 2003，由于第 3 个进展年度采用了 88.55% 的累积结案率，所以其修正已结赔案数目为 6 926 件（7 822 × 0.8855）。

表 7－14　　累积结案数目（相同累积结案率）　　单位：件

事故年	累积结案率							
	42.53%	76.94%	88.55%	94.82%	97.72%	99.05%	99.57%	99.80%
2003	3 327	6 018	6 926	7 417	7 644	7 748	7 788	7 806
2004	3 693	6 681	7 690	8 234	8 486	8 602	8 647	
2005	4 232	7 656	8 811	9 435	9 723	9 855		
2006	4 121	7 455	8 580	9 188	9 469			
2007	4 079	7 379	8 492	9 093				
2008	3 322	6 009	6 916					
2009	3 442	6 226						
2010	3 230							

因为指数曲线拟合的可决系数（0.99821）已经非常高，只选用两点进行插值。为了得到已结赔案数目 6 926 件对应的累积已付赔款，我们用指数曲线（$Y = a \cdot e^{bX}$）对事故年度 2003 年的两个进展年的数据（6 616, 5 398 000）和（7 192, 7 496 000）进行插值。近似的结果是 6 441 000 元，其他类似的结果如表 7－15 所示。这些修正的累积已付赔款可以用来评估准备金。

表 7－15　　累积已付赔款（相同累积结案率）　　单位：千元

事故年	累积结案率							
	42.53%	76.94%	88.55%	94.82%	97.72%	99.05%	99.57%	99.80%
2003	1 398	4 222	6 441	8 506	9 585	10 066	10 187	10 256
2004	1 705	5 116	7 845	70 160	11 309	11 739	12 031	
2005	1 938	6 168	9 580	12 261	13 571	14 235		
2006	2 191	7 127	11 034	13 843	15 383			

续表

事故年	累积结案率							
	42.53%	76.94%	88.55%	94.82%	97.72%	99.05%	99.57%	99.80%
2007	2 523	7 892	11 943	15 278				
2008	2 240	7 189	11 771					
2009	2 670	9 182						
2010	2 801							

§7.5　准备金评估方法的应用

本节主要介绍六种常用的准备金分析方法，所应用的数据并不局限于事故期数据，也可以采用报告期或保单年损失数据，包括已付赔款或已报告赔款流量三角形。其中，第 I、第 II 和第 V 种方法要求赔款数据除以赔案数目或风险敞露数目的案均赔款数据，第 III、第 IV 和第 VI 种方法要求案均赔款数据（除非业务规模以一个常数变化率改变）①，每一种方法可能都应用事故期已报告赔案或每单位已赚保费的已报告赔案。

为了描述这些方法，引入以下符号：A 为案均已付赔款（增量已付赔款除以最终赔款数目）；C 为案均累积已付赔款（累积已付赔款除以最终赔款数目）；D 为累积已付赔款的进展因子。

A 和 C 是 $m\times n$ 的矩阵（$m>n$），而 D 是（$m-1$）·（$n-1$）的矩阵，A 和 C 矩阵代表 m 个风险敞露期经过 n 个进展期的进展数据，如表7－16所示。

表 7－16　　m 个风险敞露期经过 n 个进展期的进展数据

风险敞露期	进展期					
	1	2	…	…	…	n
1	$a_{1,1}$	$a_{1,2}$	…	…	…	$a_{1,n}$
2	$a_{2,1}$	$a_{2,2}$	…	…	…	$a_{2,n}$
⋮	⋮	⋮	⋱			⋮
⋮	⋮	⋮		⋱		⋮
⋮	⋮	⋮			⋱	⋮
$m-1$	$a_{m-1,1}$	$a_{m-1,2}$	…	…	…	$a_{m-1,n}$
m	$a_{m,1}$	$a_{m,2}$	…	…	…	$a_{m,n}$

① 这三种方法主要基于赔款数据除以业务规模或赔案数目所得统计量的趋势因子，这种统计量包括赔案频数和损失强度，每一最终赔案的纯保费或已付赔款，但不包括已付赔款和已报告赔款数据。

其中，如果 $i+j \geqslant m+2$，则有 $a_{i,j}=0$。矩阵 D 的累积已付赔款进展因子是从矩阵 C 的累积已付赔款数据得到的进展因子。

这六种方法采用不同的数据和不同的统计方法估计趋势因子，对趋势因子采用不同的数据以作预测。表 7－17 中总结了这三方面的不同。

表 7－17　　六种方法的差异比较

方法	估计趋势因子的数据	估计趋势因子的统计方法	应用趋势因子的数据
	预测已付赔款的进展因子		
I	D	线性回归	D
II	D	加权平均	D
V	D－1	调整指数拟合	D－1
	估计赔案成本的增长趋势		
III	C	指数曲线拟合	A
IV	C	调整指数拟合	A
VI	A	调整指数拟合	A

如表 7－17 所示，方法 I、方法 II 和方法 V 都是基于已付赔款的进展因子的趋势估计，这些方法的差异在于估计进展因子趋势的统计方法不同。在方法 I 中，对每一进展年采用线性回归方法分别估计进展因子。在方法 II 中，对每一进展年采用加权平均方法计算进展因子。在方法 V 中，则用指数增长率（趋势因子）来决定 D－1（矩阵 D 中每一个元素都减 1 后的结果）每一列元素值。方法 I、方法 II 和方法 V 采用不同的统计方法预测的趋势因子应用于相应的最终案均累积已付赔款值，以估计未来进展期案均累积已付赔款值。

方法 III、方法 IV 和方法 VI 估计未来进展的步骤如下：

1. 估计每一进展年赔案成本（案均赔付成本）的增长率。

2. 应用增长率将历年的已付赔款数据调整到当年的案均赔付成本水平。

3. 通过计算过去案均赔付成本（以当前日历年的案均赔付成本水平）的加权平均，可以得到当前日历年给定进展年的案均赔付成本。

4. 反复应用估计的案均赔付成本，可以估计未来的案均赔款。

以上描述了上述各种方法的基本框架。接下来，用数学语言描述各种方法。

7.5.1　方法 I

方法 I 采用线性回归估计已付赔款进展因子，线性最小二乘趋势线被用来拟合进展因子 D 矩阵的每一列数据（至少包含三个以上的进展因子），这些拟合回归线被用来预测每一列的未来进展因子。

$$D=\begin{Vmatrix} d_{1,1} & d_{1,2} & \cdots & \cdots & \cdots & d_{1,n-1} \\ d_{2,1} & d_{2,2} & \cdots & \cdots & \cdots & d_{2,n-1} \\ \vdots & \vdots & \ddots & & & \vdots \\ \vdots & \vdots & & \ddots & & \vdots \\ \vdots & \vdots & & & \ddots & \vdots \\ d_{m-1,1} & \hat{d}_{m-1,2} & \cdots & \cdots & \cdots & d_{m-1,n-1} \\ d_{m,1} & \hat{d}_{m,2} & \cdots & \cdots & \cdots & d_{m,n-1} \end{Vmatrix}$$

如果 $m \geqslant n+2$ 时，每一个 $\hat{d}_{i,j}$都表示一个线性最小二乘估计。如果 $m=n$ 时，最后两列 $\hat{d}_{i,j}$值为：

$$\hat{d}_{i,n-1}=d_{1,n-1},\quad i=2,3,\cdots m;$$

$$\hat{d}_{i,n-2}=(d_{1,n-2}+d_{2,n-2})/2,\quad i=3,4,\cdots m$$

如果 $m=n+1$ 时，最后一列 $\hat{d}_{i,j}$值为：

$$\hat{d}_{i,n-1}=(d_{1,n-1}+d_{2,n-1})/2,\quad i=3,4,\cdots m$$

对其他的 $\hat{d}_{i,j}$，在以上各种情况下，都根据最小二乘线性估计得出。

方法 I 中，最终赔案的案均已付赔款计算如下，$1\leqslant k\leqslant m$，$1\leqslant j\leqslant n$：

$$\hat{c}_{k,j}=\begin{cases} c_{k,j} & \text{如果 } k+j<m+2 \\ c_{k,m+1-k}\times\prod\limits_{l=m+1-k}^{j-1}\hat{d}_{k,l} & \text{如果 } k+j\geqslant m+2 \end{cases}$$

$$\hat{a}_{i,j}=\begin{cases} \hat{c}_{i,j}-\hat{c}_{i,j-1}, & \text{如果 } i+j\geqslant m+2 \\ a_{i,j} & \text{如果 } i+j<m+2 \end{cases}$$

$$\hat{A}=\begin{Vmatrix} a_{1,1} & a_{1,2} & \cdots & \cdots & \cdots & a_{1,n-1} \\ a_{2,1} & a_{2,2} & \cdots & \cdots & \cdots & a_{2,n-1} \\ \vdots & \vdots & \ddots & & & \vdots \\ \vdots & \vdots & & \ddots & & \vdots \\ \vdots & \vdots & & & \ddots & \vdots \\ a_{m-1,1} & \hat{a}_{m-1,2} & \cdots & \cdots & \cdots & \hat{a}_{m-1,n-1} \\ a_{m,1} & \hat{a}_{m,2} & \cdots & \cdots & \cdots & \hat{a}_{m,n-1} \end{Vmatrix}$$

7.5.2 方法 II

方法 II 采用已付赔款进展因子的加权平均法估计结果，各进展因子被赋予权重：

$$W=\{w_1,w_2,\cdots,w_{m-1}\}$$

权重的选择基于数据的信度，或者新经验相对于老经验数据的相关程度。通常，当数据置信度较低并存在较大波动时，使用相对权重。当数据完全可信时，假设近期经验与未来损失进展更相关，对近期经验赋予较高的权重。

对 D 的第 j 列加权平均估计结果为：

$$\hat{d}_{i,j}=\frac{\sum_{k=1}^{m-j}d_{k,j}w_{j+k-1}}{\sum_{k=1}^{m-j}w_{j+k-1}}$$

这样，任何给定列的进展因子都可以被估计出来，$\hat{c}_{i.j}$和 A 可以采用方法 I 中的等式进行估计。

7.5.3 方法 III

方法 III 采用指数曲线拟合案均成本的增长率，第 j 进展期的增长率可以通过对矩阵 C 的第 j 列数据拟合曲线 $y=\alpha_j e^{\beta_j x}$得到。一旦所有的 β_j 被估计后，A 矩阵中每一个元素都可以被调整到当前案均成本的水平上，通过应用合适的调整系数 $r_j=e^{\beta_j}$乘以 $a_{i,j}$，得到 A'矩阵。

$$A'=\begin{Vmatrix} r_1^{m-1}\cdot a_{1,1} & r_2^{m-2}\cdot a_{1,2} & \cdots & \cdots & \cdots & \cdots & r_n^{m-n}\cdot a_{1,n} \\ r_1^{m-2}\cdot a_{2,1} & r_2^{m-3}\cdot a_{2,2} & \cdots & \cdots & \cdots & \cdots & r_n^{m-n-1}\cdot a_{2,n} \\ \vdots & \vdots & \ddots & & & \vdots & \vdots \\ \vdots & \vdots & & \ddots & & \vdots & \vdots \\ \vdots & \vdots & & & \ddots & \vdots & \\ r_1^2\cdot a_{m-2,1} & r_2\cdot a_{m-2,2} & \cdots & \cdots & \cdots & \cdots & 0 \\ r_1^1\cdot a_{m-1,1} & a_{m-1,2} & \cdots & \cdots & \cdots & \cdots & 0 \\ a_{m,1} & 0 & \cdots & \cdots & \cdots & \cdots & 0 \end{Vmatrix}$$

用调整的 $a_{i,j}$ （$r_j^{m-i-j+1}\cdot a_{i,j}$） 加权平均得到 $\hat{a}_j$：

$$\hat{a}_j=\frac{\sum_{i=1}^{m-j+1}w_i r_j^{m-i-j+1}a_{i,j}}{\sum_{i=1}^{m-j+1}w_i}$$

每个 $a_{i,j}$ 可以用来预测未来的案均成本，通过应用适合的调整系数 r_j，将目前的案均成本外推到未来的期望成本水平：

$$\hat{A}=\left\|\begin{matrix} a_{1,1} & a_{1,2} & \cdots & \cdots & \cdots & a_{1,n} \\ a_{2,1} & a_{2,2} & \cdots & \cdots & \cdots & a_{2,n} \\ \vdots & \vdots & \ddots & & & \vdots \\ \vdots & \vdots & & \ddots & & \vdots \\ \vdots & \vdots & & & \ddots & \vdots \\ a_{m-1,1} & a_{m-1,2} & \cdots & \cdots & \cdots & r_n^{n-2}\cdot\hat{a}_n \\ a_{m,1} & r_2\cdot\hat{a}_2 & \cdots & \cdots & \cdots & r_n^{n-1}\cdot\hat{a}_n \end{matrix}\right\|$$

7.5.4　方法 IV

方法 IV 是在方法 III 的基础上，对指数曲线拟合案均成本的增长率进行调整，是对方法 III 的修正。在方法 IV 中，r_j 被调整为 r'_j，然后再应用调整后的增长率计算 $\hat{a}_j$ 和 $a_{i,j}$。这种调整通过以下信度公式计算：

$$r'_j=\frac{w_jr_j+(w_1-w_j)r}{w_1}$$

其中，

$$r=\frac{\sum_{j=1}^{n}w_jr_j}{\sum_{j=1}^{n}w_j}$$

w_j 的权重为 $(m+1-j)^2$。其他估计 $a_{i,j}$ 的计算与方法 III 完全相同。

7.5.5　方法 V

方法 V 采用调整指数拟合的已付赔款进展因子减 1 的矩阵，完全类似于方法 IV。唯一的不同是，方法 IV 中，r'_j 通过拟合矩阵 C 中每一进展年数据得到，而方法 V 中的增长率通过拟合矩阵 D－1 中每一进展年数据得到。在方法 V 中，r'_j 应用于矩阵 D－1，而不是矩阵 A。

7.5.6　方法 VI

方法 VI 采用调整指数拟合案均赔款成本的增长率，与方法 V 非常接近。两者的不同仅在拟合最初增长率的矩阵不同，即 r_j 的推导不同。在方法 V 中，r_j 通过矩阵 C 拟合而来；而在方法 VI 中，则通过拟合矩阵 A 而来。这两种方法都被应用于矩阵 A，以决定它们的估计值。

本节描述了六种方法，各种方法给出一个稳定性和敏感性的范围，稳定性越强，敏感性越差。如果这些方法从稳定性到敏感性进行排序，会是这样的顺序：II、IV、III、I、VI、V。另外，这些方法中有三种是基于进展因子的假设，而另外三种是基于增长率的假设。换句话说，方法 I、方法 II 和方法 V 是通过估计进展因子的方法来预测流量三角形中每一行的值，而方法 III、方法 IV 和方法 VI 是通过估计案均增长率来估计三角形中每一列的值。

§7.6 对评估方法的追溯检验

未决赔款准备金评估方法的基本假设是：过去的赔付趋势会延续到未来。同时，还基于一些特定的假设，如一致的已报案未决赔款准备金充足性水平（已报案赔款数据）或稳定的结案率（已付赔款数据）。如果这些初始的假设不再成立，最终预测值就会被扭曲。于是，评估每一种方法的潜在假设被扭曲的程度就成为准确评估准备金最关键的一步。

精算师使用多种方法进行评估，从而得到多个不同的估计结果。这时，就需要精算师对方法的正确性作出判断。简单地，将这些结果取平均值作为估计值，可能比盲目地接受其中一种预测值好，但并不是令人满意的方法。比如 §7.4 的医疗责任保险例子说明，合理的评估值（修正后）甚至在初始的估计区间之外。

由 §7.4 的汽车碰撞责任保险例子，对评估方法初始假设检验，可以得到以下结论：

首先，在最近的 4 年中，已报案未决赔款准备金相对充足性水平有了显著的增加，这意味着使用已报告赔款数据进行预测很有可能高估准备金。其次，未决赔案的结案率在过去的 8 年中普遍降低，因为这一趋势，所以可以预期到用已付赔款数据的预测结果趋向于低估准备金。

应用 §7.3 中的数据调整方法，使用对机动车辆意外伤害赔款损失数据进行调整后的数据，已报告赔款数据的总赔款准备金估计结果从 4 350 万元降到 4 060 万元，使用已付赔款数据的总赔款准备金估计结果从 3 530 万元上升到 4 250 万元。这些调整缩小了已报案赔款数据和已付赔款数据估计结果的差额，缩小了 76%。最初和调整数据后的未决赔款准备金估计结果的比较如表 7－18 所示。

偏差的追溯检验

对偏差和准确性的追溯性测试，能提供许多关于各种方法在损失责任准备金的适用性的信息。然而，这样的测试并非无懈可击，因为经验期数据的潜在变化在将来可能不会重现。因此，精算师必须对这些检验的有效性进行判断，它是未来预测准确性和偏差的衡量标准。

表 7－18　　最初和调整数据后的未决赔款准备金估计结果比较　　单位：千元

事故年	最初估计结果		调整后的估计结果			选择估计值
	已付赔款数据	已报告赔款数据	理赔速度调整	偏差调整	充足性水平一致	
2003	87	87	87	87	87	87
2004	173	192	187	174	192	192
2005	493	549	522	494	520	517
2006	1 092	1 256	1 282	1 147	1 240	1 233
2007	2 496	2 908	3 092	2 650	2 961	2 953
2008	4 592	6 161	5 950	4 904	5 714	5 576
2009	9 716	12 697	12 198	10 446	11 589	11 406
2010	16 653	19 678	19 196	18 044	18 267	18 618
加总	35 301	43 526	42 512	37 945	40 570	40 582

表 7－19 中，以方法Ⅱ为例，介绍检验准备金评估方法的准确性和偏差的方法。表 7－19 的上部列出最终案均已付赔款的历史值，中部列出方法Ⅱ的估计值（最近日历年数据除以进展因子），方法Ⅱ估计值的偏差百分比在表 7－19 的底部，从而我们可以得到偏差百分比的均值。

表 7－19　　方法Ⅱ的追溯性测试（汽车碰撞责任保险）

事故年	日历年				
	事故年＋1	事故年＋2	事故年＋3	事故年＋4	事故年＋5
	历史值				
2005	493.02	333.13	200.18	109.94	48.94
2006	585.08	375.30	244.14	124.45	
2007	612.34	418.83	265.87		
2008	698.12	500.83			
2009	793.75				
	从最近日历年得到的估计值				
2005	443.52	286.66	209.55	113.41	50.12
2006	500.48	356.72	233.01	128.61	
2007	625.02	393.45	258.80		
2008	644.43	447.04			
2009	737.08				
	偏差百分比				
2005	－10.04%	－13.95%	＋4.68%	＋3.16%	＋2.41%
2006	－14.46%	－4.95%	－4.56%	＋3.34%	
2007	＋2.07%	－6.06%	－2.66%		
2008	－7.69%	－10.74%			
2009	－7.14%				

用同样的方法，可以得到以上六种方法准备金评估值的偏差的均值，如表7－20所示。

表7－20　六种方法评估值的偏差的均值和中值　单位：%

方法	偏差均值	偏差中位数
Ⅰ	-0.48	-0.48
Ⅱ	-4.44	-4.95
Ⅲ	-6.14	-7.16
Ⅳ	-6.64	-7.76
Ⅴ	+2.16	+2.34
Ⅵ	-4.25	-4.89

除方法Ⅴ以外，其他五种方法下的偏差的均值和中位数都为负值。这意味着在已知数据随后的第一个日历年度，这些方法都低估了最终案均已付赔款的真实值。

假设每种方法的估计值都有偏差，等于表7－20中的偏差中位数，那么可以对其预期偏差进行修正。之所以用偏差中位数取代偏差均值，是因为后者很容易受到极端数据值扭曲。计算每种方法的偏差百分比方程式为：

偏差百分比＝100×（估计值－真实值）/真实值

或改写为：

真实值＝100/（100＋偏差百分比）×估计值

这样，对距离一年期预测值的调整因子为100/（100＋偏差百分比）。同样，N年预测值的调整因子可以≈$[100/(100+\text{偏差百分比})]^N$。

实际中，可能难以如愿得到所有有用数据，但通过构建这些具体的方法，可以得到比预期更多的有用数据。

需要强调的是，一个成功的准备金评估体系必须把从实践中得来的基础信息融入成熟的精算评估方法中；不管对准备金合理性的检验过程如何完善，准备金的评估还是受到很多变化环境的影响；不管被检查和分析事故发生的时间离现在有多近，仍不可能得到对未来事件非常准确的预测。精算师应在合理的成本内，寻找尽可能多的数据和信息，力求获得最佳估计。

第八章　未到期责任准备金

未到期责任准备金，是指在评估日对有效保单的未到期责任所计提的准备金，又称“保费责任准备金”（premium reserve）。未到期责任准备金的主要构成是**未赚保费准备金**（unearned premium reserves，UPR）。如果经过测试，所计提的未赚保费准备金不足以支付将来的赔付及相关费用支出，还需要计提**保费不足准备金**（premium deficiency reserves，PDR）。

若按保险期限在一年以内（含一年）还是一年以上划分，将保单划分两类。这两类保单的责任风险分布有较大差别，对未到期责任准备金的评估方法也有一些差异。本章主要针对一年以内的短期保险合同，介绍未赚保费准备金及其保费不足准备金的计提方法。

§8.1　引　言

计提未赚保费准备金（UPR），是保险人将所有有效保单在评估日的“未赚保费”收入确认为责任准备金负债，对应于有效保单尚未暴露的风险、退保、分保费用等支出。

会计核算的权责发生制原则要求将收入的实际发生时间作为收入确认标准；而配比原则要求将核算期内的各项收入和其相关联的成本、费用在同一会计期内予以确认和计量。计提未赚保费准备金的原理，正是基于保险会计核算中权责发生制原则和配比原则。按照该原则，只要保单责任未终了，保险公司就不能将保费完全确认为收入。保险公司收到保费后，将其确认为当期收入，再计提未赚保费准备金，作为对该项收入的修正，使当期收入满足权责发生制原则和配比性原则。

在财产保险公司的负债结构中，保费责任准备金占重要地位，其计提的准确性，对于客观反映经营成果和偿付能力有很大的影响。

如上所述，未到期责任准备金（保费责任准备金）包括未赚保费准备金（UPR）和保费不足准备金（PDR）。未赚保费准备金对应于保险合同未经风险部分的保费，意味着保险公司可根据未经风险部分的保险期比例计算保单的准备金。

计提未赚保费准备金的方法主要有两种：比例法和风险分布法。**比例法**的基本假设是保单责任在保险期内均匀分布，因而可以将已赚入和未赚入保费的确认按已经过和未经过的保险期比例分摊。譬如，保单有 $a\%$ 的风险在评估日前，有（$100-a$）% 的风险在评估日后，那么在评估日就有（$100-a$）% 的保费未被赚取。这张保单的未赚保费准备金为（$100-a$）% × 保费。**风险分布法**的原理是根据承保业务的风险分布特点，根据赔付及费用支出的预期流量分布来估计未赚保费准备金，常用的风险分布法有预期流量法、七十八法或逆七十八法，适用于保险期较长的险种。

由于逐单计算未赚保费准备金的成本较高，若没有完备的信息数据库支持，在计算机技术系统还不够发达的情况下，保险公司常采用一些近似的方法从总体上计算未赚保费准备金。

需要指出，如果有再保险业务，需要分别对分出前和分出后业务进行未赚保费准备金评估，并对不同的再保险保障计划，采取不同的未赚保费准备金评估方法。例如，比例再保险业务，保费和赔款的分摊完全按照约定的比例，未赚保费准备金按照净自留部分评估和提取，但提取的最小比例应遵守监管规定。非比例再保险业务，如险位超赔合约（the per - risk excess treaty）、事故超赔合约（the per - occurrence excess treaty）、巨灾超赔合约（the catastrophe cover）等，需根据其相应的风险分摊方式进行未赚保费准备金的合理评估。

最后还需要测试，计提的未赚保费准备金是否小于预期的未来赔付及费用支出，如果小于预期支出，则按其差额提取保费不足准备金。

§8.2 比 例 法

比例法假设保费收入在一年（季、月）中均匀流入，相对应的责任风险在保险期内均匀分布，从而未赚保费准备金与未经历的保险合同期长度成正比。比例法根据假设的不同，具体可分为年比例法（1/2 法）、季比例法（1/8 法）、月比例法（1/24 法）、日比例法（1/365 法）。在公司数据库信息不完善的情况下，可采用年比例法（1/2 法）、季比例法（1/8 法）、月比例法（1/24 法）。按照我国保监会《保险公司非寿险业务准备金管理办法（试行）》第十一条的规定，保险公司可用月比例法（1/24 法）和日比例法（1/365 法）计提未赚保费准备金；对于特殊险种，也可以根据其风险分布状况选用其他方法。但对于机动车第三者责任险，我国保监会目前在《保险公司非寿险业务准备金管理办法实施细则（试行）》中要求，必须采用日比例法（1/365 法）计提。

8.2.1 月比例法（1/24 法）

采用 1/24 法评估未赚保费准备金时，假设在保险期内各月份的责任服从均匀分布，这样可以近似地认为所有保单都从月中开始生效，即每张保单当月只能赚得半月保费，一年被分为24个半月，当月只能赚得年保费的1/24。1/24法是评估未赚保费准备金常用的一种方法。但当保险业务集中于每月的某一时段时，如月初或月末，这种方法评估结果的准确性受到很大质疑。

【例8－1】 以一年期保单为例，采用1/24法评估2010年1月1日至2010年12月31日的未赚保费准备金，以 P 表示第 m 月的保费收入，评估日2010年底需要为第 m 月提取未赚保费准备金的计算公式为：

$$\left(\frac{2 \times m - 1}{24}\right) \times P$$

各月未赚保费因子如表8－1所示。

表8－1　各月未赚保费因子

2010年起期月份	未赚保费因子	2010年起期月份	未赚保费因子
1月	1/24	7月	13/24
2月	3/24	8月	15/24
3月	5/24	9月	17/24
4月	7/24	10月	19/24
5月	9/24	11月	21/24
6月	11/24	12月	23/24

对于1月份起期的保单的计提公式是：1月份起期保单的保费收入×1/24；

对于2月份起期的保单的计提公式是：2月份起期保单的保费收入×3/24；

…………

对于12月份起期的保单的计提公式是：12月份起期保单的保费收入×23/24。

将上述每个月计提的未赚保费准备金相加，即为当年业务在年末应提取的未赚保费准备金。

采用月比例法评估长期保单的未赚保费准备金时，可以与一年期保单同样操作。下面以二年期和三年期的保单为例，评估截至2010年12月31日的长期未赚保费准备金，所用的未赚保费因子如表8－2所示。

其他不同保险期限的保单，也可以构建类似方法评估未赚保费准备金。

8.2.2　日比例法（1/365法）

1/365法是根据实际业务的承保期限，逐单对未赚保费准备金进行评估的一种方法。在逐单评估时，以未满期日数占一次缴费的保险期限的比例来衡量未到期风险，具体的计提公式为：

表 8－2　　　　长期保单各月未赚保费因子

起始年份	起始月份	未赚保费因子	
		二年期保单	三年期保单
2008 年	1 月		1/72
	2 月		3/72
	3 月		5/72
	……		
	……		
	11 月		21/72
	12 月		23/72
2009 年	1 月	1/48	25/72
	2 月	3/48	27/72
	3 月	5/48	29/72
	……		
	……		
	11 月	21/48	45/72
	12 月	23/48	47/72
2010 年	1 月	25/48	49/72
	2 月	27/48	51/72
	3 月	29/48	53/72
	……		
	……		
	11 月	45/48	69/72
	12 月	47/48	71/72

$$U = \sum U_i = \sum P_i \frac{w_{id} - v_{ib}}{w_{id} - w_{ic}}$$

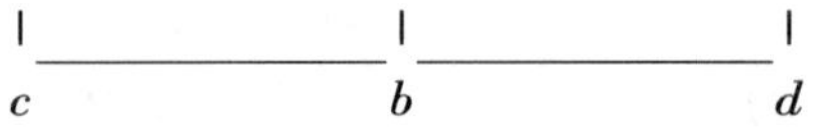

式中，U 为总体保单未赚保费准备金；U_i 为第 i 张保单的未赚保费准备金；v_{ib}为评估日；w_{ic}，w_{id}分别为第 i 张保单的保险起期和保险止期；P_i 为第 i 张保单的保费收入。如果考虑再保险，则 P_i 需选用自留保费收入。

1/365 法避免了固定比例法中保单在财务年内承保不均匀分布的情况。

8.2.3　各类方法的比较说明

年比例法、季比例法、月比例法均要求保费收入均匀的假设，只有在满足各自假设条件时，才能准确评估未赚保费准备金。在实务中，这些条件通常很难被满足，方法的准确性随着假设条件对现实的背离程度增加而下降。

一般说来，假设条件越严格，对现实背离的可能性越高，背离程度越大，从而评估的准确性越差。换句话说，年比例法、季比例法、月比例法所要求的假设条件依次更为宽松，从而其评估准确性也依次增强。接下来，我们分别以不同的保费收入流来比较各种方法准确性的差异。表 8 – 3 为递增保费流入下各类方法的评估结果，表 8 – 4 为递减保费收入流下各类方法的评估结果。

表 8 – 3　　　　递增保费流入下各类方法的评估结果

月份	1	2	3	4	5	6	7	8	9	10	11	12
月保费收入	1	2	3	4	5	6	7	8	9	10	11	12
季保费收入	6			15			24			33		
未赚保费准备金	年度比例法 39				季度比例法 50.25				月比例法 50.91			

表 8 – 4　　　　递减保费流入下各类方法的评估结果

月份	1	2	3	4	5	6	7	8	9	10	11	12
月保费收入	12	11	10	9	8	7	6	5	4	3	2	1
季保费收入	33			24			15			6		
未赚保费准备金	年度比例法 39				季度比例法 27.75				月比例法 27.08			

从表 8 – 3 和表 8 – 4 的比较可以看出，年比例法对于保费流入的变化没有任何反应，因此最不准确。月比例法同季比例法相比，对保费流入的变化更为敏感，所以精确性更高一些。从表 8 – 4 来看，当保费收入集中于上半年时，实际的平均起保日在年中之前，而年比例法假定平均起保日在年中，这必然高估未到期风险，从而导致当年准备金提取过多，使部分利润推迟至下一年反映，低估当年利润。反之，如表 8 – 3 所示，当保费收入集中在下半年，年比例法会导致准备金提取不足，危及保险公司的偿付能力。

相比之下，日比例法没有保费收入均匀分布的假设，更能真实反映现实，因而评估精确性最高。然而日比例法的计算量最大，同时对公司的 IT 系统要求较高，它需要数据系统及时记录并更新保单的各项信息，如保费金额、保险期限、保单的有效性等。所以，只有 IT 系统比较完善的保险公司才可采用 1/365 法计提未赚保费准备金。对于那些 IT 系统不十分完善的公司，可以采用月比例法。

§8.3 风险分布法

实际中，并非所有的险种都能近似满足保单责任风险均匀分布的假设。以农作物保险为例，从种植到收割，收获前农作物因灾害造成的损失风险最大。在这种情况下，如果采用时间比例，很显然会低估未赚保费准备金，因而需要对风险的分布情况进行分析，根据风险比例来估计未到期风险。本节主要介绍流量预期法、七十八法则或逆七十八法则。

8.3.1 流量预期法

流量预期法是根据承保业务损失的历史经验数据估计未来预期风险分布状况，并以风险比例确定未赚保费准备金的一种方法。下面以某类险种为例，具体说明流量预期法的应用。

【例 8－2】 根据历史经验数据，估计该险种未来的风险分布及未经风险比例的分布如表 8－5 所示。

表 8－5　　预期风险分布及未经风险比例

时间	0	2 月	4 月	6 月	8 月	10 月	12 月
预期损失分布	0	2%	3%	10%	30%	30%	25%
未经风险比例	100%	98%	95%	85%	55%	25%	0%

精算人员根据风险比例评估未赚保费准备金，相应的未赚保费比例如表 8－6 所示。

表 8－6　　未赚保费比例

时间	0	2 月	4 月	6 月	8 月	10 月	12 月
已赚保费比例	0	2%	5%	15%	45%	75%	100%
未赚保费比例	100%	98%	95%	85%	55%	25%	0%

流量预期法在公司内部数据的支持下，适用于风险保障不均匀的趸缴保费的保证保险、信用保险、事故责任制下延期保险等险种，但该方法依赖于经验数据和精算假设，客观性没有其他方法强，加大了准备金评估的监管难度。

8.3.2 七十八法则或逆七十八法则

七十八法则或逆七十八法则是对流量预期法的一种简化。七十八法则在评估未赚保费准备金时，假设自保险起期，风险分布呈现逐月递减的趋势，在倒数第一个月、第二个月、第三个月……分别为 1，2，3，…而逆七十八法则，则假设自保险起期，风险呈现以 1，2，3，…，逐月递增的分布

（见表8－7）。

表8－7　七十八法则和逆七十八法则的已赚保费比例

保险起期后第X个月	每月已赚保费	每月已赚保费
	七十八法则	逆七十八法则
1	12/78	1/78
2	11/78	2/78
3	10/78	3/78
4	9/78	4/78
5	8/78	5/78
6	7/78	6/78
7	6/78	7/78
8	5/78	8/78
9	4/78	9/78
10	3/78	10/78
11	2/78	11/78
12	1/78	12/78

对于某些特定的险种，随着承保时间变长，风险逐渐降低或增大。此时，保险公司可考虑近似选用七十八法则或逆七十八法则，评估未到期责任准备金。例如，对于信用保险，由于贷款余额的减少，风险分布呈现递减的趋势，可考虑采用七十八法则。车辆质量延期保证保险，其风险在承保期限内逐年增加，则可考虑采用逆七十八法则。实务中，七十八法则还可以应用于长期保单，这时只需要将分母变为保单所有月份之和。比如两年期保单，分母为1，2，…，23，24之和为300。对应每个月已赚保费为24/300，23/300，…，2/300，1/300。

§8.4　保费不足准备金

未赚保费准备金是对保单未到期责任的估计，它以保险合同期为标准，是一个财务会计属性的概念。但保险合同的未来赔付支出受到各种外部环境因素的影响，可能导致按比例法或风险分布法计提的未赚保费准备金不能应付未来负债。因此，计提保险合同的未到期责任准备金，应该对所计提的未赚保费准备金进行充足性测试，以判断是否需要提取保费不足准备金。

保费不足准备金的估计，主要是比较未赚保费准备金和相关费用。未赚保费准备金的估计如§8.2、§8.3所述，相关费用包括赔款支出、理赔费用、保单获取成本、保单维持成本和可能的保单持有人分红。其中，关于保单获取成本的递延和摊销，因准备金的会计评估基础的不同而有较大差异，因此保费充足性测试需要在一定的会计准则（如美国的 GAAP 或 SSAP）和精算规定下进行，各国会计准则和精算规定的不同会导致保费充足性测试结果存在一定的差异。

我国保监会《保险公司非寿险业务准备金管理办法实施细则（试行）》第六条规定，未赚保费准备金的提取金额应大于或等于以下两者中的较大者：

1. 预期未来发生的赔款与费用扣除相关投资收入之后的余额。
2. 在准备金评估日假设所有保单退保时的退保金额。

当未赚保费准备金不足时，提取的保费不足准备金应能弥补未赚保费准备金与上述两者较大者之间的差额。

【例 8－3】 以我国某保险公司 2003 年在香港上市时的财务报表为例，2002 年 6 月 30 日，对航空保险的保费充足性测试如表 8－8 所示。

表 8－8　某公司关于航空意外险保费充足性测试　单位：千元

净未赚保费准备金	8 089	可递延获取成本 DPAC	4 369
预期赔付率	164.4%	维持成本	0
净赔付	13 300	账户余额	－9 714
理赔费用	133	保费不足准备金	9 714

需要提及的是，自我国财政部发布《企业会计准则解释第 2 号》（财会［2008］11 号）和《保险合同会计处理相关规定》（财会［2009］15 号）以及我国保监会发布《关于保险业做好〈企业会计准则解释第 2 号〉实施工作的通知》（保监发［2010］6 号）之后，我国保险业目前对保费充足性的测试方法有了新的规定，包括需要考虑货币时间价值、保单获取成本处理等因素的影响，详见本书第十章内容。作为参考资料，以下介绍在美国《通用会计准则》（GAAP）和《监管会计准则》（SAP）下，对保费不足准备金的测试方法。

8.4.1　美国 GAAP 下保费不足准备金

在美国《通用会计准则》（GAAP，FAS 60，第 33、34 段）中，保费不足被定义为：如果期望赔付成本及理赔费用、保单持有人期望分红、未摊销的获取成本及保单维持成本之和超过相关未赚保费时，则确认为保费不足。如果短期或长期保单存在保费不足，保险合约将可能存在损失。

保单应根据获取方式、业务类型、利润计量方式进行分组，以确定是否存在保费不足。如果存在保费不足，可用保单可递延获取成本来抵减保费不足额，如果保费不足额超过保单可递延获取成本，这时需要提取保费不足准备金。

1984 年，美国注册会计师协会（AICPA）颁布了关于《计算保险公司保费不足准备金的规定》，要求测试保费不足时应考虑货币的时间价值。其中，投资收入仅包括有效保费收入中净现金流的期望收益，贴现的投资收益率为利息收入、股息和租金、净投资费用与总投资资产的比率。计算投资收入的方法有两种：投资收入法和未来赔付额贴现法。

保费充足性测试的目的是确认超过未赚保费准备金的那部分负债，主要包括以下内容：

（1）保单获取成本（policy acquisition cost，PAC）。美国《财务会计准则第 60 号公告》第 28 段定义：保单获取成本是指最初与取得新保单和续期保单相关的佣金和其他成本，比如承保和签发保单部门雇员的工资及保户体检费用。在 US GAAP 下，保单获取成本的确认与相关收益相匹配。将签单时已发生的相关费用记录为一项资产科目，称为“递延保单获取成本”（deferred policy acquisition cost，DPAC）。随着整个保单期限的完成，未赚保费收入逐步被赚，DPAC 资产被摊销为费用。

保单获取成本（PAC）的测算可遵循以下三个步骤：

第一步，从保险公司费用表中的承保成本出发，计算每一个日历年的再保前保单获取成本总额。其计算公式为：

$$\text{再保前保单获取成本总额} = \text{手续费} + \text{营业税金及附加} + \text{展业费} + \text{销售业务人员绩效工资等}$$

第二步，计算再保后保单获取成本总额。其计算公式为：

$$\text{再保后保单获取成本总额} = \text{再保前保单获取成本总额} - \text{摊回分保费用}$$

第三步，计算保单获取成本比例。其计算公式为：

$$\text{保单获取成本比例} = \text{再保后保单获取成本}/\text{自留净保费}$$

【例 8－4】 假定某保险公司保费和费用状况如表 8－9 所示，测算其保单获取成本比例见表 8－9。

表 8－9　保单获取成本比例测算　单位：千元

A1 保费收入	105.26	其中：A5 保单获取成本	21.12
A2 分出保费	28.4	A6 摊回分保费用	8.7
A3 自留净保费（A1－A2）	76.86	A7 再保后保单获取成本（A5－A6）	12.42
A4 费用总额	35.2	A8 保单获取成本比例（A7 ÷ A3）	16.16%

测算出年末未赚保费准备金和保单获取成本之后，即可根据以下公式计算每一个财务评估日的递延保单获取成本：

$$\text{递延保单获取成本(DPAC)} = \text{未赚保费准备金} \times \text{保单获取成本比例}$$

实务中，并非所有的获取成本都被允许递延。一般而言，所有公司都会递延佣金和保费税，因为这些费用都发生在保单生效日。然而，费用的一部分为其他获得成本和税收，许可证税（或执照费，licenses & fees），通常不允许递延。

（2）维持费用。美国《财务会计准则第60号公告》规定，维持费用是维持保险合同记录和保费收取过程的成本和佣金。

（3）期望赔付和相关理赔费用。从评估日到保单终止日之间预期发生的赔付，以及在处理赔案过程中可能发生的理赔费用。

（4）保单持有人分红。传统的保单分红反映保险人业务利润对保单持有人的返还。由于保持市场份额的缘故，甚至在没有利润的情况下也会考虑分红，因此在计算保费不足准备金时，也需要考虑它。

保费不足准备金的估计方法有两类：未来赔付折现法和投资收入法。每一种方法下，美国注册会计师协会（AICPA）公告分别比较了评估日所有有效保单（all policies in – force）的投资收益和未赚风险暴露（unearned exposures）货币时间价值。以下将分别举例说明上述两种方法在实际中的应用。

【例8–5】 表8–10给出评估日为2010年12月31日，2010年一年期保单未来的预期赔付经验。假定这些保单根据保单获取和服务方式分类。

表8–10　　保单未来的预期赔付经验

	已赚经验	未赚	有效
保费（千元）	182 000	168 000	350 000
经验赔付和理赔费用率	0.88	0.88	0.88
预期赔付和理赔费用（千元）	160 160	147 840	308 000
预期理赔模式			
赔付年	2010已赔付比率	2010年已赚保费的赔付额（千元）	2011年已赚保费的赔付额（千元）
2010	0.32	51 251	
2011	0.28	44 845	47 309
2012	0.15	24 024	41 395
2013	0.12	19 219	22 176
2014	0.08	12 813	17 741
2015	0.05	8 008	11 827
2016			7 392

其中，2010年12月31日，已赚保费部分为182 000千元，未赚保费部分为168 000千元，预期损失率为88%，在6年内，所有赔付完毕。

1. 未来赔付折现法

通过未来赔付折现来考虑货币的时间价值，可采用所有有效保单（all

policies in - force）的未来赔付现金流，也可以采用未赚风险暴露（unearned exposures）的未来赔付现金流。

【例 8 - 6】　以未赚风险暴露部分的现金流进行保费充足性测试，如表 8 - 11 所示。

表 8 - 11　　基于未来赔付折现法的保费充足性测试　　单位：千元

赔付年	赔付额 0.88	维持成本 0.0083	总赔付	折现因子 0.07	赔付额现值
2011	47 309	446	47 755	0.9667	46 167
2012	41 395	390	41 786	0.9035	37 753
2013	22 176	209	22 385	0.8444	18 902
2014	17 741	167	17 908	0.7891	14 132
2015	11 827	112	11 939	0.7375	8 805
2016	7 392	70	7 462	0.6893	5 143
汇总	147 841	1 394	149 234		130 901
保费充足性测试					
2010 年底未赚保费				168 000	
减：期望赔付成本					
未来赔付的现值			130 901		
可递延保单获取成本		0.25	42 000		
			172 901		
保费不足准备金				4 901	

其中，假设所有的赔付都发生在年中，每一年的赔付额以 7% 的折现率折现。维持成本为未赚保费的 0.83%，并按照赔付额的比例在各赔付年分摊。这里，保单可递延获取成本比例为 0.25，可递延获取成本为 168 000 × 0.25 = 42 000千元。

保费充足性测试最关键之处是将未赚保费负债同赔付额和相关费用、维持成本、可递延获取成本相比较。计算结果表明，保费不足准备金应为 4 901千元。

2. 期望投资收入法

可通过计算期望投资收入来确认货币时间价值，可采用所有有效保单（all policies in - force）的投资收益，也可以采用未赚风险暴露（unearned exposures）的货币时间价值。

【例 8 - 7】　以有效保单中未经风险部分的保费收入说明期望投资收入法的应用（见表 8 - 12）。

其中，假定保费收入在 2010 年中发生，保单获取成本比例为 0.25，可递延获取成本为 168 000 × 0.25 = 42 000 千元。第一年的赔付额立即扣减，之后每一年的赔付额从期初的账户中扣减，投资收入为年初和年末平均账

表 8－12　　投资收入的计算方法（所有有效保单）　　单位：千元

日历年	未赚保费	预期赔款 0.88	DPAC 0.25	维持成本 0.0083	年初账户现金流	年末现金流余额	账户平均余额	投资收益率 0.07	计利息后的账户余额
2010	168 000	0	42 000	0	0	126 000			
2011		47 309	0	446	126 000	78 245	102 122	7 149	85 394
2012		41 395	0	390	85 394	43 608	64 501	4 515	48 123
2013		22 176	0	209	48 123	25 738	36 930	2 585	28 323
2014		17 741	0	167	28 323	10 415	19 369	1 356	11 771
2015		11 827	0	112	11 771	－168	5 801	406	238
2016		7 392	0	70	238	－7 224	－3 493	－245	－7 468

户余额的7%，维持成本被假定为未赚保费的0.83%，然后根据每一年赔付额按比例分摊。

2016 年末账户余额为－7 468 千元，保费不足额为满足最终账户余额为 0 所需要增加的额外的资金，即折现到 2010 年末的现值－4 976 千元。保费不足准备金为 4 976 千元。

货币的时间价值处理有两种方法：一是考虑期望投资收益率；二是对未来赔付和费用进行贴现。如果第一种方法所用的投资收益率和第二种方法的贴现率相等，可以得到同样的结果。

8.4.2　美国 SAP 下保费不足准备金

美国《监管会计准则公告》（*Statement of Statutory Accounting Principles*, SSAP 53，第 15、16 段）规定，当预期（anticipated）赔付及保单维持成本超过未赚保费准备金和全部现有保单未来分期保费收入时，要确认保费不足准备金。

美国《监管会计准则》（*Statutory Accounting Principles*，SAP）下的保费充足性测试与美国《通用会计准则》（GAAP）类似，比如对于投资收益是否确认，两套准则趋于一致。但是在以下方面存在差异：

（1）进行保费充足性测试时，首先需要对保单进行分组，在 SSAP 下，保单按照承保年份、业务类型以及利润计量方法等进行分组，每一个组内的保费不足不能被其他组内的预期利润所抵消。在 GAAP 下，保单按照保单获取方式、业务类型及利润计量方法进行分组，以确定是否存在保费不足。

（2）在 SSAP 下，不许对获取成本进行递延，不许考虑保单持有人分红。

（3）保费不足准备金，GAAP 将其定义为保费不足金额的期望值

(expected)，而 SSAP 将其定义为保费不足金额的预期值（anticipated)，比 GAAP 更为谨慎。

需要指出的是，从偿付能力监管的角度出发，很多国家（如美国）的保险监管部门在提取未赚保费准备金时，不允许对保单获取成本进行递延。这种谨慎性考虑只会影响公司的偿付能力指标，而不会影响公司实际经营绩效，只有当公司偿付能力不足时，会间接影响到公司的经营状况。

8.4.3　保费充足性测试的说明事项

保费充足性测试的实际操作比较复杂，涉及一系列具体问题，下面对测试过程中一些重要的问题进行必要的说明。

1. 不同年份的同类业务之间的聚合

对于保险人而言，在会计年度末，可能大部分业务的未赚保费准备金足以应对未来赔付，只是个别业务需要提取保费不足准备金，另外，不同年度承保的保单可能会因为承保保费不同，出现部分保单准备金不足、部分保单准备金过量的情况。从监管角度来看，最保守的做法自然是对准备金不足的业务提取保费不足准备金，而不改变准备金过量的业务的准备金数额。这种做法过于保守，会占用公司大量盈余资金，给保险人的经营造成沉重的负担。

按照国外的经验，提取保费不足准备金时，应当按照保单的承保年份、业务类型以及计量方法等进行分类，同类业务之间允许聚合。另外，任何保单的前三个年度应独立计算并提取保费责任准备金，其后才允许在同类业务之间对准备金的不足或过量进行聚合。在计算未赚保费准备金时，准备金的聚合只能在具有相同会计类别的保单中进行。

2. 预期赔付率的确定

预期赔付率的确定可以从以下几个方面来考虑：

(1) 如果信息非常少，假定赔付率为 100%。

(2) 根据以前经验并结合最新的信息定期更新，形成赔付率估计序列，从而得到未来预期赔付率。

(3) 将承保人员根据经验和判断得到的赔付率作为预期赔付率。

(4) 如果公司业务的实际赔付率波动性很大，可根据整个保险市场（包括承保周期、通胀等情况）或以前的赔付率作为预期赔付率。

此外，在确定预期赔付率时，还要考虑保单费率、通胀率、承保标准等因素的改变，剔除异常事件（如巨灾损失）的影响；但如果近年来这些事件反复出现，则需要分析其出现的原因并考虑其影响。另外，有些险种的季节性差异较为明显，需要考虑季节因素的影响。

3. 货币时间价值的处理

未来赔付支出、费用支出受到通货膨胀（包括附加膨胀）因素的影响，因而保费不足准备金的提取应当考虑资金的时间价值，尤其是长期业务。如果未来赔付支出不允许贴现，那么准备金数额可能会超过所需，造成资金占用。货币的时间价值处理有两种方法：一是考虑期望投资收益率；二是对未来赔付和费用进行贴现。

§8.5 特殊业务的未赚保费准备金评估

在实际中，并非所有非寿险业务都能以时间来度量风险暴露，因而前面章节介绍的比例法、风险分布法并不适用于一些特殊业务的未赚保费准备金评估。例如，远洋和内陆货物运输险，以航程或运程度量风险暴露；航空意外险，保险期限极短险；履约保证保险，保险期限不确定，这几类险都难以用时间比例、风险比例方法来提取未赚保费准备金。因此，这一节重点介绍特殊业务的未赚保费准备金评估。

8.5.1 远洋和内陆货物运输险

通常情况下，远洋和内陆货物运输险的保险责任采用“仓至仓”责任的形式，保单没有载明明确的承保期限，因而无法按照比例法来计算未到期责任准备金。对该类业务，保单未到期，该保单的所有保费都应该计提为未到期责任准备金；保单到期后，所有保费转为已赚保费。在我国的实务处理中，为了简便，保险公司对该类业务可以采取以下两种方式进行准备金评估：

（1）将财务核算日所在月的所有保费全部作为未赚保费准备金。

（2）设定固定的保险期限进行评估。保险期限的设定要根据业务的实际情况，应该符合绝大多数业务实际“仓至仓”责任的保险期限，如内陆运输险保险期限统一规定为 1 个月，远洋运输险保险期限统一规定为 3 个月。期限设定后，未赚保费准备金即可按天或按月进行评估。

8.5.2 极短期航空意外险

单程的旅客航空意外险仅是以一个航程为保险期限的业务。对这类业务，与货运险类似，保单未到期时，该保单的所有保费都应该计提为未到期责任准备金；保单到期后，所有保费转为已赚保费。

极短期航空意外保险的责任准备金不得低于按如下方法计算所得数值：

$$\text{保单责任准备金} = \text{上一会计年度航意险自留毛保费} \times 2/365$$

对于其他极短期特殊险种，保险公司可以在满足监管部门规定的情况下，采用特别处理方法，但方法必须相对合理，同时在准备金评估报告中应当披露所采用的方法、假设等。

8.5.3 履约保证保险

履约保证保险的有效期一般要持续到相关的责任履行为止。这种险种的保费收取方式有年缴和一次性提前预付两种方式。在后一种情况下，履约的期限不能确定时，可以假设履约的期限为两年（24 个月），并以此来计算已赚保费。需要根据实际情况经常检验这个假设是否合适。如果责任在预期的期限前已履行的话，所有的未赚保费都要作为已赚保费处理。

第九章　长期合同的未到期责任准备金

我国现行保险合同会计准则中，已不再像以前那样区分长期和短期非寿险合同的未到期责任准备金，不再将长期合同的未到期责任准备金单独列为“长期责任准备金”科目，而且我国财产保险业务中的长期业务占比也不大。但考虑到历史原因以及非寿险长期合同与短期合同的一些差异，本章仍然将非寿险长期合同的未到期责任准备金评估作为一个专题介绍，主要参照国外，尤其是美国保险业的方法。

§9.1 引　言

我国保险业在制定非寿险责任准备金评估规则的过程中，对于是否将长期合同的未到期责任准备金单独列示，曾有过不少讨论。主张将其单独进行评估和列示，是因为它具有的特殊性，主要包括以下三点：

（1）长期业务风险分布往往不均匀，赔案频率和赔付额的不确定性都相对更高。

（2）由于保险期限较长，需要考虑通货膨胀及资金的时间价值因素，各种社会因素和市场条件的变化也会直接影响未来索赔额支付，譬如法律法规及诉讼程序的改变、保险索赔意识的增强等。

（3）由于长期非寿险业务的保险责任和风险通常较大，再保分出尤为重要，在提取准备金时需要考虑再保摊回赔款的影响。

正是鉴于上述特殊性，采用简单比例法计提长期合同的未赚保费准备金（UPR）显得过于粗糙，难以反映实际的风险分布。应该在分析长期业务风险特征的基础上，采用精算方法计提。

我国目前对长期非寿险业务，有按业务年度结算和按会计年度结算两种方式，保险费有一次缴清的，但也允许在保险期内分期支付给保险公司。

回顾我国保险业已经废除的《保险公司会计制度》（财会字［1998］60号），其中对长期业务的未赚保费准备金计提规定：若按业务年度结算损益，即实行多年期结算损益，年限根据业务性质确定。在未到结算损益年度之前，按业务年度营业收支差额全额作为长期合同的未赚保费准备金提存，不确认利润，并于次年转回到结算年度终了时结算损益。若按会计年度结算损益，即实行一年期结算损益，保险业务的各项收支不分业务年度，均按权责发生制原则确认为当期的收入和费用，并确认当期损益，长期合同的未赚保费准备金应按照精算评估结果计提。

按业务年度核算损益的长期业务采取营业收支差额提取准备金的方法，不需估计未到期风险，也避免了提前确认赔付或利润，简单易行。但这种做法不够谨慎，不能体现准备金和未来风险的相互匹配。另外，利润或赔付只在结算年度予以确认，经营利润实际产生时间与核算时间不同步，使得各会计年度末难以对经营风险和公司价值进行评判。

按照会计年度结算损益的长期业务，长期合同的未赚保费准备金要求按精算评估结果计提，但《保险公司会计制度》未对准备金提取办法作具体的精算规定。在我国现行《企业会计准则》下，关于非寿险合同的未到期责任准备金，不再区分是短期还是长期合同，评估方法和标准已发生了较大的变更，下一章将专门介绍。

本章主要介绍国外的经验，尤其是美国的经验，包括对非寿险长期业务的界定、责任准备金评估方法及具体规定，并举例说明美国保险监督官协会（National Association of Insurance Commissioners，NAIC）对未赚保费责任准备金的测试方法，目的是对我国的相关规则提供一种参照，更好地理解问题的实质。

§9.2　评估方法

9.2.1　对长期业务的界定

在美国《监管会计准则》公告（*Statement of Statutory Accounting Principles*，SSAP）第 21 至 33 段的法定汇集条款（*Statutory Codification Project*）中，将满足以下条件的非寿险合同称为长期合同：

（1）保险期间为 13 个月和 13 个月以上。

（2）趸缴保费或固定保费保单。

（3）保险公司不能终止合同或增加保费的保单。

以上定义的长期合同不包含财务保证保险（financial guaranty contracts）、抵押贷款保证保险（mortgage guaranty contracts）以及担保保险（surety contracts）。

具体地，需要计提长期未赚保费责任准备金（unearned premium for long duration contracts）的非寿险业务主要包括以下三类：一是职业责任险中涉及被保险人死亡、伤残和退休而附加的延长期保险保障的职业责任险；二是质量担保保险（warranty contracts）；三是其他趸缴保费或固定保费的保险期超过 13 个月的保单。

9.2.2 评估规则

在 1994 年版的北美保险会计与系统协会关于非寿险保险会计的教材（*Property - Casualty Insurance Accounting*）中，建议用比例法计提长期保单的未赚保费责任准备金，或对远洋货物运输保险和履约保证保险采用其他方法，对汽车服务保险采用逆七十八法则。

1995 年，NAIC 制定了相关评估指南，将其作为法定会计实务和程序（*Statutory Accounting Practices and Procedure*，SAPP）的一部分。但推出实施之后，一直受到争议和批评。该指南于 1997 年 9 月被重新修订，并要求在 1998 年后的监管财务报表中，由精算师签名的精算意见书中，必须包含对未赚保费准备金的精算意见。修改后的评估规则中，再次明确界定了需要计提长期保费责任准备金的以上三类业务。对计提方法，也不再限于简单比例法，而是要求精算师在估计未赚保费准备金时提供职业判断和自己的分析。评估规则还指出，再保险分出业务的准备金必须通过未赚保费准备金净额反映在财务报表中，预期赔付和费用可用预期残值和代位追偿款抵消，预期残值和代位追偿款可通过保险人的经验或行业经验预计。

具体地，对长期业务计提未赚保费准备金，取以下三项测试结果中的最大值：

测试 1：在评估日，对保单持有人退保金额的最优估计。

测试 2：$\dfrac{\text{未来期望赔付及相关费用}}{\text{总的期望赔付及相关费用}} \times \text{签单毛保费}$

在测试 1 和测试 2 中，强调最佳估计和预期，不再是比例法中的保费比例。前者强调估计和判断，后者强调机械计算。

对于测试 2，NAIC 要求在每一个报告日，未来的预期赔付和费用都要重新估计，最近一次估计用于这一测试。同严格的比例法和逆七十八法则相反，NAIC 要求重新估计预期赔付发生模式，这样一来，在未来某一年里，已赚保费的数额也会发生变化。

测试 3：未来期望赔付及相关费用的现值 - 未来保费的现值

其中，

$$\text{未来期望赔付及相关费用的现值} = C_0 v^{t_0} + C_1 v^{t_1} + \cdots$$

式中，t_i 为预期发生赔付及赔付费用的时点；C_i 为预计在 t_i 时点发生的赔付及费用的金额；v 为贴现因子。

$$\text{未来保费的现值} = D_0 v^{t'_0} + D_1 v^{t'_1} + \cdots$$

式中，t'_i 为预计发生毛保费收入的时点；D_i 为在 t'_i 时点上毛保费收入金额；v 为贴现因子。

测试 3 涉及现值计算，未来赔付和费用必须作以下调整：

（1）在计算保费责任准备金时，与预计未来发生赔付及费用有关的投资收益要予以考虑，而与已发生未支付的赔付及费用有关的投资收益不予考虑。

（2）与未来预期赔付及费用相关的投资收益，从赔付及费用的预期发生时点开始计算，而不是从预期赔付及费用的支付时点开始计算。

（3）在每个评估日重新评估投资收益的利率，但该利率不能超过以下两个标准的最小值：

①法定投资资产未来的到期投资收益率（来源于监管报表 Schedule D 中的数据）减去 1.5%，以应对不利因素产生的风险边际。

②评估时点政府 5 年期债券当前的到期投资收益率。

（4）公司“法定投资资产”（statutory invested assets）应扣减未来赔付和理赔费用准备金，作为公司实际“可投资资产”（available invested assets），如果实际可投资资产小于 NAIC 方法的测试 3 计算结果，就会产生“投资资产不足”（invested assets shortfall）。在这种情况下，测试 3 的未赚保费准备金结果需要重新计算，考虑基于严格“可投资资产”的投资收益。

在测试 2 和测试 3 中都以毛保费和赔付为计算基础，赔付额和费用可用预期残值和追偿款抵扣，赔付额应扣除再保险摊回款，但不能被预期的免赔额所抵减，除非这些免赔额有信用证保证。费用是指所有与保单获取和保单维持相关的已发生和预期要发生的费用，包括理赔费用、保单获取和维持费用、佣金、营业税。

在保单到期前的任何一个评估日，保险人都应该具有充足的未赚保费准备金。对于最近的 3 个保单年，每一年的未赚保费准备金都应不小于上述三个测试的最大值。在最近 3 个保单年之前的所有保单年的未赚保费准备金的汇总应不低于测试 1 汇总结果、测试 2 汇总结果、测试 3 汇总结果中的最大值。

在进行测试 3 之后，精算师需要根据测试结果确定是否需要对长期保单提供保费不足准备金。

9.2.3　关于评估规则的讨论

NAIC 的三个测试分别从评估未赚保费准备金的三个不同角度出发。

测试 1 考虑退保因素，表明未赚保费准备金必须在所有保单退保时足以保证保单持有人的退保金额，这一金额是评估日管理者对退保价值的最优估计。这一点似乎满足准清算会计假设，在评估日假设公司一旦停止所有业务，保险人能够清偿全部负债。大部分服务性保险合同提供比例退保金额，该计算规则反映总保费中已赚部分所占的比例。

测试 2 是计算长期合同的未赚保费准备金的方法，类似于一个现金流

“发生器”，因为在整个保单期间内，它将部分已签单保费收入释放为收入。考虑到长期保单在整个保险期间内的赔付并非总是均匀分布，因此要求按精算方法估计未来赔付和费用进展及分布，并估计已赚保费占总赔付的比例。这一点与短期保单未赚保费准备金的计算原理一致，只是短期保单的风险被假设在整个保险期间内均匀分布。

对于大部分保险业务，未赚保费准备金的计算基于总签单保费的一定百分比，百分比由保单未经期间来确定。这样一来，在年底最后一天签发的保单，需要将所有的保费都转为未赚保费准备金，然而保险人却必须支付承保费用，如果保险人的保费增长速度很快，监管会计准则不允许保单获得成本递延，将会导致评估时点盈余减少。

测试 2 消除未赚保费准备金计算内在的“增长惩罚”（growth penalty）。注意到，毛保费收入乘以未来赔付和费用对总赔付和费用的比例，这样，如果 10% 的总赔付和费用发生在保单签发时，那么对于年末最后一天签发的保单，测试 2 计算的未赚保费准备金的结果为 90% 的签单保费。只要保单合约定价时，综合赔付和费用率不超过 100%，这时就不存在“增长惩罚”。

测试 3 实质上包括计算长期合同未赚保费准备金和测试保费充足性。评估规则首次要求建立长期合同的保费不足准备金。在长期合同的未赚保费准备金的计算过程中，允许评估日到赔付及费用发生日之间贴现，不允许在赔付及费用发生日到赔付及费用支付日之间贴现。换句话说，保险人可以用评估日到赔付及费用发生日之间的预计投资收益来冲抵未来赔付支出值的贴现。这一规则不包括已发生赔付和费用的贴现，不管赔付发生后报告与否。另外，这一贴现规则仅适用于支持负债的投资资产。

对于测试3，在监管会计下，可以允许保险人提取的未赚保费准备金超过总的签单保费。测试 3 实际上忽略了签单保费（前面两个测试集中于签单保费），完全从保单计算期望净现金流出（未来赔付和费用减去未来保费收入）。如果保单定价明显低估，那么未赚保费准备金可能会超过签单保费。当贴现利率为 0、综合赔付率大于 1 时，很显然测试 3 的结果必然会大于测试 2 的结果。因为测试 2 和测试 3 都面临同样的赔付和费用发生概率，但是测试 3 是在更高的一个起点，测试 2 乘以签单保费，测试 3 相当于乘以总赔付和费用。

值得注意的是，在测试 2 和测试 3 中，所有赔付和费用的估计值均为最近经验的估计值。对于大部分保单，保险人只有在保单到期时才能准确计算已赚保费收入，尤其对于长期业务，这一点更为明显。因为，最终赔付和费用的估计每一年都在变化，保费转变为收入的速率在整个保单期间内不断发生变化，因而所有估计值必须采用最近经验的估计值。

最后，需要强调一点，NAIC 的三个测试要求精算师在计算未赚保费准备金时，考虑期望未来赔付和费用，这一计算程序不同于机械的未赚保费准备计算公式，它引入了精算师的经验判断。

§9.3　充足性测试

评估规则是按《监管会计准则》制定的，以偿付能力监管为目的，评估假设倾向于保守和谨慎。同时，评估规则与短期保费责任准备金的计提、与未决赔款准备金的计提应具有一致性。

在实务中，在按照评估规则提取长期合同的未赚保费准备金时，需要先解决以下几个问题：

9.3.1　不同保单年的未赚保费准备金能否汇总

在计提未决赔款准备金时，所有事故发生年的准备金估计允许累计，但在长期合同的未赚保费准备金评估规则下，评估日最近 3 个保单年未赚保费准备金不允许汇总，而是每一年的未赚保费准备金分别为每一年中 3 个测试值的最大值。尽管这种汇总的处理方式不同于未决赔款准备金的法定处理方式，但这一评估规则规定，利润必须在确定收到时才被作为收入，并且利润必须在保单期限内均匀获得，这一点与监管会计原则相一致。

在监管准则下，短期保单未赚保费准备金中已确认的多余数额不能被已经确认的不利赔付和费用所弥补。类似的，该评估规则不允许用可预计但不确定的利润来弥补未赚保费的不足。这一做法导致长、短期的保费责任准备金的计算存在差异。

除此之外，所有的准备金都是估计值，最近的估计值一般要比早期估计更有把握。如果保险人处于财务困境，可能会冒险减少最近事故发生年的准备金估计。同样地，在这一评估规则中，如果允许未赚保费准备金进行汇总，保险人可能会积极签发新业务，并假设定价充分，以抵消即将满期保单的预计赔付。其结果是保险人用最新年度不确定的有利情况来掩盖即将到期年度的确定性赔付。

9.3.2　贴现期间：贴现到赔付发生日

测试 3 允许在评估日到赔付及费用发生日之间贴现，但贴现日期不能扩展到赔付及费用发生日和赔付及费用支出日。换句话说，保险人可以用评估日到赔付及费用发生日之间的预计投资收益来冲抵未贴现的未来赔付。这一限制会产生两种结果：（1）评估规则与未决赔款准备金的法定评估标准达成了一致性。未决赔款准备金是为所有已发生赔付而计提，通常不允许贴现（除非赔付额为固定或确定值）。如果取消贴现期间的限制，保险人就可通过长期保费责任准备金的计算，获得在相同情况下其他险种无法得到的优惠。(2) 赔案发生时，对赔付的负债从未赚保费准备金转变成未决赔款准备金。如果贴现期扩展到赔付及费用支出日，赔案发生日的未赚保费准备金将小于实际赔付金额，这是因为未赚保费准备金从赔案发生日到支付日之间应产生投资收益而未决赔款准备金被规定应与赔付的支出金额相等。如果取消这样的限制，保险人盈余会减少发生日到支案日之间的预计投资收益，而这只是因为对同一赔付的负债性质发生变化，从未到期风险准备金到未决赔款准备金。对贴现期间的限制解决了这一不连续性，并且要求随着评估日逐渐接近赔付发生日，未到期风险准备金接近未决赔款准备金。因此，在这样的贴现期间的限制之下，保险人不会因为赔付的准备金从资产负债表中的一种形式转移到另一种形式而遭受不合理的盈余减少。

9.3.3 风险边际的确定

责任准备金评估值均为对随机变量的估计值，这由保险业务的性质所决定。然而，由于评估规则的影响，未赚保费准备金的估计结果甚至比未决赔款准备金更不确定。因此，如果长期合同的未赚保费准备金允许贴现，则需要为其确定风险边际。北美非寿险精算学会（Casualty Actuarial Society，CAS）曾总结了七种确定风险边际的方法，包括经验研究、破产理论应用、效用理论、其他贴现率的扣减等。除了这些方法外，CAS 明确声明，准备金风险边际的确定与各类险种的风险直接对应，并且强调应考虑为贴现准备金和相应贴现的准备金的最佳估计。

实际中，许多方法因为不恰当、不实际或太复杂，占有多数保险人和监管者的资源。对此，加拿大精算师协会于 1993 年 11 月颁布的精算实务标准，要求对准备金评估必须分别确定以下三个变量的风险边际：

(1) 赔付进展（对未贴现准备金增加 2.5% ~15%）。

(2) 再保险摊回（对未贴现准备金增加 0% ~15%）。

(3) 收益率（收益率降低 50 ~200 个基本点）。

加拿大精算标准并没有对最终赔付和费用作具体的风险边际要求，仅建议降低 0.5% ~2%。NAIC 评估规则建议："精算师可降低贴现率以作为风险边际，比较合理的建议为降低 1.5%。"

评估规则要求，贴现率为保险人未来法定投资资产净投资收益率扣减 1.5% 和 5 年期债券的当期投资收益率中的较小值。用公式表达即为：

$$\text{贴现率 } i=\min\{\text{法定投资资产的净收益率}-1.5\%,\ \text{5 年期国债的当期收益率}\}$$

贴现率取两者最小值的原因主要有二：其一是通过对法定投资资产净投资收益率扣减1.5%，以调整赔付进展及变化的风险。其二是因为资产风险同样涉及贴现率，保险人投资收益率超出无风险利率越高，资产风险越高。

评估规则将国债收益率作为无风险利率，如果保险人的投资收益率低于无风险市场利率，或者不比无风险利率高1.5%，评估规则不要求保险人考虑资产风险。

【例9-1】 如果5年期国债的利率为5%，保险人的投资收益率为6.5%，可接受的贴现率为5%，其中，1.5%为赔付风险，没有扣减资产风险。如果保险人的收益率为5.5%，可接受的贴现率为4%，扣减1.5%的赔付风险，没有考虑资产风险。然而，如果保险人投资收益率高于无风险利率达1.5%以上，则需要考虑资产风险。譬如，保险人的投资收益率为7.5%，则可接受的贴现率为5%，其中1.5%为扣减赔付风险，1%为资产风险的扣减。

9.3.4 测试实例1

在某种程度上，评估规则的合理应用可能不同于人们对已赚保费的直观印象。如果对已发生赔付和费用的估计总额以及发生方式不变，则保险人财务报表中的已赚保费将会与当年发生的赔付及费用精确对应。然而，如果最终赔付及费用的估计值发生变化，则其对已赚保费的影响也会逐年显著不同。

下面我们用一个例子说明NAIC长期合同的未赚保费准备金的评估及保费充足性测试。

【例9-2】 假设保险人签发了一张5年期的自动保证保单，趸缴保费100元，与赔付无关的费用发生在保单期初：佣金及保单获取费用为20元，预计总赔付及赔付相关费用为80元。没有取消保单的可能性，也不存在退还保费的现象。因此测试1不予考虑。

情形1： 预计最终赔付及费用不变，各年预计赔付及费用的发生模式发生变化。

假设：保单在1994年签发，总保费为100元；赔付及费用发生在年中；公司法定投资资产投资收益率为7%；政府5年期债券收益率为5%；故贴现率为：

$$\min(7\% - 1.5\%, 5\%) = 5\%$$

如表9-1至表9-4所示。

表 9－1　　各评估日实际与预测赔付模式　　单位：元

赔付发生年	各评估日实际及预测赔付发生模式					
	1月1日	1994年12月31日	1995年12月31日	1996年12月31日	1997年12月31日	1998年12月31日
1994	35	30	30	30	30	30
1995	30	35	40	40	40	40
1996	15	15	10	5	5	5
1997	10	10	10	15	10	10
1998	5	5	5	5	10	10
1999	5	5	5	5	5	5
总赔付及费用	100	100	100	100	100	100
未赔付比例	100%	70%	30%	25%	15%	5%

注：

（1）表中阴影部分是实际赔付，非阴影部分是评估日的估计赔付。

（2）未赔付比例＝预计赔付及费用加总/总赔付及费用。

表 9－2　　未赚保费计算　　单位：元

测试 1	—	—	—	—	—	—
测试 2（1）	100	70	30	25	15	5
测试 3（2）	91.58	65.18	27.69	23.71	14.41	4.88

注：

（1）预计未来赔付及费用/预计总赔付及费用×毛保费。

（2）预计将来赔付及赔付费用的现值，比如，$14.41=10\times v^{0.5}+5\times v^{1.5}$，$v=\frac{1}{1.05}$。

表 9－3　　各评估日未赚保费责任准备金　　单位：元

三者取大值	100	70	30	25	15	5

表 9－4　　已赚得保费的计算　　单位：元

累计赚得保费	—	30	70	75	85	95
日历年赚得保费	—	30	40	5	10	10

注：日历年赚得保费＝未赚保费准备金的减少。

情形 1 表明：预计的最终赔付及费用维持不变，只有各年预计发生模式受到影响。因为保费始终是充足的（测试 3 的结果），保费责任准备金取决于测试 2 的值。

情形 2：各年预计赔付及费用的模式发生改变，预计总赔付及费用也发生改变。

假设：保单在 1994 年签发，总保费为 100 元，赔付及费用发生在年中；公司法定投资资产投资收益率为 7%；政府 5 年期债券收益率为 5%；故贴现率为：

$$\min(7\% - 1.5\%, 5\%) = 5\%$$

如表 9－5 至表 9－8 所示。

表 9－5　各评估日实际与预测赔付模式　单位：元

赔付发生年	各评估日实际及预测赔付发生模式					
	1 月 1 日	1994 年 12 月 31 日	1995 年 12 月 31 日	1996 年 12 月 31 日	1997 年 12 月 31 日	1998 年 12 月 31 日
1994	35	30	30	30	30	30
1995	30	30	25	25	25	25
1996	15	15	15	40	40	40
1997	10	10	10	20	20	20
1998	5	5	5	15	15	5
1999	5	5	5	10	5	5
总赔付及费用	100	95	90	140	135	125
未赔付比例	100%	68%	39%	32%	15%	4%

表 9－6　未赚保费计算　单位：元

测试 1	—	—	—	—	—	—
测试 2	100	68.42	38.89	32.14	14.81	4
测试 3	91.58	60.30	32.57	42.31	19.29	4.88

表 9－7　各评估日未赚保费责任准备金　单位：元

三者取大值	100	68.42	38.89	42.31	19.29	4.88
	测试 2	测试 2	测试 2	测试 3	测试 3	测试 3

表 9－8　已赚得保费的计算　单位：元

累计赚得保费	—	31.58	61.11	57.69	80.71	95.12
日历年赚得保费	—	31.58	29.53	－3.42	23.02	14.41

注：计算方法同情形 1。

情形 2 表明：预计总赔付及费用的变化导致了 1996 年赚得保费为负值。尽管这样的结果从收入与费用相匹配的角度来看不合适，但这一评估规则是法定会计的要求，不同于《通用会计准则》，更强调资产负债表而不是损益表。

9.3.5　测试实例 2

NAIC 测试实例 2 主要是针对三种不同风险特征的长期保单不同费率水

平下，长期合同的未赚保费准备金的评估，包括四部分内容：服务性保单合约的介绍、不同费率水平下未赚保费准备金的估计、已赚保费和综合赔付率的估计、赔付和费用估计结果的确定。

1. 服务性保单合约的介绍

第二类质量担保保险与其他趸缴保费或固定保费的长期保单及涉及死亡、伤残和退休的长期保单有很大的区别，这里主要集中于质量保证保险和其他类似保险。大部分服务性合同或质量保证保险服从相同的模式，比如，通常采用一次性趸缴保费，当事人一方（负债方）有义务为合同持有人提供特别的服务，承保的范围通常为新产品、二手产品，合同期限可以是有限期（3～6个月），也可以是10年甚至更长，如新房屋的质量保证保险（home warranties）。在合同期限内，如果产品由于特定的原因出现质量问题，厂商或销售商需要修复或置换产品。因此，债务人希望限制这些合约下的风险，或者通过法律限制这样的风险。在这种情况下，债务人会购买契约责任保险保单，有时被认为是服务契约补偿保单，基于产品类型和期限支付一定的保费。

这类保险的交易在负债人和保险人之间发生，在签发保单时，保费的厘定可能根本没有涉及保单持有人最终实际赔付额。

另外，除了以上三方（保单持有人、负债方、保险人）之外，许多服务性合同还会有第四方——称为管理机构，主要负责销售、保单的管理、与负债人的关系、理赔，并为提供这些服务收取一定的费用。实际上，负债人的费用通常分为两部分：一部分作为管理的服务费用；一部分作为提供补偿保险的保费。随着管理结构的不同，会存在不同的或有佣金安排，可能简单，也可能复杂。这些都会对未赚保费准备金的计算产生影响。

服务性合同和许多长期性保单在整个保险合同期限内，赔付和费用不可能始终均匀分布。比如新产品、汽车、冰箱、计算机或者房屋，经常从属于生产商的产品质量保险，在保单期限的前期，赔付发生的概率很小，到后期，赔付发生概率增加。许多汽车服务合同会有行车里程的限制，这些里程限制会限制保险合约晚期的赔付额。二手产品服务性保单，尤其是带有行车里程限制的二手车，经常会表现出相反的赔付发生模式，赔付更多会发生在早期。对于一年期以内的质量保证保险，未赚保费准备金的计算非常简单，它等于毛保费乘以保单未经风险期内预期赔付及费用与总的预期赔付及费用的比例。

对于长期合同，未赚保费准备金的计算将更为复杂，要求对每一个保单年采用NAIC的三个测试方法。

负债人的保费被放入一个信托账户，采用预先设定的利率计算利息，将赔付从这一账户中扣除，当所有保单到期后，负债人取出账户余留额。

当这一信托账户建立时，采用持续经营性假设原则，当账户余额不足时，保险人承担赔付责任。

因此，精算师必须了解不确定佣金（或有佣金，contingent commission）的结构和形式，尽管对于大部分短期一年期保单不涉及这一问题，但对于长期保单或有佣金，它会影响未赚保费准备金的计算。因为在测试 2 和测试 3 中，都要求估计评估日之后可能发生的赔付和费用。这些费用是指与保险人和保单维持成本相关的已发生和预期发生的费用，包括理赔费用、保单获取费用、保单维持费用、佣金、营业税。

2. 不同费率水平下未赚保费准备金的估计

【例 9－3】 以三种不同的保险合同为例。第一种为 5 年期有行车里程限制的新车；第二种为 2 年期有行车里程限制的二手车；第三种为 6 年期服务合同的新产品，这种产品可以是冰箱、计算机等产品。我们考虑一个保单年，并假定在一个保单年均匀承保，表 9－9 给出未来的赔付和费用，一个保单年可以跨越多个日历年，赔付和费用发生时期可以超出保单有效期。假设所有的赔付和费用都发生在年中，保单签发时的获取成本除外。

表 9－9　　假设保单年的预期赔付和费用　　单位：元

	第 1 类保单	第 2 类保单	第 3 类保单
保单签发	15%	15%	15%
第 1 年	0.77	26.64	0.23
第 2 年	7.88	42.45	0.23
第 3 年	20.22	10.91	2.44
第 4 年	24.57		7.48
第 5 年	19.16		14.1
第 6 年	7.41		19.36
第 7 年			23.44

对每一个保单而言，保单签发之后，总赔付和费用均为 80，并且假定承保时发生的费用为总签单保费的 15%。这样，如果对每一个保单都收取 100 元的保费收入，预期利润率将为 5 或者 5%。表 9－10、表 9－11、表 9－12 分别给出保费收入为 100 元时，采用 NAIC 流程计算的未赚保费准备金。在测试 3 中，假设贴现率为 5%。

表 9－10　　第 1 类保单的未赚保费准备金（保费收入为 100 元）　　单位：元

日历年	测试 1	测试 2	测试 3	未赚保费准备金
0	100.00	84.21	67.74	100.00
1	90.00	83.40	70.33	90.00
2	70.00	75.11	65.78	75.11
3	50.00	53.83	48.34	53.83

续表

日历年	测试 1	测试 2	测试 3	未赚保费准备金
4	30.00	27.97	25.59	30.00
5	10.00	7.80	7.23	10.00

表 9-11　　第 2 类保单的未赚保费准备金（保费收入为 100 元）　　单位：元

日历年	测试 1	测试 2	测试 3	未赚保费准备金
0	100.00	84.21	75.11	100.00
1	75.00	56.17	51.57	75.00
2	25.00	11.48	10.65	25.00

表 9-12　　第 3 类保单的未赚保费准备金（保费收入为 100 元）　　单位：元

日历年	测试 1	测试 2	测试 3	未赚保费准备金
0	100.00	84.21	63.91	100.00
1	91.67	83.97	66.87	91.67
2	75.00	81.40	67.72	81.40
3	58.33	73.53	63.44	73.53
4	41.67	58.69	52.16	58.69
5	25.00	38.21	34.83	38.21
6	8.33	13.54	12.55	13.54

其中，对于第 1 类保单，测试 1 退保金额的估计主要根据简单的时间比例法，可根据保单年的菱形图计算。在测试 2 和测试 3 下，具体数据的计算同 NAIC 测试实例 1 中例子的计算方法相同。测试 2 中：

$$84.21 = 100 \times \frac{0.77 + 7.88 + 20.22 + 24.57 + 19.16 + 7.41}{15 + 0.77 + 7.88 + 20.22 + 24.57 + 19.16 + 7.41}$$

测试 3 中：

$$67.74 = 0.77 \times \frac{1}{1.05^{0.5}} + 7.88 \times \frac{1}{1.05^{1.5}} + 20.22 \times \frac{1}{1.05^{2.5}} + 24.57 \times \frac{1}{1.05^{3.5}} + 19.16 \times \frac{1}{1.05^{4.5}} + 7.41 \times \frac{1}{1.05^{5.5}}$$

$$70.33 = 7.88 \times \frac{1}{1.05^{0.5}} + 20.22 \times \frac{1}{1.05^{1.5}} + 24.57 \times \frac{1}{1.05^{2.5}} + 19.16 \times \frac{1}{1.05^{3.5}} + 7.41 \times \frac{1}{1.05^{4.5}}$$

其他数值计算方法相同，依此类推。

测试 2 和测试 3 的计算方法同上，不再赘述。两年期保单合同前期赔付负担较重（front loaded），因而测试 1 的退保金额的比例相对于第 1 类保单比较保守，因而测试 1 的计算结果占主导地位（结果值最大，为未赚保费准备金估计值）。

六年期保单合同后期赔付负担较重（back loaded），赔付和费用主要发生在后期，因而可以预期测试 2 的结果最大，将作为未赚保费准备金估计值。

对于第 1 类保单而言，在第 5 年和第 6 年由于行车里程的限制，赔付递减，因此，尽管在中间几年里，测试 2 的结果最大，但最后两年里测试 1 的结果重新成为未赚保费准备金。对于三类保单而言，测试 3 的结果一直没有成为未赚保费准备金。

但是当三类保单出现保费不足时，测试 3 的结果可能会成为三者中的最大值。假设承保保费收入为 85 元时，保费 85 元的 15% 为保单获取费用 12.75 元，再加签单日之后 85 元的赔付和费用，总赔付和费用为 92.75 元，与承保保费 85 元的比率等于 109.1%。

表 9－13、表 9－14、表 9－15 分别给出保费收入为 85 元时，采用 NAIC程序计算的未赚保费准备金。在测试 3 中，贴现率仍假设为 5%。

表 9－13　　第 1 类保单的未赚保费准备金（保费收入为 85 元）　　单位：元

日历年	测试 1	测试 2	测试 3	未赚保费准备金
0	85.00	73.32	67.74	85.00
1	76.50	72.61	70.33	76.50
2	59.50	65.39	65.78	65.78
3	42.50	46.86	48.34	48.34
4	25.50	24.35	25.59	25.59
5	8.50	6.79	7.23	8.50

表 9－14　　第 2 类保单的未赚保费准备金（保费收入为 85 元）　　单位：元

日历年	测试 1	测试 2	测试 3	未赚保费准备金
0	85.00	73.32	75.11	85.00
1	63.75	48.90	51.57	63.75
2	21.25	10.00	10.65	21.25

表 9－15　　第 3 类保单的未赚保费准备金（保费收入为 85 元）　　单位：元

日历年	测试 1	测试 2	测试 3	未赚保费准备金
0	85.00	73.32	63.91	85.00
1	77.92	73.11	66.87	77.92
2	63.75	70.87	67.72	70.87
3	49.58	64.02	63.44	64.02

续表

日历年	测试 1	测试 2	测试 3	未赚保费准备金
4	35.42	51.10	52.16	52.16
5	21.25	33.26	34.83	34.83
6	8.33	13.54	12.55	13.54

这时可以看出，即使在适中的保费不足下，对于第 3 类保单的后面几年和第 1 类保单的中间几年，测试 3 也会发挥作用。对于第 2 类保单，由于前期赔付负担过重，导致第 2 类保单的测试结果未发生改变。

接下来，考虑保险人面临较严重保费不足的情况。这里假设承保保费为 60 元，这时的综合赔付率为 148.3%，计算方法同上。表 9 – 16、表 9 – 17、表 9 – 18 分别给出保费收入为 60 元时，未赚保费准备金的测试结果。在测试 3 中，贴现率假设为 5%。

表 9 – 16　　第 1 类保单的未赚保费准备金（保费收入为 60 元）　　单位：元

日历年	测试 1	测试 2	测试 3	未赚保费准备金
0	60.00	53.93	67.74	67.74
1	54.00	53.41	70.33	70.33
2	42.00	48.10	65.78	65.78
3	30.00	34.47	48.34	48.34
4	18.00	17.91	25.59	25.59
5	6.00	4.99	7.23	7.23

表 9 – 17　　第 2 类保单的未赚保费准备金（保费收入为 60 元）　　单位：元

日历年	测试 1	测试 2	测试 3	未赚保费准备金
0	60.00	53.93	75.11	75.11
1	45.00	35.97	51.57	51.57
2	15.00	7.36	10.65	15.00

表 9 – 18　　第 3 类保单的未赚保费准备金（保费收入为 60 元）　　单位：元

日历年	测试 1	测试 2	测试 3	未赚保费准备金
0	60.00	53.93	63.91	63.91
1	55.00	53.78	66.87	66.87
2	45.00	52.13	67.72	67.72
3	35.00	47.09	63.44	63.44
4	25.00	37.59	52.16	52.16
5	15.00	24.47	34.83	34.83
6	5.00	8.67	12.55	12.55

毫不意外，对于第2类保单，除了在第2年以外，所有未赚保费准备金的结果都等于测试3的结果。从表9-16、表9-17、表9-18的计算结果可以看出，在一些情况下，未赚保费准备金的计算结果可以超过承保保费收入，比如，第1类保单和第3类保单的前面两年，第2类保单签发时，未赚保费准备金都大于承保保费收入。最有趣的是，第3类保单在第2年末，未赚保费准备金递增，这样实际上表明，这一年里的已赚保费为负。这种情况会产生很严重的“增长惩罚”。

3. 已赚保费和综合赔付率的估计

表9-19、表9-20、表9-21分别给出各种保费收入下，不同时期的已赚保费。已赚保费被定义为总承保保费减未赚保费准备金，有累积量形式（到给定年年末的已赚保费）和增量形式（给定年年内的已赚保费）。在已赚保费收入为60元时，已赚保费会出现负值，无论是累积量还是增量形式。

表9-19　　不同费率下第1类保单已赚保费的累积量和增量　　单位：元

日历年	保费收入100		保费收入85		保费收入60	
	累积量	增量	累积量	增量	累积量	增量
0	0.00	0	0.00	0.00	-7.74	-7.74
1	10.00	10.00	8.50	8.50	-10.33	-2.60
2	24.89	14.89	19.22	10.72	-5.78	4.56
3	46.17	21.28	36.66	17.43	11.66	17.43
4	70.00	23.83	59.31	22.76	34.41	22.76
5	90.00	20.00	76.50	17.09	52.77	18.35
6	100.00	10.00	85.00	8.50	60.00	7.23

表9-20　　不同费率下第2类保单已赚保费的累积量和增量　　单位：元

日历年	保费收入100		保费收入85		保费收入60	
	累积量	增量	累积量	增量	累积量	增量
0	0	0	0	0	-15.11	-15.11
1	25	25	21.25	21.25	8.43	23.54
2	75	50	63.75	42.5	45.00	36.57
3	100	25	85	21.25	60.00	15.00

表9-21　　不同费率下第3类保单已赚保费的累积量和增量　　单位：元

日历年	保费收入100		保费收入85		保费收入60	
	累积量	增量	累积量	增量	累积量	增量
0	0.00	0.00	0.00	0.00	-3.91	-3.91
1	8.33	8.33	7.08	7.08	-6.87	-2.96

续表

日历年	保费收入100		保费收入85		保费收入60	
	累积量	增量	累积量	增量	累积量	增量
2	18.60	10.27	14.13	7.05	-7.72	-0.84
3	26.47	7.87	20.98	6.85	-3.44	4.28
4	41.31	14.84	32.84	11.86	7.84	11.28
5	61.79	20.48	50.17	17.33	25.17	17.33
6	86.46	24.67	72.45	22.28	47.45	22.28
7	100.00	13.54	85.00	12.55	60.00	12.55

从表9-19至表9-21中可以看出，已赚保费并不总是平滑的。以第3类保单为例，赔付和费用呈现出递增的趋势，然而当保费收入为100元时，第2年和第3年增量已赚保费呈下降的态势。这种不规则主要来自于NAIC针对长期合同要求在三个测试之间选择最大值的缘故。

如果保费与赔付不匹配，会导致不稳定的综合赔付率。表9-22、表9-23、表9-24分别给出各种保费收入下，累积综合赔付率和增量综合赔付率。**综合赔付率是指赔付和费用与已赚保费的比值。**

表9-22　　不同费率下第1类保单综合赔付率累积量和增量　　单位:%

日历年	保费收入100		保费收入85		保费收入60	
	累积量	增量	累积量	增量	累积量	增量
1	157.70	157.70	159.06	159.06	-94.55	-376.09
2	95.01	52.91	111.32	73.48	-305.61	172.89
3	95.01	95.01	113.54	116.00	324.92	116.00
4	97.77	103.12	111.40	107.95	181.43	107.95
5	97.33	95.80	111.57	112.14	154.64	104.39
6	95.01	74.10	109.13	87.18	148.35	102.47

表9-23　　不同费率下第2类保单综合赔付率累积量和增量　　单位:%

日历年	保费收入100		保费收入85		保费收入60	
	累积量	增量	累积量	增量	累积量	增量
1	166.56	166.56	185.36	125.36	185.36	125.36
2	112.12	84.90	128.38	99.88	128.38	99.88
3	95.00	43.64	109.12	51.34	109.12	51.34

表9-24　　不同费率下第3类保单综合赔付率累积量和增量　　单位:%

日历年	保费收入100		保费收入85		保费收入60	
	累积量	增量	累积量	增量	累积量	增量
1	182.83	182.83	183.32	3.25	-134.31	-7.77

续表

日历年	保费收入 100		保费收入 85		保费收入 60	
	累积量	增量	累积量	增量	累积量	增量
2	95.01	23.76	109.13	34.61	-151.26	-289.32
3	95.01	95.01	109.13	109.13	-557.26	174.81
4	95.01	95.01	112.67	118.93	424.11	125.04
5	95.01	95.01	112.53	112.27	209.30	112.27
6	95.01	95.01	110.28	105.22	160.48	105.22
7	95.01	95.01	109.13	102.47	148.35	102.47

在表 9-22 至表 9-24 中，在整个保单合约期间，除了部分例外，大部分综合赔付率数据都表现出较大的波动。这可能会很容易让人得出这样一个结论：使用 NAIC 规定的公式计算的日历年综合赔付率结果可能误导人的判断。这种情况通常是无法避免的。

实际上，带有行车里程限制的二手车服务性合约在采用 NAIC 规定的计算已赚保费的公式，综合赔付率通常会表现出递减的趋势，这些保单合同在保单期限初期会发生相对更多的赔付。因此，很有可能是由于测试 1（采用比例已赚保费）在未赚保费准备金中占主导地位的原因，导致了收入对赔付确认的速度减慢。这样可以预期，对于未满期保单，早期可能会有更高的综合赔付率，随着保单合同到期，综合赔付率下降。

对于第 3 类保单，在保费收入为 100 元的情况下，第 1 年之后，累计和增量综合赔付率水平都表现出相当稳定的水平。这一点毫不惊奇，因为未赚保费准备金主要为测试 2 的结果，第 1 年除外，第 1 年之后，保费与赔付和费用完全匹配。然而在适度费率不充足的情况下，测试 3 结果的引入改变了这一状况，累计和增量综合赔付率发生波动。

所有上述例子均基于这样的假设：赔付和费用在整个保单期限内不发生改变。如果这些估计值发生改变，从公式计算的已赚保费模式必然会发生显著的变化。

4. 赔付和费用估计结果的确定

在 NAIC 的评估程序中，区别对待赔案发生时间点和费用支出时间点，所有赔付和费用都从赔案发生时点贴现到评估日，因此，对于长期保单，精算师在分析赔付经验时，需要单独考虑赔案发生时点。

Hayne（1994）提出解决这一问题的方法：先将目前的赔付数据根据保单年分类，然后在每一个保单期间，根据赔案发生时期再进一步分类；然后按保单年增量赔款数据组织流量三角形，但是同其他流量三角形有一个显著的不同，三角形的对角线表示发生在某一特定时期赔案的最终赔付额（即横坐标为事故发生年），而不是某一日历年的赔付额。对角线上的最终赔款数据可通过事故年流量三角形估计得到，具体做法同第四章评估方法类似。

精算师以这样的方法组织流量三角形数据后，可采用各种精算方法估计各保单期限内未经风险部分的最终赔付。基于这样的预测，精算师可以确定这些赔付发生的时间和赔付额。

9.3.6 结论

长期合同的未赚保费准备金的评估规则作为法定会计准则的一部分，具有充分的保守性、完全标准化及一致性。在这一规则下，计算长期保单未赚保费责任准备金与短期保单未赚保费责任准备金的评估具有一致性，同时与《监管会计准则》的谨慎性相一致。然而，在某些方面它可能增加或减少了保费责任准备金评估的谨慎性。

1. 在以下几个方面降低了监管的谨慎性：

（1）允许确认收入以弥补赔付及费用（这种做法对短期险种不允许），这一点降低了法定保费责任准备金计算的谨慎性。

（2）允许对预计赔付及费用贴现。

（3）尽管允许贴现，但没有对再保险风险或资产风险作出明确的风险边际规定。

2. 在以下几个方面维持了谨慎性：

（1）通过投资收益率扣减来确定风险边际。

（2）在最近3个保单年度内未赚保费准备金结果不能汇总。

（3）贴现期间截至赔付发生日。

该评估法则不仅仅是精算技术问题，还要考虑与其他险种未赚保费准备金评估方式相一致、维持评估的谨慎性等。

§9.4 评估长期责任准备金的比例法

前面所述的长期三种测试方法主要是NAIC的一种比较谨慎的评估方法。在实务中，许多地区（比如我国台湾地区）或一些小公司在计提长期合同的未赚保费准备金时，通常还会采用简单的比例法，比如七十八法则、逆七十八法则的扩展或者未赚保费因子表。

七十八法则、逆七十八法则的扩展在第七章“未赚保费准备金”中已经有所介绍。未赚保费因子表实际是根据比例法的思想，按照未经风险占保险期间内总风险的比例，来计算未赚保费因子表，各个公司可分险种，根据险种特征确定未赚保费因子表。精算师根据未赚保费因子表，提取长期合同的未赚保费准备金，具体做法和短期未赚保费准备金比例法、风险分布法比较类似。这里以美国伊利诺斯州《管理法》为例，在对保险的规定（*Administrate code/Title* 50：*Insurance*）中，明确了抵押贷款购房履约保证保险在评估日有效保单的未赚保费因子，如表 9 – 25 所示。

表 9 – 25　　不同期限保单的未赚保费因子表　　单位：%

评估日所在的保单年 \ 保单期限	2	3	4	5	6	7	8	9	10	11	12	13	14	15
1	88.8	93.9	95.7	96.5	97.0	97.3	97.5	97.7	97.7	97.8	97.8	97.8	97.8	97.8
2	38.7	66.7	76.4	81.0	83.7	85.4	86.5	87.3	87.6	87.9	88.1	88.1	88.2	88.2
3		22.9	45.3	56.0	62.2	66.2	68.8	70.4	71.3	71.9	72.3	72.5	72.6	72.6
4			14.5	31.3	41.1	47.4	51.3	53.8	55.3	56.1	56.7	57.1	57.2	57.3
5				9.8	22.7	31.0	36.2	39.4	41.3	42.5	43.2	43.7	43.9	44.0
6					7.1	17.1	23.3	27.2	29.5	30.9	31.8	32.3	32.7	32.8
7						5.4	12.5	16.9	19.6	21.2	22.1	22.8	23.2	23.3
8							3.8	8.6	11.3	13.3	14.4	15.1	15.5	15.7
9								2.5	5.6	7.5	8.6	9.3	9.9	10.1
10									1.6	3.4	4.6	5.4	6.0	6.2
11										0.9	2.1	2.9	3.5	3.7
12											0.6	1.3	1.9	2.1
13												0.4	0.9	0.5
14													0.3	0.1
15														

对于趸缴保费的保险期限超过 15 年的，比如 25 年期保单，那么在前 15 年作为一个 15 年期的保单处理，总保费基数为 15 年保单所缴的保费。从 15 年开始到保费期限结束，未赚保费准备金也按比例法提取，只是保费基数为 25 年期保单与 15 年期保单趸缴保费的差值。用 a 表示 15 年期保单的趸缴保费，b 表示 25 年期保单的趸缴保费。第 n 年末未赚保费准备金用公式表达为：

$$
\begin{cases}
b - \dfrac{a}{15} \times n & n \leqslant 15 \\[2ex]
\dfrac{b - a}{25 - 15} \times (25 - n) & n > 15
\end{cases}
$$

第十章　新企业会计准则下的责任准备金评估

保险业务的责任准备金评估与会计准则密切相关。从 2006 年起，我国企业会计准则选择实施与国际趋同的会计准则，目前仍处于落实和完善阶段，尤其关于保险业负债价值评估的具体规范。但精算师有责任及时把握这一变化趋势，熟悉和掌握新旧准则对责任准备金评估的影响和差异。本章综合介绍在国际和我国保险企业新会计准则下，关于责任准备金评估的重要议题。

§10.1　背　　景

10.1.1　目的和目标

我国选择实行国际趋同的会计准则，其核心目的是为了进一步推动市场经济、实现国家战略。事实上，中国经济的发展方向是融入国际市场、参与国际竞争，而实现这一战略选择的技术前提是采用国际通用的经济计量原则和标准。

以我国保险业为例，作为我国最早对外开放的金融服务领域，也是对内和对外开放程度最高的金融服务领域，目前已有五家公司在境外或国内资本市场上市，其中，中国人寿还分别在纽约、香港和上海市场上市，如果不实行趋同的会计准则，中国人寿作为同一家上市公司，这三个市场上的价值就会很不一样，不仅让投资者觉得别扭，更会大大增加公司的管理成本。

【例 10－1】　在我国财政部发布并实施《企业会计准则解释第 2 号》（财会［2008］11 号）前，分别在香港和上海上市的中国人寿和平安保险公司的会计报表差异如表 10－1 所示。表 10－1 中数据显示，截至 2008 年底，两家上市的保险公司 A、H 报告净利润差异 108.13 亿元，净资产差异 499.19 亿元，是 57 家同时 A、H 上市公司累计净资产差异额的 1.17 倍。

表 10-1　两家上市保险公司的会计报表差异（2008 年年报）　单位：亿元

公司名称	保费收入		准备金负债*		净利润		净资产	
	A 股	H 股	A 股	H 股	A 股	H 股	A 股	H 股
中国人寿	2 955.79	1 353.25	7 804.65	6 978.38	100.68	212.77	1 349.57	1 806.49
中国平安	1 293.83	980.10	4 264.84	4 689.77	8.73	4.77	814.69	856.96

注：* 中国人寿、中国平安的准备金负债包括储金、保户投资款和代理负债。

由此可见，我国上市公司在不同的会计准则下保险公司差异最大，其主要原因是准备金评估的差异，包括与未到期责任准备金相关的保费收入确认、保单获得成本的递延以及未决赔款责任准备金的评估标准的选择等等，主要影响因素见表 10-2 中的归纳。

表 10-2　《企业会计准则解释第 2 号》实施前 A 股和 H 股会计报表差异原因分析

	保费收入的确认	保单获取成本	准备金
H 股报表	进行重大保险风险测试，只有转移了重大保险风险的合同，才认定为保险合同。 要求混合合同分拆。	参照美国等国家会计准则的做法，对保单获取成本进行递延。	参照或部分参照美国会计准则，在“最佳估计”的假设下评估准备金。
A 股报表	不进行重大保险风险的测试，只要含有保险风险的转移就认定为保险合同。没有强制要求对保险合同进行拆分。	不允许保单获取成本递延，在发生时计入当期损益。	准备金负债按照保监会法定责任准备金评估标准计算。

10.1.2　保险企业会计准则的进程

国际方面，关于保险会计准则的制定仍然还在进行之中，主要准则是由国际会计准则理事会（IASB，International Accounting Standards Board）制定的“国际财务报告第 4 号”（IFRS 4），该准则包括资产部分和负债部分，分两个阶段完成。第一阶段是资产部分，已经完成；第二阶段于 2010 年下半年出了征求意见稿，虽然没有最终定稿，但主要共识已经达成，尤其是 IASB 与美国财务会计准则理事会（FASB，Financial Accounting Standards Board）于 2009 年 7 月 23 日联席会议上达成的共识，其中包括：

（1）采用“三要素”法计量保险合同负债，即：①对未折现的未来现金流量，以概率加权的平均值作为估计值；②以市场价值为基础，考虑货币时间价值的影响；③在最优估计或当前估计的基础上，明确增加一项边际（Margin）、单一边际或多个边际。

（2）不确认首日利得。

我国会计准则的改革工作，尤其是保险合同会计准则的更新工作，近年来的总体进展可概括如下：

2005 年 11 月 8 日，中国财政部与国际会计准则理事会签署联合声明，确认中国会计准则与国际财务报告准则将实现实质性趋同。

2006 年，中国财政部正式发布新企业会计准则，包括 1 项基本准则、38 项具体准则和有关应用指南。在具体准则中，与保险企业直接相关的准则是第 25 号《原保险合同》和第 26 号《再保险合同》。

2007 年 12 月，中国会计准则委员会与香港会计师公会签署了两地会计准则等效的联合声明，确认了两地会计准则实现了等效。

2008 年 8 月，中国财政部发布《企业会计准则解释第 2 号》（财会［2008］11 号，以下简称《2 号解释》），要求同时发行 A 股和 H 股的上市公司对同一交易事项采用相同的会计政策和会计估计进行确认、计量和报告。

2009 年 1 月 5 日，中国保监会发布《关于保险业实施〈企业会计准则解释第 2 号〉有关事项的通知》（保监发［2009］1 号），要求全行业统一思想，明确提出了“统一执行，一步到位”的总体实施方案。“统一执行”是指所有保险公司，无论是否在境内、境外上市，均执行新的、统一的会计政策；“一步到位”则是指保险公司在编制 2009 年年度财务报告时，对当时导致境内外会计报表差异的各项会计政策同时进行变更。

为具体落实《企业会计准则解释第 2 号》，中国保监会和中国财政部联合成立领导小组，负责对《企业会计准则解释第 2 号》实施进行总体指导和协调，审议具体方案和技术标准，具体包括：

- 研究制定财务报表目的下的准备金计量原则。对准备金计量的重大技术问题进行了多方研究论证；2009 年 8 月和 11 月选择部分有代表性的公司进行了两次模拟测试。
- 研究制定《重大保险风险测试实施指引》。2009 年选择部分保险公司进行了三次模拟测试；2009 年 9 月公开征求意见，并采取多种形式听取各方意见。
- 紧密跟踪国际会计准则理事会（IASB）的最新研究进展和动向，吸收国际会计准则理事会已经达成的一致意见和结论。
- 积极研究《2 号解释》的有关税收影响，开展政策协调。
- 研究新的准备金计量原则、分拆、重大风险测试实施后的相关衔接问题。

2009 年 12 月 22 日，我国财政部正式发布了《保险合同会计处理相关规定》（财会［2009］15 号，以下简称《规定》），明确了保险业实施《企业会计准则解释第 2 号》的具体会计政策。中国保监会为确保上述文件的顺利实施，于 2010 年 1 月 25 日发布了《关于保险业做好〈企业会计准则解释第 2 号〉实施工作的通知》（保监发〔2010〕6 号）。

总之，我国保险业关于保险会计准则的原则和框架已经确定，一些具体的技术标准和方法还在完善之中。

§10.2 新企业会计准则下的准备金评估方法

我国保险业新会计准则，具体指《企业会计准则第 25 号——原保险合同》和《企业会计准则第 26 号——再保险合同》，包括支持落实该准则的技术标准和规定，如《企业会计准则解释第 2 号》（财会［2008］11 号）和《保险合同会计处理相关规定》（财会［2009］15 号）等。

新准则与旧准则有许多不同的地方，比如，关于非寿险责任准备金的分类，在新准则下只有未到期责任准备金和未决赔款准备金两大类，不再有长期责任准备金科目。而且，这两个科目与旧准则下的相同名称下准备金科目的含义也有所差异。以未到期责任准备金为例，新准则下的未到期责任准备金，是指经过保费充足性测试调整之后的最终评估结果。

目前，比较具体的规定是《保险合同会计处理相关规定》（财会［2009］15 号），主要包括三项内容：（1）保险混合合同分拆；（2）重大风险测试；（3）保险合同准备金计量。

10.2.1 混合保险合同分拆

按照我国《企业会计准则第 25 号——原保险合同》的定义，保险合同是指保险人与投保人约定保险权利义务关系，并承担源于被保险人保险风险的协议。保险人与投保人签订的合同，有可能使保险人既承担保险风险，又承担其他非保险风险。对于既包含保险风险又包含其他风险的合同，应该区别对待。

保险风险部分和其他风险部分能够区分，并且能够单独计量的，应当将保险风险部分和其他风险部分进行分拆。保险风险部分，确定为保险合同；其他风险部分，不确定为保险合同。

保险风险部分和其他风险部分不能够区分，或者虽然能够区分但不能够单独计量的，如果保险风险重大，应当将整个合同确定为保险合同；如果保险风险不重大，不应当将整个合同确定为保险合同。

确定为保险合同的，应当按照《企业会计准则第 25 号——原保险合同》、《企业会计准则第 26 号——再保险合同》等进行处理；不确定为保险合同的，应当按照《企业会计准则第 22 号——金融工具确认和计量》、《企业会计准则第 37 号——金融工具列报》等进行处理。

10.2.2 重大保险风险测试

保险人与投保人签订的需要进行重大保险风险测试的合同，应当在合同初始确认日进行重大保险风险测试。保险人应当以单项合同为基础进行重大保险风险测试；不同合同的保险风险同质的，可以按合同组合为基础进行重大保险风险测试。

如果测试结果表明，发生合同约定的保险事故可能导致保险人支付重大附加利益的，即认定该保险风险重大，但不具有商业实质的除外。合同的签发对交易双方的经济利益没有可辨认的影响的，表明保险人与投保人签订的合同不具有商业实质。附加利益是指保险人在发生保险事故时的支付额超过不发生保险事故时的支付额的金额。

如果通过重大风险测试的合同，认定为保险合同，则按照保险合同会计准则核算，将收取的保费确认为保费收入；如果未通过重大风险测试的合同，则不能认定为保险合同，应按照金融工具会计准则或其他有关准则核算，所收取的保费不应确认为保费收入。

1. 重大保险风险定义

保单转移重大保险风险是指，除缺乏商业实质的情形之外，保单约定的保险事故发生可能导致保险人支付重大保险附加利益。其中，缺乏商业实质是指保单签发对交易双方不产生可辨认的经济影响。保险附加利益是指保险人在保险事故发生情景下，比保险事故不发生情景下多支付的金额。

2. 重大保险风险测试的基本步骤

保险人可以采取如图 10 – 1 所示的步骤判断原保险保单是否转移重大保险风险。

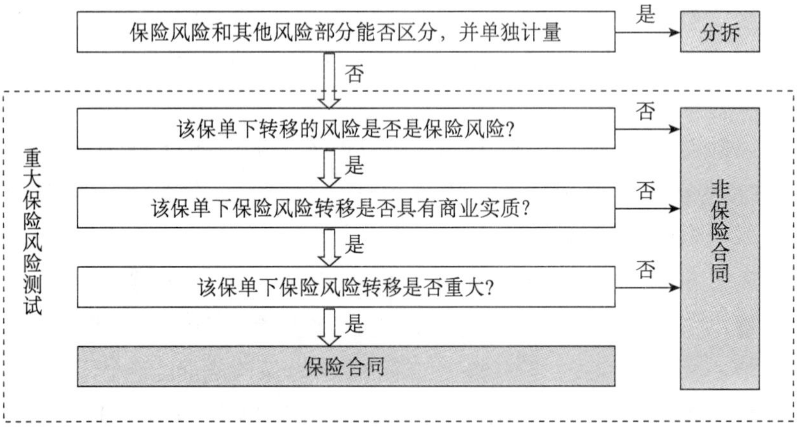

图 10 – 1　重大风险测试流程图

第一步，判断原保险保单是否转移保险风险。原保险保单转移的保险风险是指被保险人已经存在的风险，例如，可能对被保险人财产造成损害或毁坏的火灾的发生或不发生，被保险人是否能够生存到保单约定的年龄，被保险人是否会患上保单约定的重大疾病等。

如果保险人没有转移被保险人的保险风险，转移的是其他风险，例如，金融工具价格、商品价格、汇率、费用指数、信用等级、信用指数等可能发生变化的风险，则双方签订的合同不是保险合同。

第二步，判断原保险保单的保险风险转移是否具有商业实质。如果保险事故发生可能导致保险人承担赔付保险金责任，则原保险保单具有商业实质。对商业实质判断的注意要点如下：

（1）如果某些情形发生的可能性是如此的微小，以致于保险公司在定价或承保时都不会去考虑的，那么这些情形就可以被认定为不具备商业实质影响的情形；

（2）概率小的保险事故（如巨灾风险）不一定没有商业实质；

（3）如果原保险保单包含多项互斥的保险事故，保险人应根据产品设计初衷、合同条款和经验数据进行判断，选择合理的具有商业实质的保险事故进行重大保险风险测试。

第三步，判断原保险保单转移的保险风险是否重大。

对于非年金保单，以原保险保单保险风险比例来衡量保险风险转移的显著程度。如果原保险保单保险风险比例在保单存续期的一个或多个时点大于等于5%，则确认为保险合同，其中：

$$\text{原保险保单保险风险比例}=\left(\frac{\text{保险事故发生情景下保险公司支付的金额}}{\text{保险事故不发生情景下保险公司支付的金额}}-1\right)\times 100\%$$

公式中的分子是指保险事故发生情景下保险人支付的保险金；分母是指保险事故不发生情景下保险人支付的金额，即保险人支付给被保险人的退保金或满期给付金；对于非寿险保单，是指保险人支付退保金或保险合同终止时保险人支付的金额。公式中，上述金额的计算不考虑现值和概率。

【例10－2】　2007年1月1日，甲保险公司与丙公司签订一份工程保险，保险金额为400万元，保险期间为2007年1月1日零时起至2008年12月31日24时止；保费总额为4 000元，分两年于每年年初等额收取。

根据保单条款可以判断，甲保险公司在保险事故发生情景下的支付金额大大超过保险事故未发生情景下的支付金额，该保单满足转移重大保险风险的条件，确认为保险合同。

从保险风险比例的计算公式可知，非寿险保单通常显而易见地满足转移重大保险风险的条件，因此，保险人往往可以不计算原保险保单保险风险比例，直接将大多数非寿险保单判定为保险合同。

10.2.3　准备金计量原则

《保险合同会计处理相关规定》（财会［2009］15号）明确要求，应以履行保险合同相关义务所需支出的合理估计金额为基础，计量保险合同的责任准备金，同时，应考虑边际因素和货币时间价值。

与国际会计准则理事会（IASB）对计量方法的要求一致，我国新会计准则下关于保险合同准备金的计量，也基于如下三个基本要素：

要素1：对未来现金流采用明确的当前估计（Explicit and Current Estimate）；

要素2：反映现金流量的时间价值（Time Value）；

要素3：显性的边际（Explicit Margins）。

这三要素的构成和逻辑关系如图10－2所示，保险合同的责任准备金，是在对合同负债的合理估计基础之上，加上一个明确的边际（要素3），而对合同负债的合理估计，又包括两个方面：首先要估计合同对应的未来现金流出（要素1），还要考虑货币的时间价值影响（要素2）。

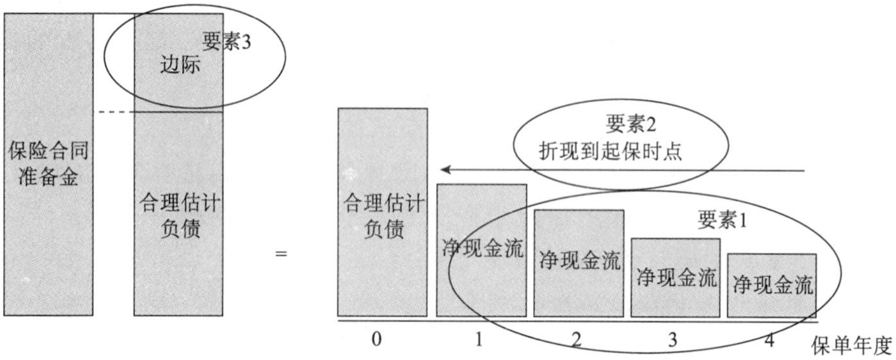

图10－2　保险合同准备金计量要素示意图

1. 要素1：对未来现金流采用明确的当前估计

保险人需要考虑的现金流包括但不限于保险合同承诺的保证利益、构成推定义务的非保证利益、必须的合理费用、保费和其他收费等现金流入、内嵌衍生工具产生的现金流。保险合同的特点决定这些现金流是不确定的，需要采用合理的估计方法得到。在实务中，对保险合同现金流的估计需要遵循三个基本原则，即无偏估计、当前估计和市场一致。

所谓无偏估计，是指基于未来可能的现金流量的概率加权平均值。当前估计是根据资产负债表日可供利用的所有信息更新的假设。与市场一致是指在合理估计未来的现金流时要尽可能与可观察到的市场数据相一致，当无法获得可观察的市场数据时，应根据公司的实际经验、行业现有经验以及未来趋势确定合理的估计值。

IASB《初步意见》中明确提出“无偏估计是基于各种可能情况的加权平均结果，而不是最有可能出现的结果”。在IAS37（Provisions，Contingent Liabilities and Contingent Assets）中，最佳估计是保险人在报告期末合理处理负债所需要准备的金额。最佳估计与无偏估计的差别：IAS37中的最佳估计依赖于公司管理层的判断；但新准则要求的无偏估计不再依赖于管理层判断，而要求对所有可能的结果进行概率加权，确定无偏估计。尽管最佳估计需要考虑可能出现的结果，但没有明确提出要进行加权平均、计算无偏估计结果。IAS37 虽然规定也要考虑最佳估计所蕴含的不确定性，但这种考虑是隐性的，即在判断最佳估计时考虑不确定性，并且仍然要求选择置信区间的中点；而新准则要求在无偏估计的基础上显性考虑并单独附加边际。

2. 要素 2：反映现金流的时间价值

对于未来保险利益不受投资收益影响的保险合同，用于计算未到期责任准备金的折现率，应当根据与负债现金流出期限和风险相当的市场利率确定。

期限相当是指市场利率的资产期限与负债净现金流支出的期限一致。如果负债现金流的期限长于可观察到的市场利率的期限，就需要对利率曲线进行外推。

风险相当是指市场利率资产的风险与负债的风险一致，不包括影响市场利率的资产的信用风险。保险合同现金流在金额和时间上的不确定性应通过边际来反映，不应当影响折现率的选择。

3. 要素 3：包括显性的边际

保险人在确定保险合同准备金时，应当考虑边际因素，并单独计量。在初始确认保险合同准备金时，不应确认首日利得，但应确认首日损失。《规定》中的“边际”，包括风险边际和剩余边际。风险边际是要反映评估过程中的不确定性，而剩余边际则是为了不确认首日利得而设立的。当可观察的“保险合同负债的市场价值”大于“未来合理估计负债 + 风险边际”时，存在首日利得，将其差额称为“剩余边际”；当剩余边际为负值时，即存在首日损失，应确认并体现在当期损益中。其中，可观察的保险合同负债的市场价值 = 保费收入 − 市场一致的获取成本。

【例 10 − 3】 计量首日利得或首日损失的例子。

（1）图 10 − 3 显示的是存在首日利得的情况，此时，剩余边际 = 首日利得。

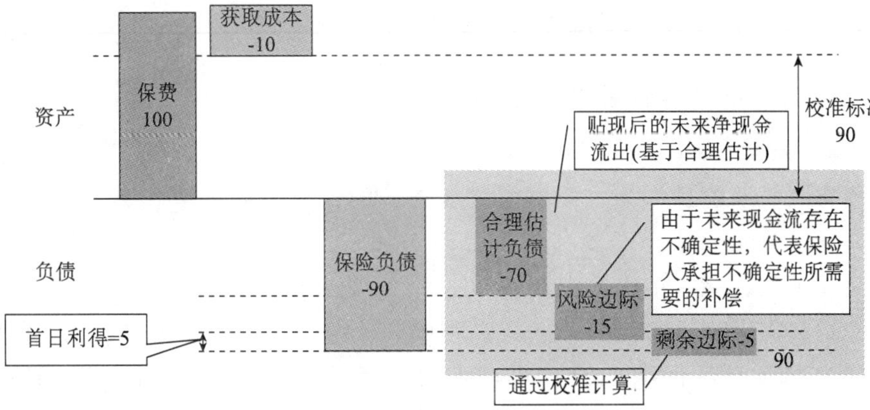

图 10 − 3　首日利得示例

（2）图 10－4 显示的是存在首日损失的情况，此时，剩余边际为 0。

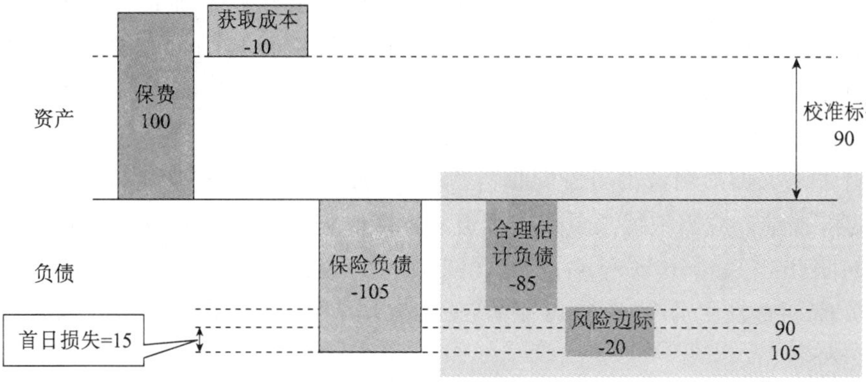

图 10－4　首日损失示例

【例 10－4】　后续计量的例子。具体内容如图 10－5 所示。

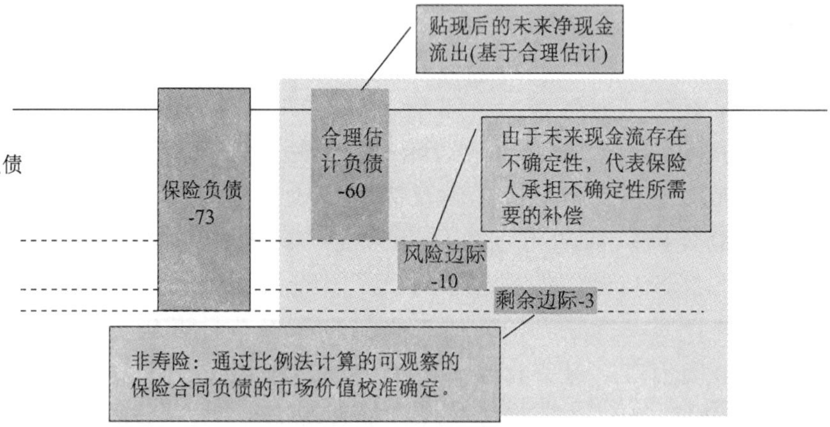

图 10－5　后续计量示例

综上所述，保险合同的准备金应由 3 部分组成，即合理的估计负债，对保险合同未来净现金流出金额的合理估计，加上风险边际和剩余边际。

10.2.4　准备金计量的关键控制点

1. 计量单元的确定

具有同质风险且作为一个整体进行管理的保险合同可以作为一个保险合同组。计量单元的选择需要考虑产品业务线、产品特征、保单的风险特征、保单生效年度、保单年度等多种因素。业务类型可按 14 类核算：（1）企业财产险；（2）家庭财产险；（3）工程险；（4）责任保险；（5）信用保证险；（6）机动车辆保险；（7）机动车辆法定第三者责任保险；（8）船舶保险；（9）货物运输保险；（10）特殊风险保险；（11）农业保险；（12）意外伤害保险；（13）短期健康保险；（14）其他。

2. 合理估计假设的确定

准备金评估中提到的关于“合理估计”的概念，有一定的主观含义，在实务中，主要是指基于以下假设：

- 应以资产负债表日可获取的当期信息为基础；
- 应当与可观察到的市场数据相一致；
- 无法获取可观察到市场数据的，应根据保险人的实际经验、行业现有信息及未来趋势进行估计；
- 应考虑不同假设之间的一致性，例如，在确定费用假设时，考虑的通货膨胀因素应与确定贴现率假设时的通货膨胀率保持一致；
- 评估与前次测算选用假设的差异。

此外，对于假设中的不同参数，应考虑不同的因素，具体概括如表 10－3 中的内容。

表 10－3　　不同参数合理估计所需要考虑的因素

假设	考虑的因素
保险事故 发生率/赔付率	■ 当前行业经验和再保险人的数据 ■ 未来的发展趋势 ■ 保险人定价时使用的假设
退保率	■ 产品特征 ■ 销售渠道 ■ 缴费方式 ■ 金融市场的条件等
维持费用	■ 合理的、必须的 ■ 应基于费用分析，合理地将费用分配到不同的业务组合 ■ 考虑的费用包括：续期佣金手续费、营业费用等
获取成本	■ 考虑的费用包括：佣金手续费、保险保障基金和监管费、营业税及附加等增量成本

3. 贴现率的确定

贴现率应以资产负债表日可获取的当期信息为基础确定，不得锁定。需要注意的是，不能将“当期信息”等同于“当前利率”。

是否需要对保险合同的未来现金流进行贴现，应考虑保险负债的久期，当计量单元整体保险负债的久期低于 1 年时，可不考虑货币时间价值的影响；对于久期超过 1 年以上的保险负债，应当考虑货币时间价值的影响，考虑贴现。

关于贴现率的选择，通常采用由行业统一规定的贴现率，比如，现行规定是按中央国债登记结算有限责任公司编制的 750 个工作日国债收益率曲线的移动平均为基准（中国债券信息网“保险合同准备金计量基准收益率曲线”，www. chinabond. com. cn），加上合理的风险溢价。风险溢价应在 150BP 范围内，调整时需要考虑以下因素：

（1）流动性溢价。国债通常因具有较强的变现能力，由于市场偏好会提高其价格，进而导致其收益率远低于无风险利率；保险合同的流动性要低于国债。

（2）税收。国债利息是免税的，但是税前和税后收益率不是简单的25%的关系。

（3）其他因素。包括供求关系可能扭曲国债收益率、特殊的风险因素等。

4. 久期（Duration）

应该分别计算未到期责任准备金和未决赔款准备金的久期。

（1）未决赔款准备金久期的计算。可以通过下述例子进行说明。如图10－6，假设赔付时间均匀分布，平均赔付发生在年中。

		发展年度					
		1	2	3	4	5	6
事故年度	2004						
	2005						A_5
	2006					A_4	B_4
	2007				A_3	B_3	C_3
	2008			A_2	B_2	C_2	D_2
	2009	A_0	A_1	B_1	C_1	D_1	E_1

图10－6　未决赔款准备金示意图

则未决赔款准备金的平均久期计算为：

$$\frac{0.5\times A+1.5\times B+2.5\times C+3.5\times D+4.5\times E}{A+B+C+D+E}$$

其中，$A=A_1+A_2+A_3+A_4+A_5$；$B=B_1+B_2+B_3+B_4$；$C=C_1+C_2+C_3$；$D=D_1+D_2$；$E=E_1$。

（2）未到期责任准备金久期的计算。如果未来现金流的久期大于1年，则应该贴现。假设赔付时间均匀分布，平均赔付发生在年中，则未到期责任准备金的久期可以采用类似于计算未决赔款准备金久期的方法，具体如下：

①按照保单年度的流量预测未来各年新增的赔款；

②按此预测出的各年赔款扣减未决赔款准备金各年的赔款；

③假定赔付时间均匀分布，计算步骤2得到的各年赔款的平均时间。

实务在处理时也可以采用简化的方法进行评估，即将未到期责任准备金的久期分为两段：一段是从评估时点至出险的平均时间，另一段是从出险时间至最终赔付的平均时间，将这两段时间相加即为未到期责任准备金的久期。从评估时点至出险的平均时间可根据从评估时点至保险止期的平均时间的一半得到（假定未到期部分的风险分布均匀），从出险时间至最终赔付的平均时间可根据事故年度的发展流量得到。

考虑到费用因素，未到期责任准备金的久期需要在上述估算值的基础上做一定的调整。

5. 边际（Margin）

从原理上来看，保险公司可以根据自身的数据来测算并确定未到期的相关风险边际，但是通常需要遵循以下三个条件：

（1）测算风险边际的方法限定为资本成本法和75%分位数法；

（2）风险边际与未来现金流无偏估计的比例不得超出2.5% -15%的区间；

（3）测算风险边际的方法和假设应在财务报告附表附注中详细披露。

对于不具备充足数据来测试风险边际的保险公司，可以采用行业比例来确定未到期责任准备金和未决赔款准备金的边际。我国保险业目前对边际比例的建议为：未到期责任准备金的风险边际比例按照未来现金流无偏估计的3.0%计算；未决赔款责任准备金的风险边际比例按照未来现金流无偏估计的2.5%计算。其他方法可参见本章§10.5内容。

6. 剩余边际的摊销方法

剩余边际的摊销决定了利润释放的时间和分布形态。保险人因承保保险合同而产生的利润来源于保险人提供的两种服务：承担风险和提供服务，因此，边际应当随着确认保险合同收入和提供服务而逐步实现，释放部分确认为利润。非寿险的剩余边际可以通过与比例法计算的未赚保费（扣除获取成本后）校准确定。

【例10 -5】　非寿险未到期责任准备金计算示例（见表10 -4）

某公司于7月1日签订了一个车险合同，保费收入为1 000元，其中，获取费用和税金共计240元，假设当年无赔款。评估时点为12月31日。

表10 -4

		情景1	情景2
第一步	（1）合理估计负债 = 贴现的未来赔款和维持费用	300	420
第二步	（2）风险边际 =（1）×边际率	300 ×2.5% =7.5	420 ×2.5% =10.5
第三步	（3）校准标准 = 比例法计算未赚保费（扣除获取成本）	（1 000 -240）×0.5 =380	（1 000 -240）×0.5 =380
第四步	（4）剩余边际 = max[0,(3) -(1) -(2)]	380 -300 -7.5 =72.5	380 -420 -10.5 = -50.5 剩余边际为0，首日损失为50.5
第五步	(5)保险合同负债 =(1) +(2) +(4)	300 +7.5 +72.5 =380	420 +10.5 +0 =430.5

§10.3 未到期责任准备金

10.3.1 未到期责任准备金计量方法

未到期责任准备金的评估，同样是以保险人履行保险合同相关义务所需支付的合理估计金额为基础进行计量，同样由“三要素”构成：（1）未来现金流的无偏估计，包括预期赔款估计、保单维持成本、保单理赔费用等；（2）若货币价值影响显著，则对这些未来现金流进行贴现；（3）加上显著的风险边际。

上述将三要素依次计算并相加的方法，称为“加法算法”，或称为“退出价值法”。

也可以从另一角度来看上述过程。按照保费定价原理，所有有效保单对应的总保费 P，扣除首日费用后，余下的“校准保费”可以分解为三个部分：风险保费、安全附加保费和利润附加保费。假设保费是充足的，则风险保费对应着未来现金流出的贴现值；而安全附加保费和利润附加保费则对应着风险边际和剩余边际。图 10－7 和图 10－8 给出了这种关系。

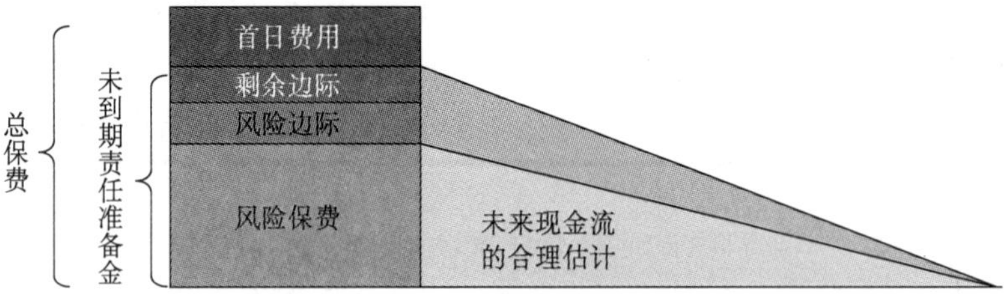

图 10－7　未到期责任准备金示意图

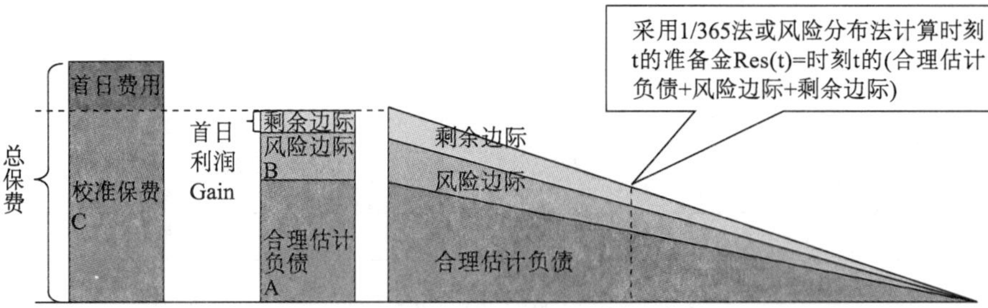

图 10－8　保费充足情况下各个时点未到期责任准备金计量图

因此，对于一份保险合同来说，签单时刻的未到期责任准备金应等于签单时刻的校准保费，即“总保费－首日费用”。在任何评估时点 t 的未到期责任准备金，应等于“校准保费”中未赚取的那部分，即“校准保费”乘上按“比例法或风险分布法算出的未赚比例”，即：

（总保费 － 首日费用） ×比例法或风险分布法算出的未赚比例

该方法可以称为“减法法”，或称为“未赚保费法”或“进入价值法”。在保险费率充足的情况下，“加法法”与“减法法”的结果应该是相同的，即：

合理估计负债 + 边际 =（总保费 － 首日费用） ×比例法或风险分布法算出的未赚比例

但是，对于保费定价不足的情况下，还需要详细分析。这时，未到期责任准备金在各个时点的计量会变为如图 10 －9 显示的情况，即校准保费不足以覆盖合理估计负债和风险边际，不存在剩余边际。这时，就需要计提保费不足准备金，即：

未到期责任准备金 = 按减法法计算的结果 + 保费不足准备金

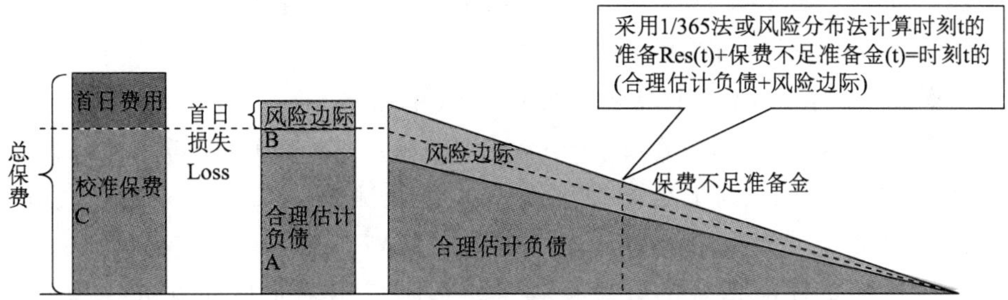

图 10 －9　保费不足情况下各个时点未到期责任准备金计量图

总之，在新会计准则下，未到期责任准备金是指经过充足性测试后的结果。如果通过充足性测试，则未到期责任准备金就是以校准保费为基数的“未赚保费准备金”，如果没有通过充足性测试，则未到期责任准备金就是以校准保费为基数的“未赚保费准备金”加上“保费不足准备金”，即：

未到期责任准备金 =（总保费 － 首日费用）×比例法或风险分布法算出的未赚比例 + 保费不足准备金

10.3.2　首日费用

新会计准则下计算未到期责任准备金的基数是校准保费，而不是第八章计算未赚保费准备金时所采用的总保费。但“首日费用”究竟包含哪些项目呢？

原则上，首日费用的内容和确认应当遵循增量成本的原则，即首日费用仅限于增量成本，增量成本是指如果不签单就不会发生的费用。这个概念来源于国际会计准则 IAS39，即关于金融工具的确认和计量准则，是指签发（即销售、承保和保单合同成立时发生的费用）保险合同所发生的增量成本，不应该包括其他的直接费用。

如果首日费用是指为获得保险合同而产生的费用及保单合同成立时发

生的费用，那么其内容通常包括手续费、佣金支出、保单签单成本、与出单相关的保单相关营运费用、营业税金和附加、保险保障基金、监管费等费用、支付给以销售代理方式的内部员工的手续费和佣金。

首日费用的范围是一个重大的会计政策，必须充分披露，而且在不同的会计期间应保持一致，如果变动，需要追溯调整。

10.3.3 充足性测试

在实务中，关于充足性测试方法可按以下三个步骤进行：

第一步：估计未来现金净流出，包括未决赔款、理赔费用以及保单维持费用。需要估计未来每年发生的现金流出，可基于已决赔款的流量三角形模式。

第二步：根据计算的久期，采用适当的贴现率进行贴现。

第三步：比较 X 与 Y 的大小，其中：

X = 贴现后的未来现金净流出 ×（1 + 边际）

Y =（总保费 − 首日费用）× t 时刻按比例法或风险分布法计算出的未赚比例

如果前者小于或等于后者，则通过充足性测试。反之，未通过充足性测试，这种情况下应提取保费不足准备金，保费不足准备金等于（$X-Y$）。

在未到期责任准备金的计算过程中，边际仅用于充足性测试。

§10.4 未决赔款准备金

10.4.1 计算原理

在新会计准则下，对未决赔款准备金的计算原理，是在对未来赔款和理赔费用现金流的合理估计的基础上，考虑贴现并加上恰当的风险边际，即：

未决赔款准备金 = 未决赔款准备金谨慎估计值 − 谨慎估计部分 − 贴现部分 + 风险边际

与过去的计算方法相比，主要差异在于贴现和风险边际。图 10−10 给出了一个直观的比较。

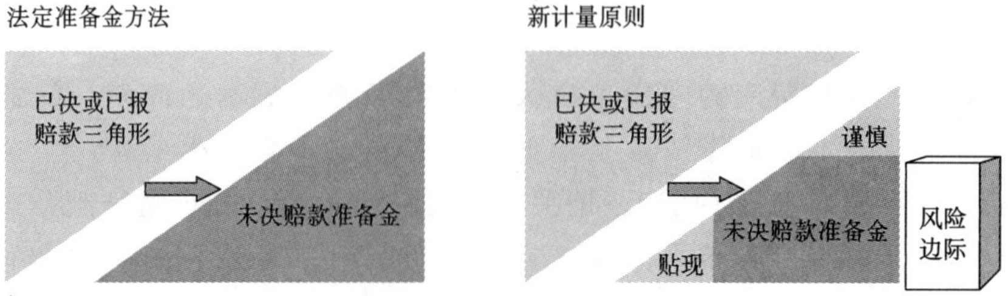

图 10−10 传统方法和新方法的比较

10.4.2　计量步骤

（1）计算期望现金流。保险人应当采用逐案估损法、案均赔款法等方法，计量已发生、已报案未决赔款现金流。

根据保险风险的性质和分布、赔款发展模式、经验数据等因素，采用链梯法、案均赔款法、准备金进展法、B－F法等方法，计量已发生未报案未决赔款现金流；保险人应当以未来必须发生的理赔费用的合理估计金额为基础，计量理赔费用的现金流。

（2）计算负债久期。计算和判断这些未来保单负债现金流的久期。

（3）选择合适的贴现率进行贴现。

（4）最终的未决赔款准备金＝上一步得到的数额×（1＋风险边际）。

§10.5　风险边际的计算方法

关于保险合同的会计准则，无论是国际准则还是我国保险业的准则，都只是确定了原则和框架，许多关键的技术标准则尚未制定。最典型的问题就是计算贴现率和计算风险边际的方法都还没有制定，这是精算师必须面对的现实。

本节参照国际精算界的相关研究，介绍了关于风险边际的计算方法。

10.5.1　风险边际的概念

国际精算协会（IAA）在2009年发表的《保险合同负债的确认：当前估计和风险边际》，认为市场中保险合同的交易价格应该包括当前估计和风险边际。风险边际主要有两个目的：一是对风险的补偿，对保险负债和合同中投资收益的不确定性进行补偿；二是偿付能力的要求，弥补不利偏差的损失。在欧盟Solvency Ⅱ最新发布的第五次行业量化影响测试（QIS5）中，认为风险边际是保险合同负债的一部分，反映了保险人在理性条件下用以规避未来现金流将超过预期的风险愿意付出的最高金额。它并不是对负债估计所额外附加的安全边际，而是为了补偿市场参与者承担风险所需付出的机会成本（或者风险对价），主要反映了未来现金流的不确定性。

对于边际的理解，不同国家的观点略有差异。美国GAAP体系下边际等于保单在初始时刻按照评估假设计算的利润，这部分利润不允许在初始时刻释放，而要在保险期限内按照保费或保额的一定比例逐年确认，并定义在没有考虑其他边际的基础上，用于去除首日利得的边际为综合边际。IASB工作小组建议在准备金的计量中使用风险调整与剩余边际两部分边际。风险调整是为了反映未来现金流的不确定性，剩余边际并不是真正意义上的边际，而是在已考虑其他边际（风险调整）的基础上，为了不确认首日利得而设定的边际。加拿大则用不利偏差边际反映了最优估计假设的不确定性，并且规定了不利偏差边际的取值范围（通常是各最优估计假设的5%和20%）。

根据我国《保险合同相关会计规定》的规定：

• 保险人在确定保险合同准备金时，应当考虑边际因素，并单独计量。

• 保险人在保险合同初始确认日，不应当确认首日利得，发生首日损失的，应当予以确认并计入当期损益。

这说明边际包括风险边际和剩余边际，这与IASB/IAA的观点一致。对于寿险公司和产险公司，中国保监会出台了相关的指导细则。对于寿险，保监会建议采用情景对比法[①]：

风险边际 = 不利情景下的负债 － 基于合理估计假设的负债。

其中，不利情景应基于对保险负债未来现金流的不确定性的分析确定，并应考虑以下不确定性：

• 考虑死亡率的变动（对于定期寿险，考虑死亡率增加；对于年金险，通常考虑死亡率减少）。

• 考虑退保率的变动（退保率的变动方向需根据产品特征确定）。

• 考虑费用增加的情景。

• 非分红险应采用与合理估计负债相同的折现率；分红险需考虑预期投资收益的变动。

对于非寿险，中国保险监督管理委员会发布的《关于保险业做好〈企业会计准则解释第2号〉实施工作的通知》中，明确要求财产保险公司与再保险公司的非寿险业务准备金包含明确的风险边际。测算风险边际的方法限定为行业基准、资本成本法和75%分位数法。

10.5.2 风险边际的计算方法

1. 风险边际的计算方法简介

国际会计准则IFRS 4第二阶段征求意见稿（2010年7月）明确地规定保险业务负债的评估中应包含明确的边际，并指出风险边际的具体方法为：分位数法、条件尾部期望法和资本成本法。除此以外，还有首日利得为零法等。

分位数法（Quantile methods）是指在一个时期内既定的概率或置信度下（如75%或95%概率下），以最坏情况的损失（或者最大损失）金额作

---

① 第一届中国保险业CFO论坛。

为公司所需提供的资本，其与准备金的最优估计的差值即为风险边际。这等同于在险价值的概念（VaR）。

条件尾部期望（Conditional Tail Expectation，CTE）法，是指以损失超过一定百分比时的平均损失作为公司所需提供的资本，其与准备金最优估计的差值即为风险边际。

资本成本法（Cost of Capital Method）是指为应对保险合同的负债风险（不确定性）所需持有相关资本的成本，该成本应当作为负债的风险边际计入负债，作为使用资本金的风险对价，与负债的最佳估计共同组成准备金。Solvency Ⅱ中欧盟采用6%作为持有资本的成本。

首日利得为零法其实不是一种明确的计算方法，而更像一种会计处理方法。其思想是保单初始时边际应根据保费进行计量，损益表中不应该确认首日利润。如果保险合同的初始计量产生首日损失，则应将损失计入损益表中。在新准则下这种方法表现为剩余边际。

其他推荐的方法如加拿大采用的区间法。区间法是指设定边际的一个区间，提示具体执行中需要考虑的因素。加拿大精算师协会目前对于边际设定上、下限，具体上、下限按照边际相关的变量分别设定：理赔进展边际为2.5% -20%；再保摊回为0.0% -15.0%；利率为25个基点-200个基点（即0.25% -2.0%）。通过设定不同因素的区间，一方面可以防止保险公司利用边际粉饰利润表，另一方面也给精算师一定的自由空间，根据自己的职业判断，对准备金作出合理的估计。

我国对于非寿险业务风险边际的计算方法与国际会计准则推荐的方法一致，但把测算风险边际的方法限定为资本成本法和75%分位数法。风险边际与未来现金流现值的无偏估计的比例不得超出2.5% -15.0%的区间，同时测算风险边际的方法和假设应在报表附注中详细披露。不具备数据基础进行测算的财产保险公司与再保险公司，非寿险业务准备金的风险边际应采用行业比例，未到期责任准备金的风险边际按照未来现金流现值的无偏估计的3.0%确定，未决赔款准备金的风险边际按照未来现金流现值无偏估计的2.5%确定。

2. 75%分位数法

75%分位数法就是在一个时期内75%置信水平下最坏情况的损失（或者最大损失），其计算方法为对未来现金流进行随机模拟，在结果的概率分布中，选取分位数作为负债计量的基准。75%分位数法就是准备金充足的概率达75%。75%分位数法是澳大利亚保险公司普遍采用的方法。

利用分位数法测算风险边际首先需要计算某一置信度下的风险资本。以未决赔款准备金对应的风险边际为例，可以分为以下几个步骤进行测算：

第一步：整理净赔款三角形。

第二步：建立随机模型，对负债未来现金流进行模拟。通过模拟，我们可以得到未来赔款现金流的均值、变异系数、75%分位数等参数及未来各个时期的现金流分布。考虑到间接理赔费用准备金为未来赔款的一个比例，可以在模拟的基础上参考历史经验比例，得到包含间接理赔费用等现金流出。随机模型可以采用 Bootstrapping 等方法。

第三步：计算 0 时点未来预期现金流的现值。根据第二步得到的未来各时期预期现金流，贴现至时点 0 并相加，得到 0 时点贴现后的未来预期现金流。

第四步：计算风险边际。根据第三步得到的贴现后的未来预期现金流出，在假设赔款分布服从对数正态分布的情况下，直接计算出 75% 置信度下负债风险波动需要的风险资本。风险边际等于 75% 置信度下的风险资本与最优估计下的准备金的差值。

3. 资本成本法

资本成本法是欧盟 Solvency Ⅱ 中所推崇的方法，其出发点是认为保险合同的负债风险（不确定性）占用资本，占用资本金需要付出成本，这种成本应当作为负债的风险边际计入负债，作为使用资本金的风险对价，与负债的最佳估计共同组成准备金。保险合同所占用的资本应该与偿付能力资本要求（Solvency Capital Requirement，SCR）相等。

根据最新的欧盟 Solvency Ⅱ 的第五次行业量化影响测试（Fifth Quantitative Impact Study，QIS5），风险边际的计算方法为：

$$CoCM = CoC \times \sum_{t \geqslant 0} \frac{SCR(t)}{(1 + r_{t+1})^{t+1}}$$

式中，$CoCM$ 为资本成本法计算的风险边际；$SCR(t)$ 为 t 时刻的偿付能力资本要求；r_t 为 t 时刻的无风险折现率；CoC 为资本回报率。

上述风险边际的计算方法是广泛适用的，公司可以选择使用欧盟 Solvency Ⅱ QIS5 规定的公式法测算 SCR，或者使用保险公司自己量身订制的内部模型法测算 SCR。至于资本回报率规定为6%，其主要的考虑有：用以满足资本要求的资产应以有价证券的形式存在，资本要求的回报率并不是这部分资产的全部收益率，而只应包含并高于其中的无风险收益部分。资本回报率与保险人真实的偿付能力无关，而应当与保险人偿付能力资本要求相一致。同时，风险边际还应该能够保证各种不利场景下准备金负债的充足性，因此，资本回报率的选择要考虑长期的平均结果，并且考虑不同时期的稳定性和压力。

资本成本法强调占用资本金需要付出成本，因此，其计算的重点在于计算其偿付能力资本要求 SCR。欧盟 Solvency Ⅱ QIS5 要求 SCR 的计算应考虑如下风险因素：

- 承保风险；
- 不可规避的市场风险；
- 与再保险安排或其他特殊中介相关的信用风险；
- 操作风险。

在 QIS5 规定的公式法下，自然结清过程（runoff）中各年的 SCR 计算公式如下：

$$SCR(t) = BSCR(t) + SCR_{op}(t) - Adj(t)$$

式中，$BSCR(t)$ 为 t 时刻的基本 SCR；$SCR_{OP}(t)$ 为 SCR 中与保险运营风险有关的部分；$Adj(t)$ 为 t 时刻准备金的风险抵消能力调整。

在计算风险边际的过程中，对于市场风险应该只考虑不可规避的市场风险部分。保险人应该用切实可行的方法计算不可规避的市场风险。保险人只需要考虑有重大影响的市场风险部分。对于财产保险，保险合同负债中不可规避的市场风险几乎为零。在计算风险边际的过程中，再保险摊回风险部分只应考虑再保险分出业务部分的风险。

欧盟 Solvency Ⅱ QIS5 规定财产意外保险的风险边际应以保险人提留的整体准备金为基础，不用区分未决赔款准备金风险边际和未到期责任准备金风险边际。

以未决赔款准备金对应的风险边际为例，可以按以下几个步骤进行测算：

第一步：整理净赔款三角形。

第二步：建立随机模型，对负债未来现金流进行模拟。通过模拟，可以得到未来赔款现金流的均值、变异系数、75%分位数等参数及未来各个时期的现金流分布。考虑到间接理赔费用准备金为未来赔款的一个比例，可以在模拟的基础上参考历史经验比例，得到包含间接理赔费用等现金流出。随机模型可以采用 Bootstrapping 等方法。

第三步：计算未来各时点对应的预期现金流。根据第二步得到的现金流分布，可以计算出未来各时期末（如未来每半年末）对应的所有未来预期现金流。

第四步：计算未来各时点需要的资本金额度。

第五步：计算资本占用成本。将各时点需要的资本金额度乘以资本回报率，作为各时点资本金占用成本。

第六步：计算风险边际。将第五步得到的资本占用成本贴现至时点 0 并相加，该数值即为风险边际。

为了进一步让读者理解资本成本法，我们将在下一节选取一家车险公司的数据，利用资本成本法计算其风险边际。

10.5.3 风险边际的分摊

风险边际的计算应该以产品线为单位。QIS5 推荐使用分摊的办法来计算分产品线的风险边际，即首先计算保险人整体业务的风险边际，并同时考虑不同产品线之间的风险分散，然后将整体业务的风险边际分摊到各产品线。在计算分产品线的风险边际时，应考虑产品线之间的风险分散。相应的，所有产品线的风险边际之和应等于整体业务的风险边际。风险边际的分摊应该考虑各产品线对整体 SCR 的贡献。

在评估每条产品线对整体业务的贡献时，SCR 的计算应基于以下假设：（1）保险人没有承保其他产品线的业务；（2）该产品线的 SCR 相对稳定。具体的分摊公式为：

$$CoCM_{lob} = \frac{SCR_{lob}(0)}{\sum_{lob} SCR_{lob}(0)} \times CoCM$$

式中，$CoCM_{lob}$为分摊后各产品线的风险边际；SCR_{lob}（0）为 0 时刻该产品线的 SCR 要求；$CoCM$ 为整体业务的风险边际。

10.5.4 案例分析

现考虑一家专营车险业务的公司，并得到 2005—2010 年的赔付数据（见表 10－5）。在利用资本成本法计算其风险边际时，先做如下假设：

- 赔款分布为对数正态；
- 变异系数在未来各期不变，即对数正态分布的参数 σ 不变；
- 采用 Solvency Ⅱ 对 SCR 的规定，未来一年内资不抵债的概率低于 200 年一遇；
- 占用资金的回报率借用欧盟规定的 6% 的标准。折现率采用一年期国债利率（2.6%）。

表 10－5　　累积已付赔款　　（单位：千元）

事故年	进展年					
	12	24	36	48	60	72
2005	148 674	391 915	443 566	456 982	460 522	461 660
2006	230 116	780 604	902 744	932 276	940 293	
2007	916 290	2 743 628	3 172 122	3 264 929		
2008	1 057 347	3 191 991	3 568 635			
2009	1 269 139	3 995 503				
2010	1 510 239					

利用链梯法可以得到未来现金流的最佳估计（见表 10－6），其中需要考虑合适的贴现率和赔款模式。利用随机模拟方法（Bootstrap 方法模拟 1 000次）可以得到在 99.5% 的置信度下未来各期的现金流（见表 10－7）。

表 10－6　　未来各期的现金流的最佳估计　　（单位：千元）

事故年	预期最终赔款	实际已付赔款	未付赔款	2011 年	2012 年	2013 年	2014 年	2015 年
(1)	(2)	(3)	(4)	(5)	(6)	(7)	(8)	(9)
2005	461 660	461 660						
2006	942 618	940 293	2 325	2 325				
2007	3 300 228	3 264 929	35 299	27 159	8 140			
2008	3 715 596	3 568 635	146 961	107 219	30 577	9 165		
2009	4 732 961	3 995 503	737 458	550 258	136 577	38 949	11 674	
2010	5 484 996	1 510 239	3 974 756	3 120 122	637 690	158 278	45 138	13 529
总和	18 638 058	13 741 260	4 896 799	3 807 082	812 984	206 392	56 812	13 529

表 10－7　　99.5% 置信度下未来各期的现金流　　（单位：千元）

事故年	预期最终赔款	实际已付赔款	未付赔款	2011 年	2012 年	2013 年	2014 年	2015 年
(1)	(2)	(3)	(4)	(5)	(6)	(7)	(8)	(9)
2005	461 660	461 660						
2006	965 944	940 293	25 651	25 651				
2007	3 388 659	3 264 929	123 730	95 197	28 533			
2008	3 821 608	3 568 635	252 973	184 563	52 634	15 775		
2009	4 926 564	3 995 503	931 061	694 716	172 432	49 174	14 739	
2010	6 108 633	1 510 239	4 598 393	3 609 667	737 743	183 112	52 220	15 651
总和	19 673 067	13 741 260	5 931 808	4 609 794	991 342	248 062	66 959	15 651

根据未来各期的现金流，可以计算得出不同时期所需要的资本金额度和资本占用成本（见表 10－8）。

表 10－8　　风险边际的计算　　（单位：千元）

(a)	时期	0	1	2	3	4
(b)	99.5% 信度下各期未决赔款准备金	5 931 808	1 322 014	330 672	82 610	15 651
(c)	未决赔款准备金最优估计	4 896 799	1 089 716	276 733	70 341	13 529
(d) ＝ (b) － (c)	偿付能力资本 (SCR)	1 035 009	232 297	53 939	12 269	2 123

续表

(e)	占用资金的回报率6%　折现率2.6%					
(f) = $(1+2.6\%)^{-(a)}$	折现因子	1.000	0.975	0.950	0.926	0.902
(g)	风险边际	79 556				
(h)	风险边际/最优估计	1.62%				

其中，(b) 行是由表 10－7 最后一行计算得到，例如 248 062＋66 959＋15 651＝330 672（千元），(c) 行是由表 10－6 最后一行计算得到，例如 206 392＋56 812＋13 529＝276 733（千元），(d) 行等于 (b) 行减去 (c) 行，(g) 行的风险边际为 6%×（1 035 009×1.000＋232 297×0.975＋53 939×0.950＋12 269×0.926＋2 123×0.902）＝79 556（千元）。(h) 行是风险边际与最优估计的比值。此公司此险种的比值是 1.62%，小于保监会规定的下限 2.5%，所以本公司在该险种的风险边际与最优估计的比值可以取 2.5%。

第十一章　再保险准备金评估

本章将简要介绍再保险合同类型、再保险准备金的构成以及再保险准备金评估和原保险准备金评估的区别。在此基础上，介绍重大风险测试的方法和流程。最后，将基于再保险分入方的角度，简要介绍再保险准备金评估的理论和实务，并着重介绍特殊情况的处理方法。

§11.1　概　　述

11.1.1　再保险合同类别

再保险是指保险公司将其承担的保险业务，部分转移给其他保险公司的行为。同时，本章所指的再保险业务，也包含（再）保险公司将其承担再保险业务，部分转移给其他（再）保险公司的转分保业务。再保险安排对公司的经营行为和财务结果都有重大的影响，因此，世界各国的保险会计准则包括我国的保险会计准则都规定，原保险合同现金流量以及与其相关的再保险合同现金流量应当分别估计和披露。

按分保方式划分，再保险可以分为临时再保险、合约再保险。临时再保险指分出公司就每张保单或每笔业务与分入公司协商签订单独的再保险协定，而合约分保中再保险分出公司事先与分入公司达成分保协议，对于符合合约条件的业务，分入公司必须纳入再保险合同，同时，分出公司也必须将所有符合合约条件的业务放入分保合同并分给分入公司。分出公司一般采用合约再保险方式来提高该公司业务经营和财务的稳定性，并提高公司的总体承保能力；通过临时再保险规避特殊和不利的风险，提高公司在某些业务线上的承保能力。

按分保责任，再保险可分为比例再保险和非比例再保险两大类。自留额与分保额的选用以保险金额的大小作为依据的，即为比例再保险，其中包括成数再保险、溢额再保险；如以赔款金额确定自留责任额和分保责任额的即为非比例再保险，其中包括险位超赔分保、事故超赔分保（巨灾超赔分保）和赔付率超赔再保险。

1. 比例再保险（Proportional Reinsurance）

比例再保险是原保险人与再保险人按事先约定的比例分配保险金额，

相应的再保险费计算以及赔款的分摊也全部按照约定的保险金额同一比例分担。

（1）成数再保险（Quota-Share Reinsurance）。成数再保险就是原保险人将所承保的每一保险单的保险金额，按照合同订明的固定比例分给再保险人，使危险责任在原保险人与再保险人之间实行成数比例分配。由于成数再保险是按约定比例进行分保的，因而再保险费和赔款也都按同一比例分配，所以成数再保险是比例再保险的代表方式。成数再保险是以原保险人与再保险人利益完全一致为特点的再保险方式。由于承担的危险责任和所获得的再保险费收入都以同一比例分配，因此所取得的经营结果，不论盈余或亏损，双方的利益关系始终是一致的。成数再保险对于缔约双方来说，手续比较简便，管理费用比较节省，每笔业务都按固定比例承担各自的责任，也按各自所占的比例分摊业务管理费和赔款，同时分享保险费，权利与义务相当。

（2）溢额再保险（Surplus Reinsurance）。溢额再保险是由原保险人根据承揽的各类保险业务的危险性质以及自身承担能力，对每一个危险单位确定一个具体的自留责任限额，对超过确定的自留额以上的部分视为溢额，转让给再保险人，并以约定的自留额的一定倍数，作为分出额，然后按照自留额与分出额对保险金额的比例分配保险费和分摊赔款。

2. 非比例再保险（Nonproportional Reinsurance）

非比例再保险又可以称为超额损失再保险。该再保险方式对于原保险人与再保险人之间的责任分配，是按约定的赔款限额或赔付率来决定的。凡损失在赔款限额以内的，由原保险人自行负担，超过规定限额的赔款部分，则由再保险人根据合同规定履行赔付责任。

（1）险位超赔分保（the Per-risk Excess Treaty，Excess of Loss Per Risk Basis）。险位超赔分保是以每一危险单位的损失赔款作为计算原保险人自留责任和分保责任数额的基础。在规定限额内的损失赔款由原保险人自担，超过限额的则由再保险人负责赔偿。既然险位超赔分保是以每一危险单位的损失赔款为基础的，因此，对于危险单位的正确划定是非常重要的。据此才能确定自负责任和分保责任。当然再保险人在接受分保责任的同时，也意味着同意原保险人关于一个危险单位的划定。

（2）事故超赔分保（the Per-occurrence Excess Treaty，Excess of Loss Per Event/Occurrence Basis）。事故超赔分保是以一次保险事故在特定时间内所造成的赔款总和来计算自负责任额和分保责任额的，它可以解决一次事故造成多个危险单位损失而形成的责任累积。既然事故超赔是以一次保险事故在特定时间内造成的损失为估算基础的，因而，对一次事故的准确界定无疑成为关键性的问题。一次事故的划定，一般是从时间和空间两个方面加以限定的。如通常规定飓风、暴风雨持续 48 小时的损失为一次事故，地震、火山爆发72小时的损失为一次事故。空间限制是对遭灾地区的划定，如洪水以河盆或分水岭划分洪水区。

（3）赔付率超赔分保（Excess of Loss Ratio，Excess Aggregate，Stop Loss Treaty）。赔付率超赔再保险是按每个年度的赔付率来计算自留责任和分保责任的，是以原保险人某类保险业务全年损失的赔付比率为基础的。而赔付率是以一年中积累的赔款额与全年保费收入净额的比率计算而得出的，在约定的赔付率以下由原保险人自己承担，超过约定的赔付比率，再保险人才予以负责，但其也有责任限制，超过再保险人责任限制以上的，仍需由原保险人负责。

11.1.2　再保险准备金的构成

从本质上看，再保险准备金的构成和原保险准备金的构成并无太大区别。再保险准备金也可以分为未到期责任准备金和未决赔款责任准备金两个部分。未到期责任准备金对应的是未满期风险部分对应的未来赔付、维持费用和理赔费用之和，以及风险边际和可能的剩余边际。对于再保险赔款准备金，由于再保险业务自身的特点，其准备金的构成也呈现出自己的特点和复杂性。

再保险赔款准备金通常由以下五个部分组成：

（1）分出公司报告的已报案未决赔款准备金。这部分可能逐单报告或者定期合并报告，主要取决于每一个再保险合同对于赔款报告方式的要求。大部分的超额再保险合同一般要求逐单报告，而大部分的比例再保险合同允许定期合并报告。

（2）再保险人针对某些个案计提的额外准备金。再保险人的理赔部门通常都会检查原保险人的个案准备金报告，然后针对一些必要的赔案计提附加的已报案未决赔款准备金（Additional Case Reserve，ACR）。ACR一般会根据合同或者分出人的不同而有所差异。

（3）对于以上两部分准备金未来进展的精算估计。对于已报案未决赔款准备金的未来进展部分有时也被称为IBNER（Incurred But Not Enough Reserved），即已报告但未充分报告未决赔款准备金。

（4）纯IBNR准备金（Pure IBNR）的精算估计。大部分的精算师习惯于分别估计IBNER和IBNR，但由于数据系统的限制，多数的再保险公司在实务中将这两部分合并计算。通常由于再保险业务的延迟性，这两部分准备金的总额一般占到整体责任准备金的半数以上。

（5）风险边际。赔款责任准备金的最后一部分是风险附加或者对不利偏差的附加，其目的是使准备金处于一个合理的谨慎水平上，不至于使非常不确定的收入过快流入利润中。由于再保险的很多业务具有长尾性以及风险的异质性、统计数据的不确定性，因此，对于再保险公司这部分估计很重要。

11.1.3 再保险准备金评估和原保险准备金评估的区别

再保险业务和原保险业务在准备金评估的原理上并无本质差别，但是，由于再保险业务在分保模式、数据和信息获取、行业特征等方面的特殊性，与原保险公司未决赔款准备金评估相比，再保险未决赔款准备金的评估具有自身的特点，主要体现在以下几个方面：

1. 缺乏充足有效的数据

进行准备金评估时，再保险公司精算师遇到的普遍的难题是缺乏充足有效的评估数据。主要原因包括：（1）对于比例再保险合同，分出公司一般只提供合并的保费、赔付额信息，再保险人难以了解逐案赔付情况和获取事故年度数据信息；（2）对于非比例合同，分出公司一般只报告超过临界点的赔案信息；（3）再保险合同承保的风险和合同条件千差万别，导致很难获得大量的同质数据（不同分出公司在合同条件、系统设置、理赔流程、估损实务等方面存在差异）；（4）再保险公司与分出公司 IT 系统之间的兼容问题，以及数据处理系统落后于实际业务的发展；（5）再保险行业可获得的数据有限，不同再保险公司财务报表中的损失发展信息不具备可比性，直保市场的以事故年度形式组织的进展信息也不具备参考性；（6）对于分出公司提供的赔案准备金充足性和准确性缺乏有效控制，再保险公司很难针对分公司提供的分出业务赔案准备金的充足性进行检验。

2. 流量三角形数据组织基础不同

对于大部分的直保业务，在评估未决赔款准备金时，对流量三角形数据组织，是以事故年度（季度）为基础，而对于再保业务（特别是比例合同业务），通常以承保年度为基础获取数据，精算师一般在承保年度数据基础上评估责任准备金。

对业务尚未全部到期的再保险合同，按承保年度对理赔数据和保费数据分别建立流量三角形，预测最终保费和最终赔款。

（1）预测承保年度的最终保费，目的是区分承保年度的已赚和未赚比例。这里涉及两个新的概念，“未来保费”（Future Premium）和“在途保费”（Pipeline Premium）。举例来说，如果比例再保险合约的起保日期是2010 年 7 月 1 日，保一年。从 2011 年 1 月 1 日到 6 月 30 日这段期间，再保险人对原保险人有合同责任，但原保险人可能还没有卖出任何相应的保单及收取保费，这类保费所对应的再保险费，对再保险人来说就是“未来保费”。从 2010 年 7 月 1 日到 12 月 31 日这段期间，原保险人已签售的保单，其保费所对应的再保险费，可能还没有完全报告或支付给再保险人，对再保险人来说就是“在途保费”。

（2）预测承保年度的最终赔款，该预测值由于不但包括已发生未决赔案，也包括与未赚保费相关的未到期风险（特别是最近的承保年度，有很大比例的未赚保费）。因此，对于最近承保年度的责任准备金，精算师需要区分出已赚部分和未赚部分。

（3）将该业务年度最终赔款减去与未赚保费相关的预期赔款和该业务年度已决的赔款，得到已赚部分的赔款责任准备金，即计入财务报表的未决赔款责任准备金。

3. 报案延迟时间更长

与原保险业务相比，再保险业务的报案延迟时间更长，再保险的延迟主要是由于以下原因引起的：原保险业务自身的延迟；再保险业务模式的影响；分出公司低估赔款的影响等。此外，如果此笔再保险业务属于转分保业务，或需通过再保险经纪人获取赔款信息，转分保分出人和再保险经纪人报案的延迟也会加深再保险业务的延迟程度。

对于比例再保险合同，如果不属于再保险合同规定的需要即时通知的大赔案，原保险公司会将赔案信息合并反映在比例合同的季度账单中，并一般在季度结束的 30－90 天内报送给再保险公司，因此，再保险收到赔案信息又要比原保险公司晚几个月。对于非比例再保险合同，原保险公司对最终赔付额的低估也会导致再保险业务的报案延迟，长期以来，许多再保险公司需要承担责任的赔案，在赔案发展初期可能会因再保险分出人低估最终赔付额而漏报（超赔再保险合同一般设有报案金额临界点，预计赔付金额高于该临界点才通知再保险人）。

此外，对于本身就存在较大延迟的业务，如雇员伤害保险等，再保险延迟现象就更为严重（参见图 11－1）。报案延迟的存在，大大增加了再保险定价和准备金评估的不确定性和难度。

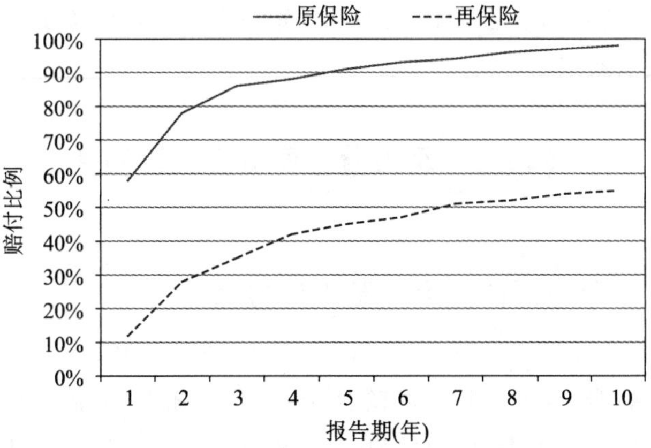

资料来源：美国再保险协会（Reinsurance Association of America，RAA），A. M. Best。

图 11－1　美国雇员伤害保险再保险与原保险延迟情况的对比

4. 再保险业务的波动性较大

大多数未决赔款准备金评估方法都以大量的、具有一定同质性的数据为基础，估算方法所依赖的理论是大数法则。它一般假定未来的发展模式将复制过去的发展模式，这是因为这些发展数据都来自于业务本身所具有的相似的内在风险。而对于承担了较多高风险业务的再保险（再保险分出人购买再保险的重要目的就是转移高风险业务以稳定自身经营结果），特别是非比例再保险，由于所承担的风险有很大的非同质性，导致业务的波动性较大。业务的波动性具体表现为理赔频率非常低，报案有较长延迟，历史损失数据差异巨大。例如，超额损失再保险合同，尽管发生索赔的概率较小，但是一旦发生巨灾索赔，再保险经营业绩就将发生较大波动。因此，对于某些波动性较大的业务，通常的准备金评估方法，如损失进展法，可能并不适应。

5. 受通货膨胀的影响更大

由于再保险业务延迟时间较长，因此，最终赔付额也容易受到通货膨胀的影响。对于财产再保险，一般受物价、工资上涨的影响较大；而对于人身伤害的索赔，受法律环境、公众认识的变化、医疗技术的进步等影响较大。同时，每种赔案都有各自的通货膨胀率，其中应用于财产损失额的通货膨胀率最小。受法律和社会态度变化的影响，涉及身体伤害的通货膨胀率增长速度最快。

同时，由于杠杆效应的存在，赔付膨胀对超赔再保险的影响更加明显。例如，对于起赔点为500万元、保障层限额为500万元的超赔再保险来说，预计原始赔付额为600万元的业务，再保险公司负担超过起赔点的100万元。由于赔付延迟，该赔案一年后结案，实际赔付变为660万元，其中通货膨胀率为10%，这时再保险公司应负担其中的160万元，通货膨胀对再保险公司的实际影响高达60%（160/100－1），远远高于原保险公司承担的10%的通货膨胀率。

§11.2 再保险合同重大风险测试

11.2.1 国际通用的重大风险测试方法

虽然国际会计制度（如FAS 113、SSAP 62和IFRS 4等）都没有对再保险合同定义中涉及的“重大保险风险”给出确切的定义或具体的量化标准，但是国际精算界在长期的实践中逐渐产生了一系列规则，用以判断一份再保险合同是否转移了“重大保险风险”，这些规则被称为重大风险测试(Risk Transfer Testing)。在这些重大风险测试中，最具有代表性的是10－

10 规则（10 - 10 Rule）和近年来最为流行的预期再保险人亏损（Expected Reinsurer Deficit，ERD）规则。

1. 10 - 10 规则

10 - 10 规则是在 FAS 113 的实施过程中出现较早的、被广泛应用的重大风险测试规则，它曾经一度成为行业实践的默认标准。10 - 10 规则规定，10% 的概率代表了“合理可能”的大小，10% 的损失代表了“重大损失”。因此，10 - 10 规则的内容是，一份分保合同必须使分保接受人至少存在 10% 的概率遭受至少 10% 的净损失，才能算做转移了重大保险风险。

10 - 10 规则实质上是一种在险价值（Value at Risk，VaR）风险度量体系下的规则，它本质上就是针对合同的净损失分布，要求 90% 的 VaR 对应的净损失大小必须不小于保费收入现值的 10%。例如，一个分保合同的分保费收入现值为 1 000 万元，如果损失发生的概率大于 10%，并且损失发生时分保接受人需要支付的赔偿现值高于 1 100 万元，即分保接受人遭受的净损失现值大于分保费收入现值（1 000 万元）的 10%，那么这份分保合同才能通过 10 - 10 规则下的重大风险测试，才属于转移了重大保险风险。

虽然 10 - 10 规则能够较好地解释和量化 FAS 113 的含义，但是它在实际应用过程中却遇到了一些有悖常理的问题。这些问题主要是，一些传统的、常规的再保险合同无法通过 10 - 10 规则下的重大风险测试，因此，没有被认可为再保险合同，而只能被错误地认定为存款合同。在这些传统的常规再保险合同中最为典型的是两类合同：一类是像巨灾超赔合同这样的所谓的高危低频合同，另一类是像比例分保合同这样的所谓的低危高频合同。针对第一类分保合同，比如巨灾超赔合同，它所保障的损失通常是几十年甚至上百年一遇的罕见巨灾损失，因此，分保接受人遭受损失的概率往往远低于 10%，因此无法通过 10 - 10 规则下的重大风险测试；针对第二类分保合同，比如，传统的比例分保合同，分保接受人获得了分出人业务的一定比例，由于标的众多、风险分散性较好，因此，即便合同遭受净损失的概率大于 10%，但是损失现值也很少能够超过分保费收入现值的 110%，即分保接受人遭受净损失现值的大小几乎不会高于分保费收入现值的 10%，因此也无法通过 10 - 10 规则下的重大风险测试。然而，实际上，巨灾超赔合同和比例分保合同都是传统的再保险合同，显然理应属于再保险合同的范畴，而非存款合同的范畴，这反映出 10 - 10 规则的不合理之处。

在 2007 年年初，美国精算学会（American Academy of Actuaries，AAA）曾经专门就重大风险测试实践中出现的问题发布了《再保险证明补充 20 - 1 号：重大风险测试实践注录》（REINSURANCE ATTESTATION SUPPLEMENT 20 - 1：Risk Transfer Testing Practice Note，January 2007），提出“合

理地自我证明”的判断原则，试图弥补 10－10 规则的不足之处。但是，由于“合理自我证明”原则是一种原则基础的标准，并不是一种规则基础的标准，无法进行量化测试，因此，它实际上赋予了判断人很大的主观权利，这导致该原则可能会被滥用的潜在弊端。

2. ERD 规则

由于 10－10 规则在实践过程中被发现存在不合理之处，国际精算界不断为“重大保险风险”转移探索着更为合理的测试规则。近年来，随着金融工程学领域中条件在险价值（Conditional VaR，CVaR）作为风险度量新标准的兴起，一些从 CVaR 体系演化而来的重大风险测试的新规则不断出现。近年来在重大风险测试中出现的一个最具代表性并被许多精算界人士推荐的新规则就是预期再保人亏损（ERD）规则。实际上我国目前所用的重大风险测试方法就基于 ERD 规则。

与 10－10 规则相比，ERD 规则在测算技术上略微有些复杂，这与 CVaR 技术较 VaR 技术复杂有一定的关系。ERD 规则是建立在“净经济损益”的概念上的。净经济损益指的是分保费收入的现值与分保赔款以及相关费用的现值的差额，若该差额是正值，则为净经济收益；若该差值为负值，则为净经济损失。由于再保险损失的不确定性，净经济损益对应存在着一个概率分布。在这个概率分布中，净经济损益为零时对应的点被称为“经济均衡点”，低于经济均衡点的部分就是净经济损失发生的区域。ERD 规则的内容是，首先计算净经济损失的发生概率与平均净经济损失额度的乘积，然后将其与分保费收入的现值相除得到 ERD 数值，只有当该数值大于 1% 时，才算做通过 ERD 规则下的重大风险测试，分保合同才能被认可为转移了重大保险风险。ERD 测试的测算原理可以用下式表示：

$$\mathrm{ERD} = a \cdot \mathrm{CTE}(a)/P$$

式中，a 是发生净经济损失的概率；$\mathrm{CTE}(a)$ 是在发生净经济损失的条件下的平均损失值（也称为条件尾部期望值）；P 是分保费收入的现值。

从某种意义上讲，ERD 规则的测试标准是与 10－10 规则等价的。10－10 规则的测试标准是要求有 10% 的概率遭受 10% 的损失，它与 ERD 规则相对应的指标值恰好是 $10\% \times 10\% = 1\%$。这种等价性意味着，所有能够通过 10－10 规则的分保合同必然会通过 ERD 规则，而对某些无法通过 10－10 规则的分保合同，比如，巨灾超赔合同和传统的比例分保合同，如果的确转移了重大保险风险，那么也将会通过 ERD 规则的测试。可以这样说，10－10 规则的结果集合是 ERD 规则结果集合的一个子集。正是由于这个属性，ERD 规则在很大程度上弥补了 10－10 规则的不足之处。

下面通过一个例子来说明 ERD 规则与 10－10 规则的区别。现有一份一年期的巨灾超赔合同，约定责任限额为 4 000 万元以上的另外 4 000 万元，超赔分保费是70万元，超赔分保费在合同起期时一次性交完，并假设超赔分保费是固定的，在合同到期时不进行追溯调整，损失只在年末发生和支付。已知面临的潜在巨灾损失的概率分布是：97%的概率不发生任何损失（对应超赔损失也为0），1.5%的概率发生4 500万元的损失（对应超赔损失500万元），1%的概率发生5 500万元的损失（对应超赔损失1 500万元），0.5%的概率发生9 000万元的损失（对应超赔损失4 000万元）。同时，一年期国库券的收益率为4%。可见，该巨灾超赔合同遭受净损失的概率只有3%，远低于10%，因此它无法通过10－10规则下的重大风险测试。但是，按照ERD规则，首先确定净经济损益的概率分布：

$$\text{净经济损益} = \text{超赔再保险费} - \text{巨灾超赔损失}/1.04$$

得到净经济损益的分布情况是：97%的概率产生70万元的盈余，1.5%的概率产生411万元的损失，1%的概率发生1 372万元的损失，0.5%的概率发生3 376万元的损失。接着，计算ERD的指标值：发生净经济损失的概率 $a=3\%$，净经济损失发生时的平均损失值 CTE（a）$=(411\times1.5\%+1\ 372\times1\%+3\ 776\times0.5\%)/3\%=1\ 292$ 万元，分保费现值 $P=70$ 万元，因此，$ERD=a\cdot CTE(a)/P=3\%\times1\ 292/70=55.4\%>1\%$。这样，该巨灾超赔合同通过了ERD规则下的重大风险测试，被认定为转移了重大保险风险。从这个例子可以看出，ERD规则认可了这样的分保合同，即虽然分保合同发生损失的概率很小，但一旦发生损失，损失金额将非常巨大，ERD规则认定这种情况的分保合同也属于转移了重大保险风险，然而10－10规则却恰恰没有实现这个结果。

3. 指数变换法

指数变换法是在10－10规则和ERD规则基础上改进的另一类方法，其基本原理是对再保险分入人面临的再保险赔付分布进行变换，力求可以更好地符合保单风险的实际情况。以尾部期望法为例，它不仅考虑了再保险分入人的损失部分，还考虑了盈利部分，也就是保险赔付低于直保公司自留赔付额的那部分。另外，指数函数变换法则是将再保险公司的损失分布进行指数变换，类似的方法还包括“王变换（Wang－Transform）”等。指数变换法目前仍处于理论研究阶段，尚没有较为实务性的指南，另外，该类方法将问题过分复杂化，方法的复杂性使得实施过程的人为操作因素大大增加，并不利于对再保险的有效监管。

11.2.2 我国重大风险测试规定与示例

2009年12月22日财政部发布《保险合同相关会计处理的规定》（财会［2009］15号），其中，关于重大保险风险测试的规定如下：保险人与投保人签订的需要进行重大保险风险测试的合同，应当在合同初始确认日进行重大保险风险测试。保险人应当以单项合同为基础进行重大保险风险测试；不同合同的保险风险同质的，可以按合同组合为基础进行重大保险风险测试。测试结果表明，发生合同约定的保险事故可能导致保险人支付重大附加利益的，即认定该保险风险重大，但不具有商业实质的除外。合同的签发对交易双方的经济利益没有可辨认的影响的，表明保险人与投保人签订的合同不具有商业实质。附加利益是指保险人在发生保险事故时的支付额，超过不发生保险事故时的支付额的金额。

按照《重大保险风险测试实施指引》的有关规定，再保险人可以采取以下步骤判断再保险保单是否转移重大保险风险，具体内容见图 11－2。

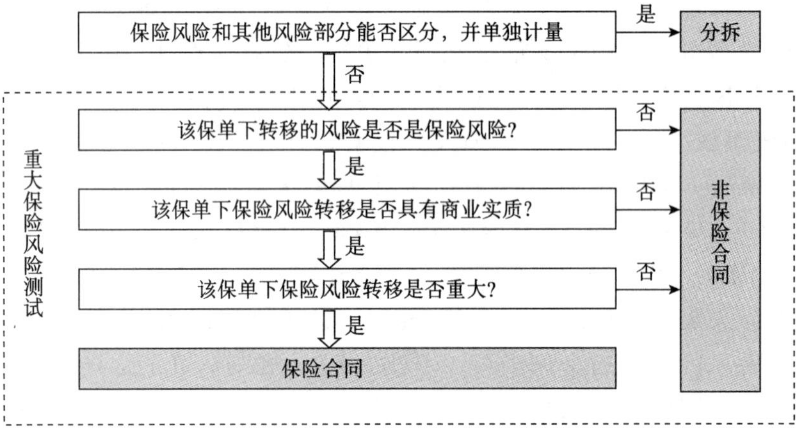

图 11－2 判断再保险保单是否转移重大保险风险的步骤

第一步，判断再保险保单是否转移保险风险。

对于再保险保单，转移保险风险是指再保险分入人支付分保赔款的金额和时间应取决于原保险合同已决赔款的支付金额和支付时间，并且直接地随着已决赔款金额和支付时间的变化而变化。如果再保险分入人支付分保赔款的金额或时间发生重大改变的可能性是微乎其微的，则就认为该再保险保单没有转移保险风险，不确认为再保险合同。

假设 2009 年 12 月 31 日，E 保险公司与 F 保险公司签订了一个再保险合同，E 公司向 F 公司分出保费 1 000 万元，合同期为 5 年。合同规定每年年末 E 公司可以从 F 公司摊回 250 万元。

本例中 F 再保险分入公司根据固定的时间表支付保险赔款给 E 再保险分出公司，再保险赔款不随原保险人的实际赔付金额和时间而变化，因此，未转移重大保险风险，不确认为保险合同，应按照《企业会计准则第 22 号——金融工具确认和计量》的原则进行会计处理。

第二步，判断再保险保单的保险风险转移是否具有商业实质。

对于再保险保单，如果再保险交易未对交易双方产生可辨认的经济影响，则该再保险保单不具有商业实质。

如果某再保险保单规定再保险分入人需要对分出人进行赔偿，但同时，再保险分出人又通过另一个保单直接或间接地以其他形式赔偿再保险分入人。由于该项交易对交易双方没有实质的经济影响，因此，该再保险保单不具有商业实质。例如，一保险公司向一家再保险公司支付 1 000 元保费，以便能够在未来 5 年中，获得最高为 1 万元的赔偿。如果损失发生，那么该保险公司可以从再保险公司中获得这笔赔偿。但是它又必须在 5 年时间中，支付额外的9 000 元的保险金——也就是最初的保费和赔偿额之间的差价。如果不发生损失事件，那么该保险公司所支付的大部分保费可以退回。该例再保险交易对交易双方的经济利益没有影响，不具有商业实质。

第三步，判断再保险保单转移的保险风险是否重大，以再保险保单保险风险比例来衡量保险风险转移的显著程度，其计算公式为：

$$\text{再保险保单保险风险比例} = \left(\frac{\sum \text{再保险分入人发生净损失情形下损失金额的现值} \times \text{发生概率}}{\text{再保险分入人预期保费收入的现值}}\right) \times 100\%$$

再保险保单保险风险比例大于1%的，确认为再保险合同。对于确实难以适用上述公式的再保险保单，保险人可以制订合理的替代性测试方案，报中国保监会备案后施行。

【例 11－1】 ××年，ABC 再保险公司与 XYZ 原保险公司签订了一份超额赔款再保险保单，同意对 XYZ 公司 500 万元以上的损失进行赔偿，并且规定了赔偿限额为 100 万元，ABC 公司收取再保保费 10 万元。我们按照如下过程进行重大保险风险测试：

第一步：判断是否转移保险风险？

第二步：判断是否具有商业实质？

第三步：计算再保险保单保险风险比例。

（1）计算再保险分入人与分出人之间所有现金流的净现值。ABC 公司根据经验数据模拟 XYZ 公司损失金额、发生概率及 ABC 公司对应的损益分布如表 11－1 所示，假定贴现利率为 0。

表 11－1　　ABC 公司根据经验数据的模拟结果

XYZ 原保险公司 超额损失金额（万元）	发生概率（p）	ABC 再保险公司 净损益（万元）
0	91.5%	10
10	7%	0
50	1%	-40
100	0.5%	-90

（2）计算再保险分入人收取的保费现金流的现值，本例中再保险人收取的保费是 10 万元。

（3）计算保险风险比例 =（1% ×40 +0.5% ×90）÷10 =8.5% >1%，因此，确认为保险合同。

对于显而易见满足转移重大保险风险条件的再保险保单，保险人往往可以不计算再保险保单保险风险比例，直接将再保险保单判定为再保险合同。但是指引中对于哪些合同属于满足显而易见转移重大保险风险的合同并未给出具体的说明。

判断再保险保单是否转移重大保险风险，需要全面理解再保险保单的实质及其他相关合同和协议。此外，再保险交易双方对同一保单的重大保险风险测试结果应互相通报。

§11.3 再保险未决赔款准备金评估

11.3.1 再保险业务未决赔款准备金评估的一般过程

一般而言，再保险业务的未决赔款准备金的评估一般包含以下步骤：

（1）将再保险业务划分为具有一定同质性的风险类别，确保每一个风险类别中的业务（风险）组合在一定时间内具有同质性。

以潜在损失进展趋势对所有的合约和风险暴露进行分组非常重要。如果将非同质性的风险暴露数据放在同一个子类别中，肯定会造成较大的评估误差而非降低误差。

许多精算文献都对再保险准备金的评估中同质性的风险暴露分类进行过讨论，认为再保险准备金评估中的风险暴露的分类和再保险定价中的分类非常相似。表 11 -2 列出了一些再保险组合分类中的重要参数，这些变量都将影响到再保险公司的索赔报告延迟的方式以及赔款额的进展趋势。

表 11 -2　　用于划分再保险业务风险类别的主要风险因素

险种	财产保险、责任保险、保证保险、海洋运输保险等
分保方式	临时分保、合约分保、有限（或财务）再保险
分保责任	比例、溢额、每一危险单位为基础的超赔、每一事故发生为基础的超赔、累积超赔、巨灾超赔、损失未满期责任转移等
超赔起赔点	有关责任保险
合约条件	固定费率、追溯费率、日落条款、理赔费用分摊、索赔发生制或事故发生制基础上的承保范围等
再保险分出人规模	小型、大型等
中介机构	

显然，如果采用表 11－2 中的所有参数将再保险组合分组，那么各组中的数据就会非常少，从而导致其信度极低。因此，再保险公司不可能采用所有的参数来对再保险组合进行细分，而必须根据其业务类型和风险情况选取主要的风险因素对再保险业务进行划分。

每家再保险接受人的业务结构都有其自身的特殊性，因此，再保险接受人的业务数据具有很强的非同质性。为了方便评估未决赔款准备金并分析经营成果，通常需要对风险进行合理分类，这在很大程度上依赖于有关人员的专业知识和技能，这些人员包括展业和承保人员、理赔报告的分析人员、数据处理人员。他们的专业知识水平和分析结果有助于精算师确定哪些因素是重要的。

表 11－3 给出了某再保险公司的风险类别。

表 11－3　　　　再保险接受人的主要风险类别示例

• 责任险超赔再保险合约	• 雇员忠诚保证保险
• 责任险比例再保险合约	• 海上运输保险
• 财产险超赔再保险合约	• 陆上运输保险
• 财产险比例再保险合约	• 建筑安装工程保险
• 财产险巨灾再保险合约	• 航空保险
• 责任险临时分保	• 特殊的或非传统的再保险
• 财产险临时分保	• 其他各项合约、联营共保以及协会共保
• 保证保险	• 石棉、污染和其他健康危险因素或集体侵权行为的理赔

表 11－3 的最后一项不是真正的风险类别。但是对于保险公司来说，尤其是再保险公司，都应该将这类索赔单独进行处理。

（2）分析历史数据的进展模式。如果有可能，应分别分析已发生、已报案未决赔款准备金的进展规律和 IBNER 的进展规律。

（3）预估未来的进展。如果可能的话，应分别预估 IBNER 与纯 IBNR。本章主要处理将 IBNER 与纯 IBNR 两者合并后的累计理赔金额的进展情况。对于特定的风险类型，特别是长尾风险业务，最好将它们分别处理。

（4）建立相应的参数模型，对 IBNR 进行评估。同质性好的风险，再保险赔款发展模式相对稳定。根据以往的损失经验可知，相邻年份再保险赔付有时会出现剧烈变化，因此，赔款发展模式的绝对稳定只是一种理想状态。若相邻年份的数据具有一定的相对稳定性，则应该根据较长时期的理赔数据研究再保险赔款进展模式的规律性。所考虑的历史时间越长，越有助于建立正确的进展模式，通常情况下，这项工作规模大、耗时多、分析性强，受年终工作和时间压力的影响，一般会在每年的第三季度或第四季度深入分析理赔的发展模式，这样可以使得在年终时，再保险接受人能够建立合适模型并估计大多数参数；然后，在每个季度结束（包括年终）

时，可将该参数模型直接应用于年终或季终的理赔及风险信息，以用于估计 IBNR。

11.3.2 短尾业务未决赔款准备金评估

众所周知，在准备金的评估过程中，在一定的精度要求下，花费最小的精力和成本的方法才是最佳的方法。因此，对于绝大多数的财产保险等短尾业务而言，其赔案报告和处理都非常迅速，所以对于短尾业务，没有必要采用复杂的损失进展评估方法，但必须注意一些例外情况，再保险公司的短尾业务如表 11－4 所示。

表 11－4　通常为短尾风险业务的再保险类型（考虑理赔、报案及发展模式）

类别	应着重注意的方面
财产保险比例再保险	注意最近的巨灾
财产保险巨灾再保险	注意最近的巨灾
财产保险超赔再保险	可能排除高保额层，并注意最近的巨灾
财产保险临时分保	可能排除建筑安装的风险，并注意最近的巨灾
雇员忠诚保证保险比例再保险	

注：由于可能会发生较长的报案延迟，如果可能，应排除所有的跨国风险。

许多再保险接受人将财产再保险业务的未决赔款准备金（IBNR）表示为最近年度的已赚保费的一定比例。对于那些剔除巨灾赔案的保险业务，这一计提方式通常是一种合理有效的方法。通常，应该将飓风和其他巨灾风险因素单独考虑，这是因为临近评估日发生的巨灾将导致纯 IBNR 责任远高于正常的未决赔款准备金。巨灾理赔往往持续的时间很长，从几年到几十年不等，这种情形对比例再保险合约也不例外。

对于新业务（险种）以及那些只有少量或者完全没有历史损失数据资料的分出业务，也可以使用一种针对短尾业务的简单方法，即按照某一选定损失率来计提未决赔款准备金，对于短尾风险，如果该选定的损失率与历史损失经验相吻合，并且选定的损失率大于根据已报案损失计算得到的损失率，则可以考虑使用该方法。

11.3.3 中尾业务未决赔款准备金评估

对于那些 5 年内基本结案、平均报案延迟在 1～2 年之间的赔案，可以将该类赔案所对应的风险归入中尾风险类别。通常情况下，属于中尾风险类别的再保险业务有许多种，具体如表 11－5 所示。

表 11－5 中尾风险的再保险业务

类别	应着重注意的方面
财产险较高层超赔合约再保险	若可能，应将这些业务分离出来单独评估
建筑风险再保险	若可能，应将这些业务从财产险分离出来单独评估
保证保险再保险	
雇员忠诚保证保险超赔再保险	
海上运输保险再保险	
陆地运输保险再保险	
国际财产保险再保险	
非责任保险的累积超赔再保险	比一般超赔再保险有更长的延长时间

对于一起中尾风险财产保险赔案，虽然它报案速度很快，但是很难立刻知道它的最终赔款额，因此，可能要经过较长时间才能确定该赔案是否影响到具有较高起赔点的险位超赔分保合约。如果承保条款中涉及时间因素（如日出条款、日落条款），则上述情况发生的可能性更大，建筑工程类保险的发现期有时延长到合同（或损失发生）期结束后的数年，对于这种风险，报案延迟时间可能比一般财产保险业务的正常延迟时间长。

通常情况下，对于保证类保险风险，应考虑残值及追偿收入。即使确定损失金额的速度很快，但是由于存在残值及追偿收入，使得赔付过程在时间上存在一个较长的尾巴。因此，考虑残值占总损失金额的比率有助于评估这类业务的未决赔款准备金，这个比率稳定性较强。另外，根据精算实务经验，残值占比随时间而缓慢变化。

通常采用链梯法评估中尾风险业务的赔款准备金，该方法通过计算相邻发展年的发展因子估计未决赔款准备金。这个发展因子是由累计已发生流量三角形计算出来的，此时是否存在额外的已发生已报案未决赔款准备金对该计算结果没有影响，链梯法的原理和具体计算过程在前面的章节中已做过介绍。链梯法的优点在于，它将未来的发展模式和过去的各事故年的发展模式联系起来；该方法的主要缺点是：IBNR 与已报案赔案相关联程度较密，使得对于许多业务（如长尾业务）而言，已报案赔案的随机性波动对近期及以后各年度尾部参数的估计值影响较大。

11.3.4 长尾业务未决赔款准备金评估

未决赔款准备金评估的真正难题是长尾风险，特别是那些责任险超赔再保险等业务。对于长尾风险，赔案报案延迟一般超过两年，且结案延迟一般都达到数年以上，通常被归入长尾业务的再保险业务类别包括责任险超赔再保险合约、责任险比例再保险合约等，具体见表 11－6 所示。

表 11 - 6　　　　长尾风险的再保险业务

类　别	应着重注意的方面
责任险超赔合约再保险	除 APH 赔案，它具有最长的延迟时间
责任险比例合约再保险	某些风险可能是中尾业务
责任险临时分保	
责任险累积超赔再保险	比一般的超赔再保险延迟时间更长
石棉、污染与其他健康危险因素及群体性侵权行为的赔案	可能是最长的长尾业务

对于许多再保险公司来说，长尾业务准备金占其准备金的很大比例，特别对于 IBNR 准备金，因此，有必要对这一类业务做出详细的分析和评估。首先，将这类风险暴露细分到同质性更好的小类别中，当然这是一个反复的过程，需要根据公司的市场、承保、理赔和财务等部门对其认识的不断深化而不断调整。此外，这些风险暴露的细分还有赖于假设检验以及市场和承保等部门对最新的分类方法得到的 IBNR 评估值的评价。对于一些保额较大或者比较重要的合约，还需要进行独立评估。

评估时有必要将所有风险中的石棉、污染与其他健康危险因素（有时候将这些健康风险因素合称为“APH”）单独列示，也包括其他易产生群体性侵权行为的特殊因素。因为这些类型的赔案都含有巨灾的成分（其典型特征是：许多年没有索赔，然后突然出现巨额索赔）。如果将它们与其他非巨灾赔案合并计提未决赔款准备金，则严重扭曲非巨灾损失数据的发展规律。另外，盲目使用通常的损失发展分析技术往往不能就这些类型的理赔给出合理的评估结果。

在过去几年，精算界推出了各种不同的精算模型，用于估计石棉和污染等保险责任的赔付规律，这些模型有一个共同的特点：它们都非常复杂，需要输入数据的信息量大（如赔案中相关风险责任的范围等）。作为一家再保险公司，除非公司拥有一个容量大、经验期长、发展规律稳定、数据完整的赔案发展历史，否则应该聘请有关 APH 理赔方面的专家，或在获得某一精算顾问公司帮助的基础上，共同完成对此类保险责任的评估工作。

标准的链梯法是评估长尾业务准备金的一种方法。但问题是，对于那些具有很长时间延迟的业务，根据链梯法计算得到的最近年度 IBNR 的估计值，受已报案或已给付累积赔案数据的（一般数量较少）影响较大，它意味着对最近年度的 IBNR 的估计值波动性很大。

另外一个可供选用的估计方法是 B - F 方法，该方法所选用的数据包括：每一个事故年的使用损失率、再保险保费以及已报案赔款累计发展数据（用于说明截止某评估日已报案赔款占最终赔款的百分比）。B - F 方法的优点在于：它将每个保险事故年的未来发展与事故年的敞口风险量联系起来。这里说的是敞口风险量，它等于使用的损失率乘以再保险费。但是，用 B－F 方法得到的 IBNR 的估计存在以下几个缺点：

（1）它严重依赖于所选的损失率；

（2）对每一个事故年最终的估计值不能反映事故年截止评估日的已报案损失，除非在选定损失率时已考虑了这个问题。

对于再保险接受人而言，为了用 B－F 方法估计 IBNR，确定给定事故年度的损失率是应该充分考虑该年度公司利润状况的周期性、已报案损失等信息。与再保险分出人相比，再保险接受人利润周期的波动更加剧烈，因此，使用 B－F 方法时，必须小心地选择各事故年度的损失率。

Cape Cod（CC）模型最早分别由 James Stanard 和 Hans Buhlmann 独自提出，因此，该方法又称为 Stanard－Buhlmann（S－B）方法，它是非寿险准备金评估方法的重大改进。B－F 方法、S－B 方法都综合运用赔付延迟模式规律和基于风险基础的期望赔款。与 B－F 方法相比，S－B 方法最大的创新之处在于使用所有已报案赔款或已付赔款经验数据来估计最终期望赔付率，而不是根据赔付经验判断最终赔付率，应用这两种数据的 S－B 方法分别称为已报案赔款 S－B（简称 Reported S－B）和已付赔款 S－B（简称 Paid S－B）。这样一来，当再保险人因缺乏定价数据无法使用 B－F 法时，可采用 S－B 方法。

下面举例简单比较 S－B 方法和链梯法（CL 方法）在再保险准备金评估中的应用，具体内容见表 11－7 所示。对于一个给定的敞口风险，假设各年赚取的风险纯保费在扣除再保险佣金、中介费用以及内部费用以后，再进行调整以消除各年之间的费率差别，即风险保费是均衡费率，这样就可以认为每一个调整年都有相同的期望损失率。

表 11－7　Standard－Buhlmann 方法计算结果（截至 2010 年 12 月 31 日）　单位：元

(1)	(2)	(3)	(4)	(5)	(6)	(7)
事故年	已赚风险保费	调整因子	调整保费 (2)×(3)	累积已 报告赔款	累积已报告赔 款延滞因子	耗尽保费 (4)×(6)
2006	6 000	1.33	7 980	7 000	95%	7 581
2007	7 000	1.00	7 000	5 000	85%	5 950
2008	8 000	0.75	6 000	3 000	70%	4 200
2009	9 000	0.78	7 020	2 000	50%	3 510
2010	10 000	1.00	10 000	4 000	30%	3 000
合计	40 000		38 000	21 000		24 241

S－B方法得到调整后的已赚风险纯保费的期望损失率（Expected Loss Ratio to adjusted earned risk pure premium，简称ELR）和IBNR的估计值根据以下公式得到：

$$\text{SBELR} = \frac{\sum\{\text{RRL}(k)\}}{\sum\{\text{ARPP}(k) \times \text{Rlag}(k)\}} \tag{11-1}$$

$$\text{SBIBNR}(k) = \text{SBELR} \times \text{ARPP}(k) \times [1 - \text{Rlag}(k)] \tag{11-2}$$

其中，SBELR表示Standard－Buhlmann方法得到的ELR的估计值；SBIBNR（k）表示第k年Standard－Buhlmann方法得到的IBNR估计值；RRL（k）表示第k年已报告的再保险损失；ARPP（k）表示第k年经调整后的风险纯保费；Rlag（k）表示第k年累积索赔额的报告延迟；ARPP（k）×Rlag（k）就是表11－7中的第（7）项——第k年的耗尽保费（used－up premium），即在评估日与已报告的损失占最终损失比例相一致的那一部分保费。

因此SBELR就是已报告的损失除以耗尽保费得到的损失率。接下来，计算：

$$\text{SBIBNR}(k) = \text{SBELR} \times \text{ARPP}(k) \times [1 - \text{Rlag}(k)]$$

这与B－F方法相似，但是Standard－Buhlmann方法更强调如何评估ELR。又因为总的IBNR估计值等于各年的IBNR的估计值之和：

$$\begin{aligned}\text{SBIBNR} &= \sum \text{SBIBNR}(k) \\ &= \sum \text{SBELR} \times \text{ARPP}(k) \times [1 - \text{Rlag}(k)] \\ &= \text{SBELR} \times \sum\{\text{ARPP}(k) \times [1 - \text{Rlag}(k)]\}\end{aligned} \tag{11-3}$$

记RRL＝$\sum$RRL（k），ARPP＝$\sum$ARPP（k），根据损失率的定义有：损失率等于损失除以保费。那么SBELR可以写为：

$$\begin{aligned}\text{SBELR} &= \frac{\text{RRL} + \text{SBIBNR}}{\text{ARPP}} \\ &= \frac{\text{RRL} + \text{SBELR} \times \sum\{\text{ARPP}(k) \times [1 - \text{Rlag}(k)]\}}{\text{ARPP}}\end{aligned} \tag{11-4}$$

公式（11－4）又可以写为：

$$\begin{aligned}\text{SBELR} \times \text{ARPP} &= \text{RRL} + \text{SBELR} \times \sum\{\text{ARPP}(k) \times [1 - \text{Rlag}(k)]\} \\ &= \text{RRL} + \text{SBELR} \times \text{ARPP} - \text{SBELR} \times \sum\{\text{ARPP}(k) \\ &\quad \times \text{Rlag}(k)\}\end{aligned} \tag{11-5}$$

将公式（11－5）两边消去SBELR×ARPP项后，得到：

$$\text{RRL} = \text{SBELR} \times \sum\{\text{ARPP}(k) \times \text{Rlag}(k)\} \tag{11-6}$$

公式（11－6）移项整理以后就得到了：

$$\text{SBELR}=\frac{\text{RR1}}{\sum\{\text{ARPP}(k)\times\text{Rlag}(k)\}} \tag{11-7}$$

代入表 11－7 中的数据，得到：

$$\text{SBELR}=\frac{21\ 000}{7\ 980\times0.95+7\ 000\times0.85+6\ 000\times0.70+7\ 020\times0.50+10\ 000\times0.30}$$

$$=\frac{21\ 000}{24\ 241}=0.866$$

根据表 11－7 中的信息，我们可以算出标准链梯法和 Standard－Buhlmann 方法得到的最终损失率，如表 11－8 所示。

表 11－8　　标准链梯法和 Standard－Buhlmann 方法的比较

（1）	（2）	（3）CL	（4）CL	（5）S－B	（6）S－B
事故年	已赚纯风险保费（元）	IBNR（元）	损失率	IBNR（元）	损失率
2006	6 000	368	123%	346	122%
2007	7 000	882	84%	909	84%
2008	8 000	1 286	54%	1 559	57%
2009	9 000	2 000	44%	3 031	56%
2010	10 000	9 333	133%	6 062	101%
合计	40 000	13 870	87%	11 908	82%

表 11－8 中并没有比较 Bornheutter－Ferguson 方法得到的损失率，因为 Bornheutter－Ferguson 方法需要事先选定损失率，而不能用公式计算得出。

从表 11－8 中不难看出，只要各年已赚风险纯保费的相对调整因子有良好的精确度，那么对于近期业务，也就是未完全进展的业务，Standard－Buhlmann 方法得到的评估精确度相对比较高。敞口风险的尾部越长，Standard－Buhlmann 方法的优势就越明显。

在对各年风险保费调整因子缺乏完全的信心时，可以通过 CL 方法和 S-B方法估计的 IBNR 值加权来计算“信度” IBNR 值。显然，我们对于近期的业务会赋予 S－B 方法的估计值较大的权重，因为此时 CL 方法的估计值方差较大；而对于早期的业务则会赋予 CL 方法的估计值较大的权重。确定权重的其中一种方式，就是将随赔付报告延迟单调变化的一个简单函数作为对 CL 估计值的权重。下面给出信度估计的简单线性函数：

$$\text{CredIBNR}(k)=\text{Z}(k)\times\text{CLIBNR}(k)+[1-\text{Z}(k)]\times\text{SBIBNR}(k)$$

这里，$\text{Z}(k)=\text{CF}\cdot\text{Rlag}(k)$，$0\leqslant\text{CF}=$信度因子$\leqslant1$，Rlag($k$)表示第 k 年的索赔报告延滞因子；CredIBNR（k）表示第 k 年的信度 IBNR；CLIBNR（k）表示第 k 年用 CL 方法估计的 IBNR 值；SBIBNR（k）表示第 k 年用

S－B方法估计的 IBNR 值。

如前例，假定信度因子（CF）为 0.5，可以得出信度 IBNR 的估计值，具体结果见表 11－9 所示。

表 11－9　信度 IBNR 估计结果

事故年	已赚纯风险保费（元）	报案延滞因子	CL IBNR（元）	S－B IBNR（元）	信度 IBNR（元）
2006	6 000	95%	368	346	356
2007	7 000	85%	882	909	898
2008	8 000	70%	1 286	1 589	1 483
2009	9 000	50%	2 000	3 031	2 773
2010	10 000	30%	9 333	6 062	6 553
加总	40 000		13 870	11 908	12 063

其中，$0.5 \times 0.95 \times 368 + (1 - 0.5 \times 0.95) \times 346 = 356$（元）。

如果处理长尾业务，则需要观察更多事故年的数据。这主要取决于索赔报告和支付延迟时间的长短，有可能要观察 25 年的索赔数据。我们也应该向营销人员、承保人员及理赔人员咨询，确定是否存在特殊的合同、敞口风险或是索赔类型需要单独处理。还需要了解某些特殊赔案，尤其是重大赔付个案，对其进行重点检查和处理，以避免对索赔报告和赔付延迟的估计值或者 IBNR 的估计值产生不适当的、无法预测的影响。

§11.4　再保险未到期责任准备金评估

11.4.1　再保险业务未到期责任准备金评估步骤

一般来说，再保险业务未到期责任准备金评估包括以下几个步骤：

（1）根据风险特征划分计量单位。与未决赔款准备金一样，未到期准备金评估前需要按风险特征划分计量单位。划分计量单位的依据是再保险类型、险种等因素，但是，实务中未到期准备金评估的分组一般和未决赔款准备金保持一致，这是因为未到期责任准备金评估底稿中得出的已赚保费信息是未决赔款准备金评估中所需的重要信息，更是因为未决赔款准备金评估所得出的赔付率信息对未到期责任准备金评估中的充足性测试来说是不可或缺的。

（2）采用未赚保费法估计未到期责任准备金基值。对于每个计量单位，采用未赚保费法得出一个基数，即[（总保费 － 首日费用）× 未到期天数/365 或按风险分布比例]，作为未到期责任准备金的基础值。对于比例合同，由于某些再保险人仅能从原保险方收集到季度保费信息，实务中也能接受采用1/8法进行评估。

需要注意的是，与原保险不同的是，再保险未到期评估所用的保费和分保手续费是以预估为基础的，再保险保费需要预估主要是由于以下几个原因造成的：再保险保费报告的延迟（分出公司和经纪公司保费报告的延迟）；再保险条款的规定（如比例合同一般采用季度账单）；转分的存在导致保费可能要经过多个再保险人才能收到。因此，在再保险实务中，经常要采用类似于未决赔款准备金评估所用的发展法对保费进行预估，对保费发展因子的估计经常要超过60个月，再保险合同期满后，通常要对保费进行决算调整。

（3）对未到期责任准备金基值进行充足性测试。用贴现的未来现金净流出×(1+边际）和[（总保费-首日费用）×未到期天数/365或按风险分布比例］相比的方法进行充足性测试，如果通过充足性测试，则以[（总保费-首日费用）×未到期天数/365或按风险分布比例］为最终结果，否则则以贴现的未来现金净流出×(1+边际）作为最终结果。

11.4.2 比例再保险合同未到期责任准备金评估实例

D财产再保险公司和H财产保险公司签订2010年一揽子险种比例再保险分保合约，预计分保费规模为16亿元，其中，四个季度分保费分别是4亿元、5亿元、4亿元和3亿元。分保合同分保手续费条款中规定：预付手续费率32%，对应的赔付率为61%。分保手续费以61%为标准，赔付率每上升或降低1个百分点，分保手续费减少或增加0.5个百分点，分保手续费最高以37.5%为限，最低以25%为限。假定未到期风险边际为3%，不考虑货币的时间价值，不考虑其他首日费用，2010年年底已收到前三个季度的账单，不考虑保费预估的偏差和调整，在预期赔付率分别为68%和78%的情况下，计算2010年年底再保险合同的未到期责任准备金情况。

第一步，计算手续费率。

根据浮动手续费条款，预期赔付率在68%和78%的情况下，实际分保手续费率分别为28.5%和25%，即预期调回手续费率分别为3.5%和7%。

第二步，计算UPR。

由于比例再保险采取季度账单，不能获取月度保费信息，因此，此例中采用1/8法来计算UPR。不考虑首日费用的UPR为7.5（$=4\times1/8+5\times3/8+4\times5/8+3\times7/8$）亿元。考虑了首日费用后，预期赔付率在68%和78%的情况下的UPR分别为5.36亿元和5.63亿元。

第二步，充足性测试。

表 11 – 10　　再保险公司的未到期责任准备金　　单位：亿元

	预计赔付率	UPR（不考虑首日费用）	UPR（考虑首日费用）	预期未来赔付	风险边际	未来赔付和风险边际	未到期责任准备金
	(1)	(2)	(3)	(4) = (2) × (1)	(5) = (4) ×3%	(6) = (4) + (5)	(7) = max((3),(6))
情形一	68%	7.5	5.362 5	5.10	0.15	5.253	5.363
情形二	78%	7.5	5.625 0	5.85	0.18	6.026	6.026

得出未到期准备金数值（见表 11 – 10）后，读者也许会思考这样一个问题：众所周知，准备金的提取只会改变利润暴露的时间，并不会影响利润总额。那么再保险未到期责任准备金的提取是否如实“分割”了再保险合同的承保利润，如果回到上面那个案例，当赔付率在 68% 情况下，预计 D 再保险公司在该合同获得 0.56 亿元的承保利润，那么这 0.56 亿元的承保利润如何体现在 2010 年和 2011 年的财务报表上？是否按照已赚风险的比例进行分配，也就是当年实现利润 0.3 亿元（ =0.56 ×8.5/16）、第二年实现 0.26 亿元（ =0.56 ×7.5/16）？在赔付率为 78% 的情况下，D 再保险公司在该合同出现 0.48 亿元的总亏损，两年的亏损额度是否分别为 0.26 亿元（ =0.48 ×8.5/16）和 0.23 亿元（ =0.48 ×7.5/16）？为了回答这个问题，以上述再保险合同为例，编制 D 财产再保险公司 2010 年度和 2011 年度利润表（见表 11 – 11），假设 2011 年年底该再保险合同所含的原保险合同全部到期）。

表 11 – 11　　再保险公司 2010 年度和 2011 年度利润表　　单位：亿元

	情形 1			情形 2		
	2010 年	2011 年	合计	2010 年	2011 年	合计
已赚保费	10.64	5.36	16.00	9.97	6.03	16.00
分保费收入	16.00			16.00		
提取未到期准备金	5.36			6.03		
转回未到期准备金	0.00	5.36		0.00	6.03	
赔款和未决准备金	5.78	5.10	10.88	6.63	5.85	12.48
分保费支出	4.56		4.56	4.00		4.00
承保利润	0.30	0.26	0.56	-0.66	0.18	-0.48

从表 11 – 11 不难总结出，在现有评估方法下，亏损和盈利的合同的未到期责任准备金评估结果以及对再保险公司财务的影响如下：

（1）当再保险合同预计有利润时，未到期准备金等于（总保费 – 首日费用）乘以“未到期天数”或“未经风险”比例，也等于合理估计负债 + 风险边际 + 剩余边际。剩余边际也等于（总保费 – 首日费用）×未到期天数/365 减去合理估计负债和风险边际。风险边际和剩余边际按风险暴露的比例释放，这和保险合同会计准则中的要求“保险人在保险合同初始确认日不应当确认首日利得”保持一致。因此，合同的利润也按一定比例分布在不同会计年度。在上例中，当预计赔付率为 68% 的情况下，该再保险合同反映在 D 再保险公司在 2010 年和 2011 年财务报表上的承保利润分别是 0.3 亿元和 0.26 亿元，和风险暴露的比例一致。具体内容见图 11－3。

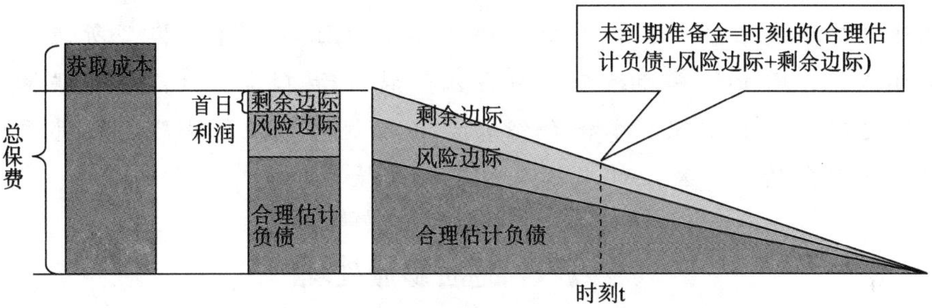

图 11－3　预计盈利的再保险合同的准备金评估

（2）当再保险合同预计出现亏损时，评估时点的未到期准备金等于合理估计负债＋风险边际，因此，对于下一年度的财务报表来说，账面上转回的未到期准备金足够覆盖下一年度发生的赔付责任（预期还有部分风险边际的释放），也就是说下一个财务年度的报表承保利润为零（由于风险边际的释放还有微利），由此，该合同发生的亏损全部体现在首年度。这和保险合同会计准则中的要求“保险合同损失的，应当予以确认并计入当期损益”保持一致。在上例中，该再保险合同反映在 D 再保险公司在 2010 年和 2011 年财务报表上的承保利润分别是－0.66 亿元和 0.18 亿元，亏损全部确认在首年度。具体内容见图 11－4。

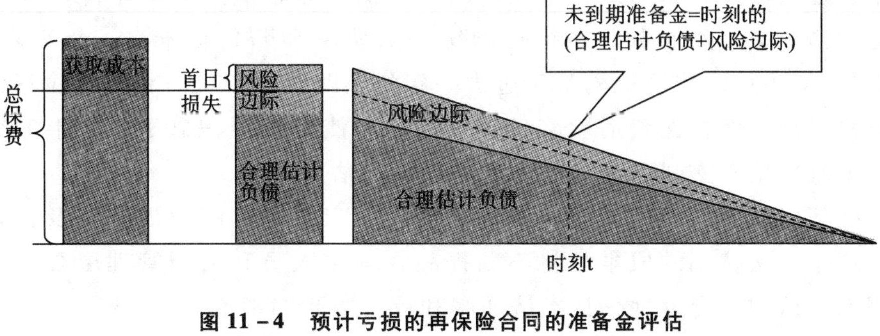

图 11－4　预计亏损的再保险合同的准备金评估

第十二章　评估过程中的实际问题

责任准备金的评估需要在一系列假设条件下进行，包括对公司内部和外部评估环境的假设。在实务中，评估环境往往不像评估模型所使用的假设那样理想，需要精算师结合各种方法的特点和工作经验，对一些特殊的实际问题进行特别处理。本章介绍的实际问题包括通货膨胀、尾部因子拟合以及资产负债日后发生的后续事件影响等等。

§12.1　通货膨胀处理

12.1.1　原理和框架

在责任准备金评估方法中，均隐含这样的一个假设，即未来会延续过去的通货膨胀规律。在稳定的经济环境下，这是合理的假设。但如果通货膨胀不稳定，过去的通货膨胀直接影响赔款数据延迟规律，这样的假设就会歪曲评估结果。因此，在通货膨胀剧烈变化的情况下，必须对其单独进行考虑。

需要指出的是，本章所指的通货膨胀，不仅仅指传统的经济通胀，也包括所谓的社会通货膨胀，比如，由于法律条款和监管措施变更所引起的赔付成本的上升。例如，我国 2005 年开始实施的《道路交通安全法》以及将出台的各种相关条例和监管规定，就对我国机动车保险业务的理赔成本产生过显著影响。而与此密切关联的另一例子是，我国保险业自 2006 年 7 月起实施了交强险业务，实行全国统一的费率和赔付标准，一年半之后，即 2008 年 2 月，监管机构基于过去一年的实践经验，统一将交强险责任限额大幅提高，而将保费适度降低，该变化又使得刚刚积累了一年半的交强险数据难以用于交强险业务的责任准备金评估。

国际保险实践的经验还表明，随着律师职业制度的发展和普及，有关保险理赔诉讼费用的成本也将不断提高。理赔人员和公司管理层必须对此有明确的认识，合理地估计经济通胀和社会通胀的影响。

通货膨胀的处理主要包括两个方面：

（1）识别隐含在过去案均赔付成本中的通货膨胀规律；

（2）根据未来数据预测的目的，设定合理的通货膨胀假设。

对于识别过去数据的通货膨胀，常采用的方法是将该数据与某一组通货膨胀指数作比较，比如，选择最常用的物价指数 CPI、PPI 等，但在非寿险准备金评估中，最好的方法就是选择一组与业务直接相关的指数，比如，机动车车损险的赔款与汽车配件的价格密切相关，也与劳动力成本密切相关。相似地，考虑健康护理险的通胀成本时，可选择医疗费用、药品价格的有关指数作为参照指标。

链梯法是用于进行通货膨胀调整的典型方法，该方法包括三个主要的步骤：（1）识别过去的通货膨胀指数，根据指数将过去赔付数据调整到评估日历年；（2）根据评估日历年同一基准的赔付数据预测未来赔款；（3）根据未来赔付通货膨胀指数，将未来赔付数据调整到实际赔付支出日。

下面将以链梯法中的赔付数据为例，详细介绍该方法。

12.1.2　对过去通胀数据的调整

表 12－1 给出了累积已付赔款数据表，但通货膨胀是根据通货膨胀指数对逐年数据进行调整的，因而，需要计算逐年赔款数据，即增量数据（见表 12－2）。

表 12－1　　累积已付赔款数据

事故年	进展年（月）					
	12	24	36	48	60	72
1	1 001	1 855	2 423	2 988	3 335	3 483
2	1 113	2 103	2 774	3 422	3 844	
3	1 265	2 433	3 233	3 977		
4	1 490	2 873	3 880			
5	1 725	3 261				
6	1 889					

表 12－2　　逐年赔款数据

事故年	进展年（月）					
	12	24	36	48	60	72
1	1 001	854	568	565	347	148
2	1 113	990	671	648	422	
3	1 265	1 168	800	744		
4	1 490	1 383	1 007			
5	1 725	1 536				
6	1 889					

假如与业务相关的通货膨胀指数可以获得，如表 12－3 所示，以事故年 4 为基点，对应指数为 100。

表 12-3　　业务相关的通货膨胀指数

日历年	1	2	3	4	5	6
通货指数	78	82	89	100	111	120

根据通货膨胀指数，可以计算年通货膨胀率，如表 12-4 所示。

表 12-4　　年通货膨胀率

日历年	1	2	3	4	5	6
通货指数	78	82	89	100	111	120
年通货膨胀率	1.000	1.051	1.085	1.124	1.110	1.081
π	1.538	1.463	1.348	1.200	1.081	1.000

其中，1.051 = 82/78，1.085 = 89/82，依次类推。表 12-4 的数据表明，年通货膨胀率从 5.1% 到 12.4%。π 表示年通货膨胀率的累积，比如 1.348 = 1.081 ×1.110 ×1.124。从日历年 1 到目前评估日，通货膨胀增加 53.8%。

过去通货膨胀调整因子以流量表格的形式表示，如表 12-5 所示。

表 12-5　　过去通货膨胀调整因子表

事故年	进展年（月）					
	12	24	36	48	60	72
1	1.538	1.463	1.348	1.200	1.081	1.000
2	1.463	1.348	1.200	1.081	1.000	
3	1.348	1.200	1.081	1.000		
4	1.200	1.081	1.000			
5	1.081	1.000				
6	1.000					

将过去逐年赔款数据表 12-2 与通货膨胀因子表 12-5 中对应的元素逐个相乘，可得到调整后的赔款数据，调整结果如表 12-6 所示。

表 12-6　　调整后的赔款数据

事故年	进展年（月）					
	12	24	36	48	60	72
1	1 540	1 250	766	678	375	148
2	1 629	1 335	805	701	422	
3	1 706	1 402	865	744		
4	1 788	1 495	1 007			
5	1 865	1 536				
6	1 889					

12.1.3　未来赔款估计

在通货膨胀调整后的数据的基础上，重新计算累积赔款流量三角形，结果如表 12－7 所示。

表 12－7　　调整后的累积赔款数据

事故年	进展年					
	12	24	36	48	60	72
1	1 540	2 790	3 556	4 234	4 609	4 757
2	1 629	2 964	3 769	4 469	4 891	
3	1 706	3 107	3 972	4 716		
4	1 788	3 283	4 290			
5	1 865	3 401				
6	1 889					

这里需要指出的是，本例子中假设第 1 事故年在第 6 进展年完成，也即假设在第 6 进展年的尾部因子为 1.0。接下来以简单平均进展因子法为例，估计未来赔款及最终赔款，进展因子计算结果、未来赔款估计结果分别如表 12－8 和表 12－9 所示。

表 12－8　　调整后的累积赔款数据

事故年	进展年（月）					
	12	24	36	48	60	72
1	1 540	1 250	766	678	375	148
	1.812	1.275	1.191	1.089	1.032	
2	1 629	1 335	805	701	422	
	1.820	1.272	1.186	1.094		
3	1 706	1 402	865	744		
	1.822	1.278	1.187			
4	1 788	1 495	1007			
	1.836	1.307				
5	1 865	1 536				
	1.824					
6	1 889					
r	1.823	1.283	1.188	1.092	1.032	1.000
f	3.129	1.717	1.338	1.127	1.032	1.000

表 12－9　　未来赔款估计结果

事故年	进展年（月）					
	12	24	36	48	60	72
1	1 540	2 790	3 556	4 234	4 609	4 757
2	1 629	2 964	3 769	4 469	4 891	5 048
3	1 706	3 107	3 972	4 716	5 148	5 313
4	1 788	3 283	4 290	5 096	5 563	5 742
5	1 865	3 401	4 363	5 183	5 657	5 839
6	1 889	3 443	4 416	5 247	5 727	5 911

其中，第6事故年赔款估计值为3 443＝1 889×1.823，4 417＝3 443×1.283；第5事故年赔款估计值为4 363＝3 401×1.283，5 183＝4 363×1.188。表12－9中的阴影部分为未来赔款的估计值。

12.1.4　未来假定通货膨胀水平调整

在对评估日历年数据进行未来假定通货膨胀水平的调整之前，需要先将累积数据转变为逐年赔款数据，如表12－10所示。

表 12－10　　未来逐年赔款数据

事故年	进展年（月）					
	12	24	36	48	60	72
1						
2						157
3					432	165
4				806	466	179
5			962	820	474	182
6		1 554	974	830	480	184

对赔款进行未来通货膨胀率的调整时，最关键的是未来通货膨胀率的确定。表12－4最近3年通货膨胀率在8%～12%之间，但是通货膨胀率明显有下降的趋势，因此这里假定未来通货膨胀为10%比较合理。

未来通货膨胀调整因子以流量表格形式表示，如表12－11所示。

表 12－11　　未来通货膨胀调整因子表

事故年	进展年（月）					
	12	24	36	48	60	72
1						
2						1.1000

续表

事故年	进展年（月）					
	12	24	36	48	60	72
3					1.1000	1.2100
4				1.1000	1.2100	1.3310
5			1.1000	1.2100	1.3310	1.4641
6		1.1000	1.2100	1.3310	1.4641	1.6105

将过去逐年赔款数据表 12－10 与通货膨胀因子表 12－11 中对应的元素逐个相乘，可得到未来年通货膨胀率为 10% 的调整后的赔款数据，如表 12－12 所示。

表 12－12　　　　未来通货膨胀调整后逐年赔款

事故年	进展年（月）					
	12	24	36	48	60	72
1						
2						173
3					475	200
4				887	564	238
5			1 058	992	631	266
6		1 709	1 178	1 105	703	296

未决赔款准备金 $\sum CV = 10\ 475$，已付赔款 $\sum PC = 20\ 334$，最终总赔款 $\sum UL = 30\ 809$。

在估计未决赔款准备金之后，有必要在不同的未来通货膨胀率下，重新计算上述例子，以检验未决赔款准备金对未来通货膨胀率的敏感程度，计算结果如表 12－13 所示。

表 12－13　　　　未决赔款准备金的敏感性检验

通货膨胀率	5%	8%	9%	10%	11%	12%	13%
未决赔款准备金	9 536	10 091	10 282	10 475	10 672	10 871	11 488

未决赔款准备金对未来通货膨胀率的敏感性依赖于业务尾部的长短，长尾责任险业务对未来通货膨胀率的敏感程度较高。

§12.2　尾部因子估计

使用链梯法时，一直要假定从第 1 事故年到第 6 进展年再到最终赔款都是已知的。然而在实际中，往往并非总是如此。例如，在公司开展新业务时，或者对长期责任险业务而言，赔案从发生到完全支付可能需要很多年，10多年、20年甚至30年以上，公司财务报表上不可能有如此完整的数据。这时，就有必要通过外推来估计超出最后进展年的赔款数据。

外推，即基于流量三角形中的数据，推断最终赔款的数据。通常采用尾部因子的概念，链梯法中，流量三角形左下角数据对累积进展因子非常敏感，因此，尾部因子作为累积进展因子乘积元素中的一部分，它对准备金评估的准确性极为重要。尤其在长尾业务中，尾部因子的较小变化会导致准备金较大的变化。

尾部因子估计的方法主要有四种：（1）参考其他数据信息（比如，行业数据）；（2）图形观察；（3）广义BONDY法；（4）Sherman曲线拟合。

以下逐一介绍这四种方法。

12.2.1 参考其他数据的估计

在确定尾部因子时，可以使用公开的行业数据。以英国为例，可以参考的主要数据信息源包括：（1）监管报表；（2）非寿险公司研究工作组发布的赔付流量模式；（3）美国再保险协会（Reinsurance Association of America，简称RAA）的年度业绩总结报告；（4）保险协会（如LIRMA和ABI）的年度业绩总结。

仍以链梯法中第1事故年逐年进展因子数据为例（见表12－14）。如果对于类似业务，非寿险公司Study Group公开的赔付流量模式显示，从第6事故年到最终的赔付的进展因子为1.101。对于第1事故年，采用这一进展因子可以估计尾部因子为1.149 =（1.044 ×1.101），最终赔款为4 004（ =3 483 ×1.064）。

表12－14　　　　第1事故年逐年进展因子

进展年	1~2	2~3	3~4	4~5	5~6
逐年进展因子	1.899	1.329	1.232	1.120	1.044

美国的情况也类似，可以参考的主要数据信息源包括：（1）对再保险业务，参考美国再保险协会（RAA）的数据；（2）对劳工补偿险，参考美国补偿保险国民委员会（National Council on Compensation Insurance，简称NCCI）的报告数据；（3）对特别保险业务，在数据无法获得时，比如，航空险，采用曲线拟合或Bondy法；（4）对公司数据不稳定、可信度不高或对新业务，可采用各行业协会统计的行业数据。

12.2.2 图形观察法

实际逐年进展因子数据可用图12－1表示如下。

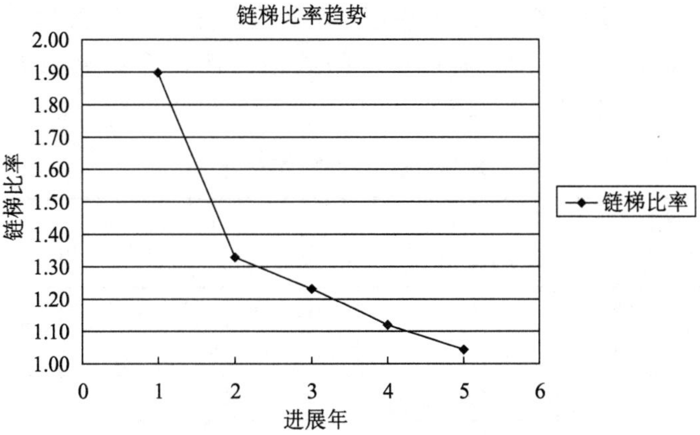

图 12－1　逐年进展因子趋势

可以通过数学方法，如 Sherman 法或观察法拟合曲线，并尝试将曲线外推。如果赔款接近某一加总额赔付限额，赔款进展的范围将非常小。最重要的一点是，检验可获得数据外推的一致性。

12.2.3　广义 BONDY 法

估计尾部因子的广义 BONDY 法，在文献 Weller（1989）中有详细的描述。

用 t 表示事故发生到赔付日的时间间隔，$r(t)$ 表示赔案在时刻 t 的期望赔款，h 表示进展年定义的区间增量，这里为 1 年，从时刻 t 到 $t+h$ 的逐年进展因子表示为 $d(t)=\dfrac{r(t+h)}{r(t)}$。则赔款的进展因子以指数的形式表达为：

$$d(t+h)=d(t)^{B} \tag{12-1}$$

其中，B 是 BONDY 参数。

随着进展年不断完成，逐年进展因子会逐渐趋于 1，因此 B 的值在 0 ~ 1 之间。同时，公式（12－1）定义了逐年进展因子的一个递推公式，即：

$$d(t+2h)=d(t+h)^{B}=(d(t)^{B})^{B}=d(t)^{B*B}$$

如果 $d(t)$ 为最后一个可观察的逐年进展因子，尾部因子为其后各期所有逐年进展因子的乘积，那么之后各期逐年进展因子的乘积为：

$$d(t+h)\times d(t+2h)\times d(t+3h)\cdots=d(t)^{B}\times d(t)^{B^2}\times d(t)^{B^3}\cdots$$

$$=d(t)^{B+B^2+B^3+\cdots}=d(t)^{\frac{B}{1-B}}$$

其中，$B\in(0,1)$，$\dfrac{B}{1-B}=B+B^2+B^3+\cdots$。

当 BONDY 参数 B＝0.5 时，即假设最后一个观察期之后，每一年的赔款为前一年的 0.5 倍，尾部因子 $d(t)^{\frac{B}{1-B}}=d(t)$，从而尾部因子会重复最后一个延迟逐年进展因子，这即为狭义的 BONDY 法。

BONDY 参数，又称衰减比率（Decay Ratio），如果它不为 0.5 时，需要根据实际最后几期观察值选择 BONDY 参数，这时计算的尾部因子估计为广义 BONDY 估计。仍以表 12－14 中的数据为例，介绍衰减比率的选择及尾部因子的确定（见表 12－15）。

表 12－15　　　　尾部因子的 BONDY 估计

年份	实际 LDF (1) d(t)	ln(实际 LDF) (2) ln[d(t)]	衰退比率 = (2)/(2)的前一项 B = ln[d(t+1)]/ln[d(t)]	LDF 预测
1～2	1.899	0.641		
2～3	1.329	0.284	0.443	
3～4	1.232	0.209	0.734	
4～5	1.12	0.113	0.543	
5～6	1.044	0.043	0.380	
6～7				$1.017 = (1.044)^{0.4}$
7～8				$1.007 = (1.017)^{0.4}$
8～9				$1.003 = (1.007)^{0.4}$
选择衰退比率			0.400	
尾部因子：$d(t)^{\frac{B}{1-B}}$				1.029

若采用简单的 BONDY 法，尾部因子为 1.044，衰减比率为 0.4 时，尾部因子为 1.029。当衰退比率不稳定时，BONDY 法可能会产生较大的偏差。同时利用该方法计算尾部因子，尾部因子对最后一个可观察的逐年进展因子的敏感程度很高。

12.2.4　Sherman 曲线拟合

可以通过曲线拟合的方法得到尾部因子，采用以下形式的逆指函数曲线进行拟合，具体内容可参见相关文献（Claims Reserving Manual，Vol. 1－2，The Institute of Actuaries Publication 1997）。

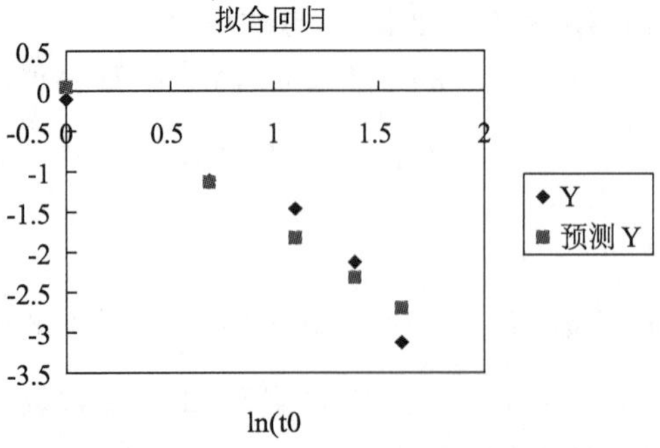

图 12－2　尾部因子的 Sherman 曲线拟合

$$\hat{y}_i = (1 + at^b)$$

其中，a，b 为采用回归方法拟合得到的参数，t 为进展年。

$$\ln(r-1) = \ln(a) + b\ln t$$

$$t = 1, 2, \cdots$$

令 $\ln(a) = a'$，以表 12－14 中逐年进展因子数据为例，回归系数 $b = -1.7059$，截距 $a' = 0.0488$。数据拟合结果如图 12－2 所示。

尾部因子的计算采用第 6 进展年到第 12 进展年的进展因子的乘积，第 6 进展年到第 12 进展年之后的逐年进展因子分别为：1.049、1.038、1.030、1.025、1.021、1.018、1.015，尾部因子为：1.212。

采用 Sherman 曲线拟合法简单、直观，但依赖于以下两个条件：

(1) 所有逐年进展因子都大于 1；

(2) 当逐年进展因子的乘积不能完全收敛时，需要人为地选择一个预测进展期限，比如，这里选择了第 12 进展年。

§12.3　未决赔款准备金评估的特殊处理

在准备金评估实务中，精算人员需要特殊处理的问题主要包括以下几个方面。

12.3.1　赔案界定

评估未决赔款准备金时，首先需要明确界定赔案，包括报案、立案、结案等时间点的确认，并在前后各期保持一致。如果前后各期对赔案的界定发生了变化，精算人员应仔细分析该变化可能产生的影响，并进行适当的调整。特别需要指出的是，精算人员需明确关于不同保障范围的赔案的界定方式。譬如，机动车辆保险业务、车辆损失险和第三者责任险同时出险；又比如雇主责任险业务，出险时同时给付医疗费用和误工费用，对于这样的赔案，公司可以界定为一件赔案，也可以界定为两件赔案。对于类似赔案的界定，公司应尽量保持一致，不得随意变更。如果赔案的界定发生变化，精算人员需对数据进行适当调整，消除因赔案界定发生变化而造成的未决赔款准备金估计的偏差。

12.3.2　大赔案

大赔案是指估损金额异常巨大的赔案。进行准备金评估时，精算人员应根据各险类的案均赔款及相关精算假设对大赔案进行界定，险类不同，对于大赔案的界定也存在差异。

大赔案在一定程度上会扭曲赔款发生、支付和案均赔款的进展模式，在评估准备金时，精算人员可以根据大赔案的特征采取不同的处理方式。

对预期未来不可能再次发生或者发生概率极小的大赔案，精算人员应从流量三角形中剔除大赔案的相关信息，以免影响赔付进展的正常模式，进而影响进展因子的选择。通常，精算人员应对该类赔案进行单独的评估。

以财产险为例，设某类业务的累积已付赔款进展流量如表 12－16 所示。

表 12－16　　累积已付赔款

事故年	进展年						
	12	24	36	48	60	72	84
1	22 603	40 064	54 301	64 114	71 257	75 950	78 224
2	22 054	43 970	58 737	71 841	78 076	81 287	
3	20 166	39 147	51 319	60 417	66 402		
4	19 297	37 355	50 391	62 347			
5	20 555	42 898	62 832				
6	17 001	33 568					
7	11 346						

如果不考虑大赔案对进展因子的影响，则采用链梯比率技术原始加权法，逐年进展因子计算结果如表 12－17 所示。

表 12－17　　逐年进展因子

进展年	12～24	24～36	36～48	48～60	60～72	72～84
加权平均值	1.9478	1.3645	1.2048	1.0986	1.0529	1.0299

在上述数据中，由于第 5 事故年的洪水造成的大赔案，具体情况如表 12－18 所示。

表 12－18　　第 5 事故年大赔案赔款

洪水造成的大赔案	12	24	36	48	60	72	84
5	4 000	5 000	10 000				
进展因子	1.2500	2.0000					

由于预期该类大赔案在未来再次发生的概率很小，且其自身进展模式与整体进展模式差异较大，因此，将上述大赔案对该业务进展因子的影响剔除，得到其赔款流量表调整如表 12－19 所示。

表 12－19　　剔除大赔案的累积已付赔款

事故年	进展年						
	12	24	36	48	60	72	84
1	22 603	40 064	54 301	64 114	71 257	75 950	78 224
2	22 054	43 970	58 737	71 841	78 076	81 287	
3	20 166	39 147	51 319	60 417	66 402		
4	19 297	37 355	50 391	62 347			
5	16 555	37 898	52 832				
6	17 001	33 568					
7	11 346						

剔除大赔案后，采用链梯比率技术原始加权法，逐年进展因子计算结果如表 12－20 所示。

表 12－20　　剔除大赔案后逐年进展因子

进展年	12～24	24～36	36～48	48～60	60～72	72～84
加权平均值	1.9715	1.3485	1.2048	1.0986	1.0529	1.0299

对于具有一定规律性和进展趋势的赔案，预期该类赔案在未来若干年内会继续这种趋势。则需要对大赔案分类分析，最后合并结果。

12.3.3　零赔案和集中性赔案

零赔案是指结案时赔付金额为零的赔案。零赔案进展趋势的变化会影响案均赔款流量的进展模式。基于各险种的不同特征，某些险种的零赔案较多，某些险种的零赔案数目较少。在实务中，通常不考虑零赔案，其原因主要是案均赔款受通货膨胀因素的影响，呈几何增长趋势，但零赔案不会受通货膨胀的影响，同时零赔案均值为零，不能与非零的案均赔款相乘。

集中性赔案是指由单一或同类事件引发的数量众多的赔案。对于集中性赔案，在赔案录入时，必须对引发该类赔案的某一件或某一类事件进行标记，以便在赔案分析时可以明确区分。在评估赔款准备金时，该类赔案一旦确定，其处理方法就与大赔案处理方法类似。

12.3.4　季节波动

保险公司的业务通常呈现季节性波动，保费收入、营业费用、赔款支出并非在一年内均匀发生，而是集中在上半年或下半年。在这种情况下，精算人员在选择进展因子时，应考虑季节波动的影响。

下面以某公司中某险种的累积已付赔款流量三角形（H1 表示上半年，H2 表示下半年）为例（见表 12－21）。

表 12－21　　累积已付赔款数据

事故年（半年）	进展期（半年，以月为单位）						
	6	12	18	24	30	36	42
2000（H1）	4 450	10 779	11 276	11 569	11 759	11 766	11 768
2000（H2）	8 340	12 810	13 717	13 740	13 993	13 998	
2001（H1）	4 672	13 420	14 932	15 487	15 505		
2001（H2）	16 000	20 171	22 062	22 160			
2002（H1）	5 005	13 075	14 353				
2002（H2）	11 723	17 265					
2003（H1）	5 648						

计算各逐年进展因子，具体内容见表 12 – 22 所示。

表 12 – 22　　逐年进展因子表

事故年（半年）	进展期（半年，以月为单位）					
	6 ~ 12	12 ~ 18	18 ~ 24	24 ~ 30	30 ~ 36	36 ~ 42
2000（H1）	2.423	1.046	1.026	1.016	1.001	1.000
2000（H2）	1.536	1.071	1.002	1.018	1.000	
2001（H1）	2.872	1.113	1.037	1.001		
2001（H2）	1.261	1.094	1.004			
2002（H1）	2.612	1.098				
2002（H2）	1.473					
2003（H1）						

从表 12 – 22 中的数据可以看出，该险种赔款支出主要集中在各年度的下半年，6 ~ 12 的进展因子存在明显季节波动。在这种情况下，进展因子的选择即需考虑该险种的季节波动。如果进展因子只在第 1 个至第 2 个进展时期存在明显的差异时，通常选择一套进展因子，第一个进展因子不同，之后各个进展期选择同样的进展因子；如果各个进展时期的进展因子都明显不同时，常采用两套进展因子。以 12 – 22 中的数据为例，2003（H1）6 ~ 12 进展因子选定为 2.8，之后各进展时期的进展因子仍有一定差别，适于选择两套进展因子。

在实务中，应用最为广泛的是采用以季节为单位组织已付赔款数据流量表（见表 12 – 23）。

表 12 – 23　　以季节为单位组织已付赔款数据流量表

事故年	进展期（季度，以月为单位）							
（季度）	3	6	9	12	15	18	21	24
2000（q1）	×××	×××	×××	×××	×××	×××	×××	×××
2000（q2）	×××	×××	×××	×××	×××	×××	×××	
2000（q3）	×××	×××	×××	×××	×××	×××		
2001（q4）	×××	×××	×××	×××	×××			
2001（q1）	×××	×××	×××	×××				
2001（q2）	×××	×××	×××					
2001（q3）	×××	×××						
2001（q4）	×××							

如果评估时点不在年末，需要对流量三角形的形式做进一步的调整，假定评估日在 2005 年 3 月 31 日，调整结果如表 12 – 24 所示。

表 12-24　　评估日不在年底时已付赔款数据流量表

事故年	进展期（年，以月为单位）					
	15	27	39	51	63	75
2000	×××	×××	×××	×××	×××	×××
2001	×××	×××	×××	×××	×××	
2002	×××	×××	×××	×××		
2003	×××	×××	×××			
2004	×××	×××				
2005	×××					

12.3.5　残值和追偿款收入

在评估未决赔款准备金时，残值和追偿款收入应当予以充分考虑。当残值或者追偿款收入与赔案直接对应，并包含在评估的数据中时，未决赔款准备金评估结果自动含有未来预期的残值处理或追偿款收入的扣减。该方法假设未来预期残值处理或追偿款收入流量模式与过去的残值处理或追偿款收入流量模式具有一致性。当未来环境与过去存在较大差异、残值或追偿款收入发生较大变化、对准备金影响较大时，建议进行单独评估。

当残值或者追偿款收入与赔案不能直接对应，可采用整体评估的方法。首先将残值和追偿款收入按照评估险种分类，分别计算每一险类残值和追偿款收入占已付赔款的比例。调整险类的比例，以反映未来个案因素的影响以及其他的变化。一般而言，在残值处理收入中，损失险类占比相对较大，残值与已付赔款的比例比较稳定。在追偿款收入中，责任险类的占比相对较大，但追偿款收入与已付赔款的比例波动性较大，在计算未来追偿款收入时，应当保持谨慎性原则。

反映某险类预期残值处理或追偿款收入的未决赔款准备金的计算公式为：

未决赔款准备金(反映未来残值处理或追偿款收入)

= 未决赔款准备金(未反映未来残值处理或追偿款收入)×(1 - 残值和追偿款收入占已付赔款的比例)

将各险类的结果汇总，即获得反映残值处理和追偿款收入的未决准备金。

此种方法简单，易于操作。但在实务中，必须注意某些较大个案的影响；当条款解释、合同条件、法规环境等发生改变时，不能简单地以过去的追偿款收入来预测未来的追偿款收入。

在财务处理时，鼓励取消残值和追偿款收入，将残值和追偿款收入直接作为已付赔款的冲减项，未来预期残值和追偿款收入可以按照上述方法直接从未决赔款准备金中扣减。

§12.4 后续事件对准备金评估的影响

12.4.1 后续事件影响的原因和重要性标准

众所周知，财务报告都有截止期，并反映公司在此时期内的经营情况，是一个相对静态的值。但公司的运营则是一个动态的过程。由于现实原因，对截止期上各项财务指标的评估，都不可能在截止期当时完成。和财务报告结合的精算报告也相应有一个滞后期。目前，我国保险公司的年度报告都截止于12月31日，而精算报告的完成时期是每年的4月30日。发生在这段时间的事件，并和上一年度相关都可称为后续事件。一般可以分几大类：（1）巨灾；（2）重大事故案件的有利或不利发展；（3）再保险公司的破产或违约；（4）法律判决；（5）法律和法规的改变；（6）投资市场的变动。

比如，2008年1月6日起，我国南方地区普降大雪，时间长达一个月有余。此次雪灾，不仅给当地居民带来了生活上的不便，也造成了相当大的财产损失。那么2008年年初的雪灾对2007年年底的财险公司财务报表会有怎样的影响？精算师应该怎样评估此次雪灾对未决和未到期准备金的影响？

要衡量后续事件的影响，精算师首先要设立一个重要性标准。变化是永恒的，精算师并不需要对任何变化都加以反映。只有那些变化超过了重要性标准的，精算师应对其精算报告加以补充和更正。因此，确定重要性的标准是至关重要的。一般来讲，精算师可以根据以下几种方法来确定重要性的标准。（1）总资产的1%；（2）再保后未决赔款准备金的2%；（3）净收入的10%；（4）总净资产的2.5%；（5）审计师计算的重要性标准。

精算师可在以上基础上选取一个重要性标准。对于那些后续事件所产生的影响小于所选择的重要性标准，精算师可以不用对其加以考虑。在以下讨论中，已假定后续事件的影响超过重要性标准。

12.4.2 重要后续性事件的影响及处理方法

1. 巨灾

巨灾，由于其突发性，可能是最为典型的后续事件。一般来讲，巨灾作为后续事件，巨灾对准备金的评估有两种可能影响。

第一种是巨灾发生在截止期前，但非常接近截止期。严格来讲，这种巨灾不是一种后续事件。但由于巨灾所引起的特殊问题，比如，交通中断，财险公司对巨灾所造成的损失的认知会有较长的滞后。精算师在完成精算报告，但财务报告完成之前，可能得知巨灾所造成的损失和他所计入报告中的数字有超过重要性标准的差异。因此，精算师应对报告进行调整。

另外一种就是类似2008年雪灾的情况。即巨灾发生在年度报告截止期之后。因此，在这种情况下，作为后续事件，巨灾不会对未决赔款准备金有所影响。问题在于，由于相当一部分保单未到期，是否要在对这部分保单的未到期责任准备金的充足性测试中加以考虑呢？

比如，企财险在2007年度的损失率是50%，但巨灾给现有保单带来的损失率是60%的影响，那么其损失率会上升至110%。如用110%作为损失率来测算未到期责任准备金的充足性，势必会产生保费不足准备金。

其实，不应该用110%来测试充足性。原因是雪灾是发生在财务报告截止期之后。财务报告应反映截止期上保险公司的财务情况。所以，正确的做法是，仍然用50%加上正常的巨灾损失率（假设为15%）来测试未到期责任准备金的充足性。正常的巨灾损失率一般就是定价时用的假设。但雪灾对保险公司的影响应在精算报告和财务报告中进行披露。

所以，从上述的分析中，可以得出需要精算师调整的后续事件是指，发生在截止期之后但对报告截止期之前的保险公司责任有影响的事件。

另外一种可能需要精算师调整的和巨灾相关的情况是，对再保条款的不同意见的结果。比如，就2008年雪灾是一次事件还是两次事件，直保和再保公司曾有分歧。另外，“9·11”事件中，双子塔的倒塌是一次事件，还是两次事件，直保和再保公司也有过分歧。如果精算师所采用的计算再保摊回的假设和谈判的结果不同，精算师应对精算报告进行调整。

2. 重大案件的有利和不利发展

此种案件一般发生在截止时间前，但保险公司和客户还在进行协商和诉讼的赔案。如果案件的判决产生了有利和不利发展，影响已超过重要性标准，精算师应对其报告进行调整。

3. 再保险的破产和违约

再保险公司的破产和违约在目前国内市场还没有发生，但在国际市场上，此类事件也不罕见。

一般来讲，再保险公司的违约和破产都会进行RUN-OFF，他们所保存的准备金和资本应能够支付一部分责任。精算师应对其进行调整。

4. 投资市场的波动

目前国内对于准备金都须考虑进行折现。折现率的一个选择就是公司的投资回报率。公司的投资回报率必然会受投资市场和公司投资政策的影响。如果投资市场和公司投资政策发生重大变化，精算师应对其进行调整。

5. 法律法规发生重大变化

保险是法律法规规定的一种责任。如法律法规发生重大变化，精算师应对其进行调整。比如，2008 年保监会对交强险的保费和保额进行的修改。

精算师在撰写精算报告时，无疑也要对一些后续事件进行分析和甄别。对需要调整相应的事件影响进行调整，调整无疑有利于准确反映公司的财务情况。在这个过程中，精算师、公司高管和审计师之间的沟通是至关重要的，特别就后续事件的处理方面。因为由于后续事件，某些财务数据非常有可能要重新编制。所以，最好在事件发生时，精算师就应开始与上述两方进行沟通，以免到时出现被动。

第十三章　准备金精算报告

评估责任准备金是保险公司（特别是财产保险公司）经营过程中的核心环节。保险公司定期或不定期编制各类财务和监管报表时，都离不开对各项责任准备金的评估数据。在产品定价、公司价值评估和偿付能力评估时，都需评估责任准备金负债。精算师在完成评估计算后，都需要报告和披露评估结果。由于这是一件影响重大的工作，有必要对非寿险责任准备金制定专门、规范的评估报告模式。

本章将介绍和讨论我国非寿险责任准备金评估报告的程序、要求和内容。

§13.1　精算师与精算报告

非寿险准备金精算报告是各类精算报告中的一种。为了系统地了解准备金精算报告，有必要先明确什么是“精算师”和“精算报告”。

《中华人民共和国保险法》（以下简称《保险法》）第一百二十一条规定：保险公司必须聘用经保险监督机构认可的精算专业人员，建立精算报告制度。

这条法律规定中包含了三个需要进一步明确其内涵的重要概念，即“保险公司”、“经保险监督机构认可的精算专业人员”和“精算报告”。

“保险公司”的概念比较明确，包括寿险公司、财产保险公司和再保险公司。这条规定在本书中的直接含义是：我国的财产保险公司也需要聘用经中国保监会认可的精算专业人员，建立精算报告制度。

但“精算专业人员”又指什么？“精算报告”又包括哪些内容呢？

13.1.1　精算师与精算责任人

要明确什么是“经保险监督机构认可的精算专业人员”，先要定义什么是“精算专业人员”，然后再明确前面的定语“经保险监督机构认可的”。

直观上，可以将“精算专业人员”理解为通常所说的“精算师”，但什么是精算师呢？

我们通常所说的“精算师”，是指某个精算学会（Institute/Society of

Actuaries）的正式会员（Fellow）或准会员（Associate）。精算学会认可会员的方式通常有两种：一种是通过精算师资格考试，加上一定的相关工作经历。比如，美国有三个精算学会（寿险精算学会（SoA）、非寿险精算学会（CAS）和养老金精算学会（ASPA）），都各自通过设置精算考试来吸纳各自的正式会员和准会员。这三个学会的会员和准会员都可以申请成为美国精算师协会（American Academy of Actuaries，AAA）的精算师。另一种认可精算师的方式则是通过专业学历教育，加相关工作经验。在北欧国家如丹麦、挪威等国，其精算学会没有专门设置精算考试来认可会员资格。总之，这些精算师协会的会员和准会员精算师都可以称为“精算专业人员”。

中国精算师协会（China Association of Actuaries）于2007年11月30日成立，是在我国民政部正式注册的一个民间团体组织。中国精算师协会是我国精算师的全国性组织，依照有关规定对精算师进行自律管理，每年组织春秋两季的中国精算师资格考试。中国精算师资格考试分为两个层次：第一层次为准精算师资格考试，第二层次为精算师资格考试。2010年12月，中国精算师协会正式加入国际精算协会（IAA），我国共有175名中国精算师和1 021名准精算师。

根据保监会2010年7月《关于加强非寿险精算工作有关问题的通知》（保监发［2010］58号）规定，保险公司应指定一名精算责任人负责签署本公司的精算报告。原则上保费收入10亿元以上的保险公司应设立独立的精算部门，若公司不设独立精算部门，则精算岗位不得设置于承保、理赔和财务部门之下。保险公司指定精算责任人，应充分考虑公司的业务规模、经营管理及风险防范等方面的需要，具体区分为以下两种情况：

第一种情况，上一年度原保险保费收入超过50亿元人民币或再保分出前准备金大于50亿元人民币的财产保险公司以及所有再保险公司精算责任人，应符合以下标准：

（1）具备中国精算师（非寿险方向）资格或国外非寿险精算师资格，若为国外非寿险精算师，则参加的资格考试、职业道德教育应与中国精算师水平相当；

（2）从事非寿险精算工作5年以上；

（3）在中华人民共和国境内有住所；

（4）无犯罪记录；

（5）3年内无执业不良记录。

第二种情况，上一年度原保险保费收入小于50亿元人民币且再保分出前准备金小于50亿元人民币的财产保险公司以及所有再保险公司精算责任人，应符合以下标准：

（1）具备中国准精算师（非寿险方向）或国外非寿险准精算师及以上

资格，若为国外非寿险精算师或准精算师，则参加的资格考试、职业道德教育应与中国相应层级精算师水平相当；

（2）从事非寿险精算工作3年以上；

（3）在中华人民共和国境内有住所；

（4）无犯罪记录；

（5）3年内无执业不良记录。

经保监会核准的保险公司精算责任人，不得兼任其他保险公司（包括寿险公司）的总精算师或精算责任人。同时，保险公司的精算责任人不得由保险公司的总经理以及负责保险公司业务发展、市场营销的高级管理人员兼任。

13.1.2　精算报告

精算责任人需要准备精算报告（Actuarial Report）并签署“精算意见声明书”（Statements of Actuarial Opinion）。

精算报告是用于反映精算专业人员对某项工作所作结论和建议的文件。精算报告的目的、内容和责任要求与具体国家保险业和精算职业发展水平有关，一般包括赔款准备金评估、产品费率、偿付能力状况、公司负债评估等内容。精算报告需要包含支持精算师结论和建议所依赖的方法、程序等内容，足以让相关当事人和部门了解其结论和建议并进行交流。

根据保监会《关于加强非寿险精算工作有关问题的通知》（保监发［2010］58号）第九条，精算责任人应按照中国保监会的有关规定，对下列报告签署精算意见，出具精算声明书：

（1）保险产品的费率报告；

（2）责任准备金评估报告；

（3）偿付能力报告；

（4）中国保监会要求的其他报告。

在保险业和精算职业发展程度较高的国家，精算师往往被进一步细分为产品责任精算师、准备金精算师或评估精算师等等。

13.1.3　精算责任人的责任

精算责任人向谁报告并具体承担什么责任呢？谁应该对保险公司的责任准备金评估值、偿付能力额度值以及产品费率的最终结果负责？精算责任人的精算报告是向谁报告的？

这是非常重要，但也是容易产生误解和争议的问题。

普遍公认的做法是：精算责任人（指定精算师）并不对最终计算或评估结果负责。对最终结果负责的是保险公司的高级管理层（董事会）所指定的代表，如董事长、总经理。精算责任人的责任只是提供并签署“精算意见声明书”，判断报告中的相关内容的完成过程是否符合精算职业的原理、标准以及有关监管规定。

精算责任人，类似于国外所称的指定精算师（Appointed Actuary），无论是公司的雇员精算师还是外聘的咨询精算师，都直接向公司董事会（或董事会下的审计委员会）报告和负责，即向董事会提交直接签署的“精算意见声明书”及其精算报告。但董事会向监管当局提交的报表必须一起附上指定精算师的声明书和精算报告。

我国目前的情况有所不同，中国保监会要求保险公司的精算责任人直接向保监会提交“精算声明书”。例如，保监会《关于加强非寿险精算工作有关问题的通知》（保监发［2010］58号）中提供的“精算责任人声明书”格式如下：

中国保险监督管理委员会：

本人已恪尽对××保险公司××报告精算审核的职责，确认该报告的精算基础、精算方法和精算公式符合精算原理、精算标准和中国保监会的有关规定，精算结果合理充分，并对此承担个别和连带的法律责任。

精算责任人（签字）：

年　月　日

由此通知可以看到，我国目前要求保险公司的精算责任人直接向中国保监会报告，而且还要求精算责任人确认精算结果“合理充分”。在精算实务中，一般不用“准确”的概念，而强调“合理”，即要求合乎精算之理。另外，保监会还要求精算责任人对出具的声明书承担个别和连带的法律责任。

13.1.4 精算责任人的权利

1. 获取所需要的数据

精算责任人最重要的一项权利就是获得其履行精算责任人职责所需要的全部数据资料。能否保证精算责任人的这项权利，是精算责任人制度能否发挥其应有效力的关键。

精算责任人在评估准备金时，所使用的数据包括公司自有的内部数据和公司使用的外部数据。精算责任人有权利获得实现评估目的的必须数据，当精算责任人对其获得的数据存在疑虑或不满时，精算责任人有权在精算报告中反映这一情况。

2. 获知影响准备金提取的有关事项

精算责任人的另一项非常重要的权利，就是获知可能影响准备金提取的各种有关事项的具体情况，包括了解公司经营决策的变动、内部管理的变动、再保险安排情况以及其他可能影响精算评估的事项。

精算责任人了解公司经营状况是有效履行其职能的前提。精算责任人通过履行精算工作责任，还可以对公司的经营状况作出评估并提出意见和建议。精算责任人应该对公司的经营情况有一个基本的了解，对可能会对准备金的提取产生影响的经营情况要进行详细的了解，确保能够对公司的整体风险情况作出判断，提供最终精算意见和精算报告。

精算责任人应根据自己所了解的情况出具独立的评估意见。如何确保精算责任人的独立性是精算责任人制度的关键。目前，世界各国保险监管机构对指定精算师制度的研究主要集中于如何确保指定精算师的独立性，包括对保险公司要解聘、另聘精算责任人的约束。

一般来说，保险公司有权解聘现任精算责任人，但公司另聘精算责任人时，必须经监管机构核准，保险公司自然需要向监管机构解释和说明新聘精算责任人的背景和理由，这就为监管机构是否核准新聘精算责任人提供了约束环节。而被解聘精算责任人也可以向精算职业组织和向监管部门报告被解聘的理由。

§13.2　准备金精算报告

13.2.1　制定准备金精算报告的原则

精算报告是公司精算责任人为支持其关于公司责任准备金评估的结论和意见而准备的书面文件。中国保监会《保险公司非寿险业务准备金管理办法（试行)》(保监发［2004］13号，以下简称《暂行办法》) 第十八条明确规定，由保险公司指定（经中国保监会批准）的精算责任人来负责准备金的提取工作，提供准备金精算报告。

保险公司的精算责任人可以是雇员精算师，也可以是外聘咨询精算师。无论是雇员还是外聘，精算责任人在制作准备金精算报告时，应遵守以下原则：

(1) 符合我国《保险法》、《保险公司管理规定》、《保险公司财务制度》等法律规章制度（《暂行办法》第一条)；

(2) 符合谨慎性原则，按照我国精算师职业组织或中国保监会制定、颁布和推荐的精算原理、标准和方法进行评估和报告（《暂行办法》第四条)；

(3) 准备金精算报告所提供的资料充分，充分到可以让另一位精算师对其作独立评估；

(4) 按照保险公司的业务险种或类别提取准备金，并分别按再保前、再保后进行评估和报告（《暂行办法》第二十一条)；

(5) 保险公司应当按照中国保监会规定的时间报送准备金评估报告

（《暂行办法》第二十二条）；

（6）精算报告属于公司内部保密文件，不向社会公众公开。根据《非寿险业务准备金评估工作底稿规范》（保监发［2010］54号），保险公司对于任何一次评估的工作底稿应保存5年以上，其中年度准备金评估工作底稿应保存10年以上。

随着保险业日趋复杂的风险构成以及保险监管力度的日益加强，监管部门对保险公司责任准备金评估及其披露的要求也在提高。

此外，我国保监会颁布的《暂行办法》要求，所有开业的财产保险公司和再保险公司都要指定精算责任人并提交准备金精算报告。

13.2.2 准备金精算报告的构成

准备金精算报告的目的就是支持精算责任人关于保险公司责任准备金评估的职业判断和结论，帮助保险公司高级管理层、保险监管机构了解公司的财务状况。为此目的，精算责任人提交的准备金精算报告必须能够清楚地向使用者说明精算结论和判断，包括从数据基础、使用方法和假设、其他影响因素到最终结论的全部分析过程。

非寿险业务准备金评估报告由准备金评估精算声明、数据真实性申明、准备金评估详细说明和非寿险业务准备金报表四部分组成，要求文字翔实、措词严谨、数据准确，在报送监管部门时，由该公司的精算责任人签署意见，并由该公司的总经理签署“数据真实性申明书”[①]。报告的基本框架已在中国保监会《暂行办法》中明确，比如，其中的第十九条规定：精算责任人签署的准备金评估报告应包括以下内容：

（1）报告的目的；

（2）声明报告中所采用的方法符合保险监管部门的规定；

（3）对准备金提取的精算评估意见；

（4）对准备金评估的详细说明；

（5）报告中特定术语及容易引起歧义概念的明确解释。

以上内容主要是几点声明性的要点。实际上，在准备金精算报告的开始部分，精算责任人需要作几点例行的声明和披露：

首先，声明精算责任人自己的任职资格，说明自己是否具备承担该公司精算责任人的条件及其依据，并说明自己与客户公司的关系。比如，说明自己是公司的雇员还是作为咨询精算师为公司服务，如果是咨询精算师，还应说明客户公司与所作咨询公司的关系。

然后，说明报告的目的和所评估准备金项目。比如声明：本准备金精

---

① 吴小平主编：《保险公司非寿险业务准备金评估实务指南》，中国财政经济出版社2005年版。

算报告是根据中国保监会《暂行办法》的规定，受公司的委托，编制以某年 12 月 31 日作为评估日的报告，评估内容包括：

（1） 各类险种再保前和再保后的未决赔款准备金；

（2） 各类险种再保前和再保后的未到期责任准备金。

也有为其他目的编制的准备金精算报告，如为公司上市、兼并或收购目的作价值评估而编制的准备金精算报告，还有专门用于支持我国交强险业务核算和公开披露的精算报告，等等。这些报告都属于通用财务报告目的，应该按照我国新企业，会计准则的框架、亦即按照第十章介绍的评估方法，计算未决赔款准备金和未到期责任准备金。

再就是声明所使用的数据是否足以完成本报告所要达到的目的。通常需要披露数据提供者、相关人员及其部门的具体名字。说明数据的缺陷可能对评估结论的影响。对数据的处理过程可在报告正文和附录中进行说明。

还需要说明所采用的精算方法和精算假设是否符合《暂行办法》所规定或推荐的方法及假设，是否符合普遍的精算原理和方法。特别要注意现行方法和假设与过去使用的方法及假设的差异，如果有所改变，这些改变对结论的影响如何等。

最重要的声明，当然是精算责任人对准备金评估值的结论。通常情况下，精算责任人的结论可以有以下五种选择：

（1） 评估合理 （Determination of Reasonable Provision）；

（2） 评估不足 （Determination of Deficient or Inadequate Provision）；

（3） 评估过高 （Determination of Redundant or Excessive Provision）；

（4） 保留意见 （Qualified Opinion）；

（5） 无法表示意见 （No Opinion）。

最后两种情况需要作一些解释。“保留意见”是指精算责任人对某一项或几项具体科目的评估没有把握，但这些项目对总体评估影响不大。而“无法表示意见”则是指无法依赖公司管理层提供的数据、相关信息、假设和分析方法完成评估工作，不得不放弃。

13.2.3 精算意见书示例

准备金精算报告可以看作是支持精算责任人书面精算意见的支持文件和详细说明，而准备金评估意见声明书则可以看做是精算报告的摘要和主要结论。以下示例可以作为准备金精算意见书的参考模式，但并非中国保监会规定的标准模版。相对简明的范例还可以参考吴小平主编的《保险公司非寿险业务准备金评估实务指南》（第 145 ~ 146 页）。

【例 13 –1】 准备金评估精算意见书

精算意见书通常包含对以下内容的声明和陈述：

1. 精算责任人身份

本人，×××，是XYZ保险公司职员。

或

本人，×××，是ABC（顾问公司名称）职员，受XYZ公司的委托，对公司非寿险业务责任准备金进行评估。

2. 精算责任人资格（Qualification）说明

本人是××精算协会（如北美产险精算协会（CAS）、英国精算师协会（IOA）、中国精算师协会）会员。

受XYZ保险公司任命，并经过中国保险监督管理委员会核准为精算责任人。

或

受XYZ保险公司委托，经中国保险监督管理委员会核准为精算责任人，评估该公司的非寿险业务准备金。

3. 评估目的

此次评估为XYZ公司的国内监管报表提供的按照中国保险监督管理委员会要求评估的准备金。

本报告仅作外部监管使用。未经本人同意，本报告的全部和部分内容不得用于其他任何目的。此外，孤立地使用本报告部分内容和结论，将可能产生误导性结论和错误。

4. 评估范围（Scope）

本人对截至×××（时间点）XYZ（公司名称）的未决赔款准备金和未到期责任准备金进行了评估，并分别就再保前与再保后的准备金进行评估。本报告不考虑任何自报表核算日（××年12月31日）后的发展与变化情况。

其中，未决赔款准备金包括已报案未决赔款准备金、IBNR、理赔费用准备金。各项准备金的金额见表13－1。

表13－1　　各项准备金评估结果

再保前未决赔款准备金（①+②+③）	
其中：①已报案未决赔款准备金	
②IBNR	
③理赔费用准备金	
再保后未决赔款准备金（④+⑤+⑥）	
其中：④已报案未决赔款准备金	
⑤IBNR	
⑥间接理赔费用准备金	
再保前未到期责任准备金	
再保后未到期责任准备金	

本人已信任并采用公司提供的数据，本人尚未对这些数据进行检查，但公司已确定提供的数据是准确的。在本人的工作中，没有因为数据的准确程度不够而发生严重问题。此外，本人还使用了必要的精算假设和方法，并对计算作了必要的检查。

5. 评估不确定性（Variability）

未到期责任准备金和未决赔款准备金是公司通过精算方法对未来未尽保费责任和赔款责任的估计。估计的未到期责任准备金和未决赔款准备金可能高于实际发生额，也可能低于实际发生额。尽管本人确信，评估未到期责任准备金和未决赔款准备金时，已严格根据合理的精算方法，对未来的不确定性发展进行了合理的估计，但其仍然可能与实际发生值存在较大差异。

6. 精算意见（Opinion）

本人已恪尽对××保险公司（公司名称）××报告精算审核的职责，确认该报告的精算基础、精算方法和精算公式符合精算原理、精算标准和中国保监会的有关规定，精算结果合理充分，并对此承担个别和连带的法律责任。

签名：×××

日期：××年××月××日

§13.3 准备金精算报告的主要内容

关于准备金精算报告的主要内容，中国保监会《保险公司非寿险业务准备金管理办法（试行）》第二十条规定：准备金精算报告应当包括以下内容：

（1）险种或类别的划分；

（2）数据的完备性、准确性及存在问题的说明；

（3）评估方法、模型及其变更的说明；

（4）重要假设及原因；

（5）与前期评估结果的差异比较；

（6）准备金评估结果的总结；

（7）附录及准备金报表。

13.3.1 险种或类别的划分

非寿险责任准备金的评估需要分险种进行，因为不同险种的赔付及风险特点是不一样的，可能需要采用不同的精算方法进行评估。但保险公司的产品繁多，尤其对于大型保险公司，如果对每一个不同的产品逐一进行评估，其成本将非常高。但具体细分到什么程度，各国都不一样，很难做到统一和完美。

目前，中国保监会为了评估非寿险责任准备金，所推出的险种分类是18类，在《暂行办法实施细则》第二条中规定如表13－2所示。

表13－2　　中国保监会用于评估责任准备金的险种分类

险种名称	序号（行次）
企业财产保险	1
家庭财产保险	2
工程保险	3
责任保险	4
信用保险	5
保证保险	6
机动车辆法定第三者责任保险	7a
机动车辆商业第三者责任保险	7b
机动车辆车体损失保险	7c
机动车辆其他保险	7d
船舶保险	8
货物运输保险	9
特殊风险保险	10
农业保险	11
意外伤害保险	12
短期健康保险	13
投资型非寿险	14
其他类保险	15

随着保险业和公司险种结构的不断发展，中国保监会还将不断调整上述分类。此外，精算师在针对具体公司的业务构成评估责任准备金时，应根据具体情况，结合准备金评估的原理和目的作具体处理。例如，在评估未到期责任准备金时，可以根据以下标准进行险种（或类别）的划分：

（1）保险期限。采用1/24法、1/365等比例法评估未到期责任准备金时，要根据各类险种的承保期限进行险种的划分，将承保期限相近的险种分为一类，进行评估。如国内货运险的承保期限通常为1个月，进口货物的运输期限一般为2个月，而出口货物运输的期限一般为3个月。而企业财产保险的承保期限通常为1年，进行比例法评估时，要分别进行评估。

（2）业务周期。采用风险分布法进行未到期责任准备金评估时，要根据业务周期进行险种的划分。如种植业保险对小麦和玉米的承保，种植季节的不同使得风险分布存在差异，如采用风险分布法进行评估，就需要进行险种的划分。

（3）承保责任。在评估是否需要提取保费不足责任准备金时，要依据险种的承保责任划分险种。保费不足责任准备金要根据划分后的各险种分别进行评估并提取。

13.3.2　数据的完备性、准确性及存在问题的说明

精算责任人在评估准备金时所使用的数据包括公司自有的内部数据和公司使用的外部数据。要明确数据来源、统计区间、统计方式、数据类型、币种及汇率等。特别是需要分险种、分年份与会计报表对账，并列示和评估对账结果。

对数据中存在的问题，需要进行明确披露。特别是针对我国非寿险精算起步较晚、公司数据不足的状况，要特别注意以下三个方面的问题、可能的影响及其处理方法：

（1）核保流程、理赔流程、再保计划、保险责任的变更、法律环境的变化等因素对数据的影响，以及这些影响对进展因子的选择。

（2）数据中存在的重大缺陷，这些缺陷对评估结果可能造成的影响。

（3）对大赔案、零赔案、多次结案、预付赔款等异常数据及其处理方法。

此外，因为精算责任人可能还要使用和依赖其他专家的工作，所以应在精算报告中明确说明每个人或组织承担的责任。精算责任人还必须要特别说明在哪些场合下数据存在的问题会明显增加其所作估计的不确定程度。

13.3.3　评估方法、模型及其变更的说明

准备金评估报告要分险种披露未到期责任准备金和未决赔款准备金的评估方法。精算责任人应对选用的计算方法的合理性作出说明，特别要对未决赔款准备金的计算方法的选取理由作出说明。按规定，对于已发生已报案未决赔款准备金、IBNR 要使用两种方法，具体参见《暂行办法》。因为各国一般对未决赔款准备金的计算要求同时使用两种以上不同方法，因此，精算责任人要说明如何根据两种不同的计算结果确定最终的提取结果。

（1）如果采用的方法比较标准，能被报告使用者广泛接受和理解，如未决赔款准备金评估中的链梯法，对该方法仅需进行披露和简单描述即可。

（2）如果采用的方法比较特殊，则需要详细描述这种方法及选用这种方法的原因。

（3）如果采用不同的方法进行评估，评估的结果存在较大差异，则需

要对造成这种差异的可能原因进行披露，并披露最终结果的选择。

（4）如果在本评估年度内，责任准备金提取使用的方法、模型和假设发生了变动，往往就会导致最终的准备金数字产生比较大的变化。精算责任人要详细说明改变的原因和对准备金结果的影响。各国监管者通常要求指定精算师分别按原方法和新方法计算准备金，并分别列示两组数据，以供报表使用者了解该项变更所造成的影响。

报告应当披露评估准备金时使用的各项假设，对精算假设的说明主要是退保率、理赔趋势、通胀率等方面的假设；此外，一些计算参数的选取也是需要说明的重要事项，并需要对假设的合理性和不确定性进行评估。

13.3.4 重要假设及原因

如果可行，精算责任人应当指出报告中所作估计的不确定程度以及对主要假设变动的敏感度。当精算师按照自己的判断认为将不确定程度和敏感度定量化对报告使用者没有帮助时，则不必作定量分析。此外，尽管存在不确定性，但并不影响精算责任人对变量值作点估计或对估计值进行讨论。

如果业务的某些特征非常重要或精算建议的不确定程度显著增加，超过了专业人士合理预期的不确定程度，那么在估计和讨论相应的准备金或报告的适用范围时，必须强调这些特征及其影响。

13.3.5 与前期评估结果的差异比较

财务报表信息的重要特征之一就是不仅要反映当期结果，而且要反映出与前期结果的差异。但报表数据只披露出差异，而不能反映出引起差异的原因和分析。对于责任准备金的评估更是这样，这种差异可能是正常的，也可能是非正常的。可能由承保业务、管理策略的改变引起，也可能由评估方法、参数选择等原因所致。

对于未决赔款准备金，报告应当分险种披露上一次提取的精算结果与实际发展情况之间的差异，并说明赔案发生趋势、结案趋势、赔款支付趋势、案均赔款变化趋势等；对未到期责任准备金的提取，应当说明险种的周期性、保险费基准费率、风险调整系数、赔付率、费用率和退保率等的变化情况。精算责任人也应该分别就各险种说明前期准备金提取的充足性情况。

13.3.6 其他披露事项

1. 业务构成及其风险状况

经营不同保险业务的保险公司所面临的风险状况是不同的。例如，两家经营不同业务的保险公司提取了相同数量的准备金，但是两家公司的风险状况存在很大的差异，因此，该数量的准备金可能对甲公司来讲是充足的，对乙公司而言可能严重不足。基于此类原因的考虑，精算责任人应当首先对被评估公司的业务风险作出详细的说明。该说明应着重于以下两个问题：

（1）承保的业务是否存在显著性风险。精算责任人应该首先对被评估的保险公司经营业务是否存在显著性风险作出详细的说明。显著性风险是指短期内可能导致巨额的保险赔付的业务风险。例如，巨灾风险、业务量过于集中于某类业务等。说明的重点是这些显著性风险对准备金的提取状况有什么影响、一旦这种显著性风险发生对保险公司可能产生的影响以及保险公司目前是如何防范这些风险的等。

（2）承保业务的波动性。保险公司承保的业务往往具有不确定性，特别是一些规模比较小的公司和新成立的公司，由于缺乏对一些业务的承保经验或由于自身规模的原因，对风险的承受能力比较弱。因此，精算责任人必须在精算报告中明确说明承保业务的不确定性所带来的影响，分析其造成的原因和可能产生的后果，以引起报表使用者的注意。

2. 第三方经营者对责任准备金提取的影响

对保险公司准备金的提取产生重要影响的第三方经营者主要是指再保险人。再保险对于非寿险公司经营的安全和稳健性有着举足轻重的作用。再保险合约的安排是影响准备金提取的重要因素。在精算报告中，精算责任人应分析签单保费与自留保费、再保险赔款的可摊回性、风险转移的程度、再保险人资信等因素，特别应对可能出现的潜在风险做出预警。另外，再保险安排的变化也可能使再保后的赔款发展模式发生改变，评估责任准备金的时候同样需要考虑该影响因素。

3. 公司经营管理

如果公司对业务进行了一定的调整或刚刚开始涉足某一新的保险领域，这种经营管理上的措施将使公司面临的风险状况发生很大变化，对准备金的要求也会相应改变。精算责任人应对公司的经营管理有所了解，并对其可能造成的影响作出说明。此外，精算责任人应着重分析公司对索赔案件估损的准确性，在此主要分析以往年度的估损金额和实际支付额之间的差异。

4. 对外部条件的分析

外部条件主要包括市场竞争情况、政治法律因素和经济周期的影响。精算责任人需要对当前外部条件变化所产生的影响进行分析报告，并就在当前假设条件下，对未来外部条件的改变带来的影响进行分析。

5. 一些专门术语的定义

非寿险中使用的一些词语和短语的意义经常模糊不清，而且在不同的法规中会有不同的含义。精算师必须注意那些可能会引起误解、需要明确定义的词语和短语，应该对准备金精算报告中的特定术语以及容易引起歧义的概念给予明确的解释。

13.3.7 总结和报告评估结果

在准备金精算报告中，虽然对各项责任准备金的评估和分析过程都反映在一系列固定格式的准备金分析报表中，但是这些报表通常作为附录置于准备金精算报告的后面部分。报告的正文主要是文字叙述。核心部分就是关于准备金评估的总结或摘要。原则上应按照中国保监会《保险公司非寿险业务准备金管理办法（试行）》第二十条规定的内容逐项陈述，但是可以根据具体公司的情况有所强调，并对顺序作合理的调整。以下是一个可以参照的例子。

例如，一家财产保险公司的准备金精算报告总结部分的项目如下：

（1）保费收入的组合及增长率；

（2）自留净保费比率；

（3）未决赔款准备金的合理估计；

（4）未到期责任准备金的合理估计；

（5）最终损失率；

（6）准备金管理建议。

在总结之后，一般是按照总结的项目，在准备金精算报告正文接下来的各节中，分别对上述项目的分析过程进行详细陈述。

13.3.8 附录及准备金报表

准备金精算报告的附录部分才是评估的实质和具体内容，主要是准备金分析报表以及评估各项准备金使用的精算方法和假设。

中国保监会目前要求对非寿险责任准备金提供 8 张报表，具体包括：

（1）表一：未到期责任准备金分析表；

（2）表二：再保后未到期责任准备金分析表——按保单未到期期限分类；

（3）表三：再保后未到期责任准备金分析表——按保单保险期间分类；

（4）表四：赔款与理赔费用汇总分析表——未决赔款与理赔费用准备金；

表四 -1：赔款与理赔费用汇总分析表——已决赔款与理赔费用准备金；

表四 -2：赔款与理赔费用汇总分析表——赔付率；

（5）表五：再保后最终损失与直接理赔费用汇总分析表；

（6）表六：累计再保后已决赔款与直接理赔费用汇总分析表；

（7）表七：再保后 IBNR 与直接理赔费用准备金汇总分析表；

（8）表八：赔案汇总分析表。

§13.4　XYZ公司非寿险业务准备金评估报告摘要示例

XYZ公司是在我国保险市场经营非寿险业务的股份制公司。该公司按照我国《保险法》（2009）和中国保监会关于非寿险精算的有关要求，聘请了经中国保监会认可的精算专业人员担任公司精算责任人，编制了××年度非寿险业务责任准备金精算报告。由于精算报告并非专门用于偿付能力监管目的，因此按照我国新企业会计准则框架，亦即第十章介绍的评估方法，编写。以下是该报告摘要部分的主要内容框架，具体内容多数被略去。

13.4.1　业务状况

1. 承保业务构成及其再保前保费收入情况

本公司主要经营非寿险业务，出于评估责任准备金的目的，分为表13－3中的18类险种，业务量也如表13－3所示。

表13－3　再保前保费收入分布　单位：万元

险　种	××年		××－1年		××－2年	
	再保前保费	占比（%）	再保前保费	占比（%）	再保前保费	占比（%）
企业财产保险	…	…	…	…	…	…
家庭财产保险	…	…	…	…	…	…
工程保险	…	…	…	…	…	…
责任保险	…	…	…	…	…	…
信用保险	…	…	…	…	…	…
保证保险	…	…	…	…	…	…
机动车辆法定第三者责任保险	…	…	…	…	…	…
机动车辆商业第三者责任保险	…	…	…	…	…	…
机动车辆车体损失保险	…	…	…	…	…	…
机动车辆其他保险						
船舶保险	…	…	…	…	…	…
货物运输保险	…	…	…	…	…	…
特殊风险保险	…	…	…	…	…	…
农业保险						
短期健康保险	…	…	…	…	…	…
意外伤害保险	…	…	…	…	…	…
投资型非寿险	…	…	…	…	…	…
其他	…	…	…	…	…	…
合计	…	…	…	…	…	…

2. 近3年的业务结构变化

总体上，本公司近3年的业务结构基本未发生较大的变动，具体各主要险种的情况如下：

经营的主要业务都是一年期的。工程保险业务的期限取决于建筑工程工期的长短，一般的楼宇、公路和桥梁可能在1～3年，而水电站等大型工程可能长达5年；运输保险业务的保险期限通常都较短，一般在1～3个月之间。

机动车辆保险依然占据主要地位。但是，机动车辆保险的保费收入占比已经从（××－1）年的×%下降为×%，主要是由于以下两个原因（略）。

企业财产保险保费占比呈逐步下降趋势。主要是由于企业财产保险的费率和价格出现恶性竞争，进而逐年下降所引起。

责任保险保费占比增幅大，主要是××险种的保费收入增长很快。

货物运输保险、工程保险保费占比基本保持不变。

短期健康险、意外伤害险、航空险以及其他险种占比较小。

3. 核保理赔程序变化披露

本年度公司的核保程序、理赔程序与去年基本相同，没有发生较为显著的变化。

4. 再保险

（1）再保险分入情况。本公司承保了少量的分入业务量，××年的分入保费约为××万元人民币，全部来自临时分保业务。

（2）再保险分出情况。

①本公司××年对所有非寿险业务的×%进行成数合约分保。其中，法定分保××%，商业分保××%。分出再保包括法定分保和商业分保。

②本公司××年的溢额分保合约为：非水险，最大自留××万美元，×条线；水险，最大自留××万美元，×条线。

③××年的超赔分保合约包括：非水险，××万美元以上的××万美元；责任险，××万美元以上的××万美元。

④“非水险”覆盖的险种如表13－4所示。

表13－4　非水险溢额与超赔分保合约覆盖险种

险种代码	险种名称
…	…
…	…

⑤机动车辆保险、家庭财产保险、短期健康险与意外伤害险都只有×%的成数合约分保。

⑥在成数合约分保、溢额合约分保、超赔合约分保之外，针对非水险，还有一份地震巨灾超赔合约：××万美元以上的××万美元。

⑦与去年相比，本年度的再保计划发生了一定的变化，再保后的自留保费及其占比如表 13－5 所示。

表 13－5　　再保后保费收入分布　　单位：万元

险种	××年		××－1 年		××－2 年	
	再保后保费	自留率（%）	再保后保费	自留率（%）	再保后保费	自留率（%）
企业财产保险	…	…	…	…	…	…
家庭财产保险	…	…	…	…	…	…
工程保险	…	…	…	…	…	…
责任保险	…	…	…	…	…	…
信用保险	…	…	…	…	…	…
保证保险	…	…	…	…	…	…
机动车辆法定第三者责任保险	…	…	…	…	…	…
机动车辆商业第三者责任保险	…	…	…	…	…	…
机动车辆车体损失保险	…	…	…	…	…	…
机动车辆其他保险	…	…	…	…	…	…
船舶保险	…	…	…	…	…	…
货物运输保险	…	…	…	…	…	…
特殊风险保险	…	…	…	…	…	…
农业保险	…	…	…	…	…	…
短期健康保险	…	…	…	…	…	…
意外伤害保险	…	…	…	…	…	…
投资型非寿险	…	…	…	…	…	…
其他	…	…	…	…	…	…
合计	…	…	…	…	…	…

13.4.2 未决赔款准备金评估

1. 数据基础

（1）赔款流量数据。

①数据项目。为评估截至××年 12 月 31 日的未决赔款准备金，要提取已决赔款、未决赔款、已决案件数、未决案件数、已决未付金额、未决已付金额、保费收入、分入与分出保费、已赚保费、保险金额、承保件数、出险季度、结案季度等数据。

②数据来源。评估 IBNR 的所有赔款流量数据均取自××公司业务系统。

③数据提取。按事故年度提取（××－5）年 1 月 1 日至××年 12 月

31 已决赔款、未决赔款、已决案件数、未决案件数等流量数据。已决赔款金额中不含追偿款收入。

按承保年度提取（××-5）年至××年 12 月 31 日的保费收入、分出保费、分入保费、保险金额、承保件数等数据。××年新增险种××险归入责任保险中，××险归入企业财产保险中。

④数据分类。与以往年度相同，依据各类赔案的赔付特征，将非寿险业务数据按再保前和再保后分险种提取（见附录 1C）。

⑤数据整理。

本公司的承保业务包含人民币、港币和美元业务，我们采用了财务部门合并××年 12 月 31 日报表所使用的汇率对币种折合：1 美元 = ××元人民币；1 港币 = ××元人民币。

（2）大赔案数据。

①大赔案数据是指从业务系统中提取，保险事故发生于（××-5）年 1 月 1 日至××年 12 月 31 日，已决或未决高于××万人民币的赔案数据。

②对于已经结案的大赔案，提取信息为险种、出险时间、出险原因……

③对于未决的大赔案，提取信息为险种、出险时间、出险原因……

④在进行各险种赔款流量的分析与发展因子的选择时，将偶发性的大赔案对历史发展趋势产生的影响剔除，认为这类赔案在以后不太可能再次出现。对于经常发生的有规律的大赔案，并未将其剔除或截尾，认为这类赔案在未来依然会保持类似的发生频率。

⑤大赔款数据分析结果。

（3）其他数据信息。评估过程中还获取了××年 12 月 31 日的财务报表等数据。

（4）数据对账结果。此次评估数据要求与以往年度评估的数据要求一致。由于“精算数据”取自业务系统和再保系统，而“财务数据”取自财务系统。在数据录入时具有各自不同的标准，所以对精算数据与财务数据进行了一致性检验，结果表明数据……

①为了作更为匹配的检验，在进行财务数据与精算数据的比较时，对再保前保费收入作了相应的调整。

②数据对账结果如表 13-6 所示。

③数据对账结果分析。

2. 已发生已报案未决赔款准备金评估

（1）一般性说明。

①理赔流程。

②本公司的理赔规定。

表 13－6　　精算数据与财务数据的比较　　单位：万元

	××－4 年	××－3 年	××－2 年	××－1 年	××年
再保前保费收入					
财务数据	…	…	…	…	…
精算数据	…	…	…	…	…
财务/精算数据	…	…	…	…	…
再保后保费收入					
财务数据	…	…	…	…	…
精算数据	…	…	…	…	…
财务/精算数据	…	…	…	…	…
再保前已决赔款					
财务数据	…	…	…	…	…
精算数据	…	…	…	…	…
财务/精算数据	…	…	…	…	…
再保后已决赔款					
财务数据	…	…	…	…	…
精算数据	…	…	…	…	…
财务/精算数据	…	…	…	…	…

（2）××险种采用逐案估计法。

（3）××险种采用案均赔款法。

3. IBNR 准备金评估概况

（1）一般性说明。

①由于历史已付、未付流量数据获取难度较大，本次评估仍然采用已决、未决口径的流量数据进行评估。

②部分险种（××险等）数据量较少且波动较大，没有采用已决赔款流量数据进行评估。

③××险为本年新开办险种，还没有赔款流量数据，采用损失率法进行评估。

④基于上述结果，加上已决未付赔款，且扣减未决已付赔款后，即得到未付口径的未决赔款准备金。

⑤此次未决赔款准备金评估对久期大于 1 年的险种，考虑了货币的时间价值，对相应险种的未决赔款准备金进行了贴现。所采用的贴现率假设以资产负债表日中债登公布的国债收益率曲线为基本参照，考虑不同久期对应的收益率。

⑥公司在确定未决赔款准备金时，考虑边际因素，并单独计量。边际包括风险边际和剩余边际：公司根据预期未来净现金流出的不确定性和影

响程度选择适当的风险边际，计入未决赔款准备金。

（2）评估假设。

①未来年度的赔款（或案均赔款）膨胀水平与历史年度加权平均的赔款（或案均赔款）膨胀水平一致；

②资产的充足性与匹配程度良好；

③再保险人安全可靠；

④公司的理赔政策在未来几年内不会发生较为重大的变化；

⑤不存在任何潜在类型的索赔（如工业疾病、环境污染等）；

⑥未来若干年的汇率基本保持不变；

⑦未来若干年内法律、社会以及经济环境将基本保持不变；

⑧未来若干年内对于现有产品保单条款的解释基本保持不变。

（3）评估方法。

① 链梯法。此次评估除少数险种外，绝大多数险种都采用了链梯法。发展因子的选择以历史数据的平均水平为基础，同时考虑数据波动的季节性影响。对于明显异常的历史数据，进行了适当的调整，并且考虑其在未来的发展趋势。在进行因子选择时，根据大赔案数据，考虑了大赔案可能对发展模式产生的扭曲，并作了相应的调整。

② B－F 法。此次评估中，××险种还采用了 B－F 方法。

③案均赔款法。此次评估中，××险种还采用了案均赔款法。

④损失率法。此次评估中，××险种还采用了损失率法。

（4）最终损失估计。按照上述各种评估方法，在评估每个险种在各事故年度最终损失的过程中考虑了以下因素：

①对于已决和未决赔款发展流量都比较稳定的险种，以链梯法和 B－F 法估计的最终损失的平均值作为合理估计。

②对于结案速度较慢、已决赔款发展速度远低于未决赔款发展速度的险种，由于发生赔款流量模式比已决赔款流量模式包含的信息量更大，所以给予赔款发生型方法估计的最终损失以较大的权重（70%～100%）。

③对于航空险等数据量较小、赔付波动较大的险种，以 B－F 法为主作出最终损失的合理估计。

④对于短期健康险与意外伤害险，采用赔付率法进行评估。

⑤对于重要险种和数据量限制较多、数据发展异常的险种，将在以下部分分别作出详细的说明。

4. 各险种 IBNR 准备金评估分析过程

（1）企业财产保险。

①企财险保单数据量较大，发展模式基本稳定。

②终极损失估计。由于某些事故年度的已决赔款没有发展结束，所以

将权重较多的放在根据发生赔款流量估计的最终损失上。由于 1997—1998 事故年度的已决赔款与发生赔款落差较大且较难以准确估计已决赔款的尾巴，没有采用根据已决赔款流量估计出的最终损失，而是采用根据发生赔款流量估计出的最终损失的平均值作为合理估计。

③大赔案。该险类的大赔案具有一定的规律性，发生频度和发生额度已经形成一定的趋势，在未来的若干年内该趋势将继续下去。

④通过对大赔案的分析，选择的第一个进展因子较历史数据显示的趋势略低。而××年的终极赔付率为×%，与公司经营的实际情况相符。

⑤上一次评估结果与实际发展情况之间的差异（略）。

（2）家庭财产保险。

①家庭财产保险数据发展比较平稳。

②该险种的已决和未决赔款发展流量都比较稳定，以链梯法和 B－F 法估计的终极损失的平均值作为合理估计。

③该险种的赔付率较低，有一定程度的上升趋势（从××年的××% 上升至××的××%）。

④上一次评估结果与实际发展情况之间的差异（略）。

（3）工程险。

①工程险数据波动较大。主要的异常为：（略）。

…………

②由于数据波动较大，故采用相对稳定的数据作为选择发展因子的基础。

③对于已决赔款发展速度较慢的事故年度，给予已报案赔款较大的权重。

④因为工程险业务自身的特点以及历史数据的不稳定性，所以最终估计结果存在较大的不确定性。

⑤上一次评估结果与实际发展情况之间的差异（略）。

（4）责任保险。

①责任险数据量及其发展基本稳定。

②该险类的大赔案在最近若干年内再次发生的可能性很小。

③采用××方法的评估结果作为最终损失的合理估计。

④上一次评估结果与实际发展情况之间的差异（略）。

（5）信用保险。

①信用险数据量及其发展基本稳定。

②采用××方法的评估结果作为最终损失的合理估计。

③大赔案的处理。

④上一次评估结果与实际发展情况之间的差异（略）。

（6）机动车法定三责险、商业三责险、车损险、其他险。

①机动车辆第三者责任险数据量及其发展基本稳定。采用××方法的评估结果作为最终损失的合理估计。上一次评估结果与实际发展情况之间的差异（略）。

②机动车辆车体损失保险及其他保险是此次评估的非寿险业务中业务量最大的险种……该险种数据量充足，数据发展稳定，采用了多种方法进行评估……上一次评估结果与实际发展情况之间的差异（略）。

③其他险种（或险别）。

④对于B－F法，设定××事故年度的终极赔付率为××%。

⑤评估结果分析……赔付率变化的原因主要为……（略）。

（7）货物运输保险。

①评估方法。由于事故年度已决赔款与发生赔款的落差较大，采用发生赔款数据估计最终损失。其他年度均以××方法的评估结果作为谨慎估计。

②评估结果的说明。数据不够稳定，评估结果存在一定的不确定性。上一次评估结果与实际发展情况之间的差异（略）。

（8）短期健康险与意外伤害险。短期健康险与意外险为××年新开办的险种，还没有流量数据，因此采用赔付率法进行评估。依据险种的特点以及相关历史数据，采用了××%的终极赔付率。

（9）其他险种（略）。

5. 理赔费用准备金

（1）直接理赔费用准备金。

①采用逐案预估法。

②××险种直接理赔费用与赔款之间的关系。

（2）间接理赔费用准备金。评估假设间接理赔费用在未决赔案立案时发生50%、在结案时发生50%，间接理赔费用准备金的计算公式为：（略）。

…………

根据费用分析的结果，车辆险的间接理赔费用与已决赔款的比例为××%，其他险种的间接理赔费用与已决赔款的比例均为××%。

6. 贴现率

当负债久期大于1年时，本公司依据久期对应的中央国债登记结算有限责任公司编制的750个工作日国债收益率曲线的移动平均值进行贴现，否则不作贴现。其中，未决赔款准备金的久期根据已决赔款发展模式进行估计。

7. 风险边际

本次评估采用 Over - Dispersed Poisson 模型，应用 Bootstrapping 方法，测算了 75 分位数再保前、后未决赔款准备金的风险边际，对小于 2.5% 或大于 15% 的风险边际比率相应地调整为 2.5% 和 15% 。本次评估对于各险种最终使用的风险边际如下所示：（略）

…………

8. 评估结果

本公司截至××年 12 月 31 日的再保险后未决赔款准备金，共计人民币××亿元。其中包括：已发生已报告未决赔款准备金××亿元，已发生未报告未决赔款准备金××亿元，直接理赔费用准备金××亿元，间接理赔费用准备金××亿元。再保险后未决赔款准备金分险类的评估结果如表 13 –7 所示。

表 13 –7　　再保后未决赔款准备金

（××年 12 月 31 日）

险　种	已发生已报案未决赔款准备金	已发生未报案未决赔款准备金	直接理赔费用准备金	间接理赔费用准备金
企业财产保险	…	…	…	…
家庭财产保险	…	…	…	…
工程保险	…	…	…	…
责任保险	…	…	…	…
信用保险	…	…	…	…
保证保险	…	…	…	…
机动车辆法定第三者责任保险	…	…	…	…
机动车辆商业第三者责任保险	…	…	…	…
机动车辆车体损失保险	…	…	…	…
机动车辆其他保险	…	…	…	…
船舶保险	…	…	…	…
货物运输保险	…	…	…	…
特殊风险保险	…	…	…	…
农业保险	…	…	…	…
短期健康保险	…	…	…	…
意外伤害保险	…	…	…	…
投资型非寿险	…	…	…	…
其他	…	…	…	…
合计（含预付赔款）	…	…	…	…
预付赔款	…	…	…	…
合计（扣除预付赔款后）	…	…	…	…

再保险前未决赔款准备金分险类的评估结果如表 13－8 所示。

表 13－8　　再保前赔款准备金

（××年 12 月 31 日）

险　种	已发生已报案未决赔款准备金	已发生未报案未决赔款准备金	直接理赔费用准备金	间接理赔费用准备金
企业财产保险	…	…	…	…
家庭财产保险	…	…	…	…
工程保险	…	…	…	…
责任保险	…	…	…	…
信用保险	…	…	…	…
保证保险	…	…	…	…
机动车辆法定第三者责任保险	…	…	…	…
机动车辆商业第三者责任保险	…	…	…	…
机动车辆车体损失保险	…	…	…	…
机动车辆其他保险	…	…	…	…
船舶保险	…	…	…	…
货物运输保险	…	…	…	…
特殊风险保险	…	…	…	…
农业保险	…	…	…	…
短期健康保险	…	…	…	…
意外伤害保险	…	…	…	…
投资型非寿险	…	…	…	…
其他	…	…	…	…
合计（含预付赔款）	…	…	…	…
预付赔款	…	…	…	…
合计（扣除预付赔款后）	…	…	…	…

各年度终极赔付率如表 13－9 和表 13－10 所示。

表 13－9　　再保后终极赔付率

险种 / 事故年度	××－5 年	××－4 年	××－3 年	××－2 年	××－1 年	××年
企业财产保险	…	…	…	…	…	…
家庭财产保险	…	…	…	…	…	…
工程保险	…	…	…	…	…	…
责任保险	…	…	…	…	…	…
信用保险	…	…	…	…	…	…
保证保险	…	…	…	…	…	…
机动车辆法定第三者责任保险	…	…	…	…	…	…

续表

事故年度 险种	××－5年	××－4年	××－3年	××－2年	××－1年	××年
机动车辆商业第三者责任保险	…	…	…	…	…	…
机动车辆车体损失保险	…	…	…	…	…	…
机动车辆其他保险	…	…	…	…	…	…
船舶保险	…	…	…	…	…	…
货物运输保险	…	…	…	…	…	…
特殊风险保险	…	…	…	…	…	…
农业保险	…	…	…	…	…	…
短期健康保险	…	…	…	…	…	…
意外伤害保险	…	…	…	…	…	…
投资型非寿险	…	…	…	…	…	…
其他	…	…	…	…	…	…
合计	…	…	…	…	…	…

表 13－10　　再保前终极赔付率

事故年度 险种	××－5年	××－4年	××－3年	××－2年	××－1年	××年
企业财产保险	…	…	…	…	…	…
家庭财产保险	…	…	…	…	…	…
工程保险	…	…	…	…	…	…
责任保险	…	…	…	…	…	…
信用保险	…	…	…	…	…	…
保证保险	…	…	…	…	…	…
机动车辆法定第三者责任保险	…	…	…	…	…	…
机动车辆商业第三者责任保险	…	…	…	…	…	…
机动车辆车体损失保险	…	…	…	…	…	…
机动车辆其他保险	…	…	…	…	…	…
船舶保险	…	…	…	…	…	…
货物运输保险	…	…	…	…	…	…
特殊风险保险	…	…	…	…	…	…
农业保险	…	…	…	…	…	…
短期健康保险	…	…	…	…	…	…
意外伤害保险	…	…	…	…	…	…
投资型非寿险	…	…	…	…	…	…
其他	…	…	…	…	…	…
合计	…	…	…	…	…	…

9. 评估结果的不确定性

由于数据、假设条件及评估方法自身的因素，评估结果存在着一定的不确定性，所以此次评估得到的仅仅是相对合理的一组假设条件下的结果。

重要的不确定性有：

（1）数据量较小的险种，随机波动较大，对其潜在的发展趋势的预测可能与未来的实际情况不同。

（2）公司未来几年的理赔政策可能会发生重大变更，进而导致最终损失责任发生变化。

13.4.3 未到期责任准备金评估

1. 数据基础

（1）数据来源。本次评估数据来自于XYZ公司的业务系统、财务系统与再保系统。其中，保费收入取自财务数据系统，保单信息取自业务系统，净自留保费数据取自再保数据系统，费用相关数据取自财务系统。

（2）数据范围。XYZ公司的全部非寿险业务。

（3）数据提取。分二级机构、币种、险种对所有在××年××月××日保险责任尚未终止的保单逐单提取。

（4）币种。币种折合采用的汇率为1美元=××人民币；1港币=××人民币。

2. 评估方法

（1）未赚保费法。通过保险事故发生频率分析，除××险种之外，对所有其他业务采用未赚保费法评估。即假设所有保单的风险在整个保险期间均匀分布，以扣减首日费用后的保费为基础，采用1/365法进行评估，并在此基础上进行充足性测试。

首日费用包括手续费支出、营业税金及附加、保险保障基金、交强险救助基金、保险业务监管费等增量成本。

（2）风险分布法。

①对于××险种，采用风险分布法计算未赚保费。

②该业务属于长期险，根据XYZ公司的经验数据，其风险分布在保险期间内分布不均匀，风险分布状况如表13－11所示。

表13－11　××险种风险分布状况

保单年度	进展年度			
	1	2	…	5
1998	0.05	0.1	…	0.25
1999	0.04	0.09	…	
…	…	…		
2002	0.05			

③根据经验数据，采用1/15、2/15、…、5/15作为该险种计算未赚保费的风险分布因子。

3. 充足性测试

（1）假设。

终极赔付率：××%。选择理由说明（略）。

维持费用率：××%。选择理由说明（略）。

投资收益率：××%。选择理由说明（略）。

贴现率：××%。按中央国债登记结算有限责任公司编制的750个工作日国债收益率曲线为基本参照，考虑不同久期对应的收益率。

风险边际比率：××%。选择理由说明（略）。

（2）测试过程如表13－12所示。

表13－12　充足性测试过程

未赚保费	(1)
首日费用	(2)
预期终极赔付率	(3)
预期维持费用率	(4)
风险边际比率	(5)
折现率	(6)
预期赔款	(7)＝(1)×(3)
预期维持费用	(8)＝(1)×(4)
风险边际	(9)＝((7)＋(8))×(5)
差额	(10)＝(1)－(2)－((7)＋(8)＋(9))×(1－(6))

（3）测试结果表明，××险种截至××年12月31日不需要提取保费不足准备金。

全部评估结果见附表（略）。

4. 评估结果

（1）截至××年12月31日，XYZ公司的再保前、后未到期责任准备金分别为人民币××亿元和人民币××亿元。

（2）公司目前开展的全部非寿险业务险种的未到期责任准备金请参见附表（略）。

第十四章 财务规划

责任准备金是保险公司的主要负债，是公司财务状况的主要构成要素之一，准备金的评估结果直接影响到保险公司的财务结果。从另一角度看，精算师需要对保险公司的整体财务构成有较好的把握，包括理解公司的经营目标及其实施策略、实施这些策略可能导致的各种后果及其相互间的关系，才能对准备金评估工作有深刻的理解和把握。本章介绍财务规划的基本原理、方法和主要内容，重点介绍动态财务分析（DFA）模型。

§14.1 概 述

14.1.1 财务分析与财务规划

传统的财务分析主要通过对历史数据，特别是资产负债表和利润表的静态分析，来获得对企业经营情况和财务实力的评价，一些典型的财务指标早已成为企业不可或缺的财务监控手段。对于保险业来说，保险业务收入、净利润、基本每股收益、净资产、净资产收益率、总资产收益率、综合赔付率、综合费用率、未决赔款准备金与赔款支出比、新单保额与新单保费比、偿付能力充足率等都是监管报表和企业内部管理报表上不可或缺的组成部分。

但是随着全球保险环境的不断变化，保险业开始经历很多以前未曾预料到的状况：利率大幅波动、资本市场起伏跌宕、巨灾频繁发生、保险周期往返更迭、金融危机汹汹来袭等等，这些状况使得保险公司的赢利能力也随之大幅波动，管理者对未来的不确定性充满担心。因此，保险业的管理者越来越不满足于传统的财务分析结果，试图找到一种能够有效协助其评估各种决策优劣的方法。

财务规划是通过对企业现有状况的分析以及对未来前景的预测，为企业将来的发展描绘蓝图。财务规划不同于传统意义上的财务分析，它将企业作为一个整体，充分考虑各种内外部环境和企业决策的相互作用，将企业在一定假设下的未来状况直观地呈现给管理者。它能有效地评估企业目标的可达成性，充分预见企业在达成目标的过程中可能会遇到的各种阻力，帮助企业优化目标，并对可能遇到的情况进行充分的准备。可以说，财务规划是协助企业进行全面风险管理（ERM）的有效手段。

14.1.2　财务规划的目标

财务规划关注的问题是：为了实现保险公司的经营目标，应采取什么策略？如何能够确保公司的决策能够实现预期目标？

因此，保险公司首先明确其经营目标，包括长期目标和短期目标。

例如，某财产保险公司设定的目标之一是未来 3 年内保费规模平均每年增长 30%。但要实现这一目标，有许多策略和方法，包括降低费率，但这些策略的后果具有不确定性且相互关联，不仅利润会降低，也会影响公司的偿付能力，等等。保险公司希望借助财务规划的方法，分析这些目标和策略之间的相互关系，确保目标的合理性和可实现性。

通常，财产保险公司可能会设定类似于以下罗列的具体目标：

（1）保费增长目标，包括以百分比 $x\%$ 具体化的总体保费增长率，主要险种或新险种的保费率增长目标；

（2）保费市场份额或资产规模的排序目标，比如进入市场前三位；

（3）顾客满意程度的具体水平，比如顾客满意度达到 90% 以上；

（4）降低费用率目标，比如未来 3 年内保持逐年降低 3%；

（5）控制赔付率目标，比如未来 3 年内严格控制在 80% 以内；

（6）控制偿付能力资本充足率，比如未来 5 年内，控制在 150% ~ 200% 之内等等。

保险公司的经营目标，可以从高到低分为多个不同层次，比如对于保险集团公司来说，可以从集团公司的目标开始，到其属下的股份公司，再到各具体业务部门的经营目标。

【例 14－1】　某保险集团公司在 2009 年将其总体战略目标表述为：①通过实现在上海 A 股上市和香港 H 股上市，为公司建立资本持续补充机制；②在公司建立一套“管控型”的集团化管理机制；③建立全方位的 KPI（关键业绩指标）监控机制；④建立矩阵型的业务条块管理机制；⑤建立多维度、独立运行的内控机制；⑥集约化的后援服务共享机制。

在战略目标之下，将集团公司的经营目标按五个相对具体的指标进行量化，这五个指标包括：①资产规模；②公司市值；③资本回报率；④市场份额；⑤品牌价值和客户满意度。

很显然，上述目标之间是相互关联的，有些目标之间还存在着冲突关系，需要进行平衡和取舍。通过构建合理的财务规划建模，可以帮助决策者分析目标之间的联系和冲突，判断这些目标是否可能实现以及如何实现。总之，明确目标是财务规划的起点。

14.1.3 策略与评价

保险公司通过财务规划制定经营策略，比如投资组合策略、分保方式和自留额策略、业务的总量和构成、核保政策等等。判断策略的优劣好坏，就是决策过程。

理论上，保险公司明确制定了自己的经营目标后，将其表述为一个目标函数，比如决策者的效用函数，最优策略就是财务规划模型下使目标函数达到最优化的“解”。

实务中，往往难以实现理论上的最优解，这是一个不断实践和探索的过程，理论和技术模型只是协助分析的工具而已。

14.1.4 预测模型

保险公司希望借助模型来分析其经营目标，并选择实现目标的经营策略。用于财务规划的模型通常有四类：①确定型模型（deterministic）；②压力测试或情景测试（stress and scenario）；③随机模拟（stochastic）；④动态财务分析（Dynamic Financial Analysis，DFA）。

精算师对这些模型并不陌生，比如本书第三、四章中关于评估责任准备金的模型，都属于确定性模型；而第五章则是随机模型。至于压力测试（情景测试）方法和动态财务规划模型，其他考试课程中也有介绍，比如中国精算师资格考试课程如《精算管理》和《保险公司财务管理》中均有介绍，只是目的有所差异。本书选择介绍用于财务规划的动态财务分析模型。

使用模型，需要考虑以下要点：

1. 预测期间

必须确定一个合适的预测时间跨度。理论上，预测期间越长越好，以充分反映决策的长期效果和对长尾负债的影响。实际上，随着时间跨度的增加，预测的结果变得越来越不可靠，模型风险和参数风险会显著上升。因此，保险公司应根据其业务特点，选择合适的预测时间跨度，比如5～10年。

此外，也需要选择合适的预测频度。一般而言，为了体现负债的季节性变化以及证券的息期，季度预测是个不错的选择。如果数据量不足或分析目的不需要太细的分析频度，也可以以年为频度。

2. 数据

不同类型的财务规划模型对于数据的要求不同。比如，动态财务分析比情景测试模型所需要的数据要多得多。对于动态财务分析模型，对其进行随机模拟的变量越多，所需要的数据就越多。模型对数据的细分方面也有一些特殊的需求，为了加强参数拟合的效果，应当尽可能地将行为模式不同的数据进行细分。当然，这种细分会受到可获取的数据总量的限制。为了弥补历史数据的不足，还可以使用市场数据或经济数据，有时需要加入一些主观判断。

3. 假设条件

财务规划的主要假设是：

（1）企业的所有部门都是在同样的宏观经济条件下运作时；

（2）企业管理者在进行投资决策时，同时考虑了金融市场状况和企业营运需求；

（3）企业管理者在进行决策时，会考虑该决策对整个企业总体带来的风险和收益，而不会单独地从一个方面去考虑；

（4）企业在安排再保险时，是从企业总体的需求出发，而不是从某个产品或部门的需求出发。

需要强调的是，财务规划本身并不是一种模型，而是解决问题的一种思路和分析模式，建模只是为了帮助达到目的。由于每家企业自身的情况和身处的环境不同，财务规划模型对于企业而言，没有最好的，只有最适合的。对于习惯使用数学模型的精算人员来说，需要注意合理平衡模型的复杂度和模型的有效性，牢记财务规划的核心原则和目的。

14.1.5　影响因素

模型的建立和使用往往受到众多因素的影响。常常将这些影响因素称之为“风险”或“风险因素”。可以对风险因素进行各种分类，比如分为外部因素和内部因素、分为可量化风险和难以量化风险、分为可控风险和不可控风险等等。具体如何分类，取决于具体问题和目标。在本书下一章里，将会专门讨论对保险公司的风险进行分类。

§14.2　预 测 内 容

财务规划通过对未来的综合预测来反映企业将来的财务状况（资产负债表项目）、经营成果（利润表项目）和现金流情况（现金流量表）。这可以通过对未来投资（资产）现金流、产品（负债）现金流、资本现金流的预测和对未来时点资产负债价值的评估来实现。其中，由于资本现金流比较简单和可控，暂且略过。

14.2.1　资产现金流预测

资产的未来现金流主要包括：资产持有期间获取的收益、资产出售或到期时收回的本金收入，以及为了获得收益所需要支付的费用。不同的资产类别具有不同的现金流特点，应当区别对待。

1. 固定收益率类投资产品

固定收益率类投资产品，例如国债，在持有期间所产生的收益是一个固定的金额，到期返还的金额也是一个固定的金额。但是，由于利率的变化会对固定收益率投资产品的市场价值产生影响，如果企业不准备将这些投资产品持有到期，则必须考虑其市值的变动情况。通常，期限越长的产品，其市值变动就越大。

2. 指数关联类投资产品

指数关联类投资产品在持有期间所产生的收益和市值都将与某个指数的变化相关，例如，零售价格指数（RPI）。其持有期间所产生的收益和到期返还的金额都是特定指数的函数。其市值相较于固定收益率投资产品，变动性更大。

3. 股票类投资产品

股票类投资产品在持有期间所产生的收益主要是股息。根据股票类型的不同，股息的预测方法也不同。对于优先股而言，股息通常是一个固定的比例，从投资收益的方式上来看，更接近于固定利率类的投资产品；对于普通股而言，股息是企业的一种盈余分配，会根据企业的经营效益和分红方案的不同而发生改变，是一种不确定的收益。但是由于企业在确定分红方案时通常会考虑股民的预期，因此目前比较流行的股息预测方法是以最近的一次股息为基础，假设将来的股息会以一定比例增长，而增长率通常与未来的通货膨胀率和对未来的经济预期密切相关。股票类投资通常是没有到期日的，因此在预测时可以把其看做是一组无限股息。如果企业预计将会售出股票，则需要对预计售出日该股票的市值进行估计，售出价扣除相应的费用支出就是当期的现金流入值。一般而言，某一只股票的股息收入是不确定的，但是一个经过有效优化的股票投资组合的股息收入则比较稳定，但是股票的市值却是瞬息万变的。

4. 房地产投资类产品

房地产投资类产品在持有期间所产生的收益主要是租金收入。租金收入的特点是在较短的时间内，例如一个租期内，它的金额通常是保持不变的。但是长期来看，它也是随着通货膨胀率和宏观经济状况的改变而改变，这与普通股的收益预测十分相似。同样的，如果企业预计将会售出房产，那么企业在进行现金流预测时需要对于该房产在预计售出日的市值进行估计，同时对售出时需要承担的费用进行估计。与股票投资稍有不同的是，房地产投资的交易市场相对不活跃，因此其变现能力比股票投资要弱，在进行现金流预测时应当充分考虑这一点。在变动性上，如前面提到的，在一个租期内，房地产的收益通常可以保持很好的稳定性，然而在租期结束时可能会遭遇不续租的情况。但是对于一个充分分散的投资组合来说，这种情况不会对总体的收益稳定性造成显著影响。房地产的市值不像股票那样瞬息万变，但是从长期来看，它也可能有非常明显的变动。

5. 现金或其他货币市场投资产品

对于现金或其他货币市场投资产品，企业可以根据实际需要，将其整体视为一笔当期（或近期）现金流，或者认为它是一项可以持续产生短期利息收益的资产。如果将现金或其他货币市场投资产品作为一笔当期现金流，那么其金额是固定的，但是如果是后者，短期利率的变化还是比较频繁的。

6. 海外投资产品

如果企业投资海外投资产品，其收益预测与上述各投资产品的做法相同。唯一不同的是需要考虑将来的汇率变化以及可能产生的一些额外的税收费用。额外的汇率变化为这些资产的本币价值增添了变动性。

7. 衍生金融产品

除了上述几种传统的投资产品以外，金融市场上也出现了越来越多的衍生金融工具，例如期货、期权、互换、远期以及证券化的各种企业资产。对于这些衍生产品的现金流预测需要根据具体的合约规定来进行。

可以根据实际的投资组合（策略）和各类资产的持有意图，对资产未来的现金流进行预测。在进行资产未来现金流预测时，必须考虑以下几个问题：

（1）资产的违约风险。资产违约风险的高低主要与资产交易对手的信用密切相关，因此国债的违约风险要远远小于小型企业发行的债券。一般可以简单地使用资产的一个百分比作为其违约成本。不同的违约成本也反映了不同资产的违约风险。当然，违约风险除了与资产类别有关外，还与宏观经济状况有密切联系。当发生全球经济危机时，各种资产的违约风险都会急剧上升，尽管上升的幅度各有不同。

（2）资产的收益变动。一般来说，变动性越大的投资产品，对其未来现金流预测的准确性越低，因此在进行资产现金流预测时，企业必须有意识地进行调整，根据评估目的和使用模型的不同，或在投资收益中考虑相应的风险边际，或选取各种极端的假设版本，或使用符合其变动规律的概率模型，对其进行模拟。

（3）资产调整和再投资。在进行资产现金流预测时可能会遇到需要进行资产配置调整或再投资的情况。一个显而易见的例子就是在特定的假设下，当未来某一期间内净现金流为正时，企业将采取何种方式对多余资金进行再投资？资产的配置又将遵循怎样的规则？或者在出现何种情况时主动调整投资策略？这种资产配置规则通常都需要在建模前事先确定，使得模型在运行过程中如果碰到符合条件的现金流状况，可以自动将多余资金进行再投资。

（4）资产出售。企业出售资产可能是一种主动的投资策略，也有可能是由于未来某一期间内净现金流为负，企业需要出售资产以弥补现金流不足而作出的被动选择。目前市场上存在很多用于计算各类资产市场价值的方法，这里不作详细介绍。但是值得注意的是，如果资产出售是出于现金流需要而作出的被动选择，在建模时一定要将资产的流动特性考虑在内。在急需出售的情况下，相对当时的市场价值，流动性越差的资产在价格上损失的可能性越大，相关的出售费用也可能越高。和上一点类似，应当在建模前确定被动出售资产所需要遵循的规则，例如，精算人员可以按照资产到期日决定出售资产的顺序；或者根据利率的变化规律决定出售资产的顺序；也可以根据资产负债的期限匹配结果选择先出售长期资产还是短期资产。同样的，在设定好资产出售规则后，当在不同的假设下运行模型时，模型就能根据现金流情况对资产进行自动处置。

（5）法定的投资环境。还有一点需要注意的是，在设立投资策略时，还必须考虑不同的监管当局对于保险资金投资是否设置各种限制，例如，法规规定保险资金可以投资于哪些投资渠道？是否对可投资资产的安全级别有特别的限制？保险企业对资产的选择是否会影响其偿付能力计算？目前在中国，保监会下发了若干规范保险资金投资的文件，如《关于保险资金投资基础设施债权投资计划的通知》、《关于规范保险机构股票投资业务的通知》、《关于增加保险机构债券投资品种的通知》等。由于监管规定随时都有可能发生变化，因此在进行建模时，必须充分了解当时以及可预计的未来的法定投资环境。

14.2.2 负债现金流预测

负债现金流是指主要由经营保险业务所产生的未来现金流，主要包括：①未来的理赔支出；②追偿款/残值收入和再保险摊回款；③费用支出；④将来的保费收入；⑤税金和股息支出。

对这些项目进行预测时，应该选择能够很好体现出现金流季节性变化的预测频度，例如季或月。

1. 未来理赔支出

理赔支出是保险公司最重要的一项负债现金流出。进行预测时，需要考虑所有可能产生未来现金流的理赔支出，包括尚未支付的已报告案件、已发生未报告案件、重开赔案以及发生在现有业务未到期期间的案件。有时，根据模型的需要，还应该考虑未来新业务的理赔现金流。

为了更好地模拟这些现金流，需要根据保险业务的特点对其现金流进行细分，例如财产险和责任险的现金流就十分不同；针对同一个险种，根据其赔案类型的不同，现金流状况也可能有明显不同，一个典型例子就是第三者责任保险中的人伤案件和物损案件，现金流特点会有明显差异；当承保的地域不同时，理赔的现金流特点也可能有显著区别，例如承保美国风险和仅承保中国境内风险就可能导致现金流分布显著不同；除此以外，根据币种不同进行分类也很有帮助，因为即使现金流分布特点相似，但是不同的汇率水平会影响最终以本币所表示的现金流。

在运用过去的历史数据进行未来理赔支出现金流预测时，需要特别考虑一些可能导致未来现金流不同于历史数据的因素，包括历史数据中的特大案件或历史数据中缺少特大案件、业务种类构成发生了变化、理赔流程发生了变化、外部法律环境发生了变化并影响了理赔的规律等。这些因素必须被合理地考虑到负债现金流预测中。

此外，除了部分短期意外健康险产品是提供固定赔偿金额外，非寿险保单的理赔支出通常都会受到像通货膨胀率、零售价格指数、收入指数或房屋价格指数等的变化的影响。例如，车损险的赔款支出主要是用于支付受损车辆的维修成本，包括更换配件和维修的人工成本。配件的价格会受到零售价格指数的影响，而人工成本则会受到收入指数的影响。这些宏观条件的变化会直接影响理赔支出的未来现金流，尤其是当预测期间较长时。

2. 未来追偿款/残值收入和再保险摊回款

追偿款和残值收入通常可以在理赔支出中直接扣除。对于再保险摊回款，理想的做法是和理赔支出分开预测。一方面是因为再保险摊回通常在时间上会晚于理赔支出，更重要的是因为不同的再保险安排会对再保险摊回现金流产生重要影响，例如，超赔再保险的摊回现金流会随着起赔点的升高而变得越来越不稳定。同时，对再保险摊回现金流进行单独预测也有助于企业衡量不同的再保险安排对于未来现金流的影响。当然，如果财务建模的目的不是为了评估再保险安排，则为了简化模型，也可以简单地将再保险摊回从理赔支出中扣除后再进行预测，但是必须充分考虑可能的摊回时滞和再保人的违约风险，在预测时增加风险边际。

3. 未来费用支出

直接理赔费用的未来现金流预测可以和赔款支出一起进行。其他费用的预测主要根据企业的费用规划以及影响费用的主要指标，如总保费、总保单数量、不同业务构成等来进行。长期来看，费用会随着通货膨胀率的变化而变化，因此进行预测时，应有意识地关注费用与通货膨胀率之间的联系。

4. 未来保费收入

未来保费收入是负债现金流中的一种流入现金流。一般情况下，通常把与该笔保费收入直接对应的佣金和其他内部获取成本从未来保费中扣除后进行现金流预测，但是它所对应的再保险保费支出则常常单独进行预测。这是因为再保险保费支出通常与原保费收入存在时间上的差异。

当保费收入不包括未来的新业务和续保业务的保费时，对未来保费的预测相对比较容易，且对于非寿险的短期业务来说，大部分的未收保费现金流会出现在将来的几个月中。但是如果现金流预测要求考虑未来新业务和续保业务的保费时，就需要考虑公司未来的业务规划、对费率增长的预期、企业的竞争环境以及保险市场周期对未来保费预测的影响。这些因素同时也会影响对这些新业务/续保业务未来理赔支出和费用支出现金流的预期。例如，在一个竞争激烈的市场中，高速增长的保费量可能意味着较高的赔付率或较高的佣金水平。另外，风险保费理论上会随着理赔和费用的增长而增长，因此未来保费预测也同时受到影响理赔金额和费用金额的通货膨胀率等宏观因素的影响，且影响程度随着预测时间的增加而增加。但是两者的变化可能是不同步的，因为保险公司会根据公司的具体情况和外部的竞争环境制定保费调整的周期和幅度，但长期来看，两者的变动是同向的。

在预测未来保费现金流时，可以按照不同的业务渠道分别进行预测。这是因为不同的业务渠道的获取成本和保费支付时滞是不同的。直接业务的获取成本可能相对较低，通过保险代理所获得业务的成本相对较高。实施见费出单类的业务，保费支付的时滞为零，但是对于某些大型保险经纪公司，保险公司通常会给予一定的信用期限。这一点同时也适用于不同的业务种类，有些业务，如短期意外险，保费的信用期限比较短；而某些大型的工程险或责任险，信用期限相对就比较长。企业可以根据自身业务的状况进行合理分类。

需要注意的是，需要考虑保费的回收率，即应收保费坏账情况。精算人员可以根据企业以往的应收保费管理状况和业务状况来进行合理判断。

5. *未来税金和股息支出*

未来的税金和股息支出也是需要预测的一种现金流出。为了完成对税金和股息现金流的预测，除了需要知道税率和企业股息分配原则之外，还需要预测企业在每一个预测点上的准备金数额和资产模型中产生的投资收入。因此，只有将资产现金流和负债现金流合并之后才有可能预测税金和股息现金流。

在短期限的预测中，税率通常是已知的，企业的股息分配原则也可以很好地被预测，但是随着预测期限的延长，这些因素也变得越来越难预测，同时其他变量的假设也会直接影响未来的税金和股息现金流。

14.2.3　资产负债未来价值预测

当需要观测企业在未来某一时间点的财务状况或偿付能力状况时，就需要对这个时间点上的资产和负债的价值进行评估。对于资产而言，最主要的是对投资产品在评估日价值的确定；而对于负债而言，最主要的则是对各项准备金的评估。要完成这项任务，必须首先明确预测结果的用途。如果是为了评估企业未来的法定偿付能力，就必须遵照监管政策中对于资产估值和法定准备金提取的规定，这样得出的结果才有意义。

在进行未来资产价值评估时所使用的方法，类似于曾经提到的售出价格的估计，这方面的理论和模型有很多，建模者可以根据自身的情况合理选择，后文还会有所提及，这里不再展开。至于对准备金的评估，这里也不再重复。

§14.3　动态财务分析

14.3.1　概述

动态财务分析（DFA）是通过对关键风险因素进行随机模拟，来描绘各种经营策略对企业未来的经营结果的影响。该方法将众多相互关联、相互影响的风险因素结合在一起考虑，有效地使用各种财务、投资和精算技术来营造一个多因素动态模拟环境，用于测试和比较各种策略。

动态财务分析的使用者不仅包括保险公司和再保险公司，还包括中介机构（咨询公司/经纪公司）、监管部门和信用评级机构。

保险公司和再保险公司使用动态财务分析的主要目的是研究如何管理资本和盈余，以更有效地支持企业的未来发展，咨询公司和经纪公司是为了向其客户提供专业的服务，而监管机构和评级机构主要是为了监测保险公司的财务实力以确保他们能履行对投保人的赔付义务。在不同的目的下所构建模型的复杂程度会不一样。

动态财务分析，或更为广泛的保险公司财务规划，或全面风险管理，其所遵循的基本逻辑都是一样的，那就是分析外部环境、管理决策者的经营策略与经营结果之间的关系。外部环境是决策者无法控制的因素，由“天算”；管理者的策略是可控因素，由“人算”；而经营结果则是外因和内因共同作用的结果。动态财务分析通过模拟外部因素，并测试在各种策略下的结果，以寻找最理想的经营策略。

14.3.2　模型构架

由于需要模拟众多互相关联的风险因素并分析对结果的影响，动态财务分析的模型往往十分复杂，保险公司通常难以构建自己的模型。一些中介公司为此设计了一些专门的商业软件，卖给保险公司使用。目前，市场上流行的软件系统包括 B&W Deloitte 公司的产险版 Prophet，SS&C 公司的 Finesse，以及 Tillinghast 公司的 TAS P/C 和 MHL Consulting 咨询的 Dynamo 等。需要注意的是，公司仅仅有财务分析软件是不够的，软件是基于理念、方法和技术流程的真正掌握，基于分析人员的经验积累。

动态财务分析模型的一般构成主要包含三个部分：情景生成器、企业模型、结果分布。它们之间的关系如图 14－1 所示。

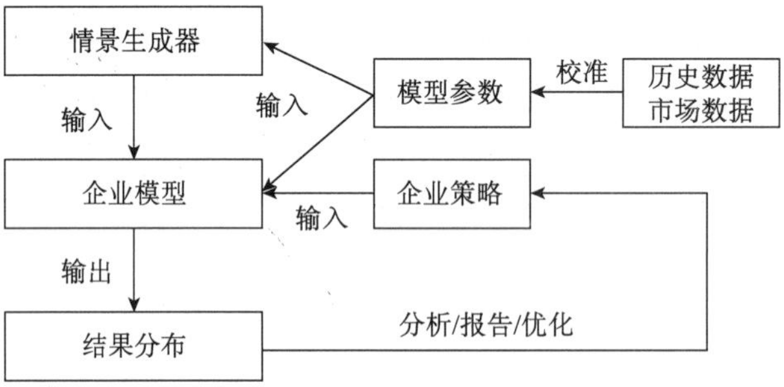

图 14－1 动态财务分析的模型框架图

14.3.3 情景生成器

情景生成器是一系列风险因素随机模型的集合，模型所输出的是所有被考虑的风险因素，在整个被研究的时间跨度内联合变化所形成的众多蒙特卡洛随机情景。

情景生成器不仅要能够模拟个别风险因素的变化规律，还要能够充分反映不同因素之间的相互影响以及各风险因素和时间的关联情况。不仅要能够模拟正常情况下的风险因素，还必须能够模拟个别极端情况下的风险因素，以及在考虑所有风险因素互相影响的状况下可能出现的极端联合状况。此外，由于风险因素很多，必须在其中选择最重要的几个进行随机模拟。

被经常使用的风险因素包括：①利率变动因素和通货膨胀率变动因素；②证券回报率；③组合资产；④常规业务损失；⑤巨灾损失；⑥保险周期；⑦损失分配模式，等等。

随着动态财务分析的不断发展，更多的因素会被考虑进来。例如，对于参与国际市场运作或投资的企业来说，还必须模拟汇率以及国际资产间的联动关系。其他可以模拟的重要风险因素包括 GDP、各种通货膨胀指数（工资指数、医疗指数）、信用违约和信贷息差等。

每一种风险因素都可以采用或开发相应的随机模型进行模拟，综合起来就会特别复杂。

14.3.4　策略分析

财险公司在业务层面上的经营策略，主要包括：①业务构成策略组成，即不同业务的构成比例、业务量和佣金水平等。②再保策略，包括再保险类型、不同再保险合同之间的关联、再保险合同的条件（如自留额、限额、复效条款等）以及再保险成本限制。③资产配置策略，即投资组合以及在何种情况下进行怎样的资产重组。④资本配置策略，业务构成所对应的资本金水平，向各业务线分配资本，估计资本成本。

同样，策略也有不同层次，而且是动态的。

14.3.5　结果分析

保险公司最关心的经营结果包括：①赢利能力，包括公司的整体赢利能力和具体业务线的赢利能力。②偿付能力，包括监管标准和市场标准下的偿付能力和流动性。③合规状况，即未来是否符合监管要求，可能会引致监管介入的情况。④敏感性测试，外部环境变化或内部策略变化对企业的影响。⑤关联效应，企业各环节之间的关联，比如资产和负债之间的关联性。

14.3.6　企业模型

模型的构建取决于使用目的。因为模型可以非常复杂，使用者需要根据目标问题进行取舍。以下以保险公司分析以盈余（Surplus）为目的的建模。

构造盈余模型的基本假设包括：

（1）以公司内部管理为目的，资产按市场价值计量，负债评估需要贴现。

（2）在影响盈余的各种风险因素中，仅对部分因素进行随机模拟，包括：① 利率对通货膨胀率的影响；② 利率对股票回报的影响；③ 通货膨胀率对损失频率的影响；④ 通货膨胀率对损失金额的影响；⑤ 风险暴露单位对损失频率的影响；⑥ 损失金额和损失频率对保费的影响。

记盈余为 U，其变动额可以用下面的公式来表达：

$$\Delta U_t = P_t + (I_t - I_{t-1}) + R_t + (C_t - C_{t-1}) - Z_t - E_t - (V_t - V_{t-1}) - T_t$$

式中，P_t 为已赚保费；I_t 为资产市值（包括在第 t 年中已实现的资本利得）；R_t 为资产回报（不包括任何资本利得）；C_t 为自有资本；Z_t 为在第 t 年支付的赔款；E_t 为费用；V_t 为经贴现后的准备金评估值；T_t 为所得税；每一项变量都有相应的模型对应。

该模型是一个十分简化的例子，实践中，多数动态财务分析都要更复杂。而且，由于动态财务分析常被用来生成企业报表，因此在企业模型中需要额外关注法律法规、会计政策、税收政策等变化对结果的影响。同时，这些项目对企业的决策也会有重大影响。但这些考虑很难被有效模拟，致使企业模型的不确定性大大增加。

14.3.7 模型参数的校准与验证

参数校准（Calibration）是指为描述风险因素的模型找到最能反映其实际变动规律的参数。本文在前面已经介绍了各个模型参数估计的方法。通常使用企业的历史数据来对模型参数进行估计，在自有数据不足的情况下也可以参照市场数据、经济数据和对未来的主观判断。

当历史数据或当前市场数据不能反映风险因素将来发展的规律时，应当对历史数据进行调整。这可以分成两种原因：一是过去发生的情况将来不会再发生，例如计算机千年虫问题，应该把这些因素从历史数据中去掉；二是将来要发生的情况过去没发生过，例如，石棉风险和“9·11”事件。对于这种情况，一般很难通过调节历史数据将其包含进来。因此，通常在随机模型的基础上增加一些人为设定的灾难情景。

校准的难点在于当没有足够的数据量来估计模型中众多的参数时，参数风险会大大增加。即使使用现成的动态财务分析软件，也必须充分认识到可能的参数风险。由于同一个风险因素在不同的市场上会有不同的运动规律，因此当模型的使用环境被改变时，模型的参数需要进行重新校准。

如果动态财务分析模型建立的不是只为了某个特殊目的（如企业购并、进入或退出某个业务线等），而是作为日常内部管理工具的话，企业应当定期（每季或每年）对模型进行重新校准，以保证校准后的模型可以反映风险因素最新的变动规律。当然，在进行重新校准时，必须进行主观判断。如果重新校准后的参数值发生了重大变化，则必须要有能合理解释变化的原因，以避免由于数据质量或代表性不足而导致的参数不稳定问题。

回溯测试和敏感性测试是参数校准的重要辅助和检验工具：

（1）回溯测试。利用模型对过去进行模拟，以观测所选择的模型和参数对过去实际结果的拟合程度。

（2）敏感性测试。可以变化情景生成器中的各种参数，分别来观测结果对于这些参数的敏感度。敏感度大的需要特别关注。

14.3.8 结果分析和报告

动态财务分析输出的结果是各种输出变量在各预测时间点上的大量随机结果。这既为进行更深入的统计分析提供了便利，同时也决定了需要对结果进行整理后才能用于与管理层沟通。

1. 输出变量的选择和统计分析

选定输出变量后，可以对它们的随机结果进行下列分析：

（1）变量经验分布。假设 Y 为某个要研究的输出变量，y_1，y_2，y_3，…，y_n 为这个输出变量的随机结果，可以用下面的公式将 Y 的经验分布表示出来：

$$F_Y(y) = \frac{1}{N}\sum_{i=1}^{N} k_i$$

其中，$k_i = \begin{cases} 1, & y_i \leqslant y \\ 0, & y_i > y \end{cases}$。

这样表示出来的分布可以提供该输出变量变化的直观印象，例如，变量值主要集中在什么区域、集中度如何、尾部形状如何等。

（2）变量统计特征。精算人员可以通过计算变量的统计特征值获得更量化的信息，一些常见的统计量包括均值、中位数、众数、方差、在险值（VaR）、尾部在险值（TvaR）、指定值的概率以及其他统计量。

2. 风险/收益度量的选择

根据研究的目的，可以在众多统计量中选择最能表述风险和收益的指标。常见的收益指标包括预期盈余、保单持有人盈余、股东价值、税后收入、偿付能力比率等。而上述这些指标的标准差、保单持有人预期亏空、在险价值、尾部在险价值、破产概率等则常被用于作为风险指标。

3. 策略比较和选择

通过变换企业策略，可以得到多组输出结果的分布，可选择用评价“风险/收益”的标准来评估这些策略。

值得注意的是，在比较策略时，也应该考虑监管要求、优化税收以及提升评级机构和外部研究者对企业的评价。

在确定最终策略后，还应该对模型输出的结果进行一些测试，以确定模型结果是否恰当。

（1）敏感性测试。可以通过一次只变动一个关键因子值的方式来观测其对最终结果的影响。在试过一系列值后，就会对该因子的特性以及它对企业财务结果的影响方式有所了解。

（2）情景测试。与和敏感性测试不同，情景测试每次会变动多个值，并尽量考虑各因子之间存在的互相影响的关系。通过设定各种在未来出现可能比较大的情景，可以对未来的财务结果有一个直观的认识。

（3）压力测试。严格来说，压力测试是情景测试的一种特殊情况。在压力测试中，企业会挑选一些非常不利的情景，有些甚至超出正常可能出现的范围。这些极端情景可以用来测试企业面对极端困境的能力。

14.3.9 沟通

精算人员必须就策略评价的方法和结果与管理层进行沟通，获得的反馈可以用来进一步优化企业策略，开展下一轮的测试。

如果所有结果都不符合管理层的要求时，可以根据对结果的观测找出对其影响最大的输入因素，并对其作进一步的研究。

在解释结果的同时，精算人员也应该让管理者了解动态财务分析结果的质量非常依赖“合理”的假设。管理者必须明白采用模型给出的结果意味着承担了“模型风险”和“参数风险”。而且，即使模型和假设都十分“合理”，但未来的实际情况却永远不会和假设一模一样。管理者必须充分理解这一点。随着动态财务分析模型越来越精细，越来越复杂，建模者（特别是初学者）常常会犯本末倒置的错误，即过分专注于模型的细枝末节，而忽略了与企业管理层进行足够的沟通。其实，无论是对管理层运营策略和风险偏好的了解，还是向管理层进行结果的展示，良好的沟通都是保障模型被有效正确使用的前提。

14.3.10 未来发展

动态财务分析在保险业还处于研究和探索阶段，还需要在实际应用中进行更多的论证和改进。或许可以在以下几个方面有以下期待：

1. 优化现有经济模型

很多精算、财务和经济学模型可以被用来进行风险因素模拟。对于宏观经济变量或其他受宏观经济影响的风险因素，例如利率、通货膨胀率、信贷息差、证券表现等因素，已存在众多的模拟它们的模型。但是需要注意的是，这些模型都不是为了动态财务分析而特别开发的，而是为了其他目的，例如是为证券估价而建造的，因此它们可能为了保持模型的简单实用而放弃了一些有用的统计特征，或者有些模型是用来模拟风险因素的正常表现而不考虑极端情况出现的可能性。

2. 引入更多环境变量

对于财险公司来说，影响经营结果的风险因素很多，不同业务会受到不同因素的影响。例如，失业率对劳工赔偿险和房贷险的影响、交通状况和新车销售量对车险的影响等。因此，在这方面有很多空白领域值得继续去探索。

3. 进一步研究风险因素之间的联系

目前的动态财务分析模型已经对一些风险因素之间的关系进行了量化和模拟。但是在现实生活中，这些因素之间的关系错综复杂，因此其间有巨大的空间值得进行更深入的探讨。

4. 进一步加强对极端情景的模拟能力

目前，模型对极端情景的模拟能力仍十分有限，有时还必须依靠情景分析的方法来主观设定极端情景所需要的假设。如何使动态财务分析模型可以涵盖更多的极端情景也是一个值得讨论的问题。

5. 进一步关注模型风险和假设风险

财务规划模型的复杂度与日俱增。面对庞大的模型体系和重大的假设，有时很难分清结果的偏差是由于模型错误还是假设错误，短期内甚至仅仅是随机错误。理论界和实务界需要对财务规划模型及其假设进行更多的一般性探讨。

6. 模型简化和透明化

财务规划是一种主要用于协助管理者进行决策的工具，因此将整个过程简化和透明化非常重要。一个好的模型必须能够很容易地让终极使用者（如进行决策的管理层）理解才会被广泛使用，同时简单的模型也有助于参考建模者的主观判断和减少运行时间。不过这个要求似乎与“引入更多环境变量”背道而驰。其实两者的主要契合点是根据企业的具体情况（例如，业务特点）找到主要因素，去除相关性小的因素，制作符合企业特点的动态财务分析模型。例如，如果某家企业对投资政策有明确的限制或者其投资能力根本不可能进行复杂的投资组合，那么针对投资/资产的模型就可以大幅简化。

§14.4 资产负债管理

动态财务分析是从财产险的实务操作中演生出来的一种财务管理方法，与之相对应的是寿险中的资产负债管理（ALM）。在本节中，简单地讨论一下资产负债匹配管理和财务规划的关系。

14.4.1 资产负债匹配管理概述

资产负债匹配管理是寿险业风险管理工作的核心内容。北美精算协会给出的定义是：资产负债管理是一种企业管理行为，用来协调企业对资产和负债所作出的决策；它是在既定的风险承受能力和约束下，为实现企业财务目标而制定、实施、监督和修正与资产和负债有关的决策的过程。

资产负债管理有广义和狭义之分。狭义的资产负债管理是为了抵御利率波动的影响而进行的资产负债决策；广义的资产负债管理是通过合理的资产负债战略来实现流动性、安全性和赢利性的目标组合。

狭义的资产负债管理主要有两种模型：现金流量匹配模型和久期匹配

模型。现金流量匹配模型，顾名思义是通过对资产负债的未来现金流进行匹配来达到目标，而久期匹配模型则是通过平衡资产和负债现金流的久期来实现两者的匹配。久期匹配是一种经简化的、大致的匹配方法。

现金流匹配的基本流程主要分为以下几个步骤：①确定匹配管理的业务范围和目标；②选择合适的预测时间段和各种预测需要用的假设；③预测资产在选定的预测时间段内产生的现金流；④预测负债在选定的预测时间段内产生的现金流；⑤比较上述两组现金流，得到净现金流；⑥使用不同的假设得到多组不同的净现金流值；⑦根据上述结果判定资产现金流是否与负债现金流相匹配；⑧如果不匹配，选择不同的资产配置方案。

久期匹配的基本概念是资产和负债的现值都是根据利率贴现而来，因此利率的变化对资产和负债现金流现值的影响主要是和现金流发生的时间相关。因此，为了使利率的变化对资产和负债价值产生一致的影响，应该让资产和负债现金流发生的平均时间点保持一致，即资产久期和负债久期一致，那么利率变动时，资产价值的变动与负债价值的变动就会保持一致，这就是所谓的资产负债久期匹配。

14.4.2 资产负债管理与动态财务分析的联系和区别

实际上，资产负债管理中的现金流匹配和动态财务分析十分相似。两者都将企业作为一个整体进行考虑，在同样的宏观经济环境下作出符合企业整体利益的决策，它们都为管理者制定战略决策提供了直观的实验场所。

两者的主要区别是：资产负债管理最初是为了管理利率风险而产生的，其主要目的是用来进行投资决策，使企业的资产负债达到匹配的要求，以保障保险公司运营的安全性、收益性和稳定性，增强保险企业到期履约的信心。而动态财务分析扩展包含了更多的风险因素（例如巨灾等），来更好地模拟未来的不确定性。

资产负债管理主要被寿险业使用，而动态财务分析是从财产险的实务中发展而来。这一区别主要是由于产、寿险业务性质的不同决定的。在理赔方面，寿险主要面临的风险来自于人的生老病死，这些因素的波动有着相对稳定的规律。但是由于寿险多为长期的保单，利率波动是其面临的最大风险。对于产险而言，由于保单期限较短，因此产险受到利率波动的影响不如寿险严重，但是从理赔方面来看，无论是保险事故发生的频率、保险金额的具体数额和赔付发生的时间，都有着极大的偶然性，而且不同的险种影响理赔的因素各不相同，这也解释了为何动态财务分析相较于资产负债管理，对风险的关注采取了更均衡的态度。

由于上面所说的原因，寿险的资产负债管理对负债方面通常使用定量的办法，而产险公司的动态财务分析则会对几个重要的影响负债的因素采用随机模拟的方法。

但是，无论是资产负债管理还是动态财务分析，它们都在向一个共同的方向发展，其内涵和外延也渐渐重叠，共同成为为企业检验战略决策的重要手段。

第十五章　全面风险管理

按照我国保险业现行监管规定，财产保险公司的精算责任人需要签署《保险产品的费率报告》、《责任准备金评估报告》和《偿付能力报告》，还应在很大程度上积极参与《保险公司年度风险评估报告》的编制工作。从风险管理视角看，前两项报告的内容主要针对负债风险，而后两项报告则不仅涉及负债风险，也涉及资产风险和其他风险。总之，精算师必须具备对保险公司的业务和营运有深刻的理解、对风险的构成和形成机制有总体的把握能力，才能将精算技术和精算理念融会贯通到每一个管理环节中。本章将系统介绍财产保险公司的全面风险管理体系和流程，帮助读者从更加系统的视角理解精算工作。

§15.1　保险公司的风险管理框架

2007 年 4 月 18 日，中国保监会发布《保险公司风险管理指引（试行）》（保监发［2007］23 号，以下简称“07 指引”），要求各保险公司、保险资产管理公司和保险（集团）公司从 2007 年 7 月 1 日起，按照该指引建立风险管理体系，实行“风险管理制度”，即围绕公司的经营目标，识别和评估保险经营中的风险，并制定相应的流程、组织架构、制度和措施。

按照“07 指引”，保险公司的风险管理体系包括以下内容：①风险管理的原则；②风险管理组织结构；③执行部门的具体职责；④报告和监督程序。具体陈述如下：

15.1.1　风险管理的原则

建立保险公司的风险管理体系，主要基于三条原则：

1. 全面管理与重点监控相统一的原则

保险公司应当建立覆盖所有业务流程和操作环节，能够对风险进行持续监控、定期评估和准确预警的全面风险管理体系。同时，要根据公司实际，有针对性地实施重点风险监控，及时发现、防范和化解对公司经营有重要影响的风险。

2. 独立集中与分工协作相统一的原则

保险公司应当建立全面评估和集中管理风险的机制，保证风险管理的独立性和客观性，同时要强化业务单位的风险管理主体职责，在保证风险管理职能部门与业务单位分工明确、密切协作的基础上，使业务发展与风险管理平行推进，实现对风险的过程控制。

3. 充分有效与成本控制相统一的原则

保险公司应当建立与自身经营目标、业务规模、资本实力、管理能力和风险状况相适应的风险管理体系，同时要合理权衡风险管理成本与效益的关系，合理配置风险管理资源，实现适当成本下的有效风险管理。

15.1.2 风险管理组织结构

按照“07 指引”，保险公司风险管理的组织结构是一个三级管理体系，如图 15－1 所示。由保险公司董事会对风险管理负最终责任。董事会设立风险管理委员会，或暂时由已经设立的审计委员会代理风险管理委员会的职责。风险管理委员会成员应当熟悉保险公司业务和管理流程，对保险经营风险及其识别、评估和控制等具备足够的知识和经验。风险管理委员会负责风险管理工作，对以下事项进行审议，并向董事会提出意见和建议：①风险管理的总体目标、基本政策和工作制度；②风险管理机构设置及其职责；③重大决策的风险评估和重大风险的解决方案；④年度风险评估报告。

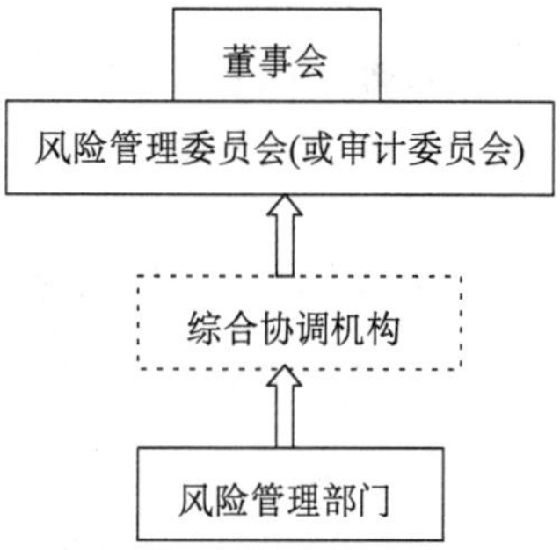

图 15－1 保险公司风险管理的三级管理体系图

保险公司在风险管理委员会的指导下，设立一个由相关高级管理人员或者部门负责人组成的综合协调机构，由总经理或者总经理指定的高级管理人员担任负责人。综合协调机构的主要职责包括：①研究制定与保险公司发展战略、整体风险承受能力相匹配的风险管理政策和制度；②研究制定重大事件、重大决策和重要业务流程的风险评估报告以及重大风险的解决方案；③向董事会风险管理委员会和管理层提交年度风险评估报告；④指导、协调和监督各职能部门和各业务单位开展风险管理工作。

保险公司设置的风险管理部门是公司进行风险管理的固定机构，具体负责风险管理相关事务工作，内容主要包括：①对风险进行定性和定量评估，改进风险管理方法、技术和模型；②合理确定各类风险限额，组织协调风险管理日常工作，协助各业务部门在风险限额内开展业务，监控风险限额的遵守情况；③资产负债管理；④组织推动建立风险管理信息系统；⑤组织推动风险文化建设。

需要强调的是，风险存在于保险公司经营过程的每一个环节中，无处不在。全面风险管理（Enterprise Risk Management，ERM）强调的是对风险进行全面而综合的管理。ERM 不仅是一套技术方法和制度，更是一种企业文化，因此，绝不能将风险管理理解为仅仅是几个高级管理人员和风险管理部门的事情，而是要求从公司董事会、管理层到全体员工全员参与风险管理，各部门和人员都应积极参与、相互配合。

作为对比参照，中国保监会于 2010 年 11 月 3 日发布了《人身保险公司全面风险管理实施指引》（以下简称“指引”）（保监发［2010］89 号），对寿险公司的风险管理提出了进一步的要求。比如，该“指引”第二十三条要求寿险公司、健康保险公司和养老保险公司任命首席风险官或指定一名高管负责全面风险管理工作。首席风险官有权了解公司重大决策、重大风险、重大事件、重要系统及重要业务流程，并参与相关决策的评估。在“指引”第二十四条中还具体规定了首席风险官的工作职责。

虽然中国保监会目前对财产保险公司并未作类似要求，但 ERM 的基本原理和框架对寿险和非寿险都是一样的。

15.1.3 报告和监督程序

风险管理部门的主要工作内容之一，就是编制并向管理层和风险管理委员会提交保险公司风险评估报告，包括常规报告和临时报告。

常规报告主要是指按照“07 指引”要求编制的风险评估报告。每年至少一次向管理层和董事会提交风险评估报告，并经管理层和董事会审议通过后呈报给中国保监会。风险评估报告主要包括以下内容：①风险管理组织体系和基本流程；②风险管理总体策略及其执行情况；③各类风险的评估方法及结果；④重大风险事件情况及未来风险状况的预测；⑤对风险管理的改进建议。

临时报告通常是指公司风险管理委员会根据市场环境变化情况，针对一些特别议题，要求公司风险管理部门进行的调查和研究报告，没有固定的周期和完成期限，目的是供公司管理层作决策参考之用。

在保险公司的风险管理体系中，不仅有一套报告制度，还有一套与之匹配的监督制度，以保证风险管理体系的有效性。监督制度包括内部和外部监督体系，内部方面，主要指保险公司的内部控制体系；外部方面，则主要指监管部门对风险管理体系的监管。§15.5 将专门介绍保险公司的内控体系。

外部方面，中国保监会负有监督整个保险公司风险状况的责任。中国保监会应该定期对保险公司及其分支机构的风险管理工作进行检查。检查内容主要包括：①风险管理组织的健全性及履职情况；②风险管理流程的完备性、可操作性和实际运行情况；③重大风险处置的及时性和有效性。

中国保监会可以根据检查结果，对风险管理存在严重缺陷的保险公司出具风险提示函。保险公司应该按照风险提示函的要求及时提交整改方案，采取整改措施，并提交整改情况报告。

§15.2 风险识别

15.2.1 风险的定义

1. 保险业关于风险的定义

关于风险的定义，学术界普遍认为还没有形成一个公认的定义或标准。引用 Fischhof（1985）的话，"人们对怎么定义风险的争议比对如何度量风险的争议还要多"。在众多风险的定义中，本文将采用中国保监会《保险公司风险管理指引（试行）》第三条中关于风险的定义。

【定义 1】　风险是指对实现保险经营目标可能产生负面影响的不确定性因素。

该定义代表了保险业对风险的理解和表述，有两个特点：①风险的主体是保险公司，其所面临的风险是相对于其经营目标而言的。换句话说，保险公司要想知道自己的风险，必须先明确自己的（预期）经营目标。②保险公司在考虑风险时，只强调"负面影响"，即偏离预期经营目标的不利偏差或损失。至于"有利"的偏差，比如保费资金超过预期的投资收益，则不计入风险。

2. 普通行业中关于风险的定义

比较权威的定义应该参照国际标准化组织（International Standard Organization，ISO）的相关标准，比如"ISO/IEC Guide 73 Risk Management - Vocabulary，2002"中关于风险的定义。

【定义 2】　风险是某事件发生的概率与事件所产生后果的合成效应。①

类似的定义还可以参照一些风险管理国际组织发布的文件，比如参照澳大利亚/新西兰风险管理标准（AS/NZS 4360：2004——Risk Management）中的定义。

【定义 3】　风险是影响"预期目标"的可能事件，包括事件导致的"可能结果"及其"可能性大小"。

与保险业中关于风险的定义不同，定义 2 和定义 3 都是很中性的定义，

---

① ISO/IEC Guide 73 Risk Management - Vocabulary，2002，原文为：Risk can be defined as the combination of the probability of an event and its consequences.

没有暗示“风险”究竟是一个贬义还是褒义的概念，既没有追究事件发生所导致的后果（consequences）是“有利”的还是“不利”的，也没有追究事件发生的概率是主观估计还是客观获得的，即是否可以通过统计样本来获得概率。特别重要的是，定义 2 和定义 3 没有具体明确风险的主体是仅仅指某行业中的企业，还是包括该行业中的其他主体，比如行业主管部门。

3. 小结

风险的定义可以概括为两类：其一是广义的，不针对任何专门的行为主体，而且不强调偏离行为主体预期目标的偏差究竟是“有利”还是“不利”的；其二是专门以保险公司为行为主体的定义，将风险定义为偏离主体经营目标的“不利偏差”及其“可能性”大小。

无论哪种定义，风险概念的构成都是一致的。风险由两个要素构成，包括不确定后果及其对应的可能性大小。

本节主要针对我国保险公司的风险，因此采用上述定义 1 中的风险定义，强调“风险”的贬义内涵，将风险定义为某事件发生所导致的不利后果及其对应概率的综合效应。如果用一个符号来表达对“风险”的这种理解，可表达为：

风险 = 不利结果 × 不利结果出现的概率

这一符号型的描述方式揭示了构成“风险”的两个方面：一方面是不利结果；另一方面是不利结果的不确定性（及其概率），二者缺一不可。

值得注意的是，就保险公司的风险而言，保险公司不是唯一的主体，保险活动的其他当事人，尤其是我国保险业的主管机构——中国保监会，也是重要的行为主体。因此，当我们论及风险时，由于保险公司不同，面临的风险也不同，因此应该从各自的视角和立场出发，针对各自的预期目标，分别来讨论风险，而且这些风险之间还是相互影响和关联的。因此，有必要特别关注风险对应的行为主体及其预期目标。

15.2.2 主体及其预期目标

按照风险的定义 1，以保险公司是行为主体，其所面临的风险是指偏离保险公司预期经营目标的不利偏差。因此，保险公司必须首先要明确界定自己的经营目标是什么。

然而，关于保险公司的经营目标，同样没有统一的表述和界定方式。对于普通企业来说，其经营目标常常被描述为“为公司（股东）创造最大财富或价值”。但保险企业牵涉对客户利益的公平保护以及更多的社会责任问题，从资本的角度说，公司的控股或主要股东所投入的资本在保险公司的资产构成或可运用资金中的占比是很小的，管理者所经营的保险资金主要来自于客户缴纳的保费，是公司的负债。因此，保险公司所创造的财富需要在公司投资人、客户和经营管理者之间进行平衡，不能简单地将保险公司当做普通的商业企业，以投资人追求财富或价值最大化作为单一的经营目标，至少需要将“安全经营”考虑进去，“持续地为公司、为公司的各利益方创造最大财富或价值”。

【例 15－1】 保险公司经营目标有很多种表述方式，这里采用澳大利亚精算学会出版的教材（*Actuarial Practice of General Insurance*, *7th edition* 2007）中关于保险公司经营目标的定义，将保险公司的经营目标分解为“运营目标”（Operational objective）和“安全目标”（Security objective）两部分。将这两个核心目标进一步细化，具体如表 15－1 所示。

表 15－1　　保险公司的经营目标

运营目标 Operational objective	赢利（profit）、市场份额（market share）、市场地位（market position）等
安全目标 Security objective	准备金（reserves）、再保险（reinsurance）、投资（investment）、偿付能力（solvency）等

保险公司在不同发展时期，对具体的经营目标会有所侧重，但无论如何，在明确了目标后，就可以以其为参照，将偏离目标的不利偏差及其可能性的综合效应定义为各种具体的风险。

同样，如果以中国保监会为行为主体，分析偏离其预期目标的各种不利偏差及其可能性大小，也需要明确界定中国保监会的预期目标是什么，特别是作为行业管理者的预期目标和作为行业监管者的监管目标。按照我们对风险定义的分析，如果目标不明确，所面临的风险也难以识别清楚，更难以分析风险之间的关联。

15.2.3　风险的分类

风险的分类方法有很多种，可以按照风险的原因进行分类，按照不同层面分类，按照是否与保险产品相关、是否可以量化等规则分类，本节将重点介绍前三种分类。

1. 按导致风险的主要原因进行分类

中国保监会发布的《保险公司风险管理指引（试行）》中，对风险科目的分类方法就是按照风险发生的原因进行分类的，此文件把风险分为：①保险风险；②市场风险；③信用风险；④操作风险。此种风险分类方法的特点是在“风险”这个概念前面加一个修饰定语，即“什么”风险，是按导致风险的主要“原因”来分类。比如，“保险风险”是指由承保活动所导致的风险，“投资风险”则是指由保险公司的投资活动所导致的风险。

（1）保险风险是指由于对死亡率、疾病率、赔付率、退保率等判断不正确导致产品定价错误或者准备金提取不足、再保险安排不当、非预期重大理赔等造成损失的可能性。

（2）市场风险是指由于利率、汇率、股票价格和商品价格等市场价格的不利变动而造成损失，以及由于重大危机造成业务收入无法弥补费用的可能性。

（3）信用风险是指由于债务人或者交易对手不能履行合同义务，或者信用状况的不利变动而造成损失的可能性。

（4）操作风险是指由于操作流程不完善、人为过错和信息系统故障等原因导致损失的可能性。

2. 按“宏观层面”、“行业层面”和“公司层面”分类

通常的做法是将这些（外在的）风险因素分为三个层面：第一层面是整个经济环境中的风险因素，如通货膨胀、汇率变化导致的风险；第二层面是保险行业的风险因素，如关于资金运用渠道的要求、关于实施法定保险等法规的变化等等；第三层面则是保险公司内部的风险因素，如定价策略等。

应欧盟委员会（European Commission）的邀请，KPMG（毕马威咨询公司）所做的研究报告就对产险进行了个体公司、行业、宏观经济三个层面的分类（见表 15 –2）。

表 15 –2　　三个层面的风险分类名称及解释

一、公司层面风险	
风险分类名称	解　　释
纯承保风险	一些如火灾、战争、恐怖行为等随机因素会影响产险保单的出险频率和损失程度。产险的出险频率不如寿险有规律，因此产险出现不利偏差的可能性更大
管理的承保风险	产险中对于一些劣质风险的承保选择，或者承保过程中在某一时点或地区聚集大量风险都属于管理的承保风险。产险公司承保一些如航空险等保额巨大的险种，很容易由于风险过大而影响保险公司的偿付能力
信用风险	产险较常见的再保险违约占信用风险的最大部分，再保险公司的违约将对原保险公司的财务有很大影响
再保险风险	在出现数额巨大的损失和意料之外的赔付时，再保险分出不足将会使得原保险人陷入财务困境，甚至是破产
操作风险	欺诈、管理失误、技术事故、错误出售、控制失灵，还有一些运作流程中的失误是造成操作风险的主要原因
投资（市场）风险	投资收益不满足预期、甚至亏损，会对保险公司的财务有很大影响
流动性风险	流动性风险表现为当需要时不能将资产变现来偿还债务，此种风险来源于不同资产的市场流动性不同。产险的负债久期普遍较短，因此对资产的流动性要求较高

续表

一、公司层面风险	
风险分类名称	解 释
费用风险	由于保险期限的短期性，费用过高的现象较少出现在产险业务中。但是，产险公司可能会支付更多如律师费等保单处理费用
匹配风险	由于保险期限的短期性，资产负债匹配问题一般不是产险公司要考虑的主要问题。但是一些“长尾”业务，如责任险等，需要一定程度地关注风险的匹配
退保风险	由于保险期限的短期性，退保风险影响较小
责任准备金风险	提取较低水准的责任准备金会制造财务状况较好、赢利较多的假象，但是实际上却埋下很大的负债隐患。在较好财务状况的情况下，保险人会作出如扩大承保等一系列加大所承担风险的决策，使负债隐患进一步加重
二、行业及宏观层面风险	
风险分类名称	解 释
司法判决和法律变更的风险	法律风险对产险有很大影响，往往影响到如责任保险一类的偿付问题。在我国，法院的判决一般倾向于被保险人，因此保险公司应该预先考虑到这部分风险的存在
市场变化的风险	当产险的市场费率整体较低时（比如处在保险周期的低潮或者有新的竞争者进入），就会存在很大的风险
社会、政治变化风险	由于一些如盗窃、抢劫的社会行为会导致损失的增加。与此同时，责任保险赔偿的习惯也会随着社会环境、风俗的不同而改变
经济周期风险	失业率的增加会大大提高犯罪率，增加承保损失。经济衰退同时也会通过支付保费主体最终降低保费收入
利率风险	如果保险公司不打算将投资品持有到期，那么短期利率的变化将会影响保险公司的投资收益率。但是，由于产险保险期限的短期性，利率不是主要的风险因素
汇率风险	汇率风险对于在海外签发大量保单的保险人会有比较大的影响，此种影响可以通过在海外同步的资产投资来抵冲
技术变革风险	技术变革的产物会存在一些未知的风险，保险公司在承保、处理这些风险时由于缺乏历史经验，可能会承担过大的风险

3. 按是否与保险产品直接关联进行分类

在公司层面，可以将风险按照是否与保险产品直接关联进行分类。

与产品没有直接关联的风险主要是资金运用风险或资产风险，以及公司管理过程中的操作风险和由外部环境引起的特殊事件风险，寿险公司和财险公司在这方面没有结构上的差别。

在与产品直接相关的风险中，财险公司的风险主要是负债风险；即保险风险；而寿险公司产品的长期性特点决定了不仅要考虑负债风险，还要考虑保费资金的资产风险及其与负债的配比风险。财险和寿险公司的风险构成如图 15－2 所示。

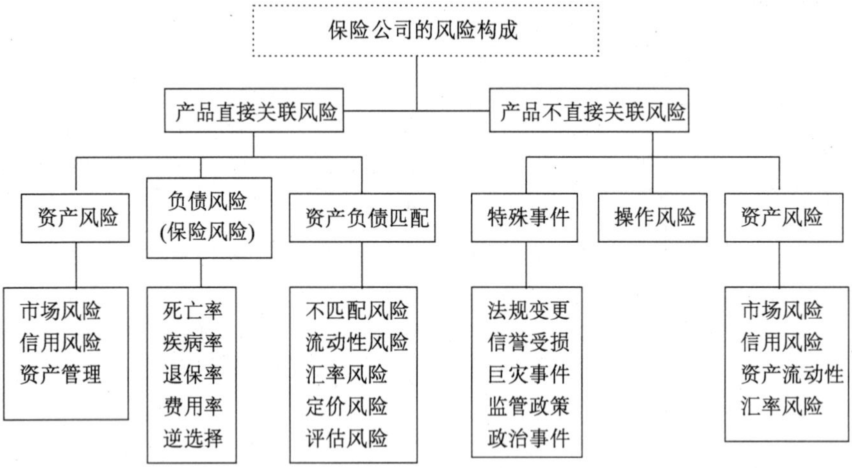

图 15－2　保险公司的风险构成图

4. 其他分类方法

还可以按风险的内在属性对风险进行分类，例如，按以下三种属性进行：

（1）按风险是否可以被量化，分为可量化风险与不可量化风险；

（2）按风险是否包含有利偏差，分为纯风险和投机风险两类；

（3）按照风险是否与保险公司资产负债表中的科目有关，分为表内风险与表外风险，进而将表内风险分为资产风险和负债风险，等等。

总之，对风险的分类方法多种多样，究竟应该如何分类，取决于具体的应用目的。因此精算人员在进行风险分类时，应该首先明确风险分类的目的，从目的出发，找到最佳的分类方法。

§15.3　风 险 评 估

按照关于风险的上述定义，对风险的度量也包括两个方面：其一是对影响程度或不确定后果的计量，称为“风险评价”（Risk Evaluation）；其二是对各种不确定后果发生的可能性大小进行估计，称为“风险分析”（Risk Analysis）。把这两项交织在一起的过程则称为“风险评估”（Risk Assessment）过程。

15.3.1　风险的度量

1. 风险的大小或高低

由于风险是指某事件的发生所导致的不利后果及其对应概率的综合效

应，若将不利后果和对应概率标注于同一平面坐标系中，风险的量级就是该平面坐标系中坐标点的位置，即综合效应。如图 15 - 3 所示，可以将风险的量级分为三个级别："高风险"、"中等风险" 和 "低风险"。

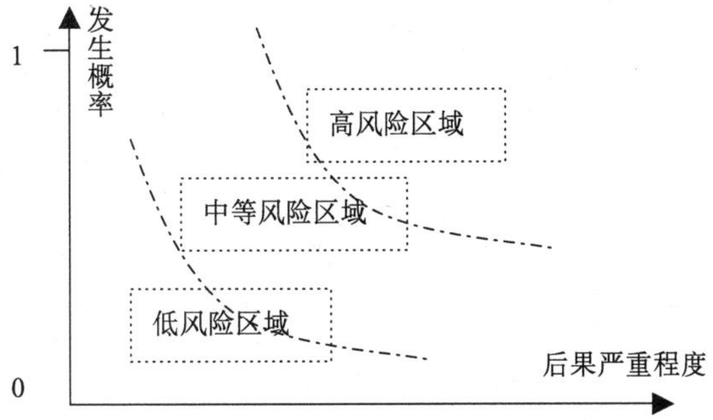

图 15 - 3　风险的量级

比如，我们通常说的"高风险"，是指这种综合效应特别大的情况，按照图 15 - 3，又可能出现两种极端情况：

（1）发生概率虽然很小，但后果特别严重，即通常说的"巨灾风险"，保险公司通常采用分保或共保等方式转移和控制这类风险。

（2）发生概率较高，但后果对当事人的影响不大。保险公司将此类情况作"不可保风险"处理，通常不承保这类风险。

2. 可量化风险

对不确定后果或影响程度的量化，最常见（但不唯一）的方式是采用货币金额值来计量；而对不确定后果发生的可能性的计量，则采用概率，而不去追究是基于传统数理统计意义上的概率，还是包括主观估计在内的所谓主观概率（subjective probability）。总之，对风险的这两个构成要素的定量估计是不能分裂的，只有对这两个要素都作出定量估计，对应的风险才称为可量化风险。反之，则称这种风险为不能被量化的风险。

用概率统计的语言来表述，保险公司的某一种风险被称为可量化风险，是指可以用一个随机变量 X 来描述该风险所对应的各种可能后果（注：随机变量在数学上被定义为"可测函数"）。当我们能够获得该随机变量对应的概率分布函数[$F(x)$]或概率密度函数[$f(x)$]时，这种风险就被完全度量了。把所有可以量化的风险相加，就可以得到公司所面临的量化风险之和（风险之间如何相加，将在下节讨论）。这一过程可以表示为图 15 - 4。

比如，保险公司关于某类业务的承保风险是可以计量的，因为可以用该业务的"承保结果" X（= 保费收入 - 保单成本）来定量地描述它，至于该风险能不能被完全度量，则取决于我们是否能获得 X 所对应的概率分布。

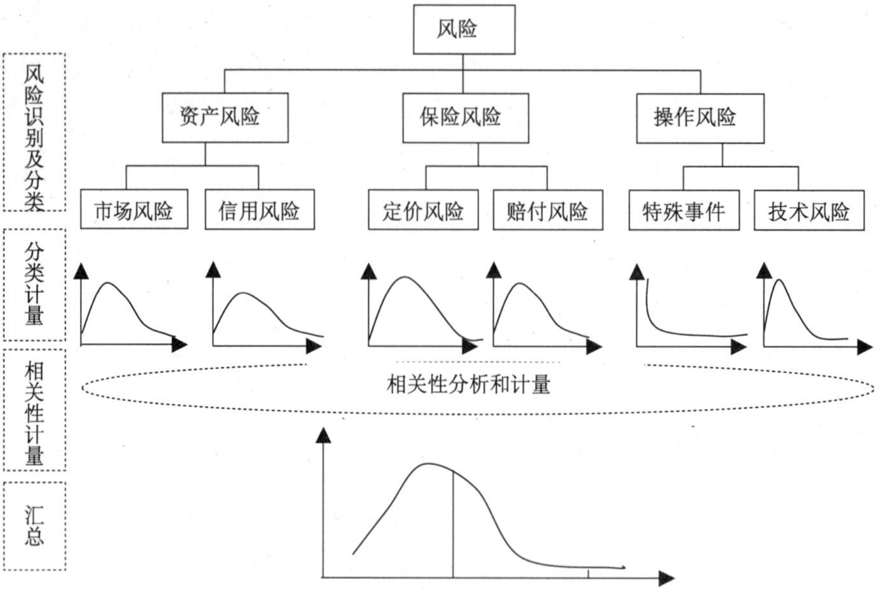

图 15－4　风险的计量过程图

一般情况下，要想获得一个随机变量 X 的概率分布是几乎不可能的，X 的概率分布函数包含了关于该变量的全部信息。采用传统的数理统计方法、通过样本信息来寻求 X 的概率分布通常需要很强的假设，首先要假设 X 服从某一类特殊的概率分布类型，然后还要假设样本信息是满足独立性和代表性要求的。

以承保风险为例，要想直接获得 X 的概率分布非常困难。可以先将 X 进一步分解为 $X=P-L-E$，其中，P 是保费收入；L 是理赔成本；E 是费用成本。每一项都是随机变量，X 的概率分布实际上是后三项联合分布的函数。传统精算模型常常将 P 和 E 假定为确定变量，而将相对最具不确定性的理赔成本 L 假定为某类特殊的概率分布，然后通过搜集该业务的历史理赔数据，整理并假设为统计样本数据，通过参数估计或随机模拟等方法获得 L 的概率分布，即损失分布，进而获得对承保风险 X 的度量。由此可见，在度量承保风险的过程中，由于假设的简化，最终的估计结果与实际的承保风险之间会有一定的差异。而在保险经营的过程中，关于某一类具体业务的承保风险，是相对最容易度量的风险，其他风险如应收保费风险，更加难以度量。

总之，风险度量的含义是用一个随机变量去刻划这种风险所对应的各种可能结果，风险度量的过程就是对该随机变量概率分布进行估计的过程。概率分布是关于随机变量（或不确定变量）的完全信息，从逻辑上说，是不可能准确获得的。在金融领域中，采用各种随机变量的各种数量特征或参数来度量风险，实质上是用部分信息来代替整体信息，只能适用于各自具体的特殊目的，严格地说，风险是不可度量的。

实际上，如果将各种风险分为可量化风险和不可量化风险两大类，可量化风险只是风险中的极少一部分。

15.3.2　风险的相关性

风险的形成和发生是一个复杂的相互作用的过程，导致风险的内因是因为风险的当事人为了实现自己的预定目标而采取了某些行动，而外部原因常常表现为触发和引爆内部矛盾爆发的诱因。

内部和外部，是相对于行为主体而言的。如果以保险业的主管部门或监管机构为主体，由于其制定的错误监管政策或实施的不当监管行为所导致的风险，对监管者来说是内部因素，但对于保险公司来说，就变成了行业监管环境中的系统风险，是外部因素。

风险的相关性，首先是指导致风险事件发生的内部和外部因素的关联。相对应于任何主体而言，外部因素与内部因素之间、外部和内部中的各具体风险因素之间，都会形成各种关联关系，统称为风险的相关性。比如，对保险公司而言，公司治理和高层管理决策方面的风险因素，会直接影响到业务运作流程上的诸多环节。以一类具体的保险业务来说，其产品环节上的风险因素与销售环节上的风险因素也是密切关联的。典型的例子如投资连结保险产品，保险公司对产品本身所承担的投资风险可能不高，但通过不同的销售渠道集中销售后，则可能在外部原因的作用下出现集中退保等流动性风险的现象，影响公司的资产负债匹配。

正如风险可以分为可量化和难以量化两类一样，风险之间的相关性也可以分为可量化和难以量化两种情况。风险相关性的量化问题还可以归属于风险度量研究之中，它们具有同样的重要性。事实上，保险产品的定价、负债评估、资本管理等核心管理问题，本质上都是风险度量问题，但在程序上却都是先分险种、按业务类型分别对各类可量化风险进行计量，然后再汇总。汇总的过程往往不是简单的相加，而是在考虑风险相关性的前提下进行调整并加总，在技术上，这恰恰又是最困难的环节。

§15.4　经济资本模型

经济资本（Economic Capital）是对风险进行量化管理的一种方法，其基本原理是根据对各类风险的大小配置相应的资本，用以抵御波动，维护业务过程的持续运营。近年来，经济资本方法在金融服务领域受到广泛的重视和推荐。我国保险业对财产保险公司尚未要求采用经济资本方法管理风险，但在中国保监会在 2010 年 11 月 3 日发布的《人身保险公司全面风险管理实施指引》中，明确要求将“经济资本方法应成为公司内部使用的核心风险计量工具”①，并要求“2014年开始在提交的年度全面风险管理报告中运用经济资本方法计量公司所承受的风险”。这意味着经济资本将成为我国人身保险公司实行全面风险管理最重要的工具之一。

15.4.1 经济资本产生的背景和发展情况

经济资本起源于19世纪70年代，美国的银行家信托公司（Bankers Trust）认为在计算资本收益（Return on Capital）时应该加入风险的因素，并且以此为基础提出了经济资本（Economic Capital）的概念。之后，这个概念被银行业广泛地使用，接着，包括保险业在内的其他金融部门也开始使用经济资本的概念。

起初，银行家们用VaR衡量单个风险，以此为基础，预留作为风险缓冲的资本。随着面临风险的多样化和复杂化，单个风险的测量已经不能满足预留适量资本的要求。比如，将每个风险所预留的资本进行简单相加显然不等于整个公司所面临的风险，因为需要考虑风险之间的对冲和抵消。在这样的背景之下，经济资本方法油然而生，经济资本是VaR方法的发展，相比VaR方法，经济资本试图衡量公司所处经济环境下所有的风险，以便从整体上衡量保险公司面临的风险。

新巴塞尔协议（Basel II）、欧盟偿付能力标准2（Solvency II）是建立在最低资本要求、定性监管、信息披露的三支柱上（欧盟Solvency II在本书的其他章节有详细介绍，这里不再赘述）。欧盟Solvency II中的第一支柱，即最低资本要求，是为了满足监管要求而设置的最低的资本标准，但是其并不能反映真实经济环境下，不同的保险公司实际应该预留的资本额。经济资本则正是反映不同保险公司在各自所面临的经济环境和风险暴露下应有的资本自留额。Solvency II也倡导各个公司使用经济资本作为其测量自身风险的内部模型，与此同时，经济资本也被认为能够满足欧盟Solvency II中第二支柱（定性监管）的监管要求。总之，经济资本作为整个公司的风险管理工具，在欧盟Solvency II的推动下，必将被越来越多的公司使用，也将被越来越多的国家采纳为其监管要求。本节开始时提到保监会刚刚发布的《人身保险公司全面风险管理实施指引》中规定“经济资本方法应成为公司内部使用的核心风险计量工具”，就是这一趋势在中国的体现。

15.4.2 经济资本的定义

中国保监会《人身保险公司全面风险管理实施指引》中将**经济资本**定

① 摘取自《人身保险公司全面风险管理实施指引》第四十五条。

义为“**一定的置信度水平上，在一定时间内，公司为了弥补可能面临的非预期损失所需要的资本。**”该定义是综合了国际上各种类似定义后给出的，具有典型性和代表性。

经济资本的概念可以如图 15 – 5 直观表示。图 15 – 5 中的分布密度曲线表示对某种特定损失风险的评估结果，对应于某个随机变量，并假设其均值为 0。在置信水平为 99.5% 所对应的分位点值与均值 0 的差距，就可以作为公司为此风险所配置的资本，因为只有 0.005 的机会出现损失超过资本的情况。

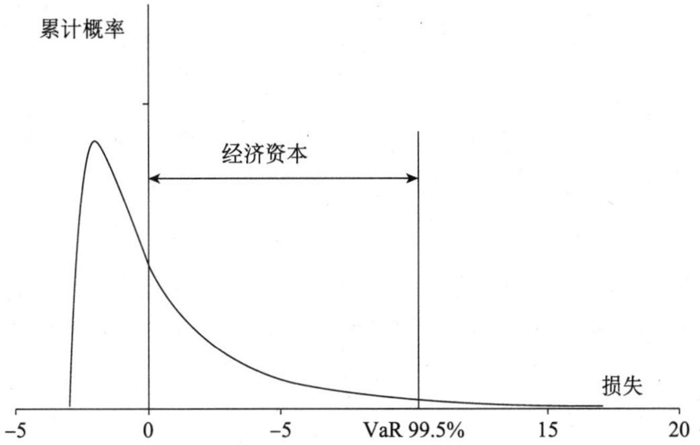

图 15.5　经济资本概念的直观表达

经济资本概念中的“经济”二字，则指对损失值或相应资产价值的衡量标准是按市场价值或通用会计准则（GAAP）衡量，而非采用比较谨慎或保守的监管会计准则（SAP）尺度衡量，后者对应的资本要求称为监管资本或偿付能力资本。

15.4.3　经济资本的计量方法

如本节开始所言，经济资本与监管资本相关，但是经济资本不会受到评级机构和监管机构的管束，经济资本更多的是反映真实经济状况下，对公司所面临的整体风险更准确和公允的衡量。

根据经济资本的定义，“经济资本是指在一定的置信度水平上，在一定时间内，公司为了弥补可能面临的非预期损失所需要的资本”，经济资本的计量可以分为两个方面：①公司对偿付能力标准的要求，即置信度水平的选取。偿付能力标准要求越高，意味着需要预留更多的经济资本；②公司面临的风险。

经济资本的计量步骤为：

第一步，把每个风险对公司价值的影响用分布函数表示出来；

第二步，把各个风险的分布合并成一个整体的风险分布，当然其中会涉及风险的相关性，即风险之间的对冲和抵消；

第三步，在给定的偿付能力标准（置信度水平）下，利用合并的整体的风险分布计算经济资本。

获得风险的分布的方法有：

1. 方差—协方差法

方差—协方差法是指假定风险因素收益的变化服从特定的分布，进行历史数据分析和估计该风险因素收益分布的参数值，然后根据风险因素发生单位变化时头寸的单位敏感性与置信水平来确定各个风险要素的风险价值。

2. 历史模拟法

历史模拟法指根据搜集到的风险因子的历史数据对未来收益进行模拟，在给定置信水平下计算潜在损失。

3. 蒙特卡罗模拟法

蒙特卡罗法是指通过随机的方法产生一个市场变化序列，然后通过在这一市场变化序列模拟资产组合风险因素的收益分布，最后求出组合的风险价值。

4. 敏感性分析

敏感性分析是指在保持其他条件不变的前提下，分析单个风险要素（利率、汇率、股票价格、死亡率、退保率等）的变化对公司风险暴露、承受能力以及整体经济价值产生的影响。

5. 情景分析

情景分析是指多个因素同时发生变动，对公司风险暴露、承受能力以及整体经济价值产生的影响。情景分析过程中应考虑各种因素的相关性和相互作用。情景可以人为设定，也可以从历史数据中得出，或通过随机过程得到。

6. 压力测试

压力测试是指对突发的小概率事件等极端不利情况可能对公司造成的潜在损失进行估算。压力测试的目的是评估公司在极端不利情况下的损失承受能力。

§15.5　风险管理与内部控制

公司的内部控制体系（Internal Control System）是全面风险管理（ERM）体系的核心内容之一。事实上，全面风险管理的概念框架正是在内部控制体系基础之上发展起来的。美国 COSO 委员会 1992 年发布的《企业内部控制整体框架》和2004年发布的《企业风险管理整体框架》报告中，比较清楚地表达了全面风险管理和内部控制之间的关系，也是我们了解这两个概念及其关系的重要参考文献。

15.5.1　风险管理与内部控制的关系

1992年，美国COSO委员会发布了《企业内部控制整体框架》（1994年进行了增补）；2004年，COSO委员会又发布了《企业风险管理整体框架》。这两份文件提出的内部控制与风险管理的目标及其组成要素如下：

内部控制的目标是保证企业：①经营的有效性和效率；②财务报告的可靠性；③符合适用的法律和法规。

内部控制的五个要素包括：控制环境、风险评估、控制活动、信息与沟通、监督。

企业风险管理力求实现主体的以下四种类型的目标：

（1）战略目标——高层次目标，与使命相关联并支撑其使命；

（2）经营目标——有效和高效率地利用其资源；

（3）报告目标——报告的可靠性；

（4）合规目标——符合适用的法律和法规。

风险管理的八个要素包括：内部环境、目标设定、事项识别、风险评估、风险应对、控制活动、信息与沟通、监控。

对比内部控制与风险管理的目标和组成要素可以发现，风险管理包括了内部控制。内部控制的三个目标可以简单地概括为经营目标、报告目标和合规目标。《企业风险管理整体框架》将内部控制纳入更为广泛的企业风险管理框架之下，在内部控制的三个目标基础上增加了一个更高层次的目标，即战略目标，并将内部控制五要素扩展为企业风险管理八要素，即内部环境、目标设定、事项识别、风险评估、风险应对、控制活动、信息与沟通、监控。相对于原来的内部控制五要素，企业风险管理八要素所包含的内容更加全面和综合地体现了企业进行风险管理所应考虑的要点。《企业风险管理整体框架》在1992年报告的基础上，吸收了各方面风险管理研究成果，并进行了扩展研究，提出了内部控制框架与企业的风险管理相结合的风险评估与控制思路。新的框架是对内部控制框架的扩展和延伸，它涵盖了内部控制，并且比内部控制更完整、有效。因此，可以说内部控制是风险管理不可分割的一部分。

15.5.2　内部控制框架

为加强我国保险公司的内部控制和风险管理体系建设，中国保监会陆续制定和发布了《保险公司内部控制制度建设指导原则》（保监发［1999］

31号)、《保险资金运用风险控制指引》(2004)、《保险公司风险管理指引(试行)》(保监发［2007］23号)等风险管理和内部控制指导文件。2008年5月22日,中国保监会又与财政部、证监会、审计署和银监会等联合发布了《企业内部控制基本规范》(财会［2008］7号)。2010年8月,中国保监会依据《企业内部控制基本规范》等相关文件,制定和发布了《保险公司内部控制基本准则》(保监发［2010］67号)。该文件规定了保险公司建立内部控制体系的目标、原则以及组成部分等。

1. 内部控制的目标

根据《保险公司内部控制基本准则》,保险公司内部控制的目标包括:

(1)行为合规性目标。保证保险公司的经营管理行为遵守法律法规、监管规定、行业规范、公司内部管理制度和诚信准则。

(2)资产安全性目标。保证保险公司资产安全可靠,防止公司资产被非法使用、处置和侵占。

(3)信息真实性目标。保证保险公司财务报告、偿付能力报告等业务、财务及管理信息的真实、准确、完整。

(4)经营有效性目标。增强保险公司决策执行力,提高管理效率,改善经营效益。

(5)战略保障性目标。保障保险公司实现发展战略,促进稳健经营和可持续发展,保护股东、被保险人及其他利益相关者的合法权益。

将这五个目标与COSO提出的企业风险管理的四个目标对比可以发现,其中的行为合规性目标、信息真实性目标、经营有效性目标及战略保障性目标分别对应着企业风险管理的合规目标、报告目标、经营目标和战略目标。与一般企业不同的是,中国保监会将资产安全性列为保险公司内部控制的目标,其原因可能是保险公司资产的大部分来源于保单持有人缴纳的保费,保险公司资产的安全性关系到保险公司是否能履行对保单持有人的责任,关系到所有保单持有人的利益,因此,基于保险公司资产安全的重要性,将其作为保险公司内部控制的目标。

2. 内部控制的原则

保险公司建立和实施内部控制,应当遵循以下原则:

(1)全面和重点相统一。保险公司应当建立全面、系统、规范化的内部控制体系,覆盖所有业务流程和操作环节,贯穿经营管理全过程。在全面管理的基础上,对公司重要业务事项和高风险领域实施重点控制。

(2)制衡和协作相统一。保险公司内部控制应当在组织架构、岗位设置、权责分配、业务流程等方面,通过适当的职责分离、授权和层级审批等机制,形成合理制约和有效监督。在制衡的基础上,各职能部门和业务单位之间应当相互配合、密切协作、提高效率,避免相互推诿或工作遗漏。

（3）权威性和适应性相统一。保险公司内部控制应当与绩效考核和问责相挂钩，任何人不得拥有不受内部控制约束的权利，未经授权不得更改内部控制程序。在确保内部控制权威性的基础上，公司应当及时调整和定期优化内部控制流程，使之不断适应经营环境和管理要求的变化。

（4）有效控制和合理成本相统一。保险公司内部控制应当与公司实际风险状况相匹配，确保内部控制措施满足管理需求，风险得到有效防范。在有效控制的前提下，合理配置资源，尽可能降低内部控制成本。

本章在§15.1中叙述了保险公司风险管理的三条原则，即全面管理与重点监控相统一的原则、独立集中与分工协作相统一的原则、充分有效与成本控制相统一的原则。将其与上述保险公司内部控制的四个原则进行对比，可以发现无论是风险管理体系还是内部控制体系，都应覆盖所有业务流程和操作环节，有针对性地实施重点监控，各职能部门与业务单位之间要分工明确、密切协作，并且合理配置资源，有效地管理控制风险。

3. 内部控制的组成

保险公司内部控制体系包括以下三个组成部分：

（1）内部控制基础。包括公司治理、组织架构、人力资源、信息系统和企业文化等。

保险公司应当加强内部控制基础建设，为有效实施内部控制营造良好环境。

保险公司应当建立规范的公司治理，形成授权清晰、运作规范、科学有效的决策、执行、监督机制。公司董事会、监事会和管理层应当对内部控制高度重视，带头认真履行内控职能。

保险公司应当根据保险业务流程和内部控制的需要，建立合理的组织架构。按照便于管理、易于考核、简化层级、避免交叉的原则，科学设置内设机构、分支机构和工作岗位，明确职责分工，规定清晰的报告路线。

保险公司应当建立与内部控制需要相适应的人力资源政策，确保关键岗位的人员具有专业胜任能力并定期接受相关培训，公司关键岗位的考核、薪酬、奖惩、晋升等人力资源政策应当与内部控制成效相挂钩。

保险公司应当建立安全实用、覆盖所有业务环节的信息系统，尽可能使各项业务活动信息化、流程化、自动化，减少或消除人为干预和操作失误，为内部控制提供技术保障和系统支持。

保险公司应当培育领导高度重视、内控人人有责和违规必受追究的内控企业文化，形成以风险控制为导向的管理理念和经营风格，提高全体员工的风险防范意识，使内控制度得到自觉遵守。

（2）内部控制程序。包括识别评估风险、设计实施控制措施等。

保险公司应当根据风险规律，合理设计内嵌于业务活动的内部控制流程，努力实现对风险的过程控制。

保险公司应当对经营管理和业务活动中可能面临的风险因素进行全面系统的识别分析，发现并确定风险点，同时对重要风险点的发生概率、诱发因素、扩散规律和可能损失进行定性和定量评估，确定风险应对策略和控制重点。

保险公司应当根据风险识别评估的结果，科学设计内部控制政策、程序和措施并严格执行，同时根据控制效果不断改进内部控制流程，将风险控制在预定目标或可承受的范围内。

（3）内部控制保证。包括信息沟通、内控管理、内部审计应急机制和风险问责等。

保险公司应当建立多层次、全方位的监控体系，实现对内部控制活动的事前、事中、事后有效监控，为实现内控目标提供保证。

保险公司应当建立信息和沟通机制，促进公司信息的广泛共享和及时充分沟通，提高经营管理透明度，防止舞弊事件的发生。

保险公司应当建立内控管理及评价机制，通过对公司内部控制的整体设计和统筹规划，推动各内部控制责任主体对风险进行实时监测和定期排查，并据此调整和改进公司的内部控制流程。

保险公司应当加强对内部控制的审计检查，定期根据检查结果对内部控制的健全性、合理性和有效性进行评估，并按照规定的报告路线及时向审计对象、合规管理职能部门和上级领导进行反馈和报告。

保险公司应当建立内控风险应急管理机制，制定周全和可操作性强的应急预案，明确各种风险情形下的应对措施，尽可能减少内控风险的影响和损失。

保险公司应当严格内部控制责任追究，对于违反内部控制要求的行为，不管是否造成损失，都要进行严肃处理，追究当事人和领导的责任。

第十六章　偿付能力管理

对保险公司所承保的各项保险业务计提责任准备金，不仅是核算承保业绩和利润的需要，更是确保对保单持有人履行赔付责任的需要。正是由于这个原因，对责任准备金的评估往往需要赋予一定程度的谨慎性要求。计提责任准备金是保险公司履行偿付能力的最基本和最重要的要求。除了对承保业务计提充足的准备金之外，由于保险公司还面临着其他各种各样的风险，这些风险都会影响其财务状况及其履行对客户的赔付责任，因此监管部门对保险公司有更高的资本要求，以确保保险公司具备偿付能力。本章从履行保单责任的角度，介绍监管机构对保险公司偿付能力的监管要求，包括与责任准备金的关系。

§16.1　概念和框架

偿付能力，是指保险公司偿还债务的财务支付能力。虽然保险公司对所承保的每一笔保险业务都按规定计提了责任准备金，但由于保险业务所产生的负债具有不确定性，所计提的责任准备金并不能确保保险公司足以履行对客户的偿付责任。比如，一旦发生巨灾或集中理赔的情况，保险公司仅仅靠收取的保费很可能不能满足理赔的需要，而且保险公司的保费资产往往会被用于投资等资产配置活动，也面临着资产贬值或亏损的风险，因此，除计提责任准备金之外，必须要求保险公司持有更多的资本。总之，偿付能力的含义，实质上是指保险公司持有的、可以用于抵御财务波动、以确保履行保单责任的资本水平，即偿付能力资本。

从风险的角度看，保险公司在其经营过程中所面临的风险因素，包括由公司内部经营方式和管理方法所导致的，以及因市场和社会经济大环境的变化而产生的风险因素。其中，有些风险可以被准确地计量，有些则只能通过定性或部分定性的方式来描述。并且，不同的风险之间往往是相互关联、此起彼伏、不断变化的。因此，没有一种单一的模型或指标可以有效控制和管理保险公司的偿付能力风险，流行的做法是对这些风险实行静态指标监控与动态模型预警相结合的全面风险管理。

目前，我国保险业对保险公司偿付能力的管理规定，主要基于中国保监会 2008 年 6 月 30 日发布的《保险公司偿付能力管理规定》（保监会令

[2008] 1号，以下简称“2008年1号文”)。其主要原理就是实行静态的法定资本充足率指标与动态的偿付能力测试相结合，通过监管机构的外部监督来促进保险公司内部进行风险管理。广义来看，是一个对影响保险公司偿付能力的各种风险进行识别、评估、管理和控制，静态指标与动态测试相结合的全面风险管理过程。“2008年1号文”是对中国保监会2003年发布的《保险公司偿付能力额度及监管指标管理规定》(保监会令[2003] 1号，以下简称“2003年1号文”)的修改，主要改进是要求保险公司采用对偿付能力风险的动态测试来代替“2003年1号文”中的静态监管指标，但关于法定静态指标部分，即偿付能力资本充足率的标准，暂时还没有改变。

中国保监会在“2003年1号文”基础之上颁布“2008年1号文”，主要是为了与保险监管的国际框架趋同。代表国际保险监管的组织是国际保险监督官协会(IAIS)，中国保监会是其成员之一。IAIS在其《保险监管核心原则和方法》中不仅总结出了保险经营的核心原则(Core Principles)，也勾勒出了保险监管的国际框架(Regulatory Framework)。如表16-1所示，保险监管的国际框架是一个“三层次、三支柱”框架。

表16-1　　保险监管的“三层次、三支柱”框架

监管层次	各监督层次和各支柱下的内容		
	第一支柱	第二支柱	第三支柱
第一层次 构建前提	获得法律授权，明确监管目标		
第二层次 制定标准	财务要求标准	治理结构标准	市场行为标准
	偿付能力监管的结构和准则		
第三层次 实施措施	评估与干预		

“三个层次”包括：①建立有效保险监管的前提；②制定保险监管要求和标准；③落实各项监管措施。其中，监管前提包括建立保险监管的法律并获得监管授权，特别是要明确监管目标，即维护一个有效、公平、安全和稳定的保险市场，保护保单持有人的利益不受侵害。实现这一监管目标的核心内容是：要求保险公司具备对客户的偿付能力。这样的监管又被称为审慎监管(Prudential Regulation)。

“三条支柱”是指贯穿上述三个不同的层次，针对保险公司在经营过程中所面临的各种各样的风险，有针对性地设立三类相应的控制措施和标准，具体包括：①财务要求监管支柱；②治理结构监管支柱；③市场行为监管支柱。

在“三支柱”的内容中，与精算师的工作密切相关的是第一支柱，即“财务要求支柱”，具体包括以下四项内容：①保险责任准备金的评估；②资产价值的评估；③法定最低资本；④风险资本的评估。

这四项内容的关系，可以由图 16－1 来说明。

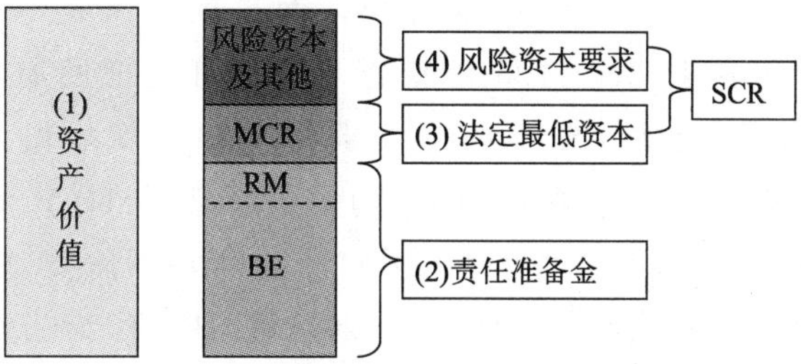

图 16－1 财务监管支柱的三项内容

第（1）项内容是要核算出保险公司的资产价值，与所采用的会计准则直接相关。由于在不同准则下所评估出的保险公司的资产价值会有所不同，目前国际保险界倾向于采用市场价值来衡量资产价值，具体指引是国际财务报告委员会第 4 号准则的第一部分（IFRS 4 Phase I），而国内相应的准则是我国财政部 2008 年 8 月 7 日发布的《企业会计准则解释第 2 号》以及 2009 年 12 月发布的《保险合同相关会计处理规定》等规定，尤其是中国保监会《保险公司偿付能力报告编报规则》系列。

第（2）项内容是保险公司的负债评估，主要是评估保险公司对客户的保险责任和为此所作的资金准备。不仅与精算标准有关，也与会计准则相关。国际上的指引，同样是 IFRS 4 指引的第二部分（Phase II）。

完成了对第（1）项内容和第（2）项内容的评估后，其差额就是保险公司的实际资本，又称实际偿付能力或净资产等。如果这项差额为负值，就表示保险公司“资不抵债”或“偿付能力不足”，是监管机构绝对不允许出现的。不仅不能允许实际资本出现负值，而且要求其必须高于一个固定的额度。这就是第（3）（4）项内容。

第（3）项内容是规定一个法定最低资本水平，即法定底线，保险公司持有的偿付能力资本必须高于这个底线，该底线称为“最低资本”（MCR）或称“最低偿付能力额度”（SMSM）。至于该法定底线如何设定，各个国家和地区的做法会有所不同。我国保险业对于非寿险业务所设定的底线，一是设在现行《保险法》第一百零二、一百零三条中；二是设在中国保监会颁布的一系列监管规定中，从 2000 年版《保险公司管理办法》开始，至今未变。

第（4）项内容是国际保险界所倡导的，基于保险公司的主要风险而对应设置的资本要求，比如美国保险业实施的“风险资本”（RBC）方法以及欧盟推出的 Solvency II 中计算“偿付能力资本”（SCR）的方法，都是将保险公司的主要风险、尤其是可量化的风险进行分类，按各类风险分别计算所需资本后，再汇总为公司所需要的偿付能力资本要求。

由于“基于风险”是一个相对的概念，不可能基于保险公司所面临的全部的各种各样的风险来计算资本要求，而且风险又是一个动态的，特别是处于发展中、还不够稳定的保险市场，更不可能把所有的风险都计算进去。因此，合理地制定法定最低资本要求（MCR）就显得尤其重要。

欧盟 Solvency II 与美国 RBC 的差别是，欧盟将 MCR 看做是 SCR 的一部分，只占 SCR 的 25% ~45%，MCR 的计算则并不需要基于风险。而美国 NAIC（全美保险监督官协会）的规定，则是将 RBC 作为法定最低资本要求。

我国保险业的情况是，在“2008 年 1 号文”中提出了要“基于风险”计算最低资本，但由于对风险的把握程度不高，还无法落实如何基于风险来计算最低资本，规定中只表达了想法，却暂时无法落实，只能继续沿用从 2000 年就实施的简单比率计算方法。

无论如何，表 16 -1 从外部监管的角度概述了保险监管的基本原理和框架，而图 16 -1 则描述了第一支柱，即财务监管支柱下几个核心要素的相互关系，也是关于保险公司偿付能力的基本内容。

§16.2 最低资本

16.2.1 现行规定

目前我国保险公司针对非寿险业务设置的最低资本的计算标准和方法，沿用了中国保监会 2000 年版《保险公司管理规定》中的规定，在“2003 年 1 号文”和“2008 年 1 号文”中均未有显著改变，只是随着我国非寿险市场的不断发展，国内一些公司开发了投资型非寿险业务。为此，中国保监会在 2008 年 7 月 10 日下发“2008 年 1 号文”之后，又针对这一情况，于 2008 年 11 月 6 日下发了《关于实施〈保险公司偿付能力管理规定〉有关事项的通知》（保监发［2008］89 号），在延续传统保障型业务计算规则的基础上，补充了投资型非寿险业务的计算规定。

自 2009 年 1 月 1 日起实施的上述通知和规定中，将非寿险业务分为“保障型业务”和“投资型业务”，分别计算其最低资本要求后求和，作为财产保险公司的最低资本要求。

对于保障型非寿险业务，最低资本为下述两项中数额较大的一项：

（1）最近会计年度公司自留保费减营业税及附加后 1 亿元人民币以下

部分的 18% 和 1 亿元人民币以上部分的 16%；

（2）公司最近 3 年平均综合赔款金额 7 000 万元以下部分的 26% 和 7 000 万元以上部分的 23%。

其中，综合赔款金额为赔款支出、未决赔款准备金提转差、分保赔款支出之和减去摊回分保赔款和追偿款收入。对于经营不满 3 个完整会计年度的保险公司，直接按第（1）项规定的标准。

对于投资型非寿险业务，分别按风险保费部分和投资资金部分计算，然后求和。其中，风险保费部分的最低资本，仍按保障型业务的方法计算，而投资资金部分的最低资本为下述两项之和：

（1）预定收益型非寿险投资型产品投资金部分期末责任准备金的 4%；

（2）非预定收益型非寿险投资型产品投资金部分期末责任准备金的 1%。

这两大类非寿险业务的最低资本的计算和呈报，可以通过填写表 16－2 “最低资本表”来实现。

表 16－2　　最低资本表

公司名称：		______年（　季）	单位：万元	
序号	项　目	行　次	期末	期初
一	非寿险保障型业务、非寿险投资型业务风险保费部分或短期人身险业务			
	最近会计年度的直接保费收入	(1)		
	分入保费	(2)		
	分出保费	(3)		
	自留保费	(4) = (1) + (2) − (3)		
	营业税及附加	(5)		
	净值：1 亿元以下部分	(6)		
	净值：1 亿元以上部分	(7)		
	最低资本 A	(8) = (6) × 18% + (7) × 16%		
	最近年度综合赔款金额	(9)		
	最近年度前 1 年的综合赔款额	(10)		
	最近年度前 2 年的综合赔款额	(11)		
	3 年均值：7 000 万元以下部分	(12)		
	3 年均值：7 000 万元以上部分	(13)		
	最低资本 B	(14) = (12) × 26% + (13) × 23%		
	非寿险保障型业务、非寿险投资型业务风险保费部分或短期人身险业务的最低资本	(15) = max[(8), (14)]		

续表

公司名称：		____年（　　季）	单位：万元	
序号	项　　目	行　　次	期末	期初
二	非寿险投资型业务投资金部分			
	预定收益型非寿险投资型产品投资金部分责任准备金	（16）		
	预定收益型非寿险投资型产品投资金部分的最低资本	（17）=（16）×4%		
	非预定收益型非寿险投资型产品投资金部分责任准备金	（18）		
	非预定收益型非寿险投资型产品投资金部分的最低资本	（19）=（18）×1%		
	非寿险投资型业务投资金部分的最低资本	（20）=（17）+（19）		
三	长期人身险业务（略）			
四	最低资本合计	（33）=（15）+（20）		

16.2.2　与现行规定的有关问题

如前所述，关于我国非寿险业务的最低资本要求，自2000年颁布《保险公司管理规定》以来，基本未变。在“保监发［2008］89号文”中，虽然增加了投资型非寿险业务的计算方法，但一是我国目前还没有多少投资型非寿险业务，影响不大；二是该计算方法仿照投资型寿险业务的对应规定，尚缺乏合理依据。

作为在财产保险公司从事精算工作，尤其是对于参与编制偿付能力报告的精算师来说，如果仅仅学会操作由政府监管部门发布的这类规定，而不能深入理解这些规定的背景和内涵，包括理解相关规定之间的逻辑关系和演变过程，将无法体现精算师工作的价值。为此，本章向读者介绍关于计算非寿险最低资本的以下三个问题，提请读者思考。

1. 现行规定中有关参数的合理性问题

如何设置计算最低偿付能力资本的合理标准，既是一个理论问题，更是一个实践问题。理论上，制定这项对全行业影响重大的标准，必须有科学依据，必须符合保险经营的基本逻辑，尤其是相关的法规之间不能有冲突。实践上，任何标准的合理性都必须经过实践的检验，才能判断其是否真正合理。无论在理论上还是在实践上，我国保险业的关于偿付能力最低资本标准的制定和完善，都还需要精算师的积极参与和奋力贡献。

关于现行计算标准是否合理的理论方面，最直接和具体的问题包括以下两个：

（1）所采用的计算模型是否恰当？按照设置 MCR 的初衷，是要通过 MCR 来抵御公司净资产的异常波动，导致其波动的主要风险因素可能来自资产方，也可能来自负债方，或是来自其他方面，那么，现行计算模型主要考虑了哪些风险因素？

（2）现行模型中所采用的参数是否有依据？现行模型中，主要包括涉及非寿险业务的比例参数和拐点参数，其中，比例参数包括保费比例参数 16% 和 18%，赔款比例参数 23% 和 26%，以及投资型产品投资金部分责任准备金比例参数 1% 和 4%；拐点参数包括保费拐点参数 1 亿元人民币和赔款拐点参数 7 000 万元人民币。作为精算师，当然应该去搞清楚这些参数是如何获得的？明显不合理的有哪些？需要进一步检验的又有哪些？

2. 与现行保险法相关规定的衔接问题

关于保险公司非寿险业务的最低资本要求的计算标准，其本质含义无非是“有多少本钱，就做多大业务”。各个国家和地区的不同计算标准差异在于，是否区分不同业务及其风险特征，制定出更精细的计算标准，然后将这些具体业务对应的最低资本要求汇总为对公司总体最低资本要求。

问题在于，对具体业务对应的最低资本要求以及对公司总体最低资本要求的计算标准，一方面必须有明确而具体的规定，另一方面不同规定之间要相互协调一致。

比如，在我国现行《保险法》（2009）第一百零二和一百零三条都是针对财产保险公司最低资本要求的，具体规定如下：

《保险法》第一百零二条：经营财产保险业务的保险公司当年自留保险费，不得超过其实有资本金加公积金总和的四倍。

《保险法》第一百零三条：保险公司对每一危险单位，即对一次保险事故可能造成的最大损失范围所承担的责任，不得超过其实有资本金加公积金总和的 10%；超过的部分应当办理再保险。

上述第一百零二条，已经从总体上规定了保险公司非寿险业务对应的最低资本要求，就是“有 1 块钱本钱，至多能做 4 块钱的业务”。而第一百零三条则规定单笔业务的规模不能超过本钱的 1/10。

照此理解，既然在法律层面就已经作出了具体规定，那么保险监管部门制定的任何具体计算标准和规定，都应与之相协调。但我们也从中国保监会现行规定中看到，计算非寿险业务对应的最低资本的标准为净保费的 16%（单看以保费为基础的计算标准，并忽略 1 亿元人民币的拐点效应），这相当于规定业务规模不超过本钱的（100/16）≈6. 25 倍，超过了法律的规定。

作为一个练习，读者可以采用本公司或相关行业数据进行验证，在非寿险最低资本的计算中，即分别以保费为基础和以赔款为基础计算，然后两者取大的现行方法中，赔款项是否起作用？如果不起作用，净保费16%的计算方法是否与《保险法》第一百零二条的规定相矛盾呢？如果矛盾，又如何才能使其协调一致呢？

作为一项资料，我国现行《保险法》第一百零二、一百零三条的规定，早在1995年第一版的《保险法》中就有该条款，至今未变。而在1996年，我国当时的保险监管机构（中国人民银行保险司）就发布并实施了相应的《保险管理暂行规定》，其中，对保险公司总体的最低资本要求，有如下规定：

（1）当上一年度的自留净保费收入小于或等于人民币2亿元时，偿付能力不得低于人民币1亿元；

（2）当上一年度的自留净保费收入大于人民币2亿元，小于或等于人民币30亿元时，偿付能力不得低于人民币1亿元或自留保费的1/3，两者以高者为限；

（3）当上一年度的自留净保费收入大于人民币30亿元时，偿付能力不得低于人民币10亿元或者自留净保费的1/4，两者以高者为限。

从“法”与“规”之间的协调性看，你对此有何思考？更重要的是，作为一名精算师读者，你觉得“有1块钱本钱，至多能做4块钱的业务”的规定有没有科学依据，应该如何为其提供精算依据呢？

3. 是否“基于风险”

中国保监会《保险公司偿付能力管理规定》（保监会令［2008］1号）第六条中明确指出，保险公司应当以风险为基础评估偿付能力；第七条中更进一步指出了保险公司的最低资本所对应的风险包括资产风险、承保风险等风险对偿付能力的不利影响。只是中国保监会还未制定出具体的计算规定。

但如果真正要基于风险来计算保险公司的最低资本，我们会有哪些障碍呢？

（1）按照上述分析，在我国保险业尚未修改现行《保险法》第一百零二、一百零三条的背景下，无论基于多少种风险，无论采用什么方法计算，其最终计算结果，都必须符合“有1块钱本钱，至多能做4块钱的业务”的法律底线。如果基于主要风险所计算出的最低资本要求超出了《保险法》第一百零二条中的要求，比如说，算出的净保费是不超过本钱的5.5倍，但由于法律要求不超过4倍，也只能首先满足法律规定的要求。

（2）“基于风险”并非指保险公司在经营过程中所面临的各种各样的

风险。事实上，保险公司在其经营过程中所面临的风险，从层次上看，包括来自宏观层面、行业层面以及公司层面的风险，所有这些风险都会影响保险公司的财务结果，即影响其偿付能力。但是，如果将所有这些风险分为两大类，一类是可以量化的风险，另一类是不可或难以量化的风险，大量研究以及实践经验都表明，可以量化的风险并不占全部风险的多数，更多的则是不能或难以量化的风险。

保险公司的可量化风险主要属于资产风险和负债风险两大类。其中，由于业务特点和资产构成特征不同，寿险公司的可量化风险以资产风险为主，产险公司则以负债风险或保险风险为主。

保险公司的资产风险，由于监管机构对保险资金投资渠道和规模控制的政策变更较快，也由于我国资本市场和房地产市场的不够成熟和完善，以及由于我国金融保险业对资产的分类及价值核算规则都正处于变动时期，关于资产风险的可量化程度，包括各类资产之间风险的相关性的量化程度，远低于相对较成熟的欧美市场。

财产保险公司的负债风险，由于险种差别巨大，即使对于业务规模和增长模式相对稳定的机动车保险、家财险、货运险等业务，也主要是量化其准备金风险和定价风险，而对信用风险、操作风险、巨灾等风险的度量则远未成熟，更别说量化其相关性。

总之，“基于风险”来计算最低资本，不过是基于保险公司的其中一小部分可量化风险而已。

4. 非寿险偿付能力资本要求的模型基础及发展沿革

政府监管机构所发布的偿付能力标准及计算方法，实际上是依靠业内外精算工作者的积极参与和技术支持下制定的。因此，精算师应该了解制定偿付能力标准的模型基础及其发展沿革。

保险公司偿付能力的最低资本（MCR），又称为法定最低偿付能力额度（Statutory Minimum Solvency Margin，SMSM），实质上是一个资本杠杆的概念，即约定公司的业务规模（相当于负债规模）不能超过资本规模的最低倍数。有些国家比如欧盟，还增加规定一个绝对金额值，称为最低保证金（Minimum Guarantee Fund，MGF），比如 200 万 ~ 300 万欧元（视其主营业务而定）。我国没有规定最低保证金，但我国现行《保险法》第九十七条规定，保险公司应当按照其注册资本总额的 20% 提取保证金，存入管理机构指定的银行，除公司清算时用于清偿债务外，不得动用。

关于 MCR 的研究工作，最初是由欧洲经济委员会（OEEC）下的保险委员分会组织的工作组来进行的，具体工作由 Campagne 教授负责。

目前关于 MCR 的计算方法是建立在在险价值 VaR（Value at Risk）模

型基础上的，而当初正是由 Campagne 教授最早提出用 VaR 方法来计算保险公司最低偿付能力资本的。Campagne 教授的开创性工作对以后 MCR 的研究有着重要的意义，此后关于 MCR 的研究基本上都是围绕着他提出的 VaR 方法进行的，只是在某些变量选择或计算技巧等细节上，根据数据的实际情况稍作了修改。

Campagne（1961）所提出的模型的主要依据是破产概率理论。其基本原理就是将保险公司的偿付能力额度定义为保险公司的资产价值与负债价值之间的差额，将保险理赔风险和保险投资风险分别考虑为影响财产保险公司和寿险公司偿付能力资本额度的主要风险因素，其基本思想就是通过怎样的资本限制能使保险公司破产的概率保持在一个很小的概率之下。对于直保公司来说，可以通过设置一个资本边际使公司的资产价值低于其负债水平的概率维持在一个很小的概率水平下。用数学符号表示出来就是：

$$P(S>E(S)+C)\leqslant\varepsilon$$

式中：S 为实际发生的损失；$E(S)$ 为期望损失；C 为设置的边际资本；ε 为概率，其含义就是实际损失超过期望损失加风险边际之和的概率小于 ε。

这种理论要求实际损失 S 为一符合某种分布的变量，这样就可以通过实际损失 S 分布函数的性质，求出使得等式成立的边际资本 C 的临界值。这种理论具体到 Campagne 模型中，可以表述为下面的形式：

$$P(X+E>P+msm\cdot P)\leqslant\varepsilon$$

式中：X 为保险公司的保险赔付；E 为费用；P 为净自留保费（Net received premium）；msm 为最低偿付资本占净自留保费的比例；ε 仍为概率。

经过进一步变形，可以表示成以下形式：

$$P(LR>1+msm-\overline{ER})\leqslant\varepsilon$$

式中：LR 为损失率，即保险赔付和保费的比值；$\overline{ER}$为平均费用率，即公司费用和保费的比值。假如定义 $LR_{\varepsilon}=1+msm-\overline{ER}$，那么有 P（$LR>LR_{\varepsilon}$）$\leqslant\varepsilon$。在 Campagne 模型中，假设损失率 LR 是服从 β 分布的，$\overline{ER}$则假定为一固定的平均费用率，通过历史数据对 β 分布的参数进行拟合，最后可以通过 β 分布的概率分布求出使得等式 P（$LR>1+msm-\overline{ER}$）$=\varepsilon$ 成立的 msm 的临界值。

（1）Solvency 0 对最低偿付能力资本要求的规定。欧盟方面，从 20 世纪 70 年代起就开始在其成员国范围内开始实施了统一的保险资本监管制度，共经历了三个阶段，分别称为 Solvency 0，Solvency Ⅰ，以及即将推出的 Solvency Ⅱ。Solvency 0 是指 1973 年开始实施的非寿险公司偿付能力资本的第1号指引（Directive 73/239/EEC），Solvency Ⅰ则是指2002年对1973年标准的稍许修订，即Directive 2002/13/EC。而Solvency Ⅱ指引（Directive 2009/138/EC）则于2009年通过，计划于2012年实施。

在理论原理上，Solvency 0、Ⅰ、Ⅱ中关于最低偿付能力资本的设置原理都是基于破产概率模型及在险价值VaR的损失理论。

Solvency 0规定，财产保险公司最低偿付能力额度为下述两项中较大的一项：

①（会计年度保费基数1 000万欧洲货币单位以下部分的18% +1 000万欧洲货币单位以上部分的16%）×再保率

②（最近3年平均赔付金额700万欧洲货币单位以下部分的26% +700万欧洲货币单位以上部分的23%）×再保率

其中，再保率 =（1 - 净自留比率），自留比率等于净赔款支出（after deduction of transfers for reinsurance）除以总赔款支出，另外根据指引要求，自留比率的绝对值不能小于0.5。

规定中的保费基数为签单毛保费（Gross Written Premium），即我们所理解的保险费业务收入。

另外，无论是采用保费基数还是采用赔付的基数，Solvency 0中都设置了拐点，这主要是出于保险公司规模效应的考虑。欧盟委员会认为，保险公司随着其业务规模的扩大，其分散风险的能力也会越来越强，因此对其偿付能力资本的要求有所降低。

（2）Solvency Ⅰ对最低偿付能力资本要求的规定。自Solvency 0标准实施以来，经历了两次重要的评估工作。第一次评估工作由Muller博士负责，评估报告为著名的“Muller报告”（Muller 1997），第二次评估是欧盟委员会委托毕马威咨询公司（KPMG）完成的，评估报告为“KPMG报告”（KPMG 2002）。根据这两份评估报告以及其他相关的理论研究，欧盟委员会对Solvency原指引（Directive 73/239/EEC）作出了一些调整，调整后的指引文件为COM（2002c），调整后的标准称为Solvency Ⅰ，但总体框架仍与Solvency 0一致。

Solvency Ⅰ对非寿险最低偿付能力资本的规定，总体与Solvency 0（Directive 73/239/EEC）类似，但增加了以责任准备金为计算基数的MCR标准，最低偿付能力资本额度为下述三项中最大的一项：

①（会计年度保费基数5 000万欧洲货币单位以下部分的18% +5 000万欧洲货币单位以上部分的16%）×再保率

②（最近3年平均赔付金额3 500万欧洲货币单位以下部分的26% +3 500万欧洲货币单位以上部分的23%）×再保率

③如果根据以上两项计算出来的MCR低于上年度的MCR，那么最低

偿付能力额度不能低于上年度最低偿付能力额度乘以上一财务年度末未决赔款准备金和上一财务年度初未决赔款准备金的比率。

可以看出，Solvency Ⅰ在对于再保险风险的处理上和 Solvency 0 是一致的，计算基数都采用了毛保费，但计算出结果之后都还要再乘以再保率，其中，再保率通过保险公司自负赔款（总赔款支出减去摊回分保赔款支出）比上总赔款支出得到。

另外标准②只有当保费收入或者赔付额较上一个财务年度下降时才起作用，也就是说一般情况下，只有当业务量下降时才起作用，对于保持正常业务增长的保险公司不起限制作用。

此外，Solvency Ⅰ开始区分不同险种来设置最低资本。事实上，欧盟委员会在 Solvency 0 阶段就已经在其指引（EEC，1973）中开始将保险业务分成不同的业务类型，后来又在一份关于业务评级的指引（EEC，1987）中进行了修订，最后将非寿险业务分成了 18 类，包括意外险、疾病/健康险、陆地交通工具险等，但是在 Solvency 0 对最低偿付能力资本的规定中，并没有较为具体的区分险种来考虑。而 Solvency Ⅰ中则对某些高风险险种作出了较为单独的规定。

（3）Solvency Ⅱ对最低偿付能力资本要求的规定。欧盟的 Solvency Ⅱ项目仍在进行当中，已经完成了五次定量影响测试报告（QIS 1－5），预计到 2012 年实施。相对于 Solvency 0 和 Solvency Ⅰ而言，Solvency Ⅱ是对欧盟保险监管的全新变革，关于偿付能力资本要求的设置也有巨大改变。重要改变之一是将资本要求分为两个层次，分为不需要基于风险计算的最低资本要求（MCR）和需要基于风险计算的偿付能力风险资本要求（SCR）。这样一来，MCR 就对应法定底线，是公司绝对不能违背的；而 SCR 则含有预警的意味，可以为监管机构实施监管措施提供依据和时间。

以下分别介绍 MCR 和 SCR 的计算原理。

①MCR。在 Solvency Ⅱ中，MCR 作为 SCR 的一个组成部分，对应法定监管行动的底线或红线，其计算方法不追求对风险的敏感性，而是要求基于可审计的、客观、稳定的数据，因此采用分险种的简单比例因子法。至于具体险种的比例因子，不仅基于理论研究，还基于大量的定量测试（QIS 1－5）。其具体规定如下：

a. 财险公司的 MCR 必须保持 220 万欧元以上的绝对数额。

b. 采用线性比率因子方法计算 MCR，同时通过和计算出来的 SCR 相比较来界定大小，规定 $0.25 \times SCR \leqslant MCR \leqslant 0.45 \times SCR$，使 MCR 的值介于基于风险的偿付能力资本 SCR 的 25% 与 45% 之间。

c. 在原 Solvency 0/Ⅰ的计算公式中，将计算基数分别改为各险种的净保费 P 和责任准备金 TP，再根据 $MCR_{NL} = \sum_{lob} \max\{\alpha \times TP, \beta \times P\}$进行计算；其中，$\alpha$ 和 β 的值将根据险种来确定，不同险种的数值并不相同，如机动车三责险的 α 和 β 值分别为 0.13 和 0.09，而海上运输保险的 α 和 β 值分别为 0.18 和 0.22。

分险种来计算 MCR，也在一定程度上反映了风险的特征。保险公司通常不只经营一个险种，或多或少，但如何考虑不同险种之间的相关性以及对公司计算 MCR 的影响和公平程度，还有待进一步研究。

②SCR，欧盟 Solvency Ⅱ系统中风险资本。

在 Solvency Ⅱ中，要求基于保险公司所面临的风险来计算 SCR。由于保险公司面临的风险众多，首先将 SCR 分两部分，其一是基本业务的 SCR（Basic Solvency Capital Requirement），其二是操作风险对应的 SCR。其中，基本业务的 SCR 又根据险种等因素，分为非寿险业务风险，非寿险基本业务包括的主要风险有保费和准备金风险、退保风险以及巨灾风险，加上和其他类业务共有的风险，非寿险业务对应的风险包括以下七类：市场风险；违约风险；保费和准备金风险；退保风险；巨灾风险；无形资产风险；操作风险。

分别计算基本业务的 SCR 以及操作风险的 SCR，然后两者相加。各个层次的风险均采用在险价值 VaR 方法来度量，置信水平均为 99.5%，评估区间均为一年。计算过程中不仅要考虑到 BSCR 各种风险，还要考虑风险之间的相关性，QIS 5 中给出了不同风险之间的相关系数矩阵（Correlation Matrix），相关系数矩阵中第 r 行和 c 列的相关系数记为 $CorrSCR_{r,c}$，r 行和 c 列所对应的资本要求分别记为 $SCR_r SCR_c$，无形资产风险的资本要求记为 $SCR_{intangible}$。这样，BSCR 就可以表述成以下形式：

$$BSCR = \sqrt{\sum_{r \times c} CorrSCR_{r,c} \cdot SCR_r \cdot SCR_c} + SCR_{intangibles}$$

按 QIS 5 中的计算过程，BSCR 左边还有一个调整风险，运用上面的公式计算出 BSCR 后，还要对它进行调整。调整过程主要是基于两个方面的考虑：一个是保险公司对红利的自由支配，另外一个部分是递延税收。这两方面内容都使保险公司有了更大的财务自由支配权，所以实际上是减少了保险公司面临的风险。因此，在 SCR 的计算过程中要减去相应的调整额。未来红利那部分的调整记为 Adj_{FDB}，递延税收那部分的调整记为 Adj_{DT}，这样风险调整部分可以记为：

$$Adj = Adj_{FDB} + Adj_{DT}$$

关于操作风险的度量，QIS 5 中首先界定了什么是操作风险：操作风险是指那些由于内部机制、人员、系统的不足和过失（包括一些外部事件）造成损失的风险（原文是 Operational risk is the risk of loss arising from inadequate or failed internal processes, people, systems or external events.）。操作风

险包括法律风险，但名誉风险以及由于战略决定造成的风险并不算做操作风险。

操作风险 SCR 的计算过程将保险业务分为两类：投资连结型业务和非投资连结型业务。计算过程将两类业务的操作风险 SCR 分开计算：非投资连结型业务的操作风险 SCR 可以表示为 min $\{0.3 \cdot BSCR; Op_{Inul}\}$，而投资连结型业务的操作风险 SCR 可以表示成 $0.25 \cdot Exp_{ul}$，这样整个操作风险 SCR 可以表示成：

$$SCR_{op} = \min\{0.3 \cdot BSCR; Op_{Inul}\} + 0.25Exp_{ul}$$

式中：Exp_{ul}指投资连结型业务的年度管理费用（gross of reinsurance），也就是扣除纯保费之后的费用部分。

计算出 $BSCR$ 、Adj 以及 SCR_{op}之后，整个 SCR 可以表示成：

$$SCR = BSCR - Adj + SCR_{op}$$

由于 SCR 的计算比较复杂，欧盟目前规定，保险公司计算 SCR 有两种选择：其一是按监管机构提供的标准模型计算；其二是采用公司自己开发的，经监管部门认可的内部模型计算。

§16.3 实际资本

保险公司偿付能力资本充足率指标，是其实际资本与最低资本的比率。最低资本是监管部门人为规定的，而实际资本则是按照保险会计以及精算方法对其资产和负债价值的评估结果，相对反映了公司的真实资本状况。评估实际资本的依据，主要是根据中国保监会发布的《保险公司偿付能力编报规则第 8 号：实际资本》。

保险公司可以用于抵御偿还债务的实际资本，主要包括三大项：①投入资本；②剩余综合收益；③计入实际资本的资本性负债。通俗地说，就是包括股东自己投入的钱、做生意所赚得的一部分钱以及以某种特殊约定借来的钱。前面两类都容易理解，但借来的钱怎么可以用来抵债呢？实际上，这里的所谓“资本性负债”，主要是指“次级债”，即保险公司经批准后定向募集的、期限在 5 年以上、而且一旦当保险公司被清算时其本金和利息的偿还顺序被排在保单责任和其他负债后面的借债。因此，这类借债虽然算是负债，但在一定程度上充当了资本的功能，因此被部分认可为资本。其认可规则为《保险公司偿付能力编报规则第 6 号：认可负债》。

总之，这三大项实际资本，在保险公司呈报的偿付能力报告中，披露为表 16－3 格式的“实际资本表”。

表 16－3　　实际资本表

公司名称：　　（____）年（____季）　　单位：万元

行次	项目	期末数	期初数
1	投入资本		
	其中：所有者投入的资本		
	捐赠者捐赠的资本		
2	剩余综合收益		
3	计入实际资本的资本性负债		
4	实际资本合计		

其中，投入资本区分为所有者投入资本和捐赠者的捐赠资本，因为确实有这样的情况，比如公司的创始人将自己当初的投资和股权都捐赠给自己为之奋斗了一生的公司。剩余综合收益中，“剩余”的含义是指保险公司的综合收益减去分配的现金股利（或利润）后的余额。综合收益的核算规则是《保险公司偿付能力报告编报规则第 9 号：综合收益》。

保险公司偿付能力报告中，不仅要求披露实际资本的分类和数额，还要求按表 16－4 的格式披露实际资本的变动情况。

表 16－4　　实际资本变动表

公司名称：　　____年　　单位：万元

行次	项目	本年数	上年数
1	一、年初实际资本		
2	二、资本交易导致的本年实际资本增减		
3	（一）实际资本增加		
4	新增投入资本		
4.1	其中：所有者投入的资本		
4.2	捐赠者捐赠的资本		
5	计入实际资本的资本性负债增加额		
6	（二）实际资本减少		
7	减少注册资本导致的实际资本减少额		
8	计入实际资本的资本性负债减少额		
9	分配现金股利（或利润）		
10	三、非资本交易和事项导致的本年实际资本增减		
11	本期综合收益		
12	四、年末实际资本		

保险公司的“实际资本”，本质上仍是一个“净资产”的概念，即资产价值与负债价值的差额，只是核算标准有所不同而已。事实上，“2008年1号文”第八条规定，保险公司的实际资本，是指认可资产与认可负债的差额。认可资产和认可负债的核算规则主要指《保险公司偿付能力编报规则》系列，其中，关于认可资产价值的评估适用列举法，关于认可负债的评估，尤其是责任准备金的评估，依据中国保监会规定的相关精算方法进行。

§16.4 动态偿付能力测试

保险公司的偿付能力充足率、资产和负债价值的评估值等指标，只是反映了保险公司在评估时点（12月31日）的财务状况，从评估时点到提交偿付能力报告时点（4月15日前）之间，有4个多月时间，虽然可以通过要求公司提交季度报告来弥补一些信息滞后问题，但静态指标往往无法“向前看”，不能起到预警作用。因此，中国保监会在“2008年1号文”中规定，保险公司必须进行动态偿付能力测试，对未来规定时间内不同情形下的偿付能力趋势进行预测和评价。

动态偿付能力测试，是指保险公司在基本情景和各种不利情景下对其未来一段时间内偿付能力状况的预测和评价。通过对保险公司的偿付能力状况进行动态测试，可以及时对保险公司可能出现偿付能力恶化的情况进行预警，有利于监管机构对保险公司的偿付能力状况进行动态监测，并有助于保险公司进行有效的资本管理，从而预防保险公司出现偿付能力不足的情况。

16.4.1 基本概念和测试程序

在动态偿付能力测试过程中有两个重要概念，分别是基本情景和不利情景。

基本情景，是指保险公司未来最有可能发生的情景。基本情景是保险公司根据业务发展计划，在分析和研究自身经验数据、行业现有信息及对未来趋势合理预测的基础上，所建立的未来一段时间内最有可能发生的情景下保费增长率、保费自留比例、保费赚取比例、赔付率、赔付模式、费用率、投资收益率等假设的最优估计。

不利情景，是指保险公司未来有可能发生并且会对偿付能力产生重大不利影响的情景。一般认为，不利情景实际发生的概率较低，但是一旦发生，就将对保险公司的偿付能力产生较为重大的不利影响。保险公司测试的不利情景要能够反映公司经营过程中的重大风险，同时各项假设之间应具有一致性。

按照中国保监会发布的《保险公司偿付能力报告编报规则第16号：动态偿付能力测试（财产保险公司）》中的规定，保险公司应当按照以下步骤进行测试：

（1）业务类别现金流预测。保险公司应当从业务类别层面对测试区间内的现金流进行预测。

（2）利润表预测。在业务类别现金流预测的基础上，保险公司应当对投资收益等利润表的相关项目进行预测，进而得到测试区间内各年度的预测利润表。

（3）资产、负债预测。保险公司应当通过预测利润表的相关项目，进一步预测测试区间内各年度末的资产和负债情况。

（4）偿付能力预测。保险公司应当根据上述预测结果预测测试区间内各年度末的实际资本、最低资本和偿付能力充足率。预测认可资产时，保险公司应当假设测试区间内的资产认可比例与报告年度末相同。如果测试区间内资产组合的变化对资产认可比例有重大影响，保险公司应对测试区间内各年末使用的资产认可比例作相应调整，并说明调整依据。预测认可负债时，保险公司应当根据重要性原则，主要考虑责任准备金等负债项目，并假设测试区间内其他负债占认可负债的比例与报告年度末的比例相同。

16.4.2 基本情景测试

1. 预测假设

预测假设主要包括保费增长率、保费自留比例、保费赚取比例、赔付率、赔付模式、费用率、投资收益率等假设。通常情况下，基本情景应与保险公司的业务发展计划相一致，保险公司预测所依赖的业务计划应当经公司董事会或管理层批准，否则不能作为预测的依据。

预测假设应当是建立在公司经验数据、行业现有信息及对未来趋势合理预测基础上的最优估计。需要注意的是，基本情景的设置还应考虑以下两个因素：一是各项假设之间的一致性，如保费增长率和费用率的关系、保费自留比例和赔付率的关系等；二是各项假设的合理性，如假设是否符合历史经验、合理的未来业务期望等。

在预测假设中，保费增长率是再保前的数值，而保费赚取比例、费用率、赔付率、赔付模式应该对再保前和再保后分别进行预测。

（1）保费增长率假设。保险公司应根据其业务发展计划制定出合理的保费增长率假设，并针对不同的测试对象设定假设。除已经研发和列入推广计划的产品，预测不应考虑测试区间内可能推出的其他险种。

（2）保费自留比例假设。保险公司应该根据未来的业务分保计划和战略，对各业务类别的保费收入中的自留部分进行预测，从而预测各业务类别的自留保费收入。

（3）保费赚取比例假设。保险公司应当以各年保费收入赚取比例的经验数据为基础，预测测试区间内各业务类别的保费赚取比例，即某年保费收入在当年及以后各年已赚保费金额所占的比例。

保险公司根据确定的保费赚取比例假设、以前年度及未来预测的保费收入，可预测测试区间内各业务类别每年的已赚保费和每年末的未到期责任准备金。保险公司也可以采用其他更合理的方法预测未到期责任准备金及已赚保费。

（4）费用率假设。费用假设包括管理费用假设和营业费用假设，固定资产折旧、保险保障基金和监管费应包括在内。对手续费及佣金支出、摊回分保费用、营业税金及附加等费用支出的假设，保险公司可以在保费收入或分出保费的经验比例基础上预测此类费用支出。其他业务及管理费，可以在已赚保费的经验比例的基础上预测。需要注意的是，预测利润表中所使用的费用支出是财务部门根据公司未来各年度的预算和公司发展计划预计的公司未来各年度的费用支出。

①各项费用假设按费用占保费收入或已赚保费的比例进行估计。保险公司应根据以往年度费用的经验数据、未来业务发展规模和未来各项经济状况，确定各业务类别在测试区间的费用假设的最优估计。

②在实际预测中，保险公司可以采用业务发展计划中的费用预算作为费用预测的基础，其中，费用预算应与公司未来的业务规模保持合理的关系。

（5）赔付率预测。保险公司应该根据历史经验、未来业务发展规模、管理水平和外部经济环境等因素，预测各业务类别在测试区间内的最终赔付率。最终赔付率可基于保单年度或者事故年度预测，保险公司也可以采用其他合理的预测基础。在缺乏经验数据的情况下，保险公司可以参考行业同类业务的赔付率水平。直接理赔费用和间接理赔费用包括在最终赔付率的预测中。最终赔付率假设应以报告年度末准备金评估得到的最终赔付率为依据和出发点，并且应对最终赔付率假设的选择理由作充分说明。

（6）赔付模式。赔付模式是根据各业务类别最终赔付率，无论是保单年度、事故年度或其他预测基础，计算得到的最终损失在当年及以后各年的赔付金额所占的比例。通过最终赔付率和赔付模式，可以预测测试区间内各年的赔付支出及各年末的未决赔款准备金。预测赔付模式应该基于各业务类别的赔付支出三角形数据。对于缺乏经验数据的保险公司，可基于行业经验进行合理假设。

（7）投资收益率假设。本规则所指投资收益率是扣除投资费用以后的净投资收益率。除了针对某些业务而专门设立且对预测结果有重大影响的独立投资账户，对投资收益率的假设不需要分业务类别。保险公司应当按照以下要求确定投资收益率假设。

①保险公司应当根据公司的经验值和投资策略确定测试区间内投资资产与总资产的比例关系。

②保险公司应当以公司的历史投资收益率作为参照，确定测试区间内投资资产的年投资收益率的最优估计。

③对于有重大影响的投资型保险产品独立投资账户，其投资资产的年投资收益率假设应单独估计。

④投资资产的年投资收益率假设应不高于报告年度末中央国债登记结算公司公布的中国固定利率国债收益率曲线对应的7年期国债收益率。

⑤保险公司应当根据投资资产的年投资收益率以及投资资产与总资产的比例关系等假设，预测测试区间内每年总资产的投资收益率。

（8）其他假设。

①保险公司应根据其实际经营情况确定测试区间内公司的利润分配情况。

②保险公司应根据公司目前的再保险安排情况以及公司对测试区间所进行的业务规划，确定测试区间内的再保险安排情况，并对情景中的各项假设进行估计。

③保险公司不应当考虑测试区间的资本交易所引起的资本变化以及可能的管理层行为的干预。其中，资本交易是指保险公司与实际资本出资人之间发生的导致实际资本总额增减变动的经济活动，如股东增资、募集次级债等。

2. 测试程序

为了测试公司未来的偿付能力状况，保险公司需要对各测试对象建立测试区间内的资产/负债模型，该模型应具有预测利润表和资产负债表中各项目的功能。这种建模过程是保险公司动态偿付能力测试的重要基础。保险公司应当在公司当前的资产、负债以及资本的基础上，真实地反映公司的历史经营状况，合理估计预测假设（如业务增长、投资、赔付率等业务类别相关经验以及测试时间区间内的外部影响因素等假设），基于权责发生制的原则，根据公司的业务规划，构建测试区间内的资产/负债模型。

在具体的测试中，现金流预测应细分到业务类别，利润表预测（含投资收益）和资产负债预测则针对整个公司层面。保险公司应当根据未来的再保安排，分再保前和再保后，分别测试各业务类别现金流。

（1）业务类别现金流预测。保险公司应对各业务类别的现金流进行预测。该现金流不是公司收付实现制下的现金流入和流出，而是根据权责发生制下的收支流，该收支流最后形成承保利润，其中的已赚保费、各项费用、已发生赔款等，应针对再保前和再保分出部分分别预测。预测内容主要包括：

①保费预测。保险公司可以根据已确定的保费增长率假设，预测测试区间内各个时间段的直接业务保费和分入保费。

②分出保费预测。保险公司应根据未来的再保险安排预测测试区间内各个时间段的分出保费。

③已赚保费预测。保险公司可根据保费赚取比例预测测试区间内每年的已赚保费以及各年末的未到期责任准备金。

④各项费用预测。保险公司应根据前述关于保费收入的预测和已确定的费用假设，合理估计手续费及佣金支出、营业税金及附加以及其他业务及管理费。固定资产折旧、保险保障基金和监管费可包括在其他业务及管理费中一并预测。摊回分保费用应该根据已确定的分出保费和摊回分保费用率假设进行预测。

⑤已发生赔款预测。保险公司应该根据已确定的最终赔付率、最终损失的赔付模式假设，预测测试区间内每年的赔付支出、未决赔款准备金及提转差，从而得到每年的已发生赔款。

⑥通过上述现金流的分析，可以得到测试区间内各业务类别的承保利润，承保利润 = 自留已赚保费 - 自留已发生赔款 - 各项费用。

（2）利润表预测。保险公司应当在各业务类别现金流预测的基础上，预测未来两年的利润表。这里是指通用会计报表下的利润预测，而不是精算方法中基于保单的利润测试。利润的计算公式如下：

利润 = 保费收入 - 〔赔付支出 + 责任准备金提转差 + 业务及管理费 + 手续费及佣金支出 + 营业税金及附加〕 + 投资收益 + 其他业务利润 - 所得税

①投资收益预测。保险公司应当依据预测的总资产和预测的总资产投资收益率假设，预测测试区间内各个时间段的投资收益。投资收益预测不包含可供出售金融资产公允价值变动。

②分出业务预测。保险公司应根据已确定的再保险安排预测测试区间内各时间段的分出业务现金流，包括分出保费、摊回赔付支出、摊回分保费用等。

③责任准备金预测。保险公司应当根据《保险公司偿付能力报告编报规则第 6 号：认可负债》的要求，评估各业务类别在测试区间内各年度末再保前的责任准备金，还要依据已确定的再保险安排情况，评估各个业务类别在测试区间内各年度末再保分出业务应摊回的责任准备金。

④所得税预测。保险公司应当根据前述各项预测结果，预测测试时间

区间内各个时间段所得税的缴纳金额。

⑤其他项目预测。保险公司应当预测测试区间内各个时间段的其他利润表项目。

(3) 资产和负债预测。根据上述预测得到测试区间内各年度利润表项目的预测金额之后，保险公司可以对测试区间内各年度末的资产和负债进行预测。

①资产预测。测试区间内各年度末的资产 = 上年末的资产 + 当年的资产变化。其中，当年的资产变化 = 当年的负债变化 + 当年利润 + 当年可供出售金融资产的公允价值变动。

②负债预测。测试区间内各年度末的负债 = 上年末的负债 + 当年的负债变化。其中，当年的负债变化 = 当年的责任准备金提转差 + 当年的资本性负债变化 + 保户储金及投资款变化 + 当年的其他负债变化。如果保险公司的资本性负债、保户储金及投资款无重大影响，可合并至其他负债中预测。

(4) 偿付能力预测。保险公司应当在前述预测的基础上，对测试区间内各年度末的偿付能力状况进行预测，即对最低资本和实际资本进行预测。

①最低资本预测。保险公司应根据保监会制定的计算最低资本的相关规定，对测试区间内各年度末的最低资本进行预测。

②实际资本预测。实际资本 = 认可资产 - 认可负债。

a. 认可资产 = 当年末的资产 × 资产认可比例。其中，保险公司应当假设测试区间内各年度末的资产认可比例与报告年度末的资产认可比例保持一致，即资产认可比例 = 报告年度末认可资产 ÷ 报告年度末资产。如果测试区间内资产组合的变化对资产认可比例有重大影响，保险公司可对测试区间内各年末使用的资产认可比例作相应调整，并说明调整依据。

b. 认可负债的预测主要考虑责任准备金负债等对认可负债有重大影响的负债项目。如果保险公司的资本性负债、保户储金及投资款对预测结果有重大影响，应该单独对其认可价值进行预测，否则可合并在其他负债中预测。

16.4.3 不利情景测试

本规则将不利情景分为必测和自测两类。中国保监会将根据行业情况确定统一的必测不利情景，所有保险公司都要进行测试。中国保监会在必要的情况下对必测不利情景进行调整，以适当反映行业可能发生的重大风险。

自测不利情景由保险公司自行确定，本规则要求保险公司应当至少考虑一种自测不利情景。保险公司可以根据自身业务结构、历史经验以及对未来市场环境的预期等因素，选择最能反映公司可能面临的重大风险的情景作为自测不利情景进行测试。

不利情景的测试只是在预测假设上与基本情景测试有所区别，在测试程序上两者完全相同，保险公司应当按照本规则第十条规定的程序预测各种不利情景下的偿付能力状况。

16.4.4 关于测试结果

无论在基本情景还是不利情景下，在测试区间的任一年度末，如果预测的偿付能力充足率低于100%，保险公司应当说明准备采取的管理措施。

保险公司根据本规则进行的动态偿付能力测试的结果不作为监管部门采取监管措施的直接依据。但出现偿付能力充足率预测数低于100%的情况时，监管部门在认为必要的时候可向保险公司相关负责人了解情况，如相应管理措施的制定和落实等。

§16.5 偿付能力报告

和准备金评估和报告一样，保险公司应当按照中国保监会制定的《保险公司偿付能力报告编报规则》及有关规定编制和报送偿付能力报告，确保报告信息真实、准确、完整、合规。中国保监会目前要求保险公司提交年度报告、季度报告和临时报告三类偿付能力报告。其中，年度报告是指每个会计年度结束后，保险公司按照中国保监会的规定，送公司董事会批准、经审计的年度偿付能力报告。

根据“2008年1号文”第十四条规定，保险公司年度偿付能力报告的内容应当包括：①董事会和管理层声明；②外部机构独立意见；③基本信息；④管理层的讨论与分析；⑤内部风险管理说明；⑥最低资本；⑦实际资本；⑧动态偿付能力测试。

事实上，中国保监会每年都会向各保险公司提供偿付能力报告模板。读者可根据保监会当年提供的模板要求，按要求编制保险公司偿付能力报告的年度报告、半年度报告和季度报告。

附录 1A

保险公司非寿险业务准备金管理办法（试行）

（保监会令【2004】第 13 号）（2004－12－15）

第一章　总　　则

第一条　为了加强对保险公司非寿险业务准备金的监督管理，保证保险公司稳健经营和偿付能力充足，保护被保险人利益，根据《中华人民共和国保险法》，制定本办法。

第二条　本办法所称非寿险业务，是指除人寿保险业务以外的保险业务，包括财产损失保险、责任保险、信用保险、短期健康保险和意外伤害保险业务以及上述业务的再保险业务。

第三条　本办法所称保险公司，是指在中华人民共和国境内依法设立的财产保险公司和再保险公司，包括中资保险公司、中外合资保险公司、外资独资保险公司以及外国保险公司分公司。

第四条　经营本办法所称非寿险业务的保险公司，应当按照中国保监会的规定，遵循非寿险精算的原理、方法和谨慎性原则，评估各项准备金，并根据评估结果，准确提取和结转。

第二章　准备金种类

第五条　保险公司非寿险业务准备金包括未到期责任准备金、未决赔款准备金和中国保监会规定的其他责任准备金。

第六条　未到期责任准备金是指在准备金评估日为尚未终止的保险责任而提取的准备金，包括保险公司为保险期间在一年以内（含一年）的保险合同项下尚未到期的保险责任而提取的准备金，以及为保险期间在一年以上（不含一年）的保险合同项下尚未到期的保险责任而提取的长期责任准备金。

第七条 未决赔款准备金是指保险公司为尚未结案的赔案而提取的准备金，包括已发生已报案未决赔款准备金、已发生未报案未决赔款准备金和理赔费用准备金。

第八条 已发生已报案未决赔款准备金是指为保险事故已经发生并已向保险公司提出索赔，保险公司尚未结案的赔案而提取的准备金。

第九条 已发生未报案未决赔款准备金是指为保险事故已经发生，但尚未向保险公司提出索赔的赔案而提取的准备金。

第十条 理赔费用准备金是指为尚未结案的赔案可能发生的费用而提取的准备金。其中为直接发生于具体赔案的专家费、律师费、损失检验费等而提取的为直接理赔费用准备金；为非直接发生于具体赔案的费用而提取的为间接理赔费用准备金。

第三章　准备金提取方法

第十一条 未到期责任准备金的提取，应当采用下列方法之一：

（一）二十四分之一法（以月为基础计提）；

（二）三百六十五分之一法（以天为基础计提）；

（三）对于某些特殊险种，根据其风险分布状况可以采用其他更为谨慎、合理的方法。

未到期责任准备金的提取方法一经确定，不得随意更改。

第十二条 保险公司在提取未到期责任准备金时，应当对其充足性进行测试。未到期责任准备金不足时，要提取保费不足准备金。

第十三条 对已发生已报案未决赔款准备金，应当采用逐案估计法、案均赔款法以及中国保监会认可的其他方法谨慎提取。

第十四条 对已发生未报案未决赔款准备金，应当根据险种的风险性质、分布、经验数据等因素采用至少下列两种方法进行谨慎评估提取：

（一）链梯法；

（二）案均赔款法；

（三）准备金进展法；

（四）B－F 法等其他合适的方法。

第十五条 对直接理赔费用准备金，应当采取逐案预估法提取；对间接理赔费用准备金，采用比较合理的比率分摊法提取。

第十六条 对含投资或储蓄成分的保险产品，其风险保障部分按照上述方法提取未到期责任准备金和未决赔款准备金。

第十七条 保险公司提取的各项准备金不得贴现。

第四章　准备金的报告

第十八条 保险公司应当建立精算制度，指定精算责任人负责准备金的提取工作。

第十九条 保险公司应当定期向中国保监会报送由公司精算责任人签署的准备金评估报告。报告应当包括以下内容：

（一）报告的目的；

（二）声明报告所采用的方法符合保险监管部门的规定；

（三）对准备金提取的精算评估意见；

（四）对准备金评估的详细说明；

（五）对报告中特定术语及容易引起歧义概念的明确解释。

第二十条 对准备金评估的说明应当包括以下内容：

（一）险种或类别的明确划分标准和名称；

（二）险种或类别数据的完备性、准确性，并说明数据中存在的问题；

（三）评估的精算方法和模型，如精算方法和模型与过去采用的方法和模型不一致，要说明改变的原因和对准备金结果的影响；

（四）精算方法和模型所采用的重要假设及原因；

（五）上一次准备金提取的精算结果与实际情况之间的差异；

（六）准备金提取的充足性情况；

（七）对未到期责任准备金的提取，应当说明险种的周期性、保险费基准费率、风险调整系数、赔付率、费用率和退保率等因素的变化情况；

（八）未决赔款准备金的提取，应当说明赔款案件数发生规律、结案规律、案均赔款变化规律、承保实务、理赔实务、分保安排和额外成本增加等因素的变化情况。

第二十一条 保险公司应当按照业务险种或类别提取准备金，并分别按再保前、再保后报告准备金提取结果。

第二十二条 保险公司应当按照中国保监会规定的时间报送准备金评估报告。

第二十三条 本办法自 2005 年 1 月 15 日起施行。

附录 1B

保险公司非寿险业务准备金管理办法实施细则

（保监发〔2005〕10号）（2005－02－02）

各财产保险公司和再保险公司：

为更好地贯彻落实《中华人民共和国保险法》，根据《保险公司非寿险业务准备金管理办法（试行）》（保监会令〔2004〕13号）（以下简称“《试行办法》”），我会制定了《保险公司非寿险业务准备金管理办法实施细则（试行）》（以下简称“《实施细则》”）。现印发给你们，请遵照执行。

为实现新旧制度的有效衔接和平稳过渡，2004年12月15日之前开业的保险公司在2007年1月1日前可按“双轨制”向中国保监会报送财务报告和偿付能力报告，即在按《保险公司财务制度》规定的标准计提责任准备金的同时，提供另一套按《试行办法》和《实施细则》规定的标准计提的责任准备金备考数据。从2007年1月1日起，各公司只按《试行办法》和《实施细则》规定的标准计提责任准备金。2004年12月15日之后开业的保险公司不适用“双轨制”，直接按照《试行办法》和《实施细则》规定的标准计提责任准备金。

2005年2月2日

保险公司非寿险业务准备金管理办法实施细则

第一条 为了更好地贯彻落实《中华人民共和国保险法》，根据中国保险监督管理委员会（以下简称“中国保监会”）发布的《保险公司非寿险业务准备金管理办法（试行）》（保监会令［2004］13号）（以下简称《试行办法》），制定本实施细则。

第二条 《试行办法》所称非寿险业务，是指除人寿保险业务以外的保险业务，包括以下保险业务及其再保险业务：

（一）企业财产保险

（二）家庭财产保险

（三）工程保险

（四）责任保险

（五）信用保险

（六）保证保险

（七）机动车辆法定第三者责任保险

（八）机动车辆商业第三者责任保险

（九）机动车辆车体损失保险

（十）机动车辆其他保险

（十一）船舶保险

（十二）货物运输保险

（十三）特殊风险保险

（十四）农业保险

（十五）短期健康保险

（十六）意外伤害保险

（十七）投资型非寿险

（十八）其他类保险

第三条 凡是经营《试行办法》所称非寿险业务的财产保险公司和再保险公司，应当按照中国保监会的规定，遵循非寿险精算的原理和方法，对未来可能发生的损失和费用进行充分的估计，谨慎评估各项准备金。

第四条 除未到期责任准备金和未决赔款准备金之外的中国保监会规定应当提取的其他责任准备金，如巨灾风险责任准备金等，由中国保监会另行规定。

第五条 保险公司应当采用二十四分之一法、三百六十五分之一法或者其他更为谨慎、合理的方法评估非寿险业务的未到期责任准备金。其中，对于机动车辆法定第三者责任保险，应当采用三百六十五分之一法评估其未到期责任准备金。

第六条 保险公司在评估未到期责任准备金时，要对其充足性进行测试。未到期责任准备金的提取金额应不低于以下两者中较大者：

（一）预期未来发生的赔款与费用扣除相关投资收入之后的余额；

（二）在责任准备金评估日假设所有保单退保时的退保金额。

当未到期责任准备金不足时，应提取保费不足准备金，提取的保费不足准备金应能弥补未到期责任准备金和上述两者较大者之间的差额。

第七条 保险公司在评估已发生已报案未决赔款准备金评估时，不得扣减为相应赔案所预付的赔款。

第八条 保险公司采用链梯法、案均赔款法、准备金进展法、B－F法等方法提取已发生未报案未决赔款准备金时，应采用至少两种方法进行谨慎评估，并根据评估结果的最大值确定最佳估计值。

第九条 保险公司应对直接理赔费用准备金和间接理赔费用准备金所包含的内容、间接理赔费用准备金分摊方法、分摊比率等在保险公司非寿险业务准备金报表（见附件）的附注中详细披露。

第十条 保险公司应当谨慎评估未决赔款准备金。对于在中国（不含港、澳、台）开业时间不足三年或本年度保费收入增长率超过50%的保险公司，按照评估的未决赔款准备金计算的本公司本事故年度赔付率不得低于全行业上一事故年度的平均赔付率。

第十一条 保险公司应当在报送年度偿付能力报告时，同时向中国保监会报送由公司精算责任人签署的准备金评估报告。本实施细则中规定的保险公司非寿险业务准备金报表是准备金评估报告的重要组成部分，保险公司应当认真编制，并在报送准备金评估报告时，将有关报表一同呈报保险监管部门。

第十二条 保险公司非寿险业务准备金报表主要分为两类，即反映未到期责任准备金评估情况的报表和未决赔款准备金评估情况的报表。

第十三条 有关报表的编制说明

一、“未到期责任准备金分析表”主要反映保险公司未到期责任准备金提取和转回的情况。

该表按照险种大类（或者险种），区分分保前的保险业务和分出业务进行填列。

“未到期责任准备金（直接业务＋分入业务）”是指保险公司对承保的直接业务和分入业务提取的未到期责任准备金，该准备金根据保险公司分出保费前的保费收入进行提取和转回；“分出业务准备金”是指为直接业务的再保分出和分入业务的转分分出所提取和转回的准备金。“本期提取”是指报告期当期所提取的未到期责任准备金；“上期转回”是指报告期转回的上期提取的未到期责任准备金。

二、“再保后未到期责任准备金分析表－按保单未到期期限分类”主要反映保险公司提取的再保后未到期责任准备金的未到期期限的结构分布状况，以全面了解保险公司非寿险业务的负债与资产在时间上的匹配状况。

该表按照险种大类（或者险种）分别填列。表中的“1～12个月”、“13～24个月”、“25～36个月”、“36个月以上”是指对准备金评估日未到期期限分别在12个月以内（含12个月）、大于12个月但不大于24个月（含24个月）、大于24个月但不大于36个月（含36个月）、36个月以上的保险合同应提取的再保后未到期责任准备金。表中第5列的“合计”应等于表1“未到期责任准备金分析表”中第7列的“再保后未到期责任准备金”的“本期提取”相应金额。

三、“再保后未到期责任准备金分析表－按保单保险期限分类”主要反映保险公司提取的再保后未到期责任准备金在保险期限上的结构分布，以全面了解保险公司一年期以上保险业务的承保情况，及其承保标的的风险变化和退保风险的暴露总量。

该表按险种大类（或者险种）分别填列。表中的“1～12个月”、“13～24个月”、“25～36个月”、“36个月以上”是指对准备金评估日保险期限分别在12个月以内（含12个月）、大于12个月但不大于24个月（含24个月）、大于24个月但不大于36个月（含36个月）、36个月以上的保险合同应提取的再保后未到期责任准备金。表中第5列的“合计”应等于表1“未到期责任准备金分析表”中的“再保后未到期责任准备金”的第7列“本期提取”相应金额。

四、“赔款与理赔费用分析表”主要反映保险公司非寿险业务在各事故年度发生的赔案截止至准备金评估日提取的未决赔款与理赔费用、已决赔款及理赔费用、财务年度的保费收入、已赚保费，以及在准备金评估日评估的各事故年度的赔付率等。

该表分为汇总分析表和分险种大类（或者险种）明细表，各险种大类（或者险种）明细表的编制方法和汇总分析表相同，有关项目的汇总应当和汇总表中的相关项目一致。示例报表为2004年度赔款与理赔费用汇总分析表，以后各期报表需按照报告期所属年度自上往下更新事故年（或财务年）。其中，“事故年”是指保险责任范围内保险事故发生的年度。为了从历史角度反映公司经营管理的水平和业务的承保质量，事故年至少应反映10个年度。披露年度不足10年的保险公司，应说明具体原因，并逐步进行相关数据的积累，但保险公司应至少对报告期事故年度的相关数据予以披露。

预付赔款是指对于尚未结案的赔案，保险公司预先支付给被保险人的赔款。在填列该表时，不得将预付赔款从已发生已报案未决赔款准备金中扣减。

赔款与理赔费用分析表分为未决赔款与理赔费用准备金分析表、已决赔款与理赔费用分析表以及赔付率分析表。

（一）未决赔款与理赔费用准备金分析表

1. 未决赔款准备金、未决直接理赔费用准备金、未决间接理赔费用准备金分别在第1列至第10列填写。各事故年填写的未决赔款准备金、未决直接理赔费用准备金、未决间接理赔费用准备金是指保险事故发生在各事故年的赔案截止至报告期末的相应余额。

2. 预期的残余物资及追偿款收入。第11列和第12列分别以“再保前”和“再保后”填列预期的残余物资及追偿款收入。预期的残余物资及追偿款收入是指公司理赔人员根据保险标的发生损失的原因、损失程度等，对该保险标的的残余物资的作价或变卖收入和追偿款收入的估计。

3. 未决赔款与理赔费用准备金。第13列和第14列分别以“再保前”和“再保后”填列未决赔款与理赔费用准备金。其中，再保前未决赔款与理赔费用准备金(13)=(1)+(3)+(5)+(7)+(9)-(11)；再保后未决赔款与理赔费用准备金(14)=(1)-(2)+(3)-(4)+(5)-(6)+(7)-(8)+(9)-(10)-(12)。

4. 未决赔案件数。第15列填写未决赔案件数，各事故年行填写的未决赔案件数是指发生在各事故年的赔案截止至报告期末的未决赔案件数。

（二）已决赔款与理赔费用分析表

1. 已决赔款及理赔费用。第16列至第21列填写已决赔款、已决直接理赔费用和已决间接理赔费用，各项应按照“再保前”和“再保摊回”分别填列。“以前年度”事故年行填写的已决赔款与理赔费用是指在“以前年度”事故年发生保险事故的赔案，在报告期所属年度发生的已决赔款和理赔费用的金额；1995~2004年各事故年行填写的已决赔款与理赔费用是指在各事故年发生保险事故的赔案，截止至报告期末累计的已决赔款和理赔费用的金额。

2. 残余物资及追偿款收入。第22列和第23列分别以“再保前”和“再保后”填列残余物资及追偿款收入。残余物资及追偿款收入是指保险公司因保险标的发生保险责任范围内的损失，并完全进行赔付后所收回的该保险标的的残余物资作价或变卖所得收入以及因第三者的过错造成保险标的的损失，在赔偿被保险人后取得代位求偿权并向第三者索回赔偿所取得的收入。已决赔款是指已经结案的赔案赔款数据，其中不应扣减残余物资及追偿款收入。如果公司已经从已决赔款中直接扣减了残余物资及追偿款收入，应当将其从已决赔款中区分出来并填列该项目。

其中，“以前年度”事故年行填写的残余物资及追偿款收入是指在“以前年度”事故年发生保险事故的赔案，在报告期所属年度获取的残余物资及追偿款收入；1995～2004年各事故年行填写的残余物资及追偿款收入是指在各事故年发生保险事故的赔案，截止至报告期末累计获取的残余物资及追偿款收入。

3. 已决赔款与理赔费用。第24列和第25列分别以“再保前”和“再保后”填写已决赔款与理赔费用。其中，再保前已决赔款与理赔费用(24)＝(16)＋(18)＋(20)－(22)，再保后已决赔款与理赔费用(25)＝(16)－(17)＋(18)－(19)＋(20)－(21)－(23)。

4. 结案件数。第26列填写结案件数。“以前年度”事故年行填写的结案件数是指在“以前年度”事故年发生保险事故的赔案，在报告期所属年度结案的案件数；1995～2004年各事故年行填写结案件数是指在各事故年发生保险事故的赔案，截止至报告期末累计结案的案件数。

（三）赔付率分析表

1. 财务年度保费收入。第27～29列填写财务年度保费收入，此列表头的年份表示财务年度，填写的各财务年度的保费收入应与财务报表中的保费收入保持一致。

2. 未到期责任准备金提转差。第30～32列填写各财务年度的未到期责任准备金提转差，应当区分直接和分入业务、分出业务及自留业务分别填列。

3. 已赚保费。第33～35列填写已赚保费，其中直接业务加分入业务已赚保费(33)＝(27)－(30)，分出业务已赚保费(34)＝(28)－(31)，自留业务已赚保费(35)＝(29)－(32)。

4. 总发生损失与理赔费用。第36～37列填写总发生损失与理赔费用。再保前总发生损失与理赔费用(36)＝(13)＋(24)；再保后总发生损失与理赔费用(37)＝(14)＋(25)。

5. 赔付率。第38列和第39列分别“再保前”和“再保后”填写各事故年度的赔付率，此列表头的年份表示事故年。其中，再保前赔付率(38)＝(36)/(33)，再保后赔付率(39)＝(37)/(35)。

其中，“以前年度”事故年的相关数据不需填写，仅填写1995～2004年事故年的相关数据。

五、再保后终极损失与直接理赔费用分析表

本表主要反映保险公司在各事故年度发生的赔案截止至各发展年度末和报告期末评估的终极损失与直接理赔费用的发展变化。

该表分为汇总表和分险种大类（或者险种）明细表。分险种大类（或者险种）明细表的编制方法和汇总表相同，有关项目的汇总应当和汇总表中的相关项目相一致。

该汇总的三角形流量分析表按照再保后的金额填列。

示例的准备金报表格式为2004年准备金报表，以后各期报表须按照报告期所属年度自上往下更新事故年，自左往右更新发展年。

1. 终极损失与直接理赔费用。本表填写的终极损失与直接理赔费用是指在各事故年度发生的所有赔案的损失总额以及直接理赔费用总额，包括已决赔款、未决赔款及其直接理赔费用，但不包含间接理赔费用。

2. “以前年度”事故年。“以前年度”事故年行填写的各发展年度末和报告期末的终极损失与直接理赔费用与事故年1995~2004年行填写的相应数据存在差异。“以前年度”事故年行在发展年1995年列填写的终极损失与直接理赔费用为截止至1995年12月31日的未决赔款与直接理赔费用（即“以前年度”事故年在1995年发展年的“已决赔款与直接理赔费用”设置为零）；在发展年1996年及以后各年填写的终极损失与直接理赔费用为自1996年1月1日至发展年末和报告期末的已决赔款和直接理赔费用与截止至发展年末和报告期末的未决赔款和直接理赔费用之和。

3. 1995~2004年事故年。1995年事故年行填写的数据应为保险事故发生在1995年的所有赔案分别截止至1995年、1996年、1997年、…、2004年十个发展年度末和报告期末时点评估的终极损失与直接理赔费用；1996年事故年行填写的数据应为保险事故发生在1996年的所有赔案分别截止至1996年、1997年、…、2004年九个发展年度末和报告期末时点评估的终极损失与直接理赔费用；以后年度依此类推。

4. 终极损失和直接理赔费用年度发展。第11列和第12列分别填列发生损失和直接理赔费用的“一年发展”和“两年发展”，用于反映在最近一年和两年的时间间隔中重新评估的发生损失和直接理赔费用的发展变化，以揭示保险公司提取和评估未决赔款准备金的准确性、一致性和谨慎性。表的第12行“终极损失与直接理赔费用的年度发展合计”汇总终极损失与直接理赔费用的一年发展和两年发展，其中“一年发展”（11）=（10）-（9），表示在报告期末2004年12月31日评估2003年及以前年度事故年的终极损失与直接理赔费用与在2003年12月31日评估2003年及以前年度事故年的终极损失与直接理赔费用的差额；“两年发展”（12）=（10）-（8），表示在报告期末2004年12月31日评估2002年及以前年度事故年的终极损失与直接理赔费用与在2002年12月31日评估2002年及以前年度事故年的终极损失与直接理赔费用的差额。

六、累计再保后已决赔款与直接理赔费用分析表

本表主要用于反映保险公司在各事故年度发生的赔案截止至各发展年

度末和报告期末评估的累计已决赔款与直接理赔费用的发展变化。

该表分为汇总表和分险种大类（或者险种）明细表。分险种大类（或者险种）明细表的编制方法和汇总表相同，有关项目的汇总应当和汇总表中的相关项目相一致。

该汇总的三角形流量分析表按照再保后的金额填列。

示例的准备金报表格式为2004年准备金报表，以后各期报表须按照报告期所属年度自上往下更新事故年，自左往右更新发展年。

该汇总表的填列与“再保后终极损失与直接理赔费用汇总表”基本一致，以下仅对不同之处进行说明。

1. “以前年度”事故年。“以前年度”事故年在发展年1995年的数据不予填写，报表已自动设置为零，在发展年1996年及以后各年列填写的数据为保险事故发生在“以前年度”事故年的赔案自1996年1月1日至各发展年末和报告期末的已决赔款和直接理赔费用。

2. 有赔付的结案案件数和无赔付的结案案件数。“以前年度”事故年行的“有赔付的结案案件数”是指在“以前年度”事故年发生保险事故的赔案，自1996年1月1日截止至报告期末已经结案的有赔付的结案案件数，“无赔付的结案案件数”是指在“以前年度”事故年发生保险事故的赔案，自1996年1月1日截止至报告期末已经结案的无赔付的结案案件数。1995～2004年事故年行的“有赔付的结案案件数”和“无赔付的结案案件数”是指保险事故发生在各事故年的所有赔案截止至报告期末的相关案件数。

七、再保后IBNR与直接理赔费用准备金分析表

本表主要用于反映保险公司在各事故年度发生的赔案截止至各发展年度末和报告期末评估的再保后IBNR与直接理赔费用准备金的发展变化。

该表分为汇总表和分险种大类（或者险种）明细表。分险种大类（或者险种）明细表的编制方法和汇总表相同，有关项目的汇总应当和汇总表中的相关项目相一致。

该汇总的三角形流量分析表按照再保后的金额填列。

示例的准备金报表格式为2004年准备金报表，以后各期报表须按照报告期所属年度自上往下更新事故年，自左往右更新发展年。

该汇总表的填列与“再保后终极损失与直接理赔费用汇总表”基本一致，填写的各项数据为发生在各事故年度的所有赔案截止至各发展年度末和报告期末的再保后IBNR与直接理赔费用准备金金额。

表的第12行“2004年再保后IBNR与直接理赔费用准备金总额”表示保险事故发生在2004年及以前年度的赔案截止至报告期末2004年12月31日的再保后IBNR与直接理赔费用准备金总额。

八、赔案件数分析表

本表主要反映保险公司在各事故年度发生的保险事故截止至各发展年度末和报告期末的累计结案案件数、未决案件数以及报案案件数的发展变化，它揭示和反映保险公司赔案的处理速度，各事故年度的案件发展趋势等，结合相应的赔款流量表，可以获得各相关年度的案均赔款的变化趋势。

该表分为汇总表和分险种大类（或者险种）明细表。险种大类（或者险种）明细表的编制方法和汇总表相同，有关项目的汇总应当和汇总表中的相关项目相一致。

示例报表为2004年赔案件数分析表，以后各期报表须按照报告期所属年度自上往下更新事故年，自左往右更新发展年。

赔案件数分析表分为累计有赔付的结案案件数分析表、未决案件数分析表和报案案件数分析表。

累计有赔付的结案案件数分析表与累计已决赔款与直接理赔费用汇总分析表类似，它是反映在各事故年度发生的赔案截止至各发展年度末和报告期末的累计已决案件数变化的三角形流量表。“以前年度”表示保险事故发生在“以前年度”事故年的赔案在1995年发展年度内及以后各发展年度和报告期内实际发生的已决赔案案件数而非累计已决赔案案件；但是其他各事故年的发展填列累计量。

未决案件数分析表是反映在各事故年度发生的赔案截止至各发展年度末和报告期末的未决案件数变化的三角形流量表。

报案案件数分析表是反映在各事故年度发生的赔案截止至各发展年度末和报告期末的累计已报案案件数变化的三角形流量表。“以前年度”表示保险事故发生在“以前年度”事故年的赔案在1995年发展年度内及以后各发展年度和报告期内实际报案案件数而非累计报案案件；但是其他各事故年的发展填列累计量。

第十四条 本实施细则从2005年1月15日起施行。

附录 1C

保险公司非寿险业务准备金报表

填报单位：____________________（签章）

财务负责人：____________________（签章）

精算负责人：____________________（签章）

填 表 人：____________________（签章）

联系电话：

填报时间：　　　年　　月　　日

附表：非寿险业务准备金报表

表1：未到期责任准备金分析表
表2：再保后未到期责任准备金分析表——按保单未到期期限分类
表3：再保后未到期责任准备金分析表——按保单保险期限分类
表4-1：赔款与理赔费用汇总分析表——已决赔款与理赔费用
表4-2：赔款与理赔费用汇总分析表——未决赔款与理赔费用
表4-3：赔款与理赔费用汇总分析表——赔付率
表5：再保后终极损失与直接理赔费用汇总分析表
表6：累计再保后已决赔款与直接理赔费用汇总分析表
表7：再保后IBNR与直接理赔费用准备金汇总分析表
表8-1：赔案件数汇总分析表——累计有赔付的结案案件数
表8-2：赔案件数汇总分析表——未决案件数
表8-3：赔案件数汇总分析表——报案案件数

表 1

未到期责任准备金分析表

公司：　　　　　　年度：　　　　　　单位：人民币千元

险种名称	行次	未到期责任准备金(直接业务 + 分入业务)			分出业务准备金			再保后未到期责任准备金		
		本期提取	上期转回	提转差	本期提取	上期转回	提转差	本期提取	上期转回	提转差
		1	2	3 = 1 - 2	4	5	6 = 4 - 5	7 = 1 - 4	8 = 2 - 5	9 = 3 - 6
企业财产保险	1									
家庭财产保险	2									
工程保险	3									
责任保险	4									
信用保险	5									
保证保险	6									
机动车辆法定第三者责任保险	7a									
机动车辆商业第三者责任保险	7b									
机动车辆车体损失保险	7c									
机动车辆其他保险	7d									
船舶保险	8									
货物运输保险	9									
特殊风险保险	10									
农业保险	11									
意外伤害保险	12									
短期健康保险	13									
投资型非寿险	14									
其他类保险	15									
合　计	16									

表 2

再保后未到期责任准备金分析表
——按保单未到期期限分类

公司：　　　　　　年度：　　　　　　单位：人民币千元

险种名称	未到期期限	1—12 个月	13—24 个月	25—36 个月	36 个月以上	合计
	行次	1	2	3	4	5 = 1 + 2 + 3 + 4
企业财产保险	1					
家庭财产保险	2					
工程保险	3					
责任保险	4					
信用保险	5					
保证保险	6					
机动车辆法定第三者责任保险	7a					
机动车辆商业第三者责任保险	7b					
机动车辆车体损失保险	7c					
机动车辆其他保险	7d					
船舶保险	8					
货物运输保险	9					
特殊风险保险	10					
农业保险	11					
意外伤害保险	12					
短期健康保险	13					
投资型非寿险	14					
其他类保险	15					
合　　计	16					

表3

再保后未到期责任准备金分析表
——按保单保险期限分类

公司：　　　　年度：　　　　单位：人民币千元

险种名称	保险期限	1—12个月	13—24个月	25—36个月	36个月以上	合计
	行次	1	2	3	4	5 = 1 + 2 + 3 + 4
企业财产保险	1					
家庭财产保险	2					
工程保险	3					
责任保险	4					
信用保险	5					
保证保险	6					
机动车辆法定第三者责任保险	7a					
机动车辆商业第三者责任保险	7b					
机动车辆车体损失保险	7c					
机动车辆其他保险	7d					
船舶保险	8					
货物运输保险	9					
特殊风险保险	10					
农业保险	11					
意外伤害保险	12					
短期健康保险	13					
投资型非寿险	14					
其他类保险	15					
合　计	16					

表 4 – 1

赔款与理赔费用汇总分析表
——已决赔款与理赔费用

公司：　　　　年度：　　　　单位：人民币千元、件数

事故年		已决赔款		已决直接理赔费用		已决间接理赔费用		残余物资及追偿款收入		已决赔款与理赔费用		11
		1	2	3	4	5	6	7	8	9	10	
		再保前	再保摊回	再保前	再保摊回	再保前	再保摊回	再保前	再保后	再保前	再保后	结案件数
1	以前年度											
2	2002											
3	2003											
4	2004											
5	2005											
6	2006											
7	2007											
8	2008											
9	2009											
10	2010											
11	2011											
12	合计											

注：此报表格式为 2011 年业务准备金报表，以后年度报表须按照最新报告年度自上往下更新事故年。

表 4－2

赔款与理赔费用汇总分析表
——未决赔款与理赔费用

公司：　　　　　　年度：　　　　　　单位：人民币千元、件数

事故年		未决赔款				未决直接理赔费用				未决间接理赔费用		预期的残余物资及追偿款收入		未决赔款与理赔费用		26
		逐案估计		IBNR		逐案估计		IBNR								未决赔案件数
		12	13	14	15	16	17	18	19	20	21	22	23	24	25	
		再保前	再保摊回	再保前	再保摊回	再保前	再保摊回	再保前	再保摊回	再保前	再保摊回	再保前	再保后	再保前	再保后	
1	以前年度															
2	2002															
3	2003															
4	2004															
5	2005															
6	2006															
7	2007															
8	2008															
9	2009															
10	2010															
11	2011															
12	合计															

注：此报表格式为2011年业务准备金报表，以后年度报表须按照最新报告年度自上往下更新事故年。

表 4－3

赔款与理赔费用汇总分析表

——赔付率

公司： 年度： 单位：人民币千元

事故年/财务年		财务年度保费收入			未到期责任准备金提转差			已赚保费			总发生损失与理赔费用		赔付率	
		27	28	29	30	31	32	33	34	35	36	37	38	39
		直接加分人业务	分出业务	净自留业务	直接加分人业务	分出业务	净自留业务	直接加分人业务	分出业务	净自留业务	再保前	再保后	再保前	再保后
1	以前年度	XXX	XXX	XXX	XXX	XXX	XXX	XXX	XXX	XXX	XXX	XXX	XXX	XXX
2	2002													
3	2003													
4	2004													
5	2005													
6	2006													
7	2007													
8	2008													
9	2009													
10	2010													
11	2011													
12	合计													

注：此报表格式为 2011 年业务准备金报表，以后年度报表须按照最新报告年度自上往下更新事故年。

表 5

再保后终极损失与直接理赔费用汇总分析表

公司：　　　　　　　　　　年度：　　　　　　　　　　单位：人民币千元

事故年 \ 发展年		各发展年度末的再保后终极损失与直接理赔费用										损失与直接理赔费用的年度发展	
		1	2	3	4	5	6	7	8	9	10	11	12
		2002	2003	2004	2005	2006	2007	2008	2009	2010	2011	一年发展	两年发展
1	以前年度												
2	2002												
3	2003												
4	2004												
5	2005												
6	2006												
7	2007												
8	2008												
9	2009												
10	2010												
11	2011												
12	终极损失与直接理赔费用的年度发展合计												

注：此报表格式为 2011 年业务准备金报表，以后年度报表须按照最新报告年度自上往下更新事故年，自左往右更新发展年。

表 6 累计再保后已决赔款与直接理赔费用汇总分析表

公司： 年度： 单位：人民币千元、件数

事故年 \ 发展年		截止至各发展年度末的再保后累计已决赔款与直接理赔费用										11	12
		1	2	3	4	5	6	7	8	9	10	有赔付的	无赔付的
		2002	2003	2004	2005	2006	2007	2008	2009	2010	2011	结案案件数	结案案件数
1	以前年度	000											
2	2002												
3	2003												
4	2004												
5	2005												
6	2006												
7	2007												
8	2008												
9	2009												
10	2010												
11	2011												

注：此报表格式为 2011 年业务准备金报表，以后年度报表须按照最新报告年度自上往下更新事故年，自左往右更新发展年。

表 7

再保后 IBNR 与直接理赔费用准备金汇总分析表

公司：　　　　　　　　　　年度：　　　　　　　　　　单位：人民币千元

事故年 \ 发展年		各发展年度末的再保后 IBNR 与直接理赔费用准备金									
		1	2	3	4	5	6	7	8	9	10
		2002	2003	2004	2005	2006	2007	2008	2009	2010	2011
1	以前年度										
2	2002										
3	2003										
4	2004										
5	2005										
6	2006										
7	2007										
8	2008										
9	2009										
10	2010										
11	2011										
12	2004 年再保后 IBNR 与直接理赔费用准备金总额										

注：此报表格式为 2011 年业务准备金报表，以后年度报表须按照最新报告年度自上往下更新事故年，自左往右更新发展年。

表 8－1 **赔案件数汇总分析表**

——累计有赔付的结案案件数

公司： 年度： 单位：件数

事故年 \ 发展年		截止至各发展年度末的累计有赔付的结案案件数									
		1	2	3	4	5	6	7	8	9	10
		2002	2003	2004	2005	2006	2007	2008	2009	2010	2011
1	以前年度										
2	2002										
3	2003										
4	2004										
5	2005										
6	2006										
7	2007										
8	2008										
9	2009										
10	2010										
11	2011										

注：此报表格式为 2011 年业务准备金报表，以后年度报表须按照最新报告年度自上往下更新事故年，自左往右更新发展年。

表 8－2

赔案件数汇总分析表

——未决案件数

公司： 年度： 单位：件数

事故年 \ 发展年		各发展年度末的未决案件数									
		1	2	3	4	5	6	7	8	9	10
		2002	2003	2004	2005	2006	2007	2008	2009	2010	2011
1	以前年度										
2	2002										
3	2003										
4	2004										
5	2005										
6	2006										
7	2007										
8	2008										
9	2009										
10	2010										
11	2011										

注：此报表格式为2011年业务准备金报表，以后年度报表须按照最新报告年度自上往下更新事故年，自左往右更新发展年。

表 8－3

赔案件数汇总分析表

——报案案件数

公司：　　　　年度：　　　　单位：件数

事故年	发展年	截止至各发展年度末的报案案件数									
		1	2	3	4	5	6	7	8	9	10
		2002	2003	2004	2005	2006	2007	2008	2009	2010	2011
1	以前年度										
2	2002										
3	2003										
4	2004										
5	2005										
6	2006										
7	2007										
8	2008										
9	2009										
10	2010										
11	2011										

注：此报表格式为 2011 年业务准备金报表，以后年度报表须按照最新报告年度自上往下更新事故年，自左往右更新发展年。

附录 2

保险合同相关会计处理规定

（财会［2009］15 号，中国财政部会计司，2009 年 12 月 22 日）

为了规范保险混合合同分拆、重大保险风险测试和保险合同准备金计量等问题，现就有关会计处理规定如下：

一、保险混合合同分拆

（一）保险人与投保人签订的合同，使保险人既承担保险风险又承担其他风险的，应当分别下列情况进行处理：

1. 保险风险部分和其他风险部分能够区分，并且能够单独计量的，应当将保险风险部分和其他风险部分进行分拆。保险风险部分，确定为保险合同；其他风险部分，不确定为保险合同。

2. 保险风险部分和其他风险部分不能够区分，或者虽能够区分但不能够单独计量的，如果保险风险重大，应当将整个合同确定为保险合同；如果保险风险不重大，不应当将整个合同确定为保险合同。

（二）确定为保险合同的，应当按照《企业会计准则第 25 号——原保险合同》、《企业会计准则第 26 号——再保险合同》等进行处理；不确定为保险合同的，应当按照《企业会计准则第 22 号——金融工具确认和计量》、《企业会计准则第 37 号——金融工具列报》等进行处理。

二、重大保险风险测试

（一）保险人与投保人签订的需要进行重大保险风险测试的合同，应当在合同初始确认日进行重大保险风险测试。保险人应当以单项合同为基础进行重大保险风险测试；不同合同的保险风险同质的，可以按合同组合为基础进行重大保险风险测试。

测试结果表明，发生合同约定的保险事故可能导致保险人支付重大附加利益的，即认定该保险风险重大，但不具有商业实质的除外。合同的签发对交易双方的经济利益没有可辨认的影响的，表明保险人与投保人签订的合同不具有商业实质。附加利益，是指保险人在发生保险事故时的支付额，超过不发生保险事故时的支付额的金额。

（二）保险人应当在附注中披露与重大保险风险测试有关的下列信息：

1. 重大保险风险的测试方法和标准；

2. 重大保险风险测试中合同的分组标准和选取方法；

3. 重大保险风险测试假设的设定依据。

经过重大保险风险测试后，未确认为保险合同的重大合同，应当披露其交易金额、保险责任、保险期间等信息。

三、保险合同准备金计量

保险人应当在资产负债表日计量保险合同准备金，以如实反映保险合同负债。寿险保险合同准备金包括寿险责任准备金、长期健康险责任准备金，分别由未到期责任准备金和未决赔款准备金组成。非寿险保险合同准备金包括未到期责任准备金、未决赔款准备金。

（一）保险合同准备金计量的基本要求

1. 保险人在确定保险合同准备金时，应当将单项保险合同作为一个计量单元，也可以将具有同质保险风险的保险合同组合作为一个计量单元。计量单元的确定标准应当在各个会计期间保持一致，不得随意变更。

2. 保险合同准备金应当以保险人履行保险合同相关义务所需支出的合理估计金额为基础进行计量。

保险人履行保险合同相关义务所需支出，是指由保险合同产生的预期未来现金流出与预期未来现金流入的差额，即预期未来净现金流出。其中，预期未来现金流出，是指保险人为履行保险合同相关义务所必需的合理现金流出，主要包括：

（1）根据保险合同承诺的保证利益，包括死亡给付、残疾给付、疾病给付、生存给付、满期给付等；

（2）根据保险合同构成推定义务的非保证利益，包括保单红利给付等；

（3）管理保险合同或处理相关赔付必需的合理费用，包括保单维持费用、理赔费用等。预期未来现金流入，是指保险人为承担保险合同相关义务而获得的现金流入，包括保险费和其他收费。

预期未来净现金流出的合理估计金额，应当以资产负债表日可获取的当前信息为基础，按照各种情形的可能结果及相关概率计算确定。

3. 保险人在确定保险合同准备金时，应当考虑边际因素，并单独计量。保险人应当在保险期间内，采用系统、合理的方法，将边际计入当期损益。

保险人在保险合同初始确认日不应当确认首日利得，发生首日损失的，应当予以确认并计入当期损益。

4. 保险人在确定保险合同准备金时，应当考虑货币时间价值的影响。

货币时间价值影响重大的，应当对相关未来现金流量进行折现。计量货币时间价值所采用的折现率，应当以资产负债表日可获取的当前信息为基础确定，不得锁定。

5. 原保险合同现金流量和与其相关的再保险合同现金流量应当分别估计，并应当将从再保险分入人摊回的保险合同准备金确认为资产。

6. 保险人在确定保险合同准备金时，不得计提以平滑收益为目的的巨灾准备金、平衡准备金、平滑准备金等。

（二）未到期责任准备金的计量假设和期间

1. 未到期责任准备金计量假设应当以资产负债表日可获取的当前信息为基础确定。

（1）对于未来保险利益不受对应资产组合投资收益影响的保险合同，用于计算未到期责任准备金的折现率，应当根据与负债现金流出期限和风险相当的市场利率确定；对于未来保险利益随对应资产组合投资收益变化的保险合同，用于计算未到期责任准备金的折现率，应当根据对应资产组合预期产生的未来投资收益率确定。

（2）保险人应当根据实际经验和未来的发展变化趋势，确定合理估计值，作为保险事故发生率假设，如死亡发生率、疾病发生率、伤残率等。

（3）保险人应当根据实际经验和未来的发展变化趋势，确定合理估计值，作为退保率假设。

（4）保险人应当根据费用分析结果和未来的发展变化趋势，确定合理估计值，作为费用假设。

未来费用水平对通货膨胀反应敏感的，保险人在确定费用假设时应当考虑通货膨胀因素的影响。保险人确定的通货膨胀率假设，应当与确定折现率假设时采用的通货膨胀率假设保持一致。

（5）保险人应当根据分红保险账户的预期投资收益率、管理层的红利政策、保单持有人的合理预期等因素，确定合理估计值，作为保单红利假设。

2. 保险人在计量未到期责任准备金时，预测未来净现金流出的期间为整个保险期间。对于包含可续保选择权的保险合同，如果保单持有人很可能执行续保选择权并且保险人不具有重新厘定保险费的权利，保险人应当将预测期间延长至续保选择权终止的期间。

（三）未决赔款准备金的计量方法

1. 未决赔款准备金包括已发生已报案未决赔款准备金、已发生未报案未决赔款准备金和理赔费用准备金等。

2. 保险人应当采用逐案估损法、案均赔款法等方法，以最终赔付的合理估计金额为基础，同时考虑边际因素，计量已发生已报案未决赔款准备金。

3. 保险人应当根据保险风险的性质和分布、赔款发展模式、经验数据等因素，采用链梯法、案均赔款法、准备金进展法、B－F法等方法，以最终赔付的合理估计金额为基础，同时考虑边际因素，计量已发生未报案未决赔款准备金。

4. 保险人应当以未来必须发生的理赔费用的合理估计金额为基础，计量理赔费用准备金。

（四）相关信息的披露

保险人应当在附注中披露与保险合同准备金计量有关的下列信息：

1. 各项保险合同准备金的增减变动情况；

2. 考虑分出业务和不考虑分出业务的索赔进展情况；

3. 保险合同准备金的计量方法、计量单元及其确定方法；

4. 预期未来现金流入和流出金额的组成内容和计量方法；

5. 保险合同准备金包含的边际的计量方法和计入当期损益的方法；

6. 计量保险合同准备金使用的重大假设及其来源，重大假设的敏感性分析，以及不同假设之间的关系；

7. 对重大假设产生影响的不确定性事项及其影响程度，以及重大假设确定过程中如何考虑过去经验和当前情况的描述；

8. 计量保险合同准备金使用的重大假设与可观察到的市场参数或其他公开信息的符合程度及其原因；

9. 计量保险合同准备金使用的方法和重大假设发生变更的，应当披露变更的事实、原因及其影响。

四、新旧衔接

保险公司应当自编制2009年年度财务报告开始实施本规定。以前年度发生的有关交易或事项的会计处理与本规定不一致的，应当进行追溯调整。但是，追溯调整不切实可行的除外。

附录3

非寿险精算——技术进步与制度建设的协调发展过程

精算职业的发展，是一个技术进步与职业制度建设相互融合、相辅相成的协调发展过程。精算师应该了解这个过程，把握推动精算职业进步的内在动力和主要影响因素，并以自己的努力为此作出贡献。本文从非寿险精算的理论方法和职业制度建设两条线上梳理其进步历程。在理论方法上，主要综述非寿险精算的基本理论问题、方法，以及在应用过程中的不断拓展过程；在组织建设上，通过介绍精算职业的全球整体状况，重点介绍了国际非寿险精算研究会（ASTIN）从成立到融入国际精算协会（IAA）的过程。最后，以一些典型国家的非寿险精算职业发展进程为案例，具体说明非寿险精算技术进步与组织建设的相互融合过程。

§3.1 引 言

当人们谈论“精算”这个术语的时候，有人将其看作是一套理论方法和技术，称其为“精算学”（Actuarial Studies 或 Actuarial Science）；有人则强调其是指保险业或相关领域如社会保障体系中的一种签字责任和管理制度，称其为精算职业（Actuarial Profession）制度，认为技术只是该职业制度中的核心元素之一。其实，精算学和精算职业制度是相辅相成的，没有精算技术支持，精算师难以成为一种专门职业；而如果没有精算师们进行的职业制度建设，以及从法律法规和制度保障上的推动工作，精算技术也不可能获得普遍和实质性的运用。

精算的这一特点，在非寿险精算领域体现得特别显著。大家普遍认为，在大陆法系的欧洲国家中，精算工作者非常强调“精算学”的理论方法和技术水平，而英美法系下的美国、英国和澳大利亚等国的精算工作者，则比较强调精算职业制度。最能体现非寿险精算理论方法和技术的国际组织，是国际非寿险精算研究会（ASTIN，Actuarial Studies in Non - life Insurance），其例行召开的、约每两年一次的年会（ASTIN Colloquia）和该组织出版的学术会刊（ASTIN Bulletin），是该研究会的主要标志。而体现非寿险精算职业制度的精算组织，主要有北美非寿险精算学会（CAS，Casualty Actuarial Society）、美国精算师协会（AAA，American Academy of Actuaries）、英国精算师协会（UKAP，UK Actuarial Profession）及澳大利亚精算学会（IAAust，The Institute of Actuaries of Australia）等。其中，CAS 是专门的非寿险精算师的教育研究和职业团体，而 AAA 则是代表美国各类精算师的职业协会；UKAP 和 IAAust 则是综合精算教育、研究并代表精算师职业的组织。

本文在精算理论方法和技术上，主要探究对非寿险精算产生重大影响的思想方法；而在精算职业制度上，则重点考察国际非寿险精算研究会（ASTIN）的成立及其融入国际精算协会 IAA 的过程。作为案例，本文最后考察了几个典型国家和地区的非寿险精算发展的进程。

§3.2 精算职业发展概况

精算职业起源于英国的寿险业。第一个被称为精算师“Actuary”的人，是 1775 年至 1830 年期间在英国公平人寿从事精算工作的威廉·摩根。从事摩根这种工作的人多起来之后，这群人便于 1848 年在伦敦发起成立了英国精算学会（The Institute of Actuaries）。Institute of Actuaries 成立不久后，就有一些资深成员从中撤出，并于 1856 年在苏格兰爱丁堡成立了苏格兰精算师公会（The Faculty of Actuaries），到 2010 年 5 月 27 日，这两个团体的成员又投票决定合并，现称为英国精算师协会（The Institute and Faculty of Actuaries）。当一个团体按照职业组织的方式，包括制定和完备职业道德操守及纪律程序、资格认可标准、实务标准等规范之后，就被正式认可为特许职业协会（Chartered 或者 Certified），精算职业就算正式出现了。按此原则，可以将苏格兰精算师公会被认可为特许协会的时间，即 1886 年作为精算师职业正式形成的时间。3 年后，1889 年，在美国也成立了类似的组织，美国寿险精算学会（AIA，American Institute of Actuaries），后于 1949 年更名为现在的北美精算学会 SoA（Society of Actuaries）。

1896 年，在欧洲大陆，成立了一个允许任何精算团体和精算师个人参加的组织，称为国际精算师协会（IAA，International Association of Actuaries）。这个协会后来经过逐步改革，特别是 1995 年和 1998 年的改革，成为一个真正意义上的精算国际组织，IAA 的名称及含义变成了 International Actuarial Association，成员都是世界各地的精算职业团体，目前已经有 63 个正式成员，属下的个人会员有 5 万名左右。中国精算师协会（CAA）于 2010 年 11 月加入 IAA，成为其第 63 名会员。

精算学或精算师，可以按照其应用领域进行分类。服务于寿险业务领域的精算，称为寿险精算。其主要技术支柱之一是寿险经验生命表，而生命表的理论和技术方法则依赖于概率统计及数值计算方法。研制生命表的早期例子包括英国人葛朗特（1662 年）和哈雷（1693 年），而将生命表与人身保险经营相联系并制作出费率表的人，是英国人道森（1756 年）。由于寿险合同的期限长，货币时间价值的特点显著，因此，寿险精算的另一重要支柱是复利数学模型。

服务于财产和责任损失以及意外伤害保险领域的精算（师），称为非寿险精算（师），是寿险精算在非寿险业务领域的延伸。相对于寿险经营而言，非寿险业务具有业务分散、合同期限短、赔付条件以及损失发生形式复杂多变等特征，因此非寿险精算既不依赖于经验生命表也不依赖于复利模型。那么，非寿险精算靠什么支撑使其成为一种专门职业呢？离开了生命表和复利模型这两个传统精算技术支柱，非寿险精算师靠什么服务于保险领域呢？

§3.3　非寿险精算的理论和模型基础

非寿险精算的理论基础，主要建立在随机数学、统计学以及经济学等其他学科的发展基础之上，这一特点，恰当地体现于欧洲发行的一本著名国际保险精算学刊的刊名上：《保险：数学与经济学》（Insurance：Mathematics and Economics）。

早在第一次世界大战之前，欧洲大陆就有学者关注于用数学模型来模拟保险公司的经营活动。1903 年，Filip Lundberg 提出，应把保险经营理解为一个随机过程（Lundberg，1903）。这一思想是非常具有创新性的，因为在当时，随机过程理论本身还处于萌芽阶段。第一次世界大战后，Cramér（1930）提出了聚合风险理论模型，这是一项理论上的巨大突破，可惜当时很少有人能理解其重要意义，一直到第二次世界大战以后，这一理论的有关内容才得到广泛的应用。

在保险业从事精算和相关实务工作的精算人员，逐步将自己的传统工作内容进行扩展，如今，非寿险精算的应用通常被概括为三个方面：

（1）将数理统计模型应用于保险经营的诸多环节；

（2）用随机模型模拟保险公司及保险业务的经营结果；

（3）将风险决策理论模型应用于保险管理决策活动。

领域（1）是精算师的传统阵地，而（2）和（3）则是相对新颖的应用领域。

非寿险精算的发展，正是围绕着以上三个基于实践问题的理论方向、不断扩展其在非寿险经营以及保险监管领域中的应用，并伴随着一系列的职业组织推动活动而逐渐成熟发展起来的。

在领域（1），欧洲的发展相对落后，而北美的精算师们则已将数量统计方法成功地用于非寿险领域中的费率制定和准备金评估，获得了显著的成就。而这与美国的经济发展和法律环境不无关系。事实上，美国于1911年通过了第一部《劳工赔偿法》，这项法律的颁布使得一些精算人员、统计学和社会学方面的专家学者大受鼓舞，他们意识到，要为这种新型的社会保险业务寻求技术支持，于是，由他们发起，于1914年成立了美国意外险精算和统计协会（CASSA，Casualty Actuarial and Statistical Society of America），该协会于1921年更名为现在的北美非寿险精算学会（CAS）。自CASSA创立以来，其成员在非寿险领域取得了巨大进步，比如在汽车保险、责任保险、火灾保险、人身意外伤害险、商业综合保险等领域，其中，CASSA在理论研究上的重要贡献之一，是发展了信度理论模型（Whitney，1918）。同时，在成员资格和人数方面，CASSA也获得了持续发展，到目前为止，CAS已经拥有约5 000名正式会员（FCAS）。

总体来说，非寿险精算获得了长足发展，尤其是在第二次世界大战以后，非寿险精算的技术和理论日益完善。到了20世纪70年代，非寿险精算学已经发展为一个独立的分支学科。

§3.4 非寿险精算的理论模型及其进展

3.4.1 早期的思想

Cramér教授1955年发表了一篇重要文章，题目是“Survey on Collective Risk Theory from the Point of View of the Theory of Stochastic Processes”。按照Cramér（1955）的观点，风险理论的两个基本问题如下：

问题（1）：在时刻t，保险业务总的赔付成本是一个复合随机变量，记作$R(t)=\sum_{j=1}^{N(t)}Y_j$。其中，$N(t)$表示区间$(0, t]$内的理赔次数；$Y_1$，$Y_2$，…，$Y_j$，…表示一次理赔的金额数，$Y_j$独立同分布，其共同的分布函数为$F(x)$；而$p_n$表示理赔次数的分布。目标是要计算理赔总量$R(t)$的概率分布：

$$G_t=\sum_{n=0}^{\infty}p_n(t)F^{*n}(x)$$

若假定理赔次数$N(t)$服从参数为λ的泊松过程，则

$$G_t=P(R(t)\leqslant x)=\sum_{n=0}^{\infty}p_n(t)F^{*n}(x)=\sum_{n=0}^{\infty}e^{-\lambda t}\frac{(\lambda t)^n}{n!}F^{*n}(x)$$

最初，在给定$F(x)$和p_n的条件下求G_t是非常困难的。直到1980年，

Harry Panjer 教授提出可以通过迭代法来解决这个问题。Panjer（1980）开拓了一个全新的领域，称为风险理论算法。在这个领域内，精算师开始向数值分析专家学习另一种解决这个问题的方法——快速傅里叶变换（FFT）。

问题（2）：将保险公司的盈余表示为一个随机过程 $U(t)=\{u_0+ct-R(t);t\geqslant 0\}$，目标是计算破产概率：

$$\Psi(u_0)=P[U(t)<0,\exists t\in(0,\infty)],\text{或者},\Psi(u_0)=P[\tau<\infty]$$

其中，$U(t)$ 表示 t 时刻的盈余，u_0 表示公司的期初盈余，而随机变量 τ 表示破产时间。

问题（2）旨在回答：什么概率水平下，保险业务过程是可以接受的。什么概率水平下是不可以接受的。对此问题，风险理论的创立者借鉴了工程师的思想方法：当破产概率低于一个预先给定的置信水平，保险过程就是可以接受的（见图附3－1）。

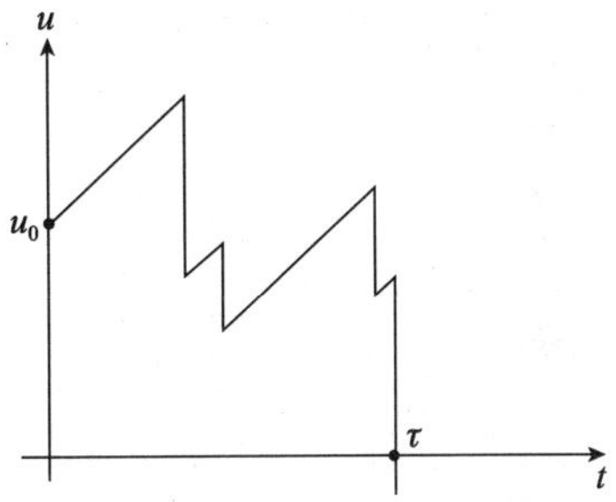

图附3－1　保险公司的盈余过程示意图

起初，关于采用工程领域的方法来控制保险经营过程是否恰当的问题，并没有引起精算师的多少关注，而一些数学家则被如何计算出破产概率所困扰。只有 de Finetti（1957）是个例外，1957 年在纽约召开的国际精算师代表大会（ICA，International Congress of Actuaries）上，来自意大利的 de Finetti 教授在会上阐述了这个思想，可惜当时没有引起多大响应。

3.4.2　改进

1．波动基础概率法（Fluctuating basic probabilities）

采用理赔总量分布的标准形式来描述问题，对于 Cramér（1930，1957）采用的表达式：

$$G_t=\sum_{n=0}^{\infty}e^{-\lambda t}\frac{(\lambda t)^n}{n!}F^{*n}(x)$$

第一个改进是针对参数风险，将参数 λ 推广为随机变量进行建模。这个观点是由 Ove Lundberg（Lundberg，1948）和 Hans Ammeter（Ammeter，1948）分别独立提出的。在他们的模型中，参数 λ 的初始值或整个过程的迭代值都可以是随机的。其重要意义在于，可以根据保险公司的实际数据调整风险模型。现在普遍称这一方法为波动基础概率法（Fluctuating Basic Probabilities）。

2．内含利率和经验费率

也可以采用微分形式来描述保险公司的盈余过程，记为：

$$U_0 = u_0,\ dU_t = cdt - dR(t)$$

如果考虑瞬时利率 δ，得到：

$$dU_t = cdt + U(t)\delta dt - dR(t)$$

现在我们有很大的自由来修改风险过程。表附 3－1 中罗列了将盈余过程 $R(t)$ 分别模拟为复合泊松过程和加权复合泊松过程的典型研究，尤其是对其关键参数的不同处理方法。其中也可以看到，数学方法仍有很大局限性。

表附 3－1

索赔过程 $R(t)$	费率 C	利率 δ	研究者
复合泊松过程（CP）	固定	0	Lunderg（1909）／Cramér（1930）
复合泊松过程（CP）	固定	固定（$\neq 0$）	Segerdahl（1959）／Gerber（1980）
加权复合泊松过程（WCP）	贝叶斯估计	0	Dubey（1974）
加权复合泊松过程（WCP）	贝叶斯估计	固定（$\neq 0$）	未解决
复合泊松过程（CP）	固定	随机	未解决
加权复合泊松过程（WCP）	贝叶斯估计	随机	未解决

注：引自 Bǔhlmann（2007）

Daykin et al.（1994）中给出了一种计算机模拟方法，称为动态财务分析（DFA），几乎可以适用于所有风险过程。这既是 DFA 的优势，也是它的缺陷。关键的问题是：过程的一般化应该在什么地方停止？

3. 鞅

鞅是一种古老的思想，可以追溯到 de Moivre 时代。但 Gerber（1973）首先将鞅引入风险理论。

对于盈余 $\{U(t) = u_0 + ct - R(t);t \geqslant 0\}$，如果 $R(t)$ 是一个齐次复合泊松过程，则不难得到它对应的鞅为 $M(t) = e^{-kU(t)}$，它实际上是方程 $\lambda + ck = \lambda E[e^{kY}]$ 关于 k 的解。

如果应用于停时理论，过去复杂的破产概率计算就变得非常容易了。

通过一种变换把风险过程变成鞅以后，就沟通了风险过程在数理金融中的应用桥梁。

4. 保费计算原理

保险是一种经济补偿制度。保费计算原理，是依据风险确定保险费。记 X 为表示风险变量，π 表示对应的保费，则理想的保费计算原理应满足以下三条性质：

（1）非负的安全附加费用：对于任何风险 X，恒有 $\pi[X] \geqslant E[X]$；

（2）退化风险的安全附加费用为零：若 $P(X = c) = 1(c > 0)$，则 $\pi[X] = c$；

（3）可加性（additivity）：若风险 X 与 Y 相互独立，则有 $\pi[X + Y] =$

$\pi[X]+\pi[Y]$。

针对以上性质，精算师在实务中不断尝试，总结并形成了以下几种常用的保费计算原理：

① 平衡原理（The principle of equivalence）：$P=E[X]$；

② 期望值原理：$P=(1+\lambda)E[X],(\lambda>0)$；

③ 标准差原理：$P=E[X]+\alpha\sqrt{Var[X]}$，$(\alpha>0)$；

④ 方差原理：$P=E[X]+\beta Var[X]$，$(\beta>0)$；

⑤ 零效用原理：保费P由下式确定$E[u(P-X)]=u(0)$，其中$u(x)$是一个凹函数；

⑥ 平均值原理：由$E[f(X)]=f(P)$解出$P=f^{-1}(E[f(X)])$；

⑦ 指数原理：$P=\frac{1}{a}\ln(E[e^{aX}]),(a>0)$。

其中，前四个原理在实务中使用较多，后面的原理由于计算较复杂，不常使用。

5. 信度理论

信度理论（credibility theory）起源于20世纪20年代，是非寿险精算中最重要的经验费率厘定方法。Mowbray（1914）提出了有限波动信度理论，通过控制数据中随机波动对估计的影响。第二次世界大战以后，进一步发展出了精确信度理论（greatest accuracy），在均方差最小的意义下推导出信度保费的计算公式。其基本思想可以简化为如下模型：

假设一个保单组合中有k份合同，合同j的索赔量记作X_j。假设X_1，…，X_k具有相同的分布类型，其中的分布参数也是随机变量，称作风险参数或结构变量，X_j的风险参数记作Θ_j。合同j对应一个随机向量（X_j，Θ_j），设（X_j，Θ_j）之间相互独立，且Θ_j有相同的分布，$j=1$，…，k。当Θ_1，…，Θ_k的值相同时，X_1，…，X_k具有相同的条件分布。记：

$$\mu(\Theta_j)=E(X_j/\Theta_j)$$

$$\sigma^2(\Theta_j)=Var(X_j/\Theta_j)$$

$$m=E[\mu(\Theta)]$$

假设对每份保单观察了n年，信度保费计算公式为：

$$\hat{\mu}(\Theta_j)=Z\overline{X}_j+(1-Z)m$$

其中，$\overline{X}_j=\frac{1}{n}\sum_{i=1}^{n}X_{ji}$，信度系数为$Z=\frac{an}{an+S^2}$，$n$为观测年数，$a=Var[E(X/\Theta)]$，$S^2=E[Var(X/\Theta)]$。

Z的是保单受总体影响的程度，Z越大，说明保单变动趋势和总体的变动越接近，从而利用总体特征来预测保单的特征就越好。如果Z较小，则说明两者差异较大，应该更多利用本保单组的特征来预测。

6. 随机模拟

基于链梯法的随机模拟，最早见于 Bŭhlmann，Schnieper & Straub (1980)，主要应用于估计未决赔款准备金，其基本思路是考虑随机干扰对准备金评估的影响。通过对损失分布进行假设，采用似然估计、最小二乘法等方法估计参数，同时考虑指标间的相关性对估计参数进行纠偏，最终给出期望未决赔款的估计值以及估计误差。

基于链梯法的随机模拟有很多种方法，比如推广链梯比率模型、随机PPCI模型、随机PPCF模型、过度离散泊松模型、负二项分布模型、Mack模型等等。其中，Pollard（1983）提出的随机PPCI模型和England & Verrall（2001，2002）提出的过度离散泊松模型比较典型。

（1）随机PPCI模型。该模型在确定型PPCI模型中引入正态随机扰动项，表达式为：

$$C_{ij}=C(i,j)=N(i)\cdot s\cdot u(j)+\varepsilon_{ij}=N(i)q(j)+\varepsilon_{ij}$$

其中，扰动项 ε_{ij} 为正态随机变量，均值为零，协方差矩阵为 V；$N(i)$——事故年 i 对应的最终索赔次数；s——已发生损失的平均赔款额；$u(j)$——进展期 j 的赔款支出占总赔款成本的比例；$q(j)=s\cdot u(j)$ 为已发生赔案在进展期 j 的平均赔款额，期估计值为：

$$\hat{q}(j)=\sum_i C(i,j)/\sum_i N(i)$$

该模型引进了随机结构，预测时考虑了不同延迟阶段的相关性，增大了预测公式的选择范围。但是其参数估计需要大量数据，计算也相当复杂。

（2）过度离散模型（over - dispersed possion）。假设增量赔付额 C_{ij}，服从过度离散的泊松分布，模型如下：

$$E[C_{ij}]=m_{ij}=x_iy_j,\ Var[C_{ij}]=\phi x_iy_j$$

其中，C_{ij}服从过度离散分布；y_j 为延迟年 j 的赔付额占最终赔付额的比例，$\sum_{k=1}^{n}y_k=1$；x_i 表示第 i 个事故发生期最终赔付额的期望值；ϕ 为过度离散泊松分布的离散度参数。

利用广义线性模型，并将模型对数化，令 $\eta_{ij}=\log(m_{ij})=c+a_i+b_j$，使用似然法或拟似然法得到模型的参数 η_{ij}的估计值 $\hat{\eta}_{ij}$，之后可以得到流量三角形，得到增量赔付额 C_{ij}的估计值 $\hat{c}_{ij}=\hat{m}_{ij}=\exp(\hat{\eta}_{ij})$，然后把将来增量赔付额加起来就可以得到未决准备金的估计值。

7. 经济学

前面提到过意大利精算学者 Bruno de Finetti 教授在 1957 年的 ICA 会议上的报告，其中提出了“公司价值最大化”的目标，并给出了一个数学实现方法（至少可以看成是一种计算模式）。虽然该提法与传统观念差异太大，以至于没有被与会者广泛接受。如果查阅第一卷 ASTIN Bulletin，会发现挪威经济学教授 Karl Borch 的两篇文章，Borch（1960a，1960b）在其中建议，ASTIN 应提倡经济学的思想方法，将经济学中的“效用”概念引入保险学中，他还沿用 de Finetti 的提议，提出一种“风险互换”（Risk exchanges）理论。

Karl Borch 举例说明从经济学观点接受一个负的附加保费的风险是合理的，至少有时是，但是正如 Karl Borch 所说的“没有一个理智的精算师会这样做”。De Finetti 和 Borch 都意识到最大化公司价值可能会导致它提早破产。为了避免这种情况，两个人都建议公司的期望寿命应该作为一个控制量。

8. 来自其他方面的思想

经过50余年的发展，精算理论已经成功地将早期的风险理论模型拓展到了许多实际应用领域，使得非寿险精算的内容得以大大丰富，这些典型领域和问题至少包括如下例子：赔款准备金评估、因子化费率（Tariff Factorization）、极值理论—巨灾、多维技术与连接函数（Multidimensional Technique—Copula）、再保险、偿付能力资本要求和资本配置。

§3.5　ASTIN 的成立过程

伴随着非寿险精算的理论方法及其应用进展，一些研究非寿险精算的学者觉得有必要成立一个专门的研究组织，推动非寿险精算的发展。1953年11月，由 Hans Ammeter, de Finetti, Franckx, de Jong, Monic Mousselier 和 Vajda 等人组成了一个筹备委员会，试图发起成立 ASTIN，并计划在次年6月西班牙马德里召开的 ICA 大会期间宣布成立。但是这一计划遭到了国际精算师协会（IAA）的强烈反对和阻止。IAA 认为，新成立一个专门的非寿险精算组织是可以的，但不能作为一个独立的组织存在，而应该作为 IAA 旗下的一个分会组织。但这些非寿险精算的学者和精算师则坚持认为，早在1896年就已经成立的国际精算师协会（IAA）并没有很好的工作效率，也不可能对推动非寿险精算的进步有很大帮助，因此，他们坚持要独立运作，设立专门的出版物、年会和独立的财务运作。

这件事情反反复复，争论了近4年时间，直到1957年10月，即在国际精算协会组织的 ICA 大会期间，IAA 终于做了妥协，允许这些非寿险精算人士成立国际非寿险精算学会（ASTIN，Actuarial Studies in Non – life Insurance），当时参加成立 ASTIN 会议的非寿险精算人员共有46人。

ASTIN 成立后，确实对推动非寿险精算事业的发展起到了巨大的推动作用。现在大家都公认，ASTIN 的专业学术刊物“ASTIN Bulletin”是世界上质量最好的精算学刊。

另一方面，非寿险精算领域成立自己的专门组织来推动专业发展的做法，会对其他精算专业领域产生一定的示范作用，如健康险、养老金、金融风险管理，包括精算教育等领域，也都纷纷仿效 ASTIN 的做法，通过设立自己的专门组织来推进专业发展。这样一来对原来成立的国际精算师协会（IAA）造成了巨大压力：IAA 无法代表国际上的精算师职业，也没有做出多少推动精算职业进步的贡献，这样的所谓“国际精算师协会”还有什么意义呢？

问题在于，精算师这个相对很小的职业，应该有一个共同的国际组织真正代表精算职业的形象，发布精算师的声音和社会影响，否则，对精算师的社会地位也很不利。

因此，在随后的近 30 年时间里，精算师们一直在反省这个问题，并在 1995 年初步达成共识，决定改革 IAA，使其真正成为代表全球精算师职业的国际组织。又经过了 3 年的努力之后，在 1998 年英国伯明翰召开第 26 届 ICA 大会期间，IAA 进行了重新改组，以前的“国际精算师协会”（International Association of Actuaries）变为了现在的“国际精算协会”（International Actuarial Association）。包括国际非寿险精算学会（ASTIN）在内的多个精算专门组织都统统纳入 IAA 旗下，成为 IAA 的专门分会，尽管分会还保留各自的年会、刊物等内容。经过这次改革的 IAA 表现得更有活力了，包括建立了与其他国际组织的联系和合作机制，如国际会计准则理事会（IASB）、国际保险监督官协会（IAIS）等等。

世界上的事情，分分合合，是是非非，从来没有不经历曲折的进步。国际精算协会（IAA）理事会和专业委员会负责人会议于 2009 年 11 月 13—15 日在印度海得拉巴（Hyderabad）召开，有 14 个 IAA 成员组织包括英国、北美、澳洲、南非等国家和地区的精算师协会签署了一项协议，决定发起并认可关于“全面风险管理的国际资格证书”，该资格证书称为“特许风险管理精算师”（The Chartered Enterprise Risk Actuary , CERA）。笔者注意到，国际精算界也有人建议，要以一个独立于 IAA 的专门组织来推动并认证“ERM 精算师”资格，似乎要重复 ASTIN 当年的故事。

思考这个问题，对于 2010 年末正式成为 IAA 会员的中国精算师协会很有借鉴意义。中国精算从寿险领域开始，并从 2003 年之后拓展到非寿险领域。在协会下形成了寿险和非寿险两个精算方向，各领域的工作者难免会有一个相互磨合、协调发展的过程，也难免会有一些诸如协会资源的配置利用的争论，但最终一定是要服从提升中国精算职业在全行业、全社会中的地位和影响的总体目标。

§3.6 典型国家的非寿险精算制度

以上的论述表明，精算职业的发展基于精算技术和职业制度的相互融合，相辅相成。非寿险精算的发展历程符合这一逻辑过程，即，首先是来自实际中的问题产生了对精算的需求，精算工作者凭借自己积累的精算技能抓住了机会，并通过精算师职业组织制度的建设，通过推动和参与相关法律法规的制定，获得精算师的法定工作职能，将精算技术的运用拓展到更高的层面和更广泛的领域。

以下以案例分析的表述方式，讲述几个典型国家的非寿险精算制度。

案例1：英国非寿险精算的发展

英国的非寿险精算，首先是来自于非寿险业务实际发展对精算技术的真实需要。英国传统的非寿险业务，一个是火灾险，一个是海上保险。前者是因为1666年伦敦那场大火，后者得益于Edward Lloyds在17世纪80年代开的咖啡店。因此，英国的非寿险市场也一分为二，称为伦敦市场和劳合社市场，分别以火险和海险为主。保险经营的关键是费率，发展路径是从管制或同一费率（tariif）向非管制或市场费率方向转变。比如，英国传统的火险费率就是由1868年成立的火险承保人委员会（Fire Offices Commitee）制定统一的最低费率，包括佣金和保单条款。

后来，非寿险业务扩展到了机动车保险和雇主责任险等业务，而且劳合社也不再局限于做海险业务了。1906年，英国成立了意外险承保人协会（Accident Office Association），以代替原来的火险承保人委员会。

早在意外险承保人协会成立之前的1878年，就有人发表文章对英国火险费率制定缺乏科学性进行了尖锐批评，并指出其远远落后于寿险费率的制定水平。于是，有人开始模仿寿险精算师模拟保险客户死亡规律的做法，用数学和统计方法去模拟非寿险业务的理赔经验，这就需要聘用精算人员从事数据收集和分析、对管制费率进行周期性的调整等工作。

随着费率市场化的推进，保险市场一开始呈现一定的混乱状态，保险监管开始加强，而非寿险业务的保险监管，首要任务是针对保险业务的赔付风险和偿付能力风险，即对责任准备金和偿付能力额度的监管。这一时期，正好值英国和欧洲国家的精算学者将风险理论和破产概率模型应用于制定保险公司的最低偿付能力额度标准。事实上，欧盟基于Compagne（1961）和de Mori（1965）的研究，制定并于1973年颁布了非寿险偿付能力的监管指引（EU Directive 73/239/EEC）。

组织制度建设方面，英国精算师协会于1976年5月改革了其认证英国精算师资格的要求，将非寿险精算正式作为必考科目之一，即课程 B3 (General Insuarnce)。

研究方面，英国还成立了非寿险研究会（General Insurance Research Organization，GIRO）和伦敦市场精算师研究会（London Market Actuaries Group，LMAG），专门负责研究非寿险业务中的精算问题，以此来推动非寿险精算的发展。正是这些研究将非寿险精算从传统的数据分析、定价和负债评估领域拓展到了资本配置管理、资产负债及全面风险管理等新兴领域。

1982 年，《劳合社法》（The Lloyld's Act，1982）中规定了非寿险精算师的监管地位。

1987 年，英国精算师协会制定并发表了精算实务指南第 12 号：非寿险精算报告。

1992 年，《互助社法》（The Friendly Societies，1992）规定承保非寿险业务的保险互助社必须聘用"临时指定精算师"，该法令规定了精算师为互助社责任准备金的恰当性提供证明。

1997 年，劳合社理事会根据《劳合社负债评估规则》（The Lloyld's Valuation of Liability Rules，1997），要求劳合社承保人必须每年向劳合社理事会提交有关负债和准备金的精算报告，该报告要由精算师签字确认。当时精算报告中准备金项目不包括再保险坏账准备金和未决赔款准备金。

目前，英国对非寿险精算师及其精算报告的法定要求，主要针对责任准备金和偿付能力，具体分为"临时指定精算师"（Appropriate Actuary）和"劳合社精算师"（Lloyds Actuary）。

随着欧盟 Solvency Ⅱ计划的推进和实施，英国非寿险精算师会有更多的工作职责，非寿险精算也将有更快的发展。

案例 2：美国非寿险精算的发展

美国非寿险精算的起源与英国的情况类似，与火灾险业务发展要求直接关联。1752 年，费城成立了一家互助形式的火灾险公司，叫"The Philadelphia Contributionship"，该公司和后来成立的另外两家火灾保险公司一样，在经营方式上均采用永久保险的方法，一次交足保费，然后以利息赔偿每年部分成员遭受的火灾损失。1794 年，在巴尔的摩成立了一家股份制的火险公司，叫"The Baltimore Equitable Society"。总之，从英国传过来的工业发展，推动了火灾保险的需求，而火灾险业务的发展，又导致了对科学合理制定火险费率的需求，从而导致对精算技术的需求。特别是 1835 年纽约发生的那场大火，对美国火灾保险业产生了诸多影响，包括与精算有关的如下三个方面：

（1）责任准备金的要求。大火过后，美国各州的保险监管当局均规定，应当强迫保险公司积累保证金，也就是要求积累责任准备金。比如，马萨诸塞州1837年制定的一条法律中规定，财险公司必须具备保证给付保险基金。

（2）保险费率合理化要求。各家保险公司意识到火灾隐含的巨大风险，可能与过去的费率水平不匹配，迫使公司研究如何制定合理的保险费率。

（3）任意储金的积累。除了计提充足的责任准备金之外，保险公司还需要储备一定水平的储金，以应意外之需。

1866年，美国成立了“火灾保险协会”，目的在于协调各公司之间费率的竞争。10年后，1877年，协会将厘订费率的权利转交于散在各州的保险协会分会掌握，结果又掀起了新一轮的市场竞争。1880年，以各家大保险公司外勤人员为主所组成的地方保险协会承担了厘订保险费率的工作，费率竞争继续进行。但无论是监管协调还是公司间的费率竞争，都使精算技术得以发挥作用，应用水平得到大大提高，比如火灾危险图被普遍采用。

火险费率的科学制定，也带动了其他非寿险领域的费率制定水平，尤其是美国1911年通过了第一部《劳工赔偿法》后，研究火险费率的技术和人员迅速向劳工赔偿保险领域转移和发展。1914年，Albert H. Mowbray和Harwood E. Ryan同时向美国精算学会（Actuarial Society of America）提交了关于劳工赔偿保险费率厘订的论文，参与推动和发起、并于同年成立了CASSA，使美国非寿险精算展进入了一个全新发展时期。1921年，CASSA更名为CAS。

由于美国没有全国统一的联邦保险法，由各州自己制定保险法并监管保险，为加强协调、减少差异，美国于1871年成立全国保险监督官协会（National Association of Insurance Commissioners，NAIC），由50个州、哥伦比亚特区和4个美国领土特区的保险监督官组成，其主要职责是讨论保险立法中的相关问题，拟定模型法案供各州作立法参考。1999年11月通过《金融服务现代化法》（the Financial Services Modernization Act of 1999）后，NAIC的权限有所加强，成为联邦层面的保险监督协调机构。NAIC还制定了非寿险精算方面的一些规定，其中最重要的是《非寿险公司年度报表》、《精算意见报表》（对公司年报中相应项目的精算评估意见），以及为编制以上报表所需的指南，包括会计手册和准备金编制手册。

不过，非寿险精算的技术标准，主要是通过代表美国精算师职业的美国精算师协会（American Academy of Actuaries，AAA）来制定。AAA成立于1965年10月25日，其下设的精算实务标准委员会负责制定精算实务标准，指导精算师完成其职责。在非寿险方面每年都出版Statements of Actuarial Opinion on Property and Casualty Loss Reserves，其中包括对精算师精算报告的评估范围、对损失准备金评估结果的说明、最终评估意见和相关说明等方面的指导。除此之外，关于非寿险精算的主要标准还包括：ASOP No. 9（Documentation and Disclosure in Property and Casualty Insurance Ratemaking, Loss Reserving, and Valuations）；ASOP No. 12（Risk Classification for All Practice Areas）；ASOP No. 13（Trending Procedures in Property/Casualty Insurance）；ASOP No. 17（Expert Testimony by Actuaries）；ASOP No. 21（The Actuary's Responsibility to the Auditor）；ASOP No. 23（Data Quality）；ASOP No. 29（Expense Provisions in Property/Casualty Insurance Ratemaking）；ASOP No. 36（Statements of Actuarial Opinion Regarding Property/Casualty Loss and Loss Adjustment Expense Reserves）；ASOP No. 38（Using Models Outside the Actuary's Area of Expertise）；ASOP No. 39（Treatment of Catastrophe Losses in Property/Casualty Insurance Ratemaking）和 ASOP No. 43（Property/Casualty Unpaid Claim Estimates）等。

案例3：澳大利亚非寿险精算的发展

澳大利亚是世界上保险业比较发达的地区之一，尤其是澳大利亚保险业中的精算制度，无论是实务操作还是理论研究，这几年都取得了快速的发展。澳大利亚的精算制度在沿袭英国精算制度的基础作了重大的改进，逐渐形成了一套比较规范、完善的精算制度，特别是其建立并完善的非寿险业指定精算师制度（Approved Actuary），并将精算评估原则由以往的稳健原则改进为期望值加风险溢额的方法，在国际上产生了巨大的影响。

澳大利亚非寿险业的主要法律基础为1973年制定的《保险法》（Insurance Act 1973）以及在此基础上修订的2001年《非寿险业改革法案》（General Insurance Reform Act 2001）。根据以上法律条文的原则，澳大利亚保险业的监管部门——澳大利亚稳健监管局（Australia Prudential Regulatory Authority, APRA）制定了相应的非寿险业监管准则即稳健原则（Prudential Standards，第一层次和第二层次），其中：GPS220：风险管理（Risk Management，2008年）；GPS310：审计和精算报告和评估（Audit and Actuarial Reporting and Valuation，2008年）；GPS311：审计和精算报告和评估：第二层次保险集团（Audit and Actuarial Reporting and Valuation: Level 2 Insurance Groups，2009年）；GPS520：适当人选（Fit and Proper，2008年）。这些条款组成了澳大利亚非寿险业的精算规定。

澳大利亚的精算组织——澳大利亚精算学会（IAAust），在澳大利亚精算业以及保险业的发展过程中起到了重要的作用。根据《非寿险业改革法案》和GPS中的规定，IAAust制定的某些精算准则和实务标准与GPS中的相应部分，同样具有规范精算师进行实务操作的效力，IAAust于2007年8月颁布的PS300：非寿险赔款评估（Valuations of General Insurance Claims），与 GPS310 和 GPS311 共同成为澳大利亚计算责任准备金的指导性精算规定。

此外，在澳大利亚计算责任准备金时还须遵循澳大利亚会计准则委员会（AASB）颁布的相应会计准则，即 AASB1023。

案例 4：日本非寿险精算的发展

1881 年日本第一家现代保险公司诞生。1895 年日本第一生命保险公司的矢野恒太出席在比利时召开的第一届国际精算师大会，以促进日本生命保险事业的发展，开展精算学研究，搜集先进国家精算学的资料，学习国外的先进经验。同时，日本保险法规的实施需要有经验和有精算知识的人进行解释和监督。在这种情况下，由矢野恒太牵头，于 1899 年成立了日本精算师协会。1935 年日本精算师协会开始建立精算师资格考试。1936 年举行首次精算师资格考试。

日本在对外市场准入方面，一直限制竞争，严格限制外国保险公司的进入。20 世纪 90 年代后，在美国的压力下日本逐步开放其保险市场。1994 年 10 月，日美第一轮谈判达成协议，允许外国保险公司通过申报制直接在日本营业。1996 年 10 月日本新的《保险业法》废除了开业认可制，采用申报制，并允许财产保险公司通过子公司开展生命保险业务，或是生命保险公司通过子公司开展财产保险业务。在市场退出方面，在 1996 年新《保险业法》实施前，大藏省采取“保驾护航”式的监管方案，对有问题的保险公司进行暗中协调，并强制要求其他保险公司接管，故未出现保险公司破产事件。新《保险业法》实施后，日本仿效美国对保险公司实行以偿付能力为中心的监管，引入早期改善措施，促进有问题的保险公司及时解决问题。由于新法案强调信息公开，客观上加速了有问题保险公司的破产。

1996 年，日本新版的《保险业法》（Insurance Business Law）第 120 条规定：保险公司需通过董事会指定一名首席精算师负责保费计算等相关事务。自此，日本的指定精算师制度被引入日本的寿险公司和非寿险公司。最初的非寿险公司的指定精算师制度与寿险公司的指定精算师制度的规定极为相似，非寿险公司的指定精算师被监管者要求确认责任准备金（liability reserves）的合理性和恰当性，以及关于长期到期返还型（long - term maturity - refund - type）非寿险产品和护理给付保险（nursing care payment insurance）的精算参与。

日本属于集中单一的监管体制，大藏省是日本保险业的监管部门，大藏大臣是保险监管的最高管理者。大藏省下设银行局，银行局下设保险部，具体负责保险监管工作。进入 20 世纪 90 年代以后日本金融危机加剧，金融机构倒闭频繁。为了加强金融监管，1998 年 6 月日本成立了金融监管厅

(FSA)，接管了大藏省对银行、证券、保险的监管工作。2000 年 7 月金融监管厅更名为金融厅，将金融行政计划和监管权限从大藏省分离出来。金融厅长官由首相直接任命以确保其在金融监管方面的独立性。

1998 年 6 月，日本出台了《金融体制改革法》，对保险制度进行了五个方面的改革：一是准许保险公司同银行、证券公司、信托银行等公司以子公司方式相互渗透；二是取消财产保险公司统一使用保费精算会厘定的财产险费率标准制度；三是解除证券公司、银行代销保险产品及银行保险公司代销投资信托产品的禁规；四是大幅度放松以企业承包为对象的财产险费率及产品的限制；五是引进早期纠正措施等。

2000 年，由金融监管厅制定日本精算师协会具体制定指定精算师的实务操作标准并经其认可后实施。

2001 年，《保险业务法》的实施规定被部分修订，寿险公司和非寿险公司均被允许进入所谓的第三领域——意外、健康和护理保险。第三领域的延展使非寿险指定精算师涉及的方面有所增加，包括未决赔款准备金和保单价值。

监管在 2006 年 5 月再次发生变化，随之，非寿险公司的指定精算师角色逐渐扩展，指定精算师需要涉入的领域由原先的长期到期返还型非寿险产品和护理给付保险扩展到所有类型的非寿险业务，但不包括法定汽车保险和地震保险。这样，每个在日本注册执照的非寿险公司都被要求提名一个指定精算师。新的监管规定还要求非寿险公司必须使用统计方法来计算 IBNR 准备金，并在指定精算师的责任中加入“确认 IBNR 准备金”的职责。

案例 5：中国非寿险精算的发展

虽然起步比英国晚了至少 30 年，但非寿险精算在中国的发展历程，却与英国有极大的相似性。

首先，同样是来自于非寿险业务发展的实际需要。事实上，在 2001 年之前，我国财产保险业务的主要条款和费率都由监管部门统一制定，对业务准备金的计提预计和对偿付能力的计算也极为简单，只需要公司财务部门的简单工作即可完成。但随着我国改革开放和向市场经济转轨进程的逐步推进，对保险费率市场化的要求逐渐增大。2001 年，我国保险业首次在广东实验机动车费率市场化改革试点，虽然这次改革谈不上成功，但它刺激了各财险公司实行差别费率、寻找优质业务的动机。于是各家公司开始纷纷聘用精算人员包括部分海外资深的非寿险精算师，开始收集和整理业务数据，准备启动非寿险精算工作。

同时，中国人民财产保险公司进行股份制改革，并寻求海外上市，也必须按照海外市场的监管规则，对保险负债实行精算师评估签字制度。而我国加入 WTO 的进程，更是迫切要求保险业必须按照市场经济规则运行，对精算监管的职能要求迫在眉睫。

在这样的背景下，2000—2002 年期间我国保险业一直在抓紧修改 1995 年版《保险法》，并抓住了这次机会成功地将 1995 年《保险法》第 119 条中关于寿险业实行精算制度的要求，拓展到了全部保险公司。因此有现行《保险法》（2009）第八十五条的规定："保险公司应当聘用经国务院保险监管机构认可的精算专业人员，建立精算报告制度"。

2004 年，中国保监会发布《保险公司业务准备管理办法》，非寿险精算制度开始实质性实施。同年，中国保监会财产险监管部下发《财产保险公司精算工作通知》（保监产险［2004］145 号），其中的第五条规定：精算责任人应按照中国保监会的有关规定，对下列报告签署精算意见，出具精算声明书：（一）保险产品的费率报告；（二）责任准备金评估报告；（三）偿付能力报告；（四）中国保监会要求的其他报告。

2004 年 2 月 4 日，中国保监会财产险监管部下发"关于进一步加强财产保险公司精算工作的通知"（保监产险［2004］145 号），要求各产险公司从 2004 年 7 月 1 日起正式实施非寿险精算师签字责任制度。

2005 年 9 月，中国精算师资格考试中，首次设立了非寿险精算方向的资格考试。

2007 年 3 月 26 日，中国精算师颁证仪式在保监会举行。中国保监会认可了我国第一批 22 名非寿险专业方向的中国精算师。

2007 年 4 月 18 日，中国保监会下发《保险公司风险管理指引（试行）》，要求保险公司实行风险管理制度，呈报《年度风险评估报告》，为非寿险精算人员扩大了应用领域。

2007 年 11 月，正式注册成立的中国精算师协会中设有非寿险精算专业委员会，与寿险专业委员会平行。

综上所述，我国非寿险精算的发展完全符合制度建设与技术融合相辅相成的发展轨迹，或许制度建设的成分更重一些。因此，我国非寿险精算工作者今后更要注重提高技术水平，以此获得平衡、健康发展。

附录 4

澳大利亚破产保险公司 HIH 的准备金问题

本附录提供一个真实的案例，说明未决赔款准备金的评估对于保险公司的财务状况和偿付能力的核算会有多么重要的影响，以及需要建立一个什么样的评估制度和评估过程才能使未决赔款准备金的评估值更加合理。

基于该目的，本附录仅仅陈述了 HIH 破产案中与未决赔款准备金评估有关的内容，更详细的资料可参见澳大利亚 HIH 调查委员会（The HIH Royal Commission）的调查报告“The Failure of HIH：a corporate collapse and its lessons”等文献。

§4.1 HIH 破产案例简介

HIH Insurance Limited（以下简称 HIH）曾是澳大利亚第二大非寿险保险公司，总部设在悉尼，在英国、新西兰、北美和亚洲等多个国家和地区设有分公司和子公司。根据 HIH 集团 2000 年 12 月公布的合并财务报表，HIH 在 2000 年 6 月前的毛保费收入达 28 亿澳元，总资产 80 亿澳元，总负债 71 亿澳元，净资产 9 亿澳元。据统计，HIH 在澳大利亚至少有 200 万份非寿险保单和超过 100 万的保单持有人，大约 30% 的澳洲上市公司购买了 HIH 的保单。

2000 年伊始，看似“辉煌”的 HIH 集团经营状况突然急转直下，公司在历年经营过程中所有的决策失误及后果似乎都集中在这一年里爆发出来。短短的一年之后，这艘“航空母舰”就沉没了。

2001 年 3 月 15 日，澳大利亚新南威尔士（New South Wales，NSW）地方高等法院勒令 HIH 及其在澳大利亚当地的 17 家子公司进行临时清算，并指定毕马威咨询事务所（KPMG）的 Tony McGrath 先生和 Alex Macintosh 先生为临时清算人。在经过初步调查之后，发现 HIH 总亏损可能高达 36 ~ 53 亿澳元。在确信 HIH 无力清偿债务的情况下，澳大利亚高等法院于 2001 年 5 月 17 日正式宣布 HIH 破产，这是澳大利亚历史上最大的破产案件。

2001 年 6 月，澳大利亚政府决定成立 HIH 案件皇家调查委员会（HIH Royal Commission，以下简称调查委员会），任命来自西澳大利亚州（West Australia）高等法院的 Justice Neville Owen 为调查委员会专员，着手调查在 2001 年 3 月 15 日指定临时清算人之前，一切与 HIH 破产相关的情况。2003 年 4 月 4 日，历时 18 个月的 HIH 破产案件调查工作暂时告一段落，调查委员会向澳大利亚联邦司法部提交了一份长达 1 100 多页的调查报告，报告几乎涵盖了 2001 年 3 月 15 日之前的所有与 HIH 破产相关的问题。

资产超过 80 亿澳元的大型保险公司的破产，其原因错综复杂，未决赔付准备金的不足是其破产的一个重要原因，同时也关系到其破产的严重程度。本文详细分析了在 HIH 案例中未决赔付准备金方面存在的问题，说明了在计算和评估准备金以及在准备金报告披露过程中应该关注的要点，并以此抛砖引玉，希望更多的业内人士关注非寿险业务的责任准备金问题。

§4.2　HIH 业务情况和准备金提留过程

4.2.1　HIH 的业务情况

HIH 的业务范围广泛，包括承保非寿险业务、管理承保代理人和管理投资基金等，但其主营业务集中在非寿险领域，主要通过旗下三家核心子公司进行承保，即 HIH Casualty & General（C&G）、FAI General 和 CIC 公司。其中，C&G 子公司在整个集团中的业务占比最大，FAI 次之，CIC 最小。HIH 在澳大利亚国内的业务主要集中在以下范围：职业责任险业务，承保的职业责任风险包括会计师、董事和高级管理层、法律顾问、律师、工程师等；责任险业务，主要包括材料损坏、产品责任和工程险等；雇员补偿险业务，即雇主责任险；强制性第三者责任险；收入补偿保险业务，此险种为暂时失去工作能力的被保险人提供经济补偿。

另外，公司还经营部分短期险种，包括机动车辆险、家庭财产险、企财险和旅行保险等，同时，HIH 还承保一些海事保险。

HIH 在国外的保险业务主要分布在英国、美国和香港，且多为责任险。HIH 在美国的业务主要由 CareAmerica 和 Great States 承保，主要为加州雇员补偿保险。HIH 在英国的业务包括英国分公司和由六个劳合社辛迪加成员（即辛迪加 228、535、536、1069、1236 和 1688）组成的承保代理商 Cotesworth。HIH 英国分公司的业务分为海事保险和非海事保险，由于经营不善，从 1998 年 12 月 31 日起就停止直接承保新的保险业务，从 1999 年 9 月份起又停止了新的再保业务（合同和成数再保），唯一例外的是在 1999 年还承保职业保证保险业务和旅行保险业务。

HIH 还有一个独立账户，称为 Run－off treaty，专门管理 HIH 各分支公司多年以来承保的高风险合同，这个账户主要由 HIH 的风险管理和再保部门（RMR）管理。

HIH 集团的业务管理并不是由各子公司完全独立进行，而是在集团高层设置了各类业务的主管，负责管理各分支机构的同类型业务，其海外业务由当地的子公司管理。

4.2.2 准备金提留过程

HIH 在澳大利亚本土的业务一般是按业务类型提留准备金，而海外业务就以当地子公司或分公司的提留值计入。图附 4－1 是 HIH 集团的准备金提留过程图。

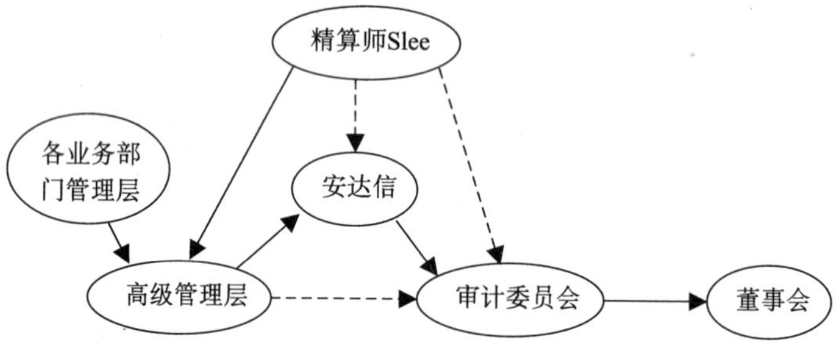

图附 4－1　HIH 准备金提留过程图

在提留过程图中，圆圈表示与评估准备金相关的主体，实线表示各主体之间的直接接触、提交数据，虚线表示各主体间的数据提交必须通过中间主体。由“精算师 Slee”导出的箭头表示“精算师评估值”的提交，由“高级管理层”导出的箭头表示“HIH 评估值”的提交，由“安达信”导出的箭头表示“安达信评估值”的提交。例如，从安达信到审计委员会的实线表示“安达信评估值”由安达信提交给审计委员会，同时指向审计委员会的两个虚线表示“精算师评估值”与“HIH 评估值”都被提交到审计委员会，但它们都是先提交到安达信再由安达信一起交给审计委员会。从审计委员会到董事会表示高级管理层提交的“HIH 评估值”最终由董事会通过。这里，关于“精算师评估值”、“HIH 评估值”和“安达信评估值”的具体解释以及各主体之间的详细情况见下文。

从 1997 年年底起，Slee 先生被 HIH 聘请为集团总咨询精算师，负责对 HIH 集团的未决赔付责任（OCL）进行评估，且每半年提供一份半年度报告。Slee 的工作主要是在每个评估时点检测并评估 HIH 合并报表中准备金的合理性与充足性。

在每个评估时点，首先，HIH 各业务部门的管理层对其主管业务的未决赔付责任进行估计，得到各业务部门的管理层估计值，同时，精算师 Slee

也会根据他从公司管理层所得到的数据信息对各业务部门进行评估，得出各业务未决赔付责任的精算师评估数值以及集团总未决赔付责任，称为“精算师评估值”；然后，各业务部门管理层的估计值和精算师评估值会被提交给高级管理层，高级管理层在与精算师 Slee 讨论过这两个估计值之后确定一个最佳值，称为“HIH 评估值”，以送交审计师安达信和审计委员会检验，准备计入财务报表，这些数值的加总即为 HIH 集团的总未决赔付额。

与此同时，安达信会计师事务所也对 HIH 的未决赔付责任提供相应的外部评估，但其工作比较有限，只是一些实证性的工作，并没有精算专家协助其对 HIH 进行审计。然而，通过对 HIH 的未决赔付责任进行分析，安达信对其不同业务部门未决赔付责任的评级达到了 AA likely 水平（安达信的评级分为 AA low，AA likely 和 AA high 三个等级，这三个等级的含义在下文中解释），该评级值称为“安达信评级”。

在编制财务报表之前，安达信都要先编制一张表格，其内容包括每种业务的“HIH 评估值”、“精算师评估值”和“安达信评估值”。安达信须向审计委员会提交该表格并进行定期报告，其目的是向董事们（至少是列席审计委员会的董事们）介绍未决赔付准备金评估的详细情况，使董事们可以对 HIH 评估值的充足性和合理性有充分的了解，并作出判断决定最终提留值。在 HIH 评估值、精算师评估值和安达信评级值之间也经常会有一些差异，但由于 HIH 评估值与精算师评估值之间的相对一致性，合并报表草案一般都采用 HIH 评估值，最终由董事会通过。

在当时的澳大利亚非寿险业，提留准备金的最终决定权在于董事会，并由董事会对准备金的提留负全部责任。

另外，值得注意的是，在部分业务（主要是海外业务）上，精算师 Slee 对 HIH 准备金的评估还依赖于以下一些精算师的评估结果：英国分公司业务——PWC（Philip Coleman）和 HIH 的内部精算师（Gary Ankcorn 和 Adam Bruskill）、辛迪加承保代理商 Cotesworth——Watson Wyatt（Richard Bulmer）、香港分公司业务——Crespoint（Feike Boschma）、美国子公司业务——Milliman & Robertson（Gay Avagliano）和强制性第三者责任险（澳大利亚）——PWC（Philip Chappell）。

§4.3　准备金评估及提留过程中存在的问题

4.3.1　准备金缺口

从 1996 年开始，HIH 进行了一系列大规模的收购与兼并活动，业务量迅速增长，这从表附 4－1 中未决赔付准备金的增长速度中，可以明显看出其扩张的速度。

表附 4－1　HIH 账面未决赔款准备金

（1995 年 12 月到 2000 年 6 月，单位：百万澳元）

评估时点	已贴现			未贴现		
	OCL	再保摊回款	OCL（扣除再保）	OCL	再保摊回款	OCL（扣除再保）
1995. 12. 31	1 153. 4	250. 7	902. 7	1 430. 9	318. 5	1 112. 4
1996. 12. 31	1 359. 1	317. 9	1 041. 2	1 678. 8	373. 5	1 305. 3
1997. 12. 31	1 956. 6	446. 1	1 510. 5	2 377. 3	527. 4	1 849. 9
1999. 6. 30	3 699. 5	1 050. 2	2 649. 3	4 246. 7	1 198. 9	3 047. 8
2000. 6. 30	4 430. 9	1 819. 9	2 611	4 922. 9	1 991. 6	2 931. 3

这些扩张都是在竞争异常激烈、承保市场近乎饱和的情况下取得的，其扩张策略多是采取低费率、高佣金和从事高风险业务等。同时，一些公司董事也存在一些不当行为，通过少提准备金来虚增利润。再加上其定价时的扩张策略以及内部管理中出现的一些错误，导致许多业务明显恶化，使准备金缺口更加严重。表附 4－2 列示了关于 HIH 未决赔款准备金的三种估计值及其差异，其一是 HIH 各业务或子公司的准备金的账面值，即 HIH 评估值；其二是精算师 Slee 先生作为咨询精算师的估计值；其三是毕马威事务所（KPMG）在第二阶段报告中披露的估计值。最后一行是 HIH 账面值与 KPMG 第二阶段报告值之间的缺口。

表附 4－2　HIH 各类业务的未决赔款准备金缺口

（单位：百万澳元，已贴现，不包含谨慎准备金，扣除再保）

各评估值	业务类型				
	责任险业　务	职　业责任险	雇员补偿险（1999. 6. 30）	英国业务	美国业务
HIH 账面值（2000. 12. 31）	375	328. 5	206. 5	702. 9	387
精算师的估计值	505	N/A	213	差额较小	402
KPMG 第二阶段的报告值（2001. 3. 15）	864	860	N/A	921（①1 400）	565
OCL 缺口（除去评估时间差异的影响）	489	531	至少 6. 5	218（700）	178

通过这些简单的数值比较，对于 HIH 各业务准备金的缺口值就可以一目了然，同时也就可以初步了解巨额亏损的大致去向。既然存在如此巨额的准备金缺口，那么究竟在准备金提留这个环节上存在什么问题呢？下面对准备金提留过程中存在的问题分两个大方面进行讨论：第一，主要针对

① 括号外表示 KPMG 第二阶段报告的首次评估值，括号里表示在英国业务继续恶化后的重新评估值。

职业制度和公司内部治理等制度方面的问题，包括精算师、审计师在评估过程中的角色，以及公司内部在保证各评估主体数据信息充足性、准确性方面的问题；第二，主要针对精算师 Slee 评估时所采用的模型、假设等技术方面的问题。

4.3.2　职业制度和内部管理问题

1. 精算师的独立性问题以及其承担的角色

由于精算师在准备金提留过程中的重要角色，首先介绍一下 HIH 的咨询精算师 Slee 的工作背景。Slee 在 1967 年获得澳大利亚精算协会和英国精算协会的正式会员资格，作为一个资深咨询精算师，他在业内有大约 40 年的工作经验。1980 年 Slee 应 Willams 的要求担任 CE Heath（HIH 的前身）的精算师。从 1980 年到 1986 年，Slee 在 CE Heath 的工作主要是在雇员补偿险方面，这牵涉到大量精算意义上的工作。但在 1985 年，维多利亚州的雇员补偿险法规发生较大变化，CE Heath 丧失了其雇员补偿险 90% 的业务。后来，由于法规变化之后，CE Heath 业务量不足，精算师 Slee 觉得工作量过小，并因此辞职。

从 1986 年到 1988，Slee 担任 Royal Life Insurance 的董事。在 1988 年该公司被出售之后，Slee 向 CE Heath 建议，组建一家精算咨询公司提供精算咨询服务，精算事务所 Slee Consulting 就因此而成立。

从 1989 到 1995 年间 Slee（通过 Slee Consulting）向大批客户提供了精算咨询服务，其咨询业务主要为公司的销售、定价、准备金、再保、投资、管理和市场策略。在这段时间内，向 CE Heath 提供的服务占该公司业务总量的 20%。后来，事务所的主要业务基本上都来自股东 CE Heath，Slee 的家人购回了 CE Heath 手中的全部股份。到 1996 年时，事务所很大一部分收入都是从 HIH 的咨询业务中获得。

从 1997 年年底开始，Slee 每半年提供一份准备金评估报告，即检测 HIH 管理层的估计值。据 Slee 自己估计，事务所在 1998 年从 HIH 获得的收入占比在 50% 到 80% 之间，特别是在实行对准备金提供半年度报告后，收入占比也不断增长。这些评估报告提交给董事会，让董事会对管理层的估计值与精算师的评估值作相应的比较，最后由董事会决定责任准备金的提留值。

在后来调查委员会举行的听证会中，Slee 强调，他的工作仅仅是测试 HIH 的管理层的估计数值，而不是推荐一个最后入账的数值。Slee 的工作与公司管理层的工作是两个相对独立的过程。这样看来，精算师 Slee 的工作性质比较接近于澳大利亚后来引入的“认可精算师”（Approved Actuary）的工作性质，都是测试准备金的提留值，只是当时的 Slee 还不具有现在的认可精算师的相应权利，即董事会可以不采纳精算师 Slee 的意见，但认可精算师必须把这种分歧向监管者披露。

精算师有责任保证董事会成员能够理解其使用的方法和假设。后来精算师 Slee 在为自己辩护时，说他处于一个非常尴尬的位置，他受 HIH 委托并依照公司主管的指示，同时也遵照职业准则尽可能做好自己的工作，将自己的结果提交给执行董事并与之讨论，然后再提交一份正式的精算评估报告。但是他并不知道大部分非执行董事都没有收到自己的准备金评估报告，同时也没有任何非执行董事要求他提供信息或解释。显然，在 HIH 提留准备金的过程中，要么是董事会对精算师的评估意见没有重视，要么是某些执行董事阻碍了向非执行董事披露精算师报告。

另一种可能，精算师 Slee 是否与 HIH 的关系太过于紧密了。由前面对 Slee 的背景介绍可以知道，Slee 与 HIH 的利益关系比较密切，特别是在成立 Slee Consulting 之后，精算师 Slee 的利益严重地依赖于 HIH 的业务，如果 Slee 失去 HIH 这个客户，他的收入就会减少很多。在这样的背景下，Slee 似乎不可能不屈从于 HIH 执行董事的指令，这当然会影响其在评估时做出公允、充足的判断。

作为集团咨询精算师，前面已经说过 Slee 的工作是评估并检测准备金提留值，其角色类似于后来澳大利亚引入的指定精算师。在保险公司向 APRA（澳大利亚谨慎性监管机构）提交指定精算师的认可材料时就必须提交精算师本人及其关系人与聘用公司之间利益关系的证明材料（其中关系人包括精算师的配偶、子女、商业伙伴、雇主以及精算师担任合伙人或执行官的公司），然后由 APRA 进行审批，并且 APRA 对指定精算师的公允性和适当性要求中包括了“不存在实际或潜在的利益冲突影响其执行指定精算师职责”和“不得担任聘用公司的高级职务”。这些条款与要求明显限制了这种可能性的出现。如果 HIH 破产之前就已经引入指定精算师制度，也许 APRA 审批精算师与 HIH 的利益关系时就不会通过，Slee 也就有可能不能成为 HIH 的指定精算师。

再次，精算师 Slee 在评估过程中所面临的压力以及他处理这些压力的问题。Slee 曾经收到过口头或书面的指示，他也在其精算报告中对这些指示进行了披露，这些指示包括：

贴现率为每年 6.2%；以总责任的 2% 提存未来理赔费用（FCHC）准备金；再保完全可摊回；当使用精算模型不太适合时就使用逐案估计（特别是涉及法律纠纷的单独案件以及一些短尾业务）；不提留谨慎保证金，也不对资产与负债的不配比提留保证金；由于 HIH 业务处于全球范围内，可以使用其他精算师报告来协助测试过程；评估报告应尽量简化，以使得阅读者容易了解其最基本的特点。

很显然，这些指示会阻碍精算师做出较为公允的评估，很难判断其评估是否达到中心估计值。关于这个问题，PS 300（精算报告和非寿险技术准备金的精算建议）中有一些相关规定：精算报告应声明与本准则的相符程度，并说明其中不相符的原因以及精算师受到的限制；当公司主管要求精算师使用特定的假设时，精算师必须说明这样的情况，并讨论该假设是否合理、是否与本原则相符合以及与本原则偏离的程度；精算师对准备金的评估值不能低于赔付责任的期望值。

调查员 Pearson 认为，PS 300 条款实际上要求，当精算师在评估准备金时受到限制，并且这种限制会导致评估结果低于中心估计，精算师必须明确披露该结果低于中心估计值，最好能量化该缺口。但是精算师 Slee 只是对这些限制条件进行了披露，并没有说明由此得出的结果会小于中心估计值（期望值），反而在报告中都说明提留值总体上达到了 50% 的充足性水平，这在一定程度上会有误导作用。

当然对于管理层指示的某些假设而言，精算师并没有太多的责任，例如折现问题与谨慎保证金问题。相应的监管规定要求并不严格，使得公司在决定其准备金时有很大的自主权，保险公司也没有义务去遵循精算师对准备金的意见，在这些问题上没有相应的规定阻止精算师接受董事会的意见。在 HIH 破产之后，APRA 出台了更为严格的谨慎性标准，从几个可能的方面限制了公司在决定其负债时的自主权，这应该是一个很好的进步。

2. 审计师与相关人员的信息交流问题以及其工作的性质

首先，必须对审计师的工作性质进行详细了解。在听证会过程中，安达信说明其工作程度有限，并没有精算专家参加其对 HIH 的审计工作或求助于其他精算协助，其工作基本上是实证性的（即只检查精算师的评估是否合理，是否与审计师对相关事实和环境的理解相一致），而不是决定性的（即按照审计师自己的标准对准备金进行评估，而得出他认为应提留的准备金数额）。安达信的评级标准（AA low，AA likely，AA high）只是用来检测 HIH 管理层数值与精算师数值的合理性与充足性。AA low 与 AA high 只是它进行敏感性测试所得出的取值范围的上限和下限，AA likely 只是这个范围中比较可能出现的一个值，并不是未决赔付责任的中心估计。安达信所用的估计方法并不像精算模型那样可以得出一个未决赔付责任的精算点估计（即中心估计）。管理层数值或精算师评估值与 AA likely 比较产生的任何差异都不代表任何评估不足而需要调整财务报表。而在每次评估时，AA low 与 AA high 构成的取值范围较大，管理层数值和精算师评估值都落在范围之内，这在一定程度上表明安达信的评级对整个准备金评估过程并没有起太大的作用。

其次，审计师与精算师的信息交流问题也是在安达信审计过程中出现的一个比较重要的问题。在HIH案件中，精算师Slee与审计人员的交流明显不足，因为未决赔款准备金是HIH负债方数额最大的一个项目，精算师有责任将准备金的提留情况以及某些变化对准备金产生的影响等相关情况告知审计师。同时，审计方安达信也应该经常检查精算师Slee的客观性和独立性、Slee为HIH所做工作的程度及性质。而在这个问题上，安达信对Slee的工作过于依赖，没有对精算师进行详细调查。精算师与审计师的关系在澳大利亚审计准则AUS524中有所说明，精算准则No. 551号中也同样有所说明。AUS524中规定了“reporting professional”（精算师或审计师，使用对方工作结果的一方）和“specialist professional”（审计师或精算师，其工作结果被另一方使用）相应的责任，当使用“specialist professional”的工作结果时，reporting professional应评估职业能力、完整性、specialist professional的目的、工作的性质和程度，同时还必须评估specialist professional工作的适用性，了解对方工作的方法、假设以及决定其是否合理。

安达信同样与审计委员会交流不足，没有向其提交足够的信息。安达信没有向审计委员会明确表明其工作的有限性（即实证性、非精算性）以及Slee精算评估假设所存在的风险。在听证会过程中，许多董事表示并不了解安达信工作的有限性，他们大都认为安达信已经对Slee的工作进行了详细而有效的分析，并向审计委员会报告了Slee对准备金评估的合理性。许多非执行董事同样不知道精算师Slee所收到的指示以及Slee报告中的警示，安达信并没有在向审计委员会报告时对此进行详细说明。

3. 准备金评估信息的准确性与充足性

未决赔付责任评估的准确性依赖于所得到数据的充足性和准确性。在数据提供与信息交流方面，HIH内部出现了极为严重的问题，从精算师到公司管理层，再到董事会以及审计师，各主体之间的信息交流出现严重障碍，这是导致HIH准备金提留不足极为重要的一个原因。HIH内部没有足够的管理程序来保证准确而完整的数据信息提供到一些相关人员（尤其是精算师Slee）手中，而这些数据又对准备金的评估产生极大的影响。总的来说，HIH评估值所依赖的数据信息不足表现在以下三个方面：

第一，管理层所获信息的不足，例如，FAI再保问题。在HIH收购FAI之后，风险管理和再保部门（RMR）对FAI的再保情况进行调查，发现FAI的再保存在一些问题。这些再保问题在并购前就已经存在，而在并购过程中HIH并没有对FAI整个业务的详细情况进行调查，仅仅依据FAI提供的账面财务状况，但是FAI的账面已经通过再保进行了一系列的“粉饰”，这不能不说是HIH扩张的一大败笔。最终经过调查之后，发现应该提取大约$67m到$77m的准备金来反映FAI再保问题，但是HIH的账面上却只计提了$10m的金额。这个问题属于HIH的管理层对并购中的风险控制不力，当公司的高级管理层对其业务都不甚了解时，其他评估人员更是无能为力了。

第二，精算师Slee所获信息和数据的不足。Slee在其准备金报告中披露，在1999年6月之后，亚洲业务的数据就再也没有更新过，他只能采用承保人对亚洲业务的估计。另外，对于建筑工人保障业务，调查人员对相关的账户和评估报告进行检查后发现，Slee并没有得到完全的数据，另有一部分业务Slee根本毫不知情，以至于评估时将这些内容忽略了，毕马威咨询事务所第二阶段报告将该缺口评估为大约$ 50m。该问题也同样存在于对英国业务的精算评估中，Slee曾多次抱怨难以得到英国业务的数据，以至于在1999年6月30日的评估中至少忽略了两类业务。

对于一个精算师来说，其进行评估最重要的前提是充足、准确的数据，俗话说"巧妇难为无米之炊"，没有充足、准确的数据，精算师的评估结果根本没有任何可信度。所以，如何使精算师处于一个合适的位置，可以获得整个公司的经营状况、业务数据，这是一个值得关注的问题。

第三，董事会所获信息的不足，例如，Slee的精算报告以及报告中的警示，责任险业务未记入账册的风险暴露，职业责任险的准备金调整，2000年3月M&R报告对于美国业务的意见。精算师Slee在其报告中一直提及高级管理层的指示，且不断对公司的准备金提留状况发出警告，但可惜的是，公司的非执行董事却从没有得到过这些报告，他们也从来没有要求过这些报告。假如这些非执行董事阅读过Slee的报告，他们肯定会对公司的准备金提留状况有一个大致的了解，从而知道准备金的提留不足。这也许可以尽早暴露其问题，从而减少其破产损失程度。同样，2000年3月的M&R报告披露了HIH美国业务准备金存在巨额缺口，而由于执行董事没有告知非执行董事们这份具有重大意义的报告，HIH美国业务准备金不足的问题也没有得到重视。调查委员会最终也质疑这些非执行董事的能力，他们本应该主动地去了解公司的业务状况，而且提留准备金也属于他们职能的一部分，所以调查委员会认为他们是不够资格的。

因此，在评估和提留责任准备金时，准确而充足的数据提供和足够的信息交流是保证准备金充足性、准确性的首要前提，公司内部必须有一整套系统化的程序来保证评估和提留准备金的各方获得充足的数据。在澳大利亚非寿险业改革之后，PS 300对数据提出了更为严格的要求，评估准备金的精算师必须对自己使用数据的适用性、准确性负责，且必须从最基本的业务过程中去获得数据，而不是对已经加工过的数据进行处理，同时还应该采取必要的步骤去检查收集到的数据与公司财务记录的一致性、完整性和可信度。精算师必须与审计师对这些数据的合理性、充足性进行讨论，在其书面报告中列出数据检验的程序和结果。

改革后指定精算师制度的引入赋予了精算师更多的权力，可以在一定程度上确保精算师所得数据的充足性与准确性。指定精算师必须要处于一个合适的位置，可以对公司的业务状况、人事变动、理赔程序等一切相关问题进行全面了解。但这些措施也不一定能彻底解决该问题，当公司主管有意隐瞒某些重要数据时，这样的情况又该如何处理？或者监管机构是否可以让指定精算师列席公司董事会以及其他一些重要会议，这样或许能更好地保证指定精算师获得充足、准确的数据，也便于指定精算师与董事会的直接交流，解决交流不足的问题。

通过以上对于内部管理方面进行的分析，可以对 HIH 原来的准备金提留过程进行一个简单的改善，以解决部分现有不足，改进之后的准备金提留流程如图附 4－2，图附 4－2 中示例同图附 4－1。其中改动的主要方面就是精算师与董事会进行直接交流、数据提交，并且精算师与审计师进行相互之间的直接交流，以了解双方的工作及其性质等。

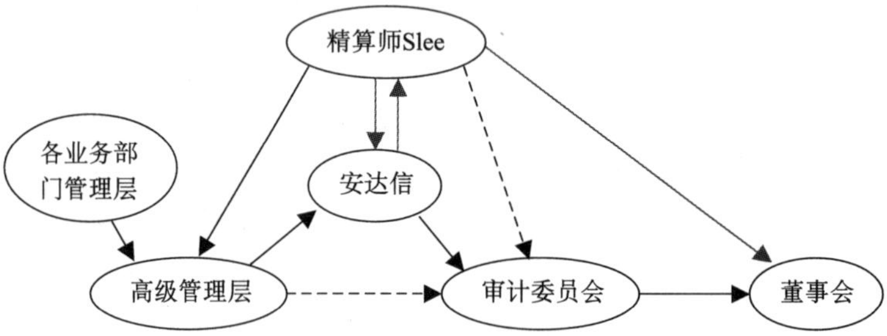

图附 4－2　HIH 准备金提留过程改进图

4.3.3　准备金评估所采用的假设和方法

在评估未决赔付准备金时，评估人必须要对一些特定的项目作出合适的假设，这些项目包括未来理赔费用（FCHC）、折现率和赔付通胀。由于未决赔付责任的总量相当可观，这些假设的微小变化都会对未决赔付准备金的总量产生显著的影响。对于这些项目，原有的监管规定与职业准则并没有进行严格的限制，使得公司几乎完全可以自主决定这些项目。同时，精算师使用的模型、方法以及对他人估计的依赖也会对准备金的评估产生较大的影响。下面将对这些项目分别进行详细分析。

1. 未来理赔费用（FCHC）

未来理赔费用（FCHC）包括理赔部门人员工资、办公设备以及其他运营成本，同时还包括与案件理赔相关的一部分人力资源成本、管理成本以及信息技术成本。AASB1023 和 PS300 都规定在估计非寿险保险人的未决赔付责任（OCL）时，必须对 FCHC 做适当的调整。保险人对 FCHC 的处理反映了其所预期的案件理赔费用，应该以过去保险人的实际理赔费用为参考，而不是将理赔职能转让给第三方管理或其他情况下所发生的费用。正如 PS300 中所规定，该项目的处理应考虑保险人的费用水平、组织结构以及管理发展趋势。

在 1996 年 12 月 31 日的精算师报告中，Slee 对不同业务的 FCHC 采用了不同的比率。这些比率大约在 2% 到 7% 之间，其加权平均大约略高于 4%。但在随后的每一份精算报告中，Slee 采用较低的固定比率 2% 计算 HIH 全球业务的 FCHC，且在报告中明确指出他被 HIH 管理层要求以此比率计算 FCHC。执行董事 Fodera 认为过去对 FCHC 的调整比率太高，未决赔付总责任的 2% 是比较合适的比率，他也没有对此说明原因。Slee 曾就此要求 Fodera 让第三方出具一份独立报告以证明此比率的合理性。由此，便由一家独立精算咨询机构的精算师 Roy Walker 先生出具了一份报告。

在 1997 年 12 月 31 日的精算报告中（这是第一次使用 2% 的比率计算 FCHC），精算师 Slee 指出，该评估中未来理赔费用现值的计算以一份独立咨询报告为基础，该报告中说明：

在计算 1997 年 12 月 31 日 HIH Winterthur 集团的赔款准备金时，要考虑在 1997 年 12 月 31 日评估点所有已报告和未报告的案件，并假设理赔管理职能将会在竞争招标中转让第三方管理，以此假设可以得出未来已发生案件的理赔处理费用大约需要未决赔付责任的 2%。应指出的是，如果公司的案件并非这样处理时，公司的费用则会超过该值。

在其后的每一份精算报告，Slee 均有类似的披露。而最终调查结果表明，使用 2% 的比率计算 FCHC 是不足的，这样会低估 HIH 的未决赔付准备金，5% 将会是一个比较合适的比率。考虑到 1999 年 6 月 30 日与 2000 年 6 月 31 日合并账户中未决赔付责任分别为 $ 3 699.5m 和 $ 4 430.9m，其 3% 分别为 $ 111m 和 $ 133m，这样的数字相当可观，对准备金的影响非常明显。

从一般的非寿险公司来看，标准的 FCHC 估计比率应该在 4% 到 8% 之间。即使某些公司或某些业务提取的 FCHC 低于该标准，但当精算师被要求使用远低于行业标准的比率时，精算师应有责任对其进行测试，或者证明其合理性。

对于 Walker 的独立报告，调查委员会认为：

第一，Walker 报告假设在完全竞标情况下，清算经理以责任自然终了进行清算，但是 HIH 并没有准备将其业务进行自然终了，或将其在世界各地的理赔职能转移给竞标者，而很明显，清算经理会集中处理费用，且不需要与客户维持业务关系，相比之下自然可以节省费用。

第二，Walker 报告只针对 HIH 业务的一部分，它并没有对 HIH 海外业务以及短尾业务的 FCHC 进行评估，故不能就此认为 HIH 集团总的 FCHC

只为 2%。

第三，Walker 报告只对 1997 年 12 月 31 日评估点上的 FCHC 进行估计，而 HIH 的业务迅速扩张、并购，Walker 报告并没有据此进行更新，而精算师却一直被要求使用该比率。

最后，对第三方理赔费用进行 2% 的估计并没有考虑 HIH 的剩余费用，即使理赔职能转移给独立的第三方管理者，由于此职能的重要性，HIH 不可能不对此进行监督，而这将会有一定的费用支出。

故 Walker 的独立报告并不能证明对集团的总 FCHC 采用 2% 比率的合理性，该比率并不能代表其理赔费用的期望值，HIH 高级管理层的指示明显会压低准备金的总额。另外，在该问题上，参加审计的安达信对此也没有采取有效的措施，只是对某些项目的账面实际费用进行审查，其与精算师 Slee 所犯同样的错误在于没有对 HIH 总的实际费用状况进行详细调查。

2. 贴现率

AASB 1023 中说明，在对非寿险保险人的未决赔付责任进行贴现时，可以使用经过风险调整过的适用于保险人的收益率。PS 300 中也只是要求精算师在评估准备金时，应以无风险利率为基础来决定合适的贴现率，当偏离无风险利率时应该详细解释并作披露。由此看来，当保险人可以获得较高的回报时，所使用的贴现率可以偏离无风险收益率（即同期与赔付责任相匹配的 Commonwealth 政府证券收益率）。

同样，根据 HIH 高级管理层指示，精算师 Slee 在评估时采用的贴现率高于同期 3 年期的 Commonwealth 政府债券（HIH 未决赔付责任的平均责任期限为 3 年）。同时，Slee 也没有对 HIH 资产与负债的不配比产生的风险进行任何调整，同样这也是来自于 HIH 高层的指示。皇家调查委员会认为这样贴现太过于乐观，但是这不能归咎于 Slee，因为在他所得到的信息中，HIH 证明了其资产可以达到这样的收益率，而且 Slee 在其报告中明确披露了，他根据 HIH 的指示使用该贴现率，而且指出了资产与负债的不配比以及 HIH 让其不作任何调整的指示。总之，只要阅读过 Slee 的报告，都会觉得这种贴现方法太过于乐观。

但是，该问题的实质并不在于 HIH 的高层指示 Slee 使用此贴现率进行评估，而在于相应的会计规定和职业准则给予了公司太多的自主权来决定评估准备金时的贴现率。在 2001 年改革之后，APRA 就限制了公司的这种权力，GPS 210 中规定了在评估非寿险保险人的未决赔付准备金时，必须使用各业务所在国的无风险利率（类试于同期相匹配的国债收益率）。另外，值得注意的是，HIH 对集团所有的准备金进行贴现时只采用单一的贴现率，并没有将美国、英国和香港等分支机构的业务分开贴现，而比较合理的做法是将这些分支公司的准备金在记入HIH合并账户之前就采用当地的无风险利率进行贴现，HIH的这种做法显然是不合适的。

3. 赔付通胀

在澳大利亚，一般将赔付通胀分为经济通胀（economic inflation）和附加通货膨胀（superimposed inflation）两部分。经济通胀即为价格或工资的变化，一般采用消费者物价指数（CPI）或平均周薪通胀（Average Week Earning）作为度量。附加通货膨胀指除经济通胀以外的赔付通胀，主要包括法庭判决的变化、法律的变化以及医疗费用的变化（除经济通胀之外）等。AASB1023和PS300均规定，在估计保险人的未决赔付责任时，应对赔付通胀作适当的调整。在精算师Slee的评估报告中，他并没有总是区分经济通胀和附加通货膨胀，这就很难从这些报告中看出他对各业务附加通货膨胀的调整情况。

表附4-3　　Slee报告与毕马威第二阶段报告赔付通胀假设的比较

保单组合	1999年6月		2000年6月		KPMG第二阶段报告（%）
	$m	赔付通胀（%）	$m	赔付通胀（%）	
C&G责任险	239.7	4.0	242.8	4.00	9.0
FAI公司责任险	51.7	4.0	51.2	4.00	9.0
C&G PI（包括Law Society）	210.8	3.5	233.3	3.55	8.0
FAI职业责任险（包括MDU）	121.7	4.0	141.6	4.00	8.0
澳大利亚雇员补偿险	212.9	8.0	162.2	7.50	10.0
HIH America（不包括Great States）	126.6	N/A	244.4	6.00	N/A

在比较了Slee和第二阶段报告对赔付通胀的调整（见表附4-3）之后，调查员Pearson认为：

（1）取平均周薪（AWE，工资通胀的一种度量）的增长大约为每年4%，第二阶段报告在对责任险业务评估时对附加通货膨胀采用了4%的调整，Slee却对这些业务的附加通货膨胀没有做任何调整。

（2）取消费者物价指数（CPI）为大约每年3.5%，第二阶段报告在对职业保证险业务评估时对附加通货膨胀采用4.5%的调整，Slee对这些业务的附加通货膨胀也没有做任何调整。

（3）取AWE为每年4%，第二阶段报告对澳大利亚雇员补偿险评估时对附加通货膨胀采用6%进行调整，而Slee在2000年6月30日评估中仅采用了每年3.5%的通胀调整。

总的来说，第二阶段报告认为，对赔付通胀要额外增加4%到5%的比率。所以Slee的赔付通胀假设是极为乐观的（即在最低合理水平之下），在1999年6月30日与2000年6月30日之间附加通货膨胀采取的处理方法低估了 HIH 未决赔付责任的期望值。

4. 精算评估模型

精算师 Slee 在评估未决赔付准备金时，基本上是使用 PPCF（Payment Per Claim Finalized）和 PPOC（Payment Per Open Claim）法。他解释倾向于使用这两种方法的原因在于，大部分方法都比较类似，而它们不但考虑了每个时期的赔付额，同时还考虑了结案的速度。当他不能获得使用 PPCF 或 PPOC 模型所需数据时，他便使用期望损失率法或逐案估计法或基于管理层意见。

但调查专员对 Slee 使用的精算方法从以下方面提出意见：

（1）只依赖于赔付情况，却没有考虑风险暴露数据（包括保单和保费信息）和盈利能力。

（2）极少对赔案发展情况或历史赔付充足性、管理层意见和逐案估计量作出分析。

（3）对管理层意见和个案估计的依赖。

（4）使用不充足的、过期的数据。

PS 300 说明，选择最合适的模型来估计准备金是精算师的责任，精算师在得到一个估计值之前应研究不只一个模型，模型的选择应考虑已有数据、业务的性质和经验情况。PS 300 还说明，确保评估所用数据的适用性、充足性也是精算师的责任。

调查专员强调了风险暴露数据的重要性（特别是保费信息），它可以用来检验赔付数据和精算师评估结果。皮尔逊（Pearson）认为，一般的处理方法是将获取风险暴露信息作为评估过程的一部分，精算师应检验缺少这些信息是否会影响其得到未决赔付责任的估计值。精算师还必须考虑，如果没有这些信息，所得到的数据对评估来说是否适用、充足。

Slee 对这些批评的反应是两方面：第一，他没有得到 HIH 的保费数据；第二，他知道风险暴露数据可能会显示出风险暴露水平或承保业务量，他不认为这是比较可信的指标。所以在已有赔付信息的情况下，他没有使用保费信息和其他风险暴露数据。

调查专员还强调了关于个案估计和赔案数据信息充足的重要性。他们批评 Slee 报告中只有极少量的类似信息和对该信息的分析。他们认为，只有通过对该信息的分析，才能评估个案估计与以前精算评估两者的历史充足性。这种评估对于选择合适的评估方法极为有用，特别是决定是否要以已发生未充分报告准备金（IBNER）形式提留额外准备金时。而 Slee 则质疑这些历史信息的有用性，因为在评估 HIH 的大部分业务时，他并没有依赖这些个案估计，而且他处理的是一些迅速变化的业务（尤其是收购了 FAI 之后）。

皮尔逊和韦克森（Wilkinson）同时还批评Slee在某些业务上对个案估计和管理部门意见过于依赖，特别是对于大额职业责任险案件（一般大于＄1m）、短尾业务、高风险合同、Charman和影片融资保险。对于短尾业务，皮尔逊和韦克森都表示不愿依赖于个案估计，但在精算师已经进行可信度测试的情况下，精算师可以接受管理部门关于个案估计的意见，在某种程度上，至少Slee先生在准备报告过程中遇到的问题应归因于他所获得的准备金信息和数据的不足性。

5. 谨慎保证金

在澳大利亚原先的监管规定中，监管部门只是要求在提留未决赔付准备金时提留中心估计值，并没有强制要求各公司在中心估计值之外再加上谨慎保证金。而在本案件中，精算师Slee在评估时，曾在1996年12月31日的评估报告中，以净未决赔付责任的10%提取责任险和职业责任险两者的谨慎保证金。但自从1997年12月31的评估报告起，Slee就被要求不再提取谨慎保证金，而Fodera给出的原因是董事们有权决定谨慎保证金的提取与否。Slee对此表示接受，但仍在评估报告中继续对董事们提出警告以说明谨慎保证金的重要性以及其所会产生的影响，并且在其后的每一份报告中均有类似的说明。在2000年6月30日与2000年12月31日的评估报告中，这样的警告则更加严厉了。

调查员Pearson认为，没有任何职业准则禁止Slee认可不提取谨慎保证金这样的决定，同样地，调查委员会并不认为在此问题上精算师Slee存在过错。

而一家非寿险保险公司不提留适当的谨慎保证金是否合理呢？最终决定是否提留谨慎保证金的是董事会。谨慎保证金的作用就是降低估计未决赔付责任时所带来的风险，是否提取谨慎保证金则应考虑这些风险的性质以及程度。而Slee的每份报告中均明确指出，他的评估严重受到HIH高层指示的影响，这些指示包括以2%的比率计算FCHC、再保摊回款的完全可获得性以及不对资产与负债的不配比进行调整等。所以说，从Slee的评估报告中，即使相对粗略的浏览也会发现准备金的提留存在比较高的风险，明显需要引起警觉，从而考虑提留必要的谨慎保证金。

根据Trowbridge Consulting在1998年的调查，对象是占市场保费份额2/3的10家澳大利亚保险公司，可以知道大多数公司对谨慎保证金的处理情况，其结果如下：

（1）在制定资产负债表时，所有被调查的公司都会对长尾业务的未决赔款准备金提留谨慎保证金，64%的公司对短尾业务持有谨慎保证金。

（2）超过50%的公司对长尾业务持有的谨慎保证金在中心估计值的10%到20%之间。

(3) 超过50%的公司对短尾业务持有的谨慎保证金为中心估计值的5%或小于5%。

(4) 大部分公司在提留谨慎保证金时采用了定量百分比率的方法,只有少部分使用定性的评估。

但在调查时,HIH的再保项目却成为了其不提留谨慎保证金的理由。皮尔逊认为,总超额损失再保确实会影响到谨慎保证金的需要与否以及额度大小,由于该再保的性质,未决赔付责任的精算估计充足性会有所改变。但是,如果采用这种方法,则需要确定是否有足够的总账再保来维持准备金的充足性水平。皮尔逊认为,HIH的再保项目依赖于保费的持续支付,用将来的保费来提供保障,这并不可以替代谨慎保证金,这种做法过于乐观。

而在非寿险业改革之后,比较重要的一点就是澳大利亚谨慎监管局(APRA)明确要求各公司在提留准备金时必须在中心估计之外加上谨慎保证金以使得对未来赔付责任的支付达到至少75%的充足性水平。也许这时候监管机构意识到在这一点上监管的刚性应该占据主导地位,不应该给予公司过多的自主性,而这一谨慎性标准的提高应该能更好地保护保单持有人的利益。

§4.4 结　论

HIH在短短32年时间内由一家代理行一跃成为在澳大利亚甚至在全球都有业务的跨国集团,这样一个曾经极度辉煌的"巨无霸"破产所引发的一系列问题,尤其是准备金提留、评估、报告过程中存在的问题,值得我们去认真研究和思考。归纳而言,它给我们带来的教训主要有以下几个方面:

对公司而言,当前我国保险业正处于快速成长阶段,保险公司如何在迅速成长的过程中控制自己的经营风险,以及建立较为完善的内部控制管理系统,也许可以从HIH多年的风险管理、决策失误而最终导致破产的惨痛教训中找到些许答案。

对于监管部门而言,其代表的是保单持有人的利益,必须及早发现公司内部经营管理不善、风险控制不力方面的问题。HIH案件发生之后,澳大利亚的谨慎性监管机构APRA立即做出反应,引入了指定精算师制度和更为严格的谨慎性标准,这是一个很好的进步。对非寿险公司的监管,主要是对偿付能力的监管,而准备金又是反映保险公司偿付能力的核心项目,假如监管部门对准备金的提取、评估制订严密的谨慎性标准,HIH案件中准备金不足问题或许可以提早暴露,进而暴露出其经营管理的不善以及一些不当行为，减少保单持有人遭受的损失。在我国，指定精算师制度和责任准备金报告制度的建立同样涉及精算师的独立性及其地位、审计师的角色、精算评估模型和假设以及数据信息提供等问题。所以，对于制订准备金提取标准以及准备金报告制度的监管规定而言，我们应从 HIH 破产案中吸取教训，尽量完善监管规定以保障保单持有人利益。

对于准备金提留、评估以及报告过程中一个关键的角色——精算师而言，接二连三的保险公司破产案使得人们开始质疑精算师所提供的精算评估意见，同时也在质问在这些破产案件中精算师究竟应该承担什么样的责任，精算师究竟发挥了怎样的作用？这些都是需要精算师职业自身去解决、去澄清，精算师们必须反省自己，精算协会也必须逐步完善精算职业制度，明确精算师的角色以及其所应承担的责任，建立相应的监督机制，从而维护精算职业的信用以及公众对于精算师的信心，这些都有待于进一步去研究、去解决。

附录5

常见问题及其参考答案

问题1: 准备金的英文名称，有时用 Reserve，有时用 Provision，它们有什么区别吗?

参考解答: 习惯上，保险领域的人喜欢用 Reserve，而会计和财务领域的人则常用 Provision。通常理解的含义，Provision 的概念要比 Reserve 更广泛，比如，财务上的坏账准备金、应交税款等也可称作 Provision，但不是责任准备金。

近年来，这两种用法有趋于统一的趋势。比如欧盟，目前的看法是保持与会计术语一致，将在今后的“准备金指引”中使用 Provision。

问题2: “责任准备金”与“技术准备金（Technical reserve）”是不是同一概念？有时候还有“数学准备金（Mathematical Reserve）”和“精算准备金（Actuarial reserve）”的概念，是不是相同的？为什么会有不同的叫法?

参考解答: 同一概念。大家普遍觉得还是“责任准备金”的说法最为恰当。本质上，就是保险公司所承保业务的保险责任大小。但这个“责任”是不确定的，只能估计。业内的人自然不想强调这种不确定性，不想强调是估计值。而是希望让人觉得这是采用精算技术或数学模型精确计算出来的，因而最好叫“技术准备金”、“数学准备金”或“精算准备金”等等。

问题3: “未到期责任准备金”与“未赚保费准备金”是不是同一概念?

参考解答: 原来是，但现在不是了。

中国保监会在2004年末发布的《保险公司非寿险业务准备金管理办法（试行)》（保监会令［2004］13号）以及紧随其后的《保险公司非寿险业务准备金管理办法实施细则》（保监发［2005］10号）中，所定义的“未到期责任准备金”相当于“未赚保费准备金 UPR”，即，在计提 UPR 之后，还需要对其充足性进行测试并在其基础上再计提“保费不足准备金 PDR”。

但现行的、按照新会计准则操作的精算实务中，“未到期责任准备金”是指经过测试之后所计提的准备金，相当于国外所称的“保费责任准备金（premium reserve）”或所谓“未经风险准备金”URR（unexpired risk reserve）。

关于“未赚保费准备金”与“未到期责任准备金”的区别，在概念属性上，前者以保险合同期为基准，是一个财务会计概念，而后者是一个风险评估的概念。在计算上，未赚保费准备金的计算建立在两个假设之上：（1）费率合理；（2）风险均匀分布或按预计的分布。后者的计算，需要基于前者。实务上，计算未赚保费准备金，便于保险合同的管理，比如退保。对于“未到期责任准备金”来说，在单个保单下没有意义。

关于保费充足性测试，实际上就是对未赚保费责任准备金计算假设的测试。测试结果包括以下三种情形：

（1）保费不足，则“未到期责任准备金”要大于“未赚保费准备金”，其差异就是保费不足准备金；

（2）保费过足，则“未到期责任准备金”要小于“未赚保费准备金”。无须计提保费不足准备金。

（3）收支正好平衡，无利润，则两者相等。

因此，只有在第（3）种非常特殊的情况下，“未到期责任准备金”才会等同于“未赚保费准备金”。如果在第（2）种情形下也将两者等同，则是对利润的递延确认。

问题4： 中文术语“未到期责任准备金”对应的英文术语到底是哪一个？是UPR（unearned premium reserve）、URR（unexpired risk reserve）、还是PR（premium reserve）？

参考解答： 该问题与上述“问题3”类似。按照我国现行的精算实务，应该是对应Premium Reserve或者Unexpired Risk Reserve，而不再是以前的UPR。

但我国保险业没有正式使用过所谓“未经风险准备金URR”的概念，这是英国的用法，即URR（unexpired risk reserve）＝UPR（unearned premium reserve）＋AURR（additional reserve for unexpired risk）。保费不足准备金Premium Deficiency Reserve（PDR）是美国的用法，相当于AURR，后者可直译为“附加风险准备金”。

问题5： 保险公司责任准备金分类中，“其他责任准备金”包含哪些科目？

参考解答： 其他准备金指除未到期责任准备金和未决赔款准备金以外

的中国保监会规定应当提取的准备金，目前还没有包括任何科目。有些国家允许提留“巨灾风险准备金”和“平滑准备金”等科目，但我国目前不允许提这些特殊的准备金。监管机构设置“其他责任准备金”这个术语，是为今后留有余地，可根据实际情况设置新的准备金科目。比如，关于是否允许对某些特殊险种如农业险计提“巨灾准备金”，业界一直存在争论，说不定以后可以将现行的“总准备金”改为在税前提取，作为巨灾准备金。

问题6：我国保险公司资产负债表中的“总准备金”和“保险保障基金”是不是责任准备金？为什么？

参考解答：都不是。责任准备金是针对保险公司的具体业务而言，对保单持有人所承担的给付责任。上述两科目都不符合这个条件，都不与公司某项业务和相应的客户对应。比如说总准备金，它属于资产负债表未分配利润科目下的一个二级科目，即属于未分配利润的一个组成部分，不在保险公司资产负债表中列示。

目前的国际会计准则草案（IFRS4）中，建议禁止保险公司将巨灾准备金和平衡准备金作为负债项目在报表上列示。中国财政部《保险合同相关会计处理规定》（财会［2009］15号）中明确规定：“保险人在确定保险合同准备金时，不得计提以平滑收益为目的的巨灾准备金、平衡准备金、平滑准备金等。”

问题7：关于责任准备金的“最优估计”或“最佳估计”（Best Estimate），是否就是统计学中的最优估计（Best Estimate），即最小方差无偏估计？

参考答案：关于责任准备金评估中的“最优估计”或“最佳估计”（Best Estimate）概念，精算界讨论了很多年，却至今没有形成一个统一的定义。唯一可以肯定的是，它不是统计学中的同名概念，即方差最小的无偏估计值，它连无偏估计都不敢保证，只能对其采用一些主观的表述。

为了尽可能避免混淆，目前国际精算界和会计界都倾向于使用“当前估计”（current estimate）和“合理估计”（reasonable estimate）来代替“最优估计”的描述。“合理估计”，从字面上看就包含主观性，而“当前估计”则强调基于当前已经掌握的信息作出的最好判断，也有主观含义。

既然承认主观性，就与估计者或当事人有关，也就是由谁来决定什么是“最佳估计”，是精算师还是管理层？按照国际会计准则第37号（IAS No. 37）的规定，“最优估计是根据相似合同的经验或独立的专业意见，最终由管理层的判断决定的”。

无论由谁决定，无论采用什么表述方式，都应该有一个参照基准，使事情不会太离谱。大家觉得这个基准还是围绕平均值或期望值，哪怕是允许去除个别极端情况之后的平均值。按照这个逻辑理解，目前关于这个概念的比较权威的描述是欧盟 Solvency Ⅱ 指引（2009），其中，对“最优估计”的指引为：“未来现金流的概率加权平均值，并利用无风险利率期限结构进行贴现（probability – weighted average of future cash flows, taking account of the time value of money, using the relevant risk – free interest rate term structure”）。

在我国现行规定中，有时候也采用不经准确界定的“最优估计”的表述，比如，在中国保监会《保险公司非寿险业务准备金管理办法实施细则》（保监发［2005］10 号）第八条：“保险公司采用链梯法、案均赔款法、准备金进展法、B – F 法等方法提取已发生未报案未决赔款准备金时，应采用至少两种方法进行谨慎评估，并根据评估结果的最大值确定最佳估计值。”其中，既没有说明最大值是否为最优估计，也没有说明究竟由谁来确定最优估计。

我国实施新企业会计准则后，也采用了“合理估计”的方式，比如，中国财政部《保险合同相关会计处理规定》（财会［2009］15 号）要求：“保险合同准备金应当以保险人履行保险合同相关义务所需支出的合理估计金额为基础进行计量……预期未来净现金流出的合理估计金额，应当以资产负债表日可获取的当前信息为基础，按照各种情形的可能结果及相关概率计算确定。”

问题 8：在新会计准则下，对责任准备金的评估需要考虑货币时间价值，即需要对未来净现金流出进行折现，但应该如何选择“折现率”呢？

参考解答：在目前的新会计准则下，当计量单元整体保险负债的久期低于 1 年时，可不用考虑货币时间价值的影响。货币时间价值影响重大的，应当对相关未来现金流量进行折现。计量货币时间价值所采用的折现率，应当以资产负债表日可获取的当前信息为基础确定，不得锁定。

中国保监会 2010 年 1 月 25 日发布的《关于保险业做好〈企业会计准则解释第 2 号〉实施工作的通知》（保监发［2010］6 号）中规定：对于未来保险利益不受对应资产组合投资收益影响的保险合同，用于计算未到期责任准备金的折现率，应当根据与负债现金流出期限和风险相当的市场利率确定。该市场利率可以以中央国债登记结算有限责任公司编制的 750 个工作日国债收益率曲线的移动平均为基准（中国债券信息网“保险合同准备金计量基准收益率曲线”），加合理的溢价确定。溢价幅度暂不得高于 150 个基点。对于未来保险利益随对应资产组合投资收益变化的保险合同，用于计算未到期责任准备金的折现率，应当根据对应资产组合预期产生的未来投资收益率确定。

问题9：评估未到期责任准备金时，保单获得成本（DAC）是否可以递延？

参考解答：这是一个影响重大的事项，曾经是一个十分敏感和有争议的议题。

传统的观点认为，以公司上市、兼并等交易为目的，需要采用通用会计准则对公司作价值评估时，是允许递延保单获得成本的。比如某保险公司要在香港或美国上市，需要按照香港或美国的会计准则处理，是可以递延的。而以偿付能力监管为目的、采用监管会计准则计量时，监管机构往往不允许递延保单获得成本。

我国旧的会计准则和目前新的会计准则，一直不允许保单获得成本（DAC）递延。在新会计准则下，计算财务报表中的未到期责任准备金所采用的方法是：

$$未到期责任准备金 = \mathrm{Max}\{(签单保费 - 首日费用)\times(未到期天数/365天),包含风险边际的未到期风险准备金\}$$

其中，首日费用指为获得保险合同而产生的费用及保单合同成立时发生的费用，但仅指与保单数量相关的增量成本，包含手续费支出、营业税金及附加、保险保障基金、保险监管费，以及支付给以销售代理方式管理的内部员工的手续费和佣金。

但以上方法不代表保单获取成本可以递延，保险公司的保单获取成本在财务处理上直接计入当期费用。

问题10：在《保险合同相关会计处理规定》中要求“保险人在确定保险合同准备金时，应当考虑边际因素，并单独计量”。首先，这里所指的“边际”，究竟是什么边际，有几种“边际”？

参考答案：到底是采用一个单一的边际还是采用多个边际，国际上目前还没有达成一致意见。

国际会计准则理事会（IASB）在2010年7月发布的《保险合同》草案中，仍建议采用两个边际，即风险边际（Risk Adjustment Margin）和剩余边际（Residual Margin）。风险边际主要反映未来现金流的不确定性；剩余边际是为实现首日不确认利得，等于保费与未来现金流贴现值（加风险边际）的差额。

而美国会计准则理事会（FASB）则提出，应将未来现金流入的折现值超过未来现金流出的折现值的部分全额记为“综合边际”（Composite Margin），不区分为风险边际和剩余边际。

在中国保监会2010年初发布的《关于保险业做好〈企业会计准则解释第2号〉实施工作的通知》中，虽然没有明确使用“剩余边际”的概念，但由于所使用的“风险边际”概念与IASB的同名概念是一样的，相当于是采用了双边际的方法。

问题11：有几种方法可以计算“风险边际”？

参考答案：国际会计准则理事会（IASB）在2010年7月发布的《保险合同》草案中，为计算“风险边际”推荐了三种方法：置信区间法、尾部在险价值法（TVaR）和资本成本法（CoC）。

中国保监会《关于保险业做好〈企业会计准则解释第2号〉实施工作的通知》（保监发［2010］6号）中规定：财产保险公司与再保险公司可以根据自身的数据测算并确定非寿险业务准备金的风险边际，但测算风险边际的方法限定为资本成本法和75%分位数法，风险边际与未来现金流现值的无偏估计的比例不得超出2.5%～15.0%的区间，同时测算风险边际的方法和假设应在报表附注中详细披露。不具备数据基础进行测算的财产保险公司与再保险公司，非寿险业务准备金的风险边际应采用行业比例，未到期责任准备金的风险边际按照未来现金流现值的无偏估计的3.0%确定，未决赔款准备金的风险边际按照未来现金流现值无偏估计的2.5%确定。

保监会的以上规定，可以理解为过渡期间的监管要求，最终风险边际的确定仍然需要各公司通过模型结合各公司具体情况确定。

问题12：责任准备金的评估对保险公司负债评估的影响巨大，精算责任人应该对高估或低估责任准备金负责任吗？

参考解答：一般说来，精算师只承担“精算职业责任”，对其评估过程中是否严格遵循了精算师协会（或监管部门）制定的精算师职业行为准则和实务标准负责，并不对准备金评估的最终结果负责。

对准备金最终评估结果负责的，是公司董事会或其指定的代表。

但是，实务中公司董事会往往倚重总精算师和财务负责人的意见对准备金评估结果作出最终选择。保险公司的总精算师，无论是否为公司的精算责任人，同时承担公司雇员的责任和精算师的职业责任的双重角色，需要遵从的首要原则是，在保持专业判断的独立性的基础上，与财务责任人、管理层和董事会形成良好的交流。如果确实不能消除与管理层或董事会的分歧，则应当向中国保监会报告，并有权拒绝在相关文件上签字。若精算责任人或总精算师（也包括财务责任人）未向中国保监会报告，将被追究责任。

问题 13：在预测未决赔款准备金时，如何处理“预付赔款”？

参考解答：预付赔款是核算公司在处理理赔案件过程中，按照保险合同约定预先支付的赔款，在我国按照资产项处理，结案时将预付赔款转为赔款支出。其核算内容类似于美国的部分赔付，但在美国部分赔付属于负债项。因而在采用流量三角形数据评估准备金时，国内采用已决赔款，而美国采用已付赔款数据。国内多数保险公司在使用流量三角数据时，是以核赔通过为口径组织已决三角的，所以已决三角中往往不包含预付款。

其实，对于预付赔款，具体应如何处理并不是很重要，只要各年评估的时候组成三角形的口径保持相对一致，而且与财务的处理保持统一就没有问题。

问题 14：如果流量三角形中某个流量单元为负值，如何处理？

参考解答：由于录入错误产生的负值，通过数据的检验和核对来纠错；由于扣减残值和追偿收入造成的负值，可单独考虑残值和追偿收入，然后从未决赔款准备金中相应合理扣减；如果无法查明原因，可以利用同期赔案数据以及进展因子估计该单元的值，从而消除“负值”现象。

问题 15：在我国，财险业务一般具有按季节性波动的特征，上半年与下半年往往表现出不同的赔付延迟模式，在利用流量三角形技术预测 IBNR 准备金时，如何选择进展因子？

参考解答：进展因子的选择有两种方式：其一，分别根据上半年与下半年的赔付延迟模式，选择两套进展因子（人保香港上市时，采用两套因子）；其二，如果上半年和下半年只是在第 1 个进展期的进展因子不同时，在第 1 个进展期分别选择进展因子，之后采用相同的进展因子。一般而言，季节性波动只体现在前 2 个进展期，后续就相对比较稳定了，所以通常会采用第二种做法。

问题 16：保险公司在确认保费收入时，需要剔除应收保费吗？

参考解答：应收保费与保费收入的确定没有直接关系，应收保费的核销及坏账处理，应按照相关财务规定。如果财务上认为应收保费收不回，应作为坏账处理，财务上核销应收保费，并计入坏账处理费用，以上处理均与保费收入无关。

问题 17：在评估未赚保费责任准备金时，如何考虑批单和退保问题？

参考解答：在评估未赚保费责任准备金时，常常要考虑批单和退保问题，具体处理时要注意保费收入与责任期间的匹配。具体的说，如果批单的保费收入为负值，保险责任也相应减少，则应冲减保费收入；如果保险责任并未减少，该保费只是特批返还给客户，那么业务操作通过批单的形式处理是不合业务规定的，但若出现这种情况，财务处理时不应冲减保费收入，也不能作为赔款支出项，在评估未赚保费责任准备金时，应剔出这些批单数据。

对于已退保的保单，由于保单责任已终止，保险公司不再需要为未来的风险承担任何责任，因此在评估未赚保费责任准备金时，未到期责任准备金直接确认为零。需要注意的是，在评估未到期部分的净现金流时，有些险类的退保影响比较显著，需单独考虑，如房贷险业务。

参考文献

1. 财政部：《企业会计准则第 25 号：原保险合同》（财会［2006］第 3 号），2006 年 2 月 15 日。
2. 财政部：《企业会计准则第 26 号：再保险合同》（财会［2006］第 3 号），2006 年 2 月 15 日。
3. 财政部：《金融企业财务规则》（财会［2006］第 42 号），2006 年 12 月 7 日。
4. 财政部：《企业会计准则解释第 2 号》（财会［2008］11 号），2008 年 8 月 7 日。
5. 财政部：《保险合同相关会计处理规定》（财会［2009］15 号），2009 年 12 月 22 日。
6. 财政部、国家税务总局：《关于企业手续费及佣金支出税前扣除政策的通知》（财税［2009］29 号）。
7. 财政部、国家税务总局：《关于保险公司准备金支出企业所得税税前扣除有关问题的通知》（财税［2009］48 号）。
8. 保监会：《保险公司非寿险业务准备金管理办法（试行）》（保监会令［2004］13 号），2004 年 12 月 15 日。
9. 保监会：《保险公司非寿险业务准备金管理办法实施细则》（保监发［2005］10 号），2005 年 2 月 2 日。
10. 保监会：《关于保险业做好〈企业会计准则解释第 2 号〉实施工作的通知》（保监发［2010］6 号），2010 年 1 月 25 日。
11. 保监会：《保险公司偿付能力管理规定》（保监发［2008］1 号），2008 年 7 月 10 日。
12. 保监会：《关于实施〈保险公司偿付能力管理规定〉有关事项的通知》（保监发［2008］第 89 号），2008 年 11 月 6 日。
13. 保监会：《保险公司风险管理指引（试行）》（保监发［2007］23 号），2007 年 4 月 18 日。
14. 保监会：《人身保险公司全面风险管理实施指引》（保监发［2010］89 号），2010 年 11 月 3 日。

15. 吴小平：《保险公司非寿险业务准备金评估实务指南》，中国财政经济出版社 2005 年版。
16. 谢志刚、周晶晗主编，《非寿险责任准备金评估》，中国财政经济出版社 2006 年版。
17. 谢志刚：《中国精算进展：精算通讯文萃 2005—2008》，上海科技教育出版社 2009 年版。
18. 谢志刚、赵桂芹：《中国保险业：风险、精算、监管》，上海科技教育出版社 2009 年版。
19. 谢志刚：《英汉精算学词汇》（第二版），上海科技出版社 2010 年版。
20. Internatiional Accounting Standard Board (IASB, 2007), Preliminary Views on Insurance Contracts.
21. IASB (2003), IAS 37: Provisions, Contingent Liabilities and Contingent Assets.
22. IASB (2010), IFRS 4: Exposure Draft of Insurance Contracts (ED/2010/8).
23. The EU Parliament and Council (2009): Directive 2009/138/EC—Solvency II Directive.
24. IAA papers (2009), Measurement of Liabilities for Insurance Contracts: current estimates and risk margins, prepared by the IAA ad hoc Risk Margin Work Group.
25. The Institute of Actuaries Publication (1997), Claims Reserving Manual, Vol. 1 – 2, 2nd edition.
26. The Institute and Faculty of Actuaries (2010), Study Notes of ST 7 and CA 3: General Insurance, UK.
27. CAS Study Notes (2009), Estimating Unpaid Claims Using Basic Techniques, by Friedland, J.
28. The Committee of Sponsoring Organisations of the Treadway Commission (COSO, 2004a), Enterprise risk management—integrated framework, application techniques, September 2004.
29. The Committee of Sponsoring Organisations of the Treadway Commission (COSO, 2004b), Enterprise risk management—integrated framework, executive summary, September 2004.
30. The Committee on Property and Liability Financial Reporting, American Academy of Actuaries (2006), "Property and Casualty Practice Note, Statements of Actuarial Opinion on P&C Loss Reserves".

31. NAIC (2007), Accounting Practice and Procedures Manual: Statement of Statutory Accounting Principles 53, "Property Casualty Contractes – Premiums," Paragraphs 1 ~ 17.

32. NAIC (2007), Accounting Practice and Procedures Manual: Statement of Statutory Accounting Principles 65, "Property Casualty Contractes," Paragraphs 1 ~ 45.

33. Standard & Poor's (2005), Insurance criteria: evaluating the enterprise risk management practices of insurance companies, Standard & Poor's, McGraw Hill, U. S. A.

34. Borch, K. (1960a), Reciprocal reinsurance treaties, ASTIN Bulletin: 1.

35. Borch, K. (1960b), The utility concept applied to the theory of insurance, ASTIN Bulletin: 1.

36. Bůhlmann, Hans (2007), The history of ASTIN, ASTIN Bulletin 37 (2), 191 ~ 202.

37. Chapman, R. J. (2006), Simple tools and techniques for enterprise risk management, John Wiley & Sons, Inc., New Jersey, U. S. A.

38. Compagne, C. (1961), Minimum Standards of solvency for insurance firms – Report of the ad hoc Working Party on Minimum Standards of Solvency. OEEC, TP/AS (61) 1.

39. Cramber, H. (1930), On the Mathematical Theory of Risk, Skandia Jubilee Volume, Stockholm.

40. Daykin, C., Pentikainen, T. and Pesonen, M. (1994), Practical Risk Theory for Actuaries, Chapman and Hall.

41. de Finetti, B. (1957). "Su un'impostazione alternativa della teoria collettiva del rischio," Transactions of the XVth International Congress of Actuaries 2, 433 ~ 443.

42. De Mori, B (1965), Possibilite d'Etude des indices de Solvabilite acceptables pour le calcul d'unemarge minimum de solvabilite des enterprises d'assurance contre les dommages. Austin Bulletin 3, p286.

43. Dennett, L. (2004), Mind over Data: an actuarial history, The Institute of Actuaries, UK.

44. England, P. D. and R. J. Verrall (1999), Analytic and bootstrap estimates of prediction errors in claims reserving, Insurance: Mathematics and Economics 25, p281 ~ 293.

45. Gerber, H. U. (1973), Martingales in risk theory, Mitteilungen der Verein-

igung schweizerischer Versicherungsmathematiker, 2, 205 ~ 216.

46. Gibson, E. R. et al (2009), Reserving and Uncertainty, UKAP webpage, www. actuaries. org. uk.

47. Hart, D. G., R. A. Buchanan and B. A. Howe (2007, 7th edition), The Actuarial Practice of General Insurance, Institute of Australia.

48. Jones, A. R. et al (2006), A change agenda for reserving, Report of the General Insurance Reserving Issues Task Force (GRIT). British Actuarial Journal, 12 (3), 435 ~ 619.

49. Lundberg, F. (1903). Approximerad Framstallning av Sannolikhetsfunktionen, Aterforsakring af kollektivrisker. Akademisk afhandling. Uppsala.

50. Mack, T. and G. Venter (2000), A comparsion of stochastic models that reproduce chain ladder reserve estimates, Insurance: Mathematics and Economics 26/1, 101 ~ 107.

51. Mowbray, A. H. (1914), How extensive a payroll exposure is necessary to give a dependable pure premium, Proceedings of the Casualty Actuarial Society, 1: 25 ~ 30.

52. Panjei, H. (1980), The aggregate claims distributions and stop loss in reinsurance, Transactions of Society of Actuaries.

53. Renne, D. (1998), Life, Death and Money: actuaries and the creation of financial security, by the Institute of Actuaries.

54. Tripp, M. H. et al (2008), Enterprise risk management from the general insurance actuarial perspective, British Actuarial Journal, Vol. 14, Part II, p433 ~ 541.

55. Verrall, R. J. (1990), Bayes and empirical Bayes estimation for the chain – ladder model. ASTIN Bulletin 20/2, 217 ~ 243.

56. Verrall, R. J. (1994), A method for modelling varying run – off evolutions in claims reserving. ASTIN Bulletin, 24, 325 ~ 332.

57. Verrall, R. J. (2004), A Bayesian generalized linear model for the Bornhuetter – Ferguson method of claims reserving, North American Journal 8/3, 67 ~ 89.

58. Verrall, R. J. and P. D. England (2006), Incoroperating expert opinion into a stoachastic model for the chain – ladder technigue, Insurance: Mathematics and Economics 37/2, 355 ~ 370.

59. Wiser, R. F. (1990), Loss Reserving: Foundations of The Casualty Actuarial Science (First Edition), Casualty Actuarial Society, Chapter 4, 143 ~

230.

60. Wright, T. S. (1990), A Stochastic Method for Claims Reserving In General Insurance, JIA, 177, 677 ~ 731.

61. Wuethrich, M. V. and M. Merz (2008), Stochastic Claims Reserving Methods in Insurance, John Wiley & Sons, Ltd.

特别鸣谢

中国精算师资格考试用书《非寿险责任准备金评估》得以顺利出版，得到了部分保险公司、高等院校及精算咨询机构的鼎力相助，在此特别鸣谢以下单位与个人（排名不分先后）为本书所作出的贡献。

主要参与单位名称：中国平安财产保险股份有限公司

参加本书编写工作的人员有：

樊　帆　雷　强　柏文卿　张　华　魏善福　黄　茜　朱亚玲

李玉婷　刘　婕　沈　立

参加本书审读工作的人员包括：

马永丰　李　宇　张振勇　朱　曦　王春玲　黄志勇　袁　彬

王力峰　孟生旺　贾　雅　张　琅　薛春芳　周　军　卢　杰

李建栋　张攻玉

参加本书前期设计讨论的人员包括：

丁　鹏　祝光建　王德升　陈东辉　梁小英

中国精算师协会

2011年4月